Visões da desigualdade

Branko Milanović

Visões da desigualdade

Da Revolução Francesa ao fim da Guerra Fria

tradução
Pedro Maia Soares

todavia

Prólogo 7
1. François Quesnay: Classes sociais em um "reino agrícola rico" 35
2. Adam Smith: "Progresso da opulência" e uma teoria implícita da distribuição de renda 49
3. O benefício inesperado ricardiano: David Ricardo e a ausência de perde-ganha entre equidade e eficiência 81
4. Karl Marx: Taxa decrescente de lucro, mas pressão constante sobre a renda do trabalho 104
5. Vilfredo Pareto: Das classes aos indivíduos 158
6. Simon Kuznets: Desigualdade durante a modernização 182
7. O longo eclipse dos estudos sobre desigualdade durante a Guerra Fria 208
Epílogo: O novo começo 275

Agradecimentos 285
Notas 289
Índice remissivo 333

Prólogo

O objetivo deste livro é traçar a evolução do pensamento sobre a desigualdade econômica nos últimos dois séculos, com base nas obras de alguns economistas influentes cujos escritos lidam, direta ou indiretamente, com distribuição de renda e desigualdade de renda. São eles François Quesnay, Adam Smith, David Ricardo, Karl Marx, Vilfredo Pareto, Simon Kuznets e um grupo de economistas da segunda metade do século XX (estes últimos coletivamente influentes, mesmo que individualmente não sejam emblemáticos como os seis anteriores). É um livro sobre a história do pensamento numa área importante que antes era proeminente, depois foi eclipsada e há pouco voltou ao primeiro plano do pensamento econômico.

Ao escrever este livro, adotei uma abordagem que não é a usual. Uma vez que saber como tratei o tema é importante para entender o que se segue, são necessários alguns parágrafos iniciais sobre as características que tornam essa abordagem distinta. São elas: o foco concentrado na distribuição de renda; a tentativa de apresentar as ideias da perspectiva de cada pensador; a ordenação cronológica dos conceitos considerados; a indiferença às visões normativas dos vários pensadores sobre desigualdade; e o uso de um certo padrão (concebido por mim) para identificar, no mar de estudos feitos sobre desigualdade, aqueles que são realmente importantes. Vamos examiná-las uma de cada vez.

Foco concentrado na distribuição de renda. Cada capítulo do livro trata de um pensador cujas obras (frequentemente volumosas) cobrem muitos tópicos, mas meu objetivo aqui é extrair somente suas visões sobre distribuição de renda e considerar quais respostas concretas eles dão às questões essenciais da desigualdade. Trata-se de perguntas deste tipo: Como os salários são determinados? Há um conflito entre lucro e renda? À medida que uma determinada sociedade se desenvolva, como a distribuição de renda evoluirá? Os lucros ou salários tenderão a subir ou descer?

Naturalmente, isso significa que não se discutem outros temas abordados por esses pensadores. Cada um deles produziu uma obra formidável; alguém poderia com facilidade ser atraído por ela e passar uma carreira inteira envolvido nela e nos comentários que ela gerou. Se apenas olharmos para a produção desses autores, é prodigiosa (com exceção de Ricardo, cuja obra foi relativamente limitada, se não incluirmos suas cartas, e que morreu jovem). A de Marx, como atesta a saga contínua do projeto MEGA (*Marx-Engels Gesamtausgabe*), tem cerca de 120 volumes planejados, reduzidos dos 164 inicialmente pensados.[1] As obras completas de Pareto, em suas muitas variantes, são quase tão grandes, e até mesmo as ideias de Adam Smith preenchem diversos volumes — apesar de seus artigos e correspondências não publicados terem sido queimados, por sua ordem, quando de sua morte —, em parte devido à publicação de notas tomadas por seus alunos (publicadas como *Lectures on Jurisprudence*). O caso de Quesnay também é interessante porque sua relação de escrita com Mirabeau se assemelha à relação entre Marx e Engels: não é fácil determinar onde a contribuição de um autor termina e a do outro começa. Os trabalhos do próprio Quesnay e os escritos em conjunto, sobretudo se incluirmos textos anônimos publicados por sua "escola", excedem provavelmente 2 mil páginas. E Kuznets escreveu por mais de cinquenta anos, ao longo dos quais suas contribuições foram extremamente variadas, abrangendo desde a definição de contas nacionais até crescimento e distribuição de renda, demografia e desenvolvimento econômico.

Se um historiador do pensamento decidisse tratar dos textos de um Adam Smith, Marx ou Pareto, que abrangem ciência política, filosofia, sociologia, epistemologia, economia, antropologia e até mesmo psicologia, teria de lidar com eles em sua totalidade, discutindo todos ou a maioria desses tópicos como um generalista. Um historiador do pensamento econômico poderia se concentrar em temas econômicos (como fez, por exemplo, Schumpeter), ou mais estritamente em temas econômicos vistos do ângulo neoclássico, como Mark Blaug fez ao deixar de fora os volumes sociológicos de Pareto ou a filosofia de Marx.[2] Mas eu ignoro todas as partes da obra de um autor — por mais importantes que sejam — que possam ser logicamente separadas do que ele tem a oferecer sobre distribuição de renda.

Por exemplo: não é relevante para os escritos de Marx sobre distribuição de renda, evolução dos salários e tendência de queda da taxa de lucro que ele também tivesse uma teoria do valor-trabalho. Outros poderiam ter as mesmas concepções sobre esses temas, mas com diferentes teorias de valor (como de fato aconteceu). A teoria de Marx é claramente importante para compreender seus conceitos de mais-valia, exploração e alienação. Ela influenciou as ideias de seus muitos seguidores sobre a justiça da distribuição de renda no capitalismo. Contudo, como explicarei a seguir, não trato aqui das visões normativas da desigualdade de renda. Sua teoria do valor-trabalho pode ser abordada de forma inteiramente distinta (isto é, deixada de fora) da discussão das forças que, de acordo com Marx, afetam a distribuição de renda entre classes.

Há, portanto, muitos temas econômicos interessantes que permanecem fora do escopo deste livro. A extensão de Pareto da obra de Walras (com algumas modificações) para algo como um equilíbrio geral, por exemplo, não tem relação discernível com sua teoria da distribuição de renda. (Porém, ligo essa teoria com o que ela pode ser relacionada: sua visão sociológica da circulação das elites.) Da mesma maneira, o famoso ótimo de Pareto é logicamente separável de sua teoria de distribuição de renda. Embora seja de fato uma declaração sobre redistribuição, e seja frequentemente aduzida em discussões sobre redistribuição por meio de impostos e subsídios, trata-se de uma declaração essencialmente normativa (que aparece, ou se mascara, com o disfarce de positivismo).

Em suma, os autores abordados neste livro podem não ter pensado (na verdade, sabemos que não pensaram) que o estudo da distribuição de renda entre classes ou indivíduos era a parte mais importante de seu trabalho. Tampouco viam a distribuição de renda da maneira como a vemos hoje. Mas todos estão incluídos pelo mesmo motivo: além de terem grande influência geral na economia, eles contribuíram para a compreensão da distribuição de renda.

Apresentação da perspectiva de cada autor. Para apresentar as ideias discutidas nestes capítulos, adoto o ponto de vista de cada pensador (com uma grande exceção, mencionada logo a seguir), e entro em análises críticas apenas na medida em que isso seja útil para esclarecer suas teorias. Tento me abster de criticar falhas e omissões que só se tornaram evidentes vistas em retrospectiva. Meu interesse reside em saber se uma abordagem é coerente no contexto das outras concepções do autor e não, digamos, se Quesnay previu que a Revolução mudaria a distribuição de renda na França, ou se seu trabalho explica o nível de desigualdade de renda nos Estados Unidos de hoje. Esses exemplos totalmente absurdos são úteis para mostrar como é irracional julgar uma obra do ponto de vista do presente: Quesnay nunca esperou que a Revolução acontecesse, muito menos a distribuição de terras aos camponeses, então descartar suas ideias sobre distribuição de renda à luz do que aconteceu trinta anos depois que ele escreveu seria fácil, injusto e sem sentido. Ainda mais absurdo seria rejeitar a visão de Quesnay sobre distribuição de renda porque ela deixou de antecipar a crescente participação do 1% mais rico da população americana no século XXI.

Meu objetivo é quase "ser" o pensador em questão, ver o mundo tanto quanto possível de sua perspectiva, e não o criticar por problemas ou omissões em seus escritos (a menos que essas omissões sejam erros lógicos ou omissões *dentro* de seu próprio sistema), ou submeter suas previsões a um exame detalhado. Sem dúvida, às vezes faço as duas coisas, e cada vez mais o faço com pensadores mais próximos do presente, como Pareto e Kuznets. Mas faço isso somente quando é necessário oferecer uma visão mais nítida da distribuição de renda do que talvez um autor tenha realizado, ou destacar alguma contradição em seu pensamento, ou oferecer possíveis interpretações múltiplas. Uma maneira de pensar este livro é imaginar que cada um dos autores aqui analisados foi solicitado a responder à mesma pergunta: O que seu trabalho revela sobre a distribuição de renda tal como existente em sua época, e como e por que ela pode mudar? A exceção a essa abordagem geral de adotar o ponto de vista do autor é a postura crítica apresentada no capítulo 7, que analisa o estado dos estudos de desigualdade em países socialistas e capitalistas entre meados da década de 1960 e o início da década de 1990. O fato de esse capítulo combinar vários autores reflete o julgamento de que nenhum outro indivíduo daquela época, como um estudioso da desigualdade, se aproxima da estatura dos escritores anteriores. Enquanto outros capítulos apresentam contribuições individuais, o objetivo do capítulo 7 é diferente: trata-se de explicar por que os estudos sobre distribuição de renda entraram em recesso durante a era da Guerra Fria. Em comparação com o resto do livro, o tom é mais opinativo e mais crítico do tipo de economia dominante, tanto no Oriente quanto no Ocidente, nas décadas que levaram ao fim do comunismo.

Em suma, este é um livro sobre a história do pensamento econômico numa área (distribuição de renda) conforme foi abordado pelos próprios pensadores — na medida do possível. Embora eu faça ocasionalmente uma leitura crítica dos autores, especialmente no capítulo 7, minha abordagem principal poderia ser simplesmente chamada de "adesão de perto às fontes", e tento levar seus escritos ao pé da letra.

Ordenação cronológica. A evolução do pensamento sobre desigualdade considerada aqui reflete as percepções dos autores sobre as principais clivagens que influenciam a desigualdade em suas épocas e lugares. Considerar esses autores cronologicamente destaca o fato de que as condições subjacentes que afetam a desigualdade, e o pensamento sobre ela, mudaram ao longo de dois séculos.

A abordagem cronológica, que começa antes da Revolução Francesa e se estende até o fim do comunismo, tem a vantagem adicional de nos revelar que *desigualdade*, em diferentes momentos e lugares, significou coisas muito diferentes. As clivagens percebidas como mais importantes entre pessoas, classes, gêneros ou grupos étnicos nem sempre eram as mesmas. No entanto, deve-se ter cuidado para não confundir uma abordagem cronológica com uma visão teleológica que implique um avanço gradual em direção à verdade última. Gerações antes de nós tentaram reificar os preconceitos de seus dias em alguma verdade eterna, e não devemos repetir esse erro. Ao contrário, adotar uma abordagem cronológica deve sugerir que nenhum conceito de desigualdade existe fora de seu lugar e tempo. O que hoje consideramos como fatores fundamentais que causam desigualdade certamente será visto de forma diferente no futuro.

As estruturas dos seis primeiros capítulos focados em autores são semelhantes: iniciam com uma seção que se concentra em alguns aspectos interessantes da vida ou obra da pessoa (alguns deles talvez não tão conhecidos, ou reinterpretados aqui). Não se trata de biografias resumidas, que podem ser encontradas muito mais facilmente na Wikipédia, mas de destaques de algumas características pessoais relevantes. Uma linha do tempo esquemática da vida dos autores encontra-se na Tabela 1.

Em seguida, vem uma seção que apresenta o que se sabe hoje sobre desigualdade em países onde o autor viveu e que ele estudou, com o benefício de dados modernos. O objetivo é situar sua visão sobre distribuição de renda dentro do contexto de sua época. De certa forma, graças a estudos empíricos realizados em grande parte nas últimas duas décadas, esse contexto é muito mais conhecido por nós do que era por eles. Isso é verdade para todos, exceto Kuznets, que trabalhou sobre a distribuição de renda dos Estados Unidos diretamente. Mas embora nosso conhecimento da desigualdade de renda, digamos, na Inglaterra do século XIX, seja melhor do que o de Ricardo e Marx, eles deviam conhecer as principais tendências — suas obras atestam isso. Mesmo que Quesnay não conhecesse empiricamente o nível de desigualdade na França pré-revolucionária, e não pudesse calcular seu coeficiente de Gini (uma medida inventada cerca de 150 anos depois), ele estava bastante consciente dos principais tipos de desigualdade francesa e da estrutura social do país, e até tentou descrevê-los em números.

Tabela 1. Linha do tempo dos autores estudados

	Nascimento	Publicação das obras principais	Morte
François Quesnay (80)	1694	1763	1774 (dois anos antes da Independência americana)
Adam Smith (67)	1723	1776 (Independência americana)	1790 (logo após a Revolução Francesa)
David Ricardo (51)	1772	1817 (logo após as Guerras Napoleônicas)	1823
Karl Marx (65)	1818 (logo após as Guerras Napoleônicas)	1848 (revoluções na Europa) 1867 (Restauração Meiji)	1883 (logo antes da conferência que dividiu a África)
Vilfredo Pareto (75)	1848 (revoluções na Europa)	1896	1923 (Mussolini no poder)
Simon Kuznets (84)	1901	1955 (Guerra Fria)	1985 (Gorbatchóv no poder)

Enquanto escrevia este livro, encontrei de modo inesperado uma estrutura semelhante em *Principais correntes do marxismo*, de Leszek Kolakowski.[3] Essa descoberta, que acabou por influenciar minha escrita em vários níveis, foi simplesmente devido à minha leitura (ou, nesse caso, releitura) de diferentes autores que escreveram sobre Marx. O livro de Kolakowski é excelente em muitos aspectos, mas o que me atraiu, estruturalmente, foi sua capacidade de apresentar a evolução do pensamento marxista por meio da discussão de contribuições individuais de forma interconectada. A cadeia que nos leva dos primeiros escritores socialistas que precederam Marx até Marcuse e Mao é quase ininterrupta. No entanto, *Principais correntes do marxismo* não é organizado em torno de seus vários pensadores da maneira que é, por exemplo, *The Worldly Philosophers*, de Robert Heilbroner.[4] Em Kolakowski, há uma unidade orgânica entre as contribuições dos autores e a ideologia em evolução. É óbvio que Kolakowski se beneficiou do fato de seu livro ser um estudo de uma única ideologia, o que tornou mais fácil conectar diferentes autores e suas concepções. Quando estudamos a abordagem dos economistas da distribuição de renda e desigualdade, as dificuldades são muito maiores porque os autores não pertencem necessariamente à mesma escola de pensamento. Mas eu tento trazer à tona influências e heranças de ideias tanto quanto é razoável fazê-lo: com efeito, é o objetivo do livro mapear a história intelectual do pensamento sobre desigualdade e não simplesmente apresentar um resumo das ideias de diferentes economistas.

Indiferença às visões normativas sobre desigualdade. Os autores estudados aqui tinham opiniões filosóficas e éticas variadas sobre distribuição de renda e sobre se eram justificadas certas fontes de renda e níveis de desigualdade de renda, mas este livro é indiferente a essas concepções. Aqui temos uma abordagem conscientemente instrumental que, embora adote sempre o ponto de vista do autor, ignora todas as declarações normativas ou quase normativas sobre distribuição de renda, e se concentra nas distribuições reais que os autores destacam, o que eles veem como determinante das rendas reais de indivíduos e classes, e como eles acham que a distribuição provavelmente mudará à medida que a sociedade avance. Eu observo as maneiras pelas quais a ideologia parece ter influenciado nas conclusões de um pensador, argumentando, por exemplo, que a fisiocracia de Quesnay e sua visão da agricultura como única fonte de mais-valia econômica o tornaram mais inclinado a justificar as rendas da nobreza, e que, em contraste, o enquadramento do aluguel de Ricardo como renda de monopólio servia ao desejo de defender capitalistas contra proprietários de terras. E apresento implicações políticas das concepções dos autores. Mas não me envolvo em debates normativos. Também ignoro amplamente o que pode ser chamado de julgamentos normativos tácitos ou não examinados sobre questões como quem levavam em conta para o propósito da análise. A maioria desses autores se concentrou na desigualdade entre homens, ou famílias, em suas próprias nações, e não se preocupou com os outros. Nem todos estavam explicitamente preocupados com a posição das mulheres ou de grupos desfavorecidos, embora alguns estivessem.

A indiferença deste livro às visões normativas também ajuda a explicar minha seleção de autores para perfilar. Se eu estivesse preocupado com teorias normativas ou, de forma um pouco menos ambiciosa, visões normativas da distribuição de renda, então filósofos como Platão, Aristóteles, Confúcio e Rousseau — e nos tempos modernos, Rawls, Hayek e Sen — teriam seu lugar. Mas como nenhum deles descreveu como a distribuição de renda entre indivíduos e classes foi realmente moldada, muito menos como essa forma evoluiria, não estão incluídos no livro. Isso pode ser mais bem ilustrado por John Rawls. Sua contribuição em *Uma teoria da justiça* foi muito influente no pensamento moderno sobre redistribuição de renda. Ele defende, por exemplo, tanto a tributação de heranças quanto o aumento dos gastos públicos em educação, com base no fato de que eles nivelam o campo de jogo geracional para pessoas que não começam com vantagens familiares.[5] Contudo, não expressa nenhuma opinião sobre como é a distribuição de renda no capitalismo contemporâneo, ou como ela pode mudar. O mesmo vale para Amartya Sen, que escreveu muito sobre distribuição de renda (tanto em relação à metodologia quanto à teoria subjacente), mas nada sobre as forças reais que a moldam.[6] Alguém procuraria em vão se tentasse descobrir em Rawls ou Sen suas ideias sobre, por exemplo, se os trabalhadores qualificados economizam o suficiente para se tornarem capitalistas, ou quais fontes de renda enriquecem o 1% mais rico.

Por fim, tendo em vista a abordagem instrumental que estou adotando para o pensamento desses autores sobre desigualdade, é necessário um comentário especial sobre Karl Marx. Lê-lo sem levar em conta suas posições normativas pode parecer impossível, mas deve-se notar que, em geral, ele não se interessava pela questão da desigualdade da maneira como a abordamos agora. Sua concepção, compartilhada pela maioria dos marxistas, era de que, a menos que as instituições fundamentais do capitalismo — ou seja, a propriedade privada dos meios de produção e o trabalho contratado — fossem destruídas, qualquer luta política para reduzir a desigualdade poderia, na melhor das hipóteses, levar ao reformismo, ao sindicalismo e ao que

Lênin mais tarde chamou de "oportunismo". A desigualdade era, portanto, uma questão secundária e derivada, pouco abordada nos escritos de Marx. Descrições de pobreza e desigualdade preenchem as páginas de *O capital*, especialmente de seu primeiro volume. Mas elas estão lá para mostrar a realidade da sociedade capitalista e a necessidade de acabar com o sistema de trabalho assalariado. Elas não estão lá para defender reduções de desigualdade e pobreza dentro do sistema existente. Marx não era um meliorista. A luta sindical pela redução da desigualdade poderia, na melhor das hipóteses, ser justificada, como escreve Shlomo Avineri, como um meio de provocar entre os trabalhadores sentimentos de solidariedade e convívio. É, em outras palavras, apenas uma prática útil para uma nova sociedade que surgiria após as classes sociais antagônicas terem sido abolidas.[7]

Marx também rejeitava a ideia de que sua crítica ao capitalismo se baseava em fundamentos morais e escreveu com desdém sobre quem criticava o capitalismo desse ponto de vista. A exploração (apropriação da mais-valia pelos capitalistas) era para ele um conceito técnico e não normativo. Ela refletia a natureza do sistema: um trabalhador não recebe menos do que o valor de sua força de trabalho, então não há troca injusta, mas há exploração. Em consequência, o aspecto normativo, mesmo que presente indiretamente na discussão de Marx sobre a condição da classe trabalhadora (sobretudo no primeiro volume de *O capital* e em alguns outros escritos políticos e didáticos), não influencia sua teoria. Uma abordagem instrumental de sua concepção sobre a desigualdade e a desconsideração do aspecto normativo não só é possível, como totalmente consistente com seu próprio pensamento.

Alguns traços de pensamento normativo sobre distribuição aparecem na discussão de Marx sobre rendas sob o socialismo e o comunismo, mas esses comentários são escassos e provisórios. Como ele mesmo disse, não queria lidar com as "receitas para as cozinhas do futuro".[8] E, obviamente, tais comentários não se referem ao capitalismo, com o qual estou preocupado no capítulo sobre Marx (capítulo 4). Incluo esses comentários na minha discussão do capítulo 7 sobre estudos de distribuição de renda no socialismo. Mas mesmo nisso, sigo a abordagem instrumental, observando as forças reais que influenciaram tanto a distribuição sob o socialismo quanto o pensamento sobre essa distribuição, e não os tipos de declarações normativas que os ideólogos do partido sempre gostaram de arrancar de Marx e Engels.

Um padrão do que constitui um trabalho importante. Na seleção desses autores e na avaliação de seus trabalhos, também usei alguns critérios definíveis para julgar quais formas de estudar a distribuição de renda são melhores do que outras? Sim, usei. E é importante ser bem explícito sobre esse aspecto, em especial porque isso esclarecerá minha crítica aos estudos sobre desigualdade da era da Guerra Fria feita no capítulo 7.

Na minha opinião, os melhores estudos sobre distribuição de renda combinam três elementos: narrativa, teoria e empiria. Somente quando todos os três estão em vigor é que obtemos o resultado valioso que chamo de *estudo integrativo* da distribuição de renda.

Uma *narrativa* de desigualdade é o relato de um autor sobre como uma distribuição de renda toma forma por meio da interação de determinadas forças. É importante dar coerência à teoria e explicar ao leitor quais evidências empíricas estão sendo privilegiadas pelo autor. Aqueles dos séculos XVIII e XIX presentes neste livro, por exemplo, moldaram suas narrativas em torno da estrutura de classes da sociedade, enquanto a história de desigualdade de Kuznets se concentrou nos efeitos da modernização (urbanização, com o desenvolvimento da manufatura). Outras narrativas descrevem lutas entre trabalhadores organizados e patrões por cotas do produto líquido, ou monopolistas "engolindo" produtores menores, ou guerras e epidemias afetando a distribuição de renda.

Não há outra razão além da conveniência para indicar esse elemento em primeiro lugar. Os outros dois elementos não estão subordinados a ele. A narrativa de alguém pode ser o produto de, ou influenciada pela empiria, assim como pode ser informada pela apreensão de processos históricos maiores ou qualquer outra coisa. Mas uma narrativa deve existir se planejamos convencer os outros de nossa visão de mundo, e não sucumbir ao empirismo mais superficial, em que as equações são executadas simplesmente com base na disponibilidade de dados.

A *teoria* é o que dá à narrativa uma estrutura lógica mais forte. Se quisermos contar uma história persuasiva da luta de classes, por exemplo, precisamos desenvolver teorias de estruturas de poder relativas e conflitos sobre as participações de renda entre as classes. Uma teoria sobre as principais forças que moldam a distribuição de renda pode ser expressa matemática ou verbalmente. Pode ser uma teoria econômica, política, sociológica ou de outro tipo. Mas sem uma parte teórica, a narrativa sozinha é vaga demais. E, por fim, para trazer os dados que podem dar origem, apoiar, minar ou revisar as alegações da narrativa e da teoria é preciso *empiria*. Trata-se de uma parte absolutamente indispensável. Os dados equipam o escritor que tenta convencer o leitor, mas também permitem que este verifique se as provas usadas para defender uma teoria são falhas. Todos os três elementos importam igualmente e, se algum estiver faltando, uma abordagem da distribuição de renda só pode ser chamada de incompleta.

Possíveis omissões. Pode-se dizer que há duas omissões notáveis na cobertura que o livro faz da história dos estudos sobre desigualdade. A primeira é a dos escritores anteriores a Quesnay, em particular dos mercantilistas. No entanto, não se trata de uma omissão importante tendo em vista o foco do livro. Afinal, Quesnay foi o fundador da economia política e o primeiro a introduzir explicitamente as classes sociais em sua análise e a definir a mais-valia econômica. Ambos os conceitos desempenhariam papéis enormes no desenvolvimento posterior da economia política e da economia. Os mercantilistas estavam obviamente preocupados com a desigualdade entre países, tal como causada por ganhos desiguais do comércio. Estudar suas concepções sobre a desigualdade dentro de um país, na medida em que as tinham, pode ser um tópico de nicho interessante. Mas na minha opinião, não é mais do que isso.

A segunda omissão é mais séria, porém parcial: a ausência dos estruturalistas latino-americanos e da escola da *dependência*. Como o capítulo 7 observará, a economia da Guerra Fria praticada em países capitalistas e socialistas por volta da década de 1960 até o início da década de 1990 foi, em grande parte, um terreno árido para pesquisas sérias sobre distribuição de renda. A exceção foi o trabalho dos estruturalistas, a maioria deles da América Latina, e aqueles associados à escola da dependência neomarxista. Não foi por acaso que a América Latina produziu o trabalho mais interessante sobre distribuição de renda desse período. Graças à sua posição política que não era nem pró-soviética nem acriticamente pró-americana, e porque as sociedades latino-americanas são flagrantemente baseadas em classes, o tópico da desigualdade foi abordado de forma distinta na região, e de modo muito mais criativo do que na Europa (seja ocidental ou oriental) ou nos Estados Unidos. Reconheço no capítulo 7 a contribuição da escola da dependência e especificamente de Samir Amin, cujo trabalho acompanhei por várias décadas. Mas infelizmente, meu conhecimento das obras de Raúl Prebisch, Celso Furtado, Octavio Rodríguez e outros não é suficiente para que eu possa discuti-las com confiança. Um comentarista mais versado teria dedicado mais espaço no capítulo 7, se não um capítulo adicional, para discutir esses (e possivelmente outros autores latino-americanos) e suas contribuições.

Concepções concorrentes da desigualdade

Também pode ser útil para o leitor ter, no início do livro, um breve esboço de como as concepções dos autores sobre a desigualdade diferem e se sobrepõem. Os quatro primeiros — Quesnay, Smith, Ricardo e Marx — consideram a desigualdade essencialmente um fenômeno de classe. Os outros veem as coisas de forma distinta. No caso de Pareto, a clivagem principal é entre a elite e o resto da população. Na visão de Kuznets, a desigualdade é causada pelas diferenças de renda entre áreas rurais e urbanas, ou entre agricultura e indústria. Para os autores das últimas três décadas do século XX, a desigualdade é um fenômeno marginal.

Mas mesmo entre os quatro primeiros autores, as concepções da desigualdade baseada em classes diferem. Para Quesnay, as classes são legalmente definidas. Isso é mais óbvio em seu uso dos proprietários, uma classe que inclui clero, aristocracia e administradores estatais e que, por lei, recebe o excedente. A classificação de Quesnay reflete o estado real das coisas antes da Revolução, quando a população francesa era composta de "estados" legalmente separados. A mesma separação legal continuou a existir até quase o final do século XIX em sociedades que eram baseadas em servidão, casta ou trabalho forçado (como a Rússia tsarista, a Índia e os países da Europa Central) e em sociedades que mantinham a escravidão (como os Estados Unidos, o Brasil e as colônias do Caribe). Nessas sociedades, fazia muito sentido pensar nas diferenças de classe não apenas como baseadas na economia, mas como diferenças em posições legais, que se traduziam em diferenças materiais e de renda.

Com Smith, e sobretudo com Ricardo e Marx, as diferenças baseadas em classe tornam-se inteiramente fundadas na propriedade de diferentes tipos de "ativos": terra, capital e trabalho. Não havia mais distinções legais formais entre classes e indivíduos, porém, na esfera econômica, os ativos que alguém possuía importavam muito. A desigualdade era vista através das lentes do que hoje é chamado de desigualdade funcional, ou seja, desigualdade nas rendas derivadas de diferentes fatores de produção. É por isso que a discussão sobre desigualdade nos escritos de Smith, Ricardo e Marx se resume a distintas participações nos aluguéis de terras, nos lucros do capital e nos salários do trabalho. Presume-se tacitamente que as pessoas recebem toda ou a maior parte de sua renda de apenas um fator de produção, e que as classes são "classificadas". Isso significa que praticamente todos os trabalhadores são considerados mais pobres do que todos os capitalistas, e todos os capitalistas são mais pobres do que todos os proprietários de terras. Essa é, com certeza, uma descrição muito simplificada da obra mais abstrata ou teórica de nossos autores. Quando eles — e isso é especialmente verdadeiro para Marx — estudam casos históricos concretos de desigualdade de renda, a classificação se torna muito mais detalhada e matizada (como de fato se mostrará no capítulo 4).

Com Pareto, entramos num mundo diferente: as classes desaparecem e os indivíduos, ou a elite versus o resto, assumem o controle. Por que isso aconteceu? Embora, em termos puramente empíricos ou mensuráveis, a desigualdade nas sociedades com as quais Pareto estava familiarizado (Itália e França na virada do século XX) estivesse próxima do nível de desigualdade na Grã-Bretanha no auge do capitalismo industrial, as distinções de classe na Itália e na França eram provavelmente menos salientes, e a mobilidade social era maior. Esses dois países também tinham menos desigualdade de riqueza.[9] Outra razão para a ocultação da análise de classe pode ser encontrada na teoria sociológica de Pareto, em sua crença de que a distinção mais importante na sociedade era entre a elite e o resto da população. Com efeito, numa sociedade capitalista, a elite pode ser composta de proprietários de capital. Mas trata-se somente de uma ilustração específica de um princípio geral baseado na elite. Numa sociedade socialista, a elite seria composta de burocratas do governo. Em outras palavras, a base sobre a qual a elite é construída pode variar, porém, a divisão entre elite e população permanece. As elites apenas assumem diferentes formas sociológicas em diferentes sociedades.

Simon Kuznets trabalhou e viveu nos Estados Unidos nas décadas de 1950 e 1960, num ambiente totalmente distinto do dos outros autores aqui considerados. A desigualdade no país havia diminuído substancialmente desde seu pico no início do século XX, os Estados Unidos eram de longe a nação mais rica do mundo, e sua clivagem de classe era tida como irrelevante, em parte porque as diferenças de classe eram objetivamente menores do que em outros lugares, e em parte devido ao mito da ascensão social criado por Horatio Alger. Achava-se que as mudanças na distribuição de renda eram causadas por mudanças nas rendas relativas entre áreas urbanas e rurais e entre atividades agrícolas e manufatureiras. Era uma nova visão da desigualdade, intimamente relacionada à teoria da modernização que era popular na mesma época.

No período posterior a Kuznets — uma época em que os estudos sobre distribuição de renda perderam importância, tanto em países socialistas quanto capitalistas —, não havia um princípio organizador, fosse ele baseado em classe, grupo ou elite, que estimulasse novos trabalhos. Havia razões "objetivas" para isso: a desigualdade de renda estava em declínio tanto nas economias socialistas, que haviam passado por revoluções e expropriações de capital privado, quanto nas economias capitalistas, que haviam criado o estado de bem-estar social. Porém, o eclipse dos estudos sobre desigualdade teve uma motivação amplamente política. Mas também ocorreu devido ao ambiente muito alterado das décadas de 1970 a 1990, no qual os economistas apresentados no capítulo 7 viveram e trabalharam.

Por fim, o renascimento recente dos estudos sobre desigualdade que discuto no Epílogo chegou com a descoberta e a documentação de uma tendência que vinha avançando fora do radar durante a ascensão neoliberal: níveis muito altos de desigualdade foram atingidos, o que foi efetivamente ocultado por um ambiente de empréstimos fáceis obtidos pelas classes média e média baixa. Quando esse empréstimo fácil diminuiu, dívidas tiveram de ser pagas e revelou-se o baixo crescimento subjacente da renda da classe média e a alta desigualdade. Isso ajudou os estudos sobre distribuição de renda a retornar com força.

Porém, esse retorno ocorre em condições muito diferentes, e hoje dá-se atenção a clivagens que (embora nada novas) foram amplamente ignoradas nos últimos dois séculos. Trata-se das clivagens raciais e de gênero. Para ser justo com os autores do século XIX cujo trabalho é revisado aqui, nenhum deles teria contestado a relevância de raça e de gênero para as disparidades de renda em suas épocas, mas essas questões também não eram partes integrantes de suas obras. A exploração racial é mencionada por Smith e Marx. Smith, totalmente crítico da instituição da escravidão, achava sua eliminação impossível porque os proprietários de escravizados com poder político nunca votariam a favor da perda de sua propriedade.[10] Marx foi um apoiador ativo do Norte e, em particular, de Lincoln durante a Guerra Civil Americana. Ele via a guerra como uma maneira pela qual a história, por meio do uso da violência quando necessário, substitui uma formação social menos eficiente (como uma sociedade escravista) por uma mais progressista (como a capitalista).[11] E embora Marx, no final de sua vida, tenha dado muito mais atenção a temas como colonialismo, servidão e escravidão, essas considerações permaneceram periféricas na interpretação dominante (e não despropositada) de Marx como um pensador ocidental.[12] As desigualdades de gênero estavam ainda menos integradas ao trabalho sobre distribuição de renda até bem recentemente. As razões implícitas para ignorá-las eram, em primeiro lugar, que a desigualdade era uma questão de diferenças nas rendas familiares e, em segundo, que as mulheres participavam da renda e da riqueza da família ou eram "invisíveis". Hoje, as diferenças de gênero e raciais têm um papel muito maior nos estudos de desigualdade do que no passado.

Também há muito mais interesse hoje em estudar as transmissões intergeracionais de renda e riqueza e como elas exacerbam a desigualdade. Isso se deve em parte à maior disponibilidade de dados e em parte a um reconhecimento crescente das vantagens que são rotineiramente transmitidas entre famílias e gerações, e como elas minam uma sociedade moderna formalmente dedicada à ideia de que os privilégios de nascença devem ser eliminados ou pelo menos minimizados.

Rastreando fios de influência

Há várias conexões entre os autores incluídos neste livro, que começa com François Quesnay, o fundador da doutrina fisiocrática e também da economia política. Adam Smith conheceu Quesnay durante sua viagem de dois anos à França, em 1764-6. Não sabemos com que frequência eles se encontraram, o quanto conversaram e que influência Smith pode ter tido sobre Quesnay, mas sabemos que a influência de Quesnay sobre Smith era perceptível, mesmo que o escocês tendesse a minimizá-la (conforme discutido no capítulo 2). Parece improvável que Smith tenha exercido muita influência sobre Quesnay, tendo em vista a diferença de idade e de posição social entre os dois. Quesnay estava em seu território, com 61 anos de idade, e no auge de sua influência política na França, enquanto Smith, quase trinta anos mais moço, era apenas um visitante num país estrangeiro, não conhecido por seu próprio trabalho, mas aceito graças às recomendações de David Hume. Eles se conheceram no território de Quesnay: em salões parisienses, onde Quesnay era idolatrado por seus seguidores fanáticos e Smith era incluído provavelmente apenas como ouvinte. Não está claro como Smith, cujo francês era claudicante, poderia ter contribuído muito, com tantas pessoas ao seu redor falando ao mesmo tempo num idioma que ele não entendia bem.[13] Por mais difícil que isso seja de imaginar — tão alta é sua reputação hoje —, é provável que Smith nunca tenha falado nos salões.

Ricardo começou a escrever sobre economia política enquanto lia Smith e fazia anotações sobre *A riqueza das nações*. Ao longo de sua vida, ele continuou sendo influenciado por Smith; pode-se até dizer que escreveu os *Princípios* com a ideia de corrigir Smith onde este estava errado. Por sua vez, as anotações de Marx de e sobre os *Princípios* de Ricardo são igualmente abundantes. Em *Teorias da mais-valia*, que é o quarto volume de *O capital*, dez dos 22 capítulos, ou mais de setecentas páginas, são dedicados a Ricardo e aos socialistas ricardianos. Na verdade, a presença de Ricardo é sentida em todo *O capital*. Não é exagero dizer que nenhum economista influenciou mais o desenvolvimento do pensamento de Marx do que David Ricardo.

Depois veio Pareto, cujo primeiro livro sobre economia política, *Les systèmes socialistes*, foi escrito para criticar os sociais-democratas da época e discordar de algumas das ideias básicas de Marx.[14] Mas Pareto não era tão antimarxista quanto às vezes é retratado. Em certos momentos, elogiava muito Marx e concordava que a luta de classes era um grande, e talvez até o principal, motor da história econômica e política. Porém, discordava dele em muitos outros pontos, inclusive da teoria do valor-trabalho de Marx e de sua crença de que, sob o socialismo, a sociedade não teria classes.

Um fio condutor claro, então, pode ser traçado através dos primeiros cinco autores de que trato, a partir de Quesnay em meados do século XVIII e terminando com Pareto no início do século XX. O sexto autor marca uma quebra na linhagem. Talvez tempo demais — tempo que incluiu duas guerras mundiais — tenha decorrido entre Pareto e Simon Kuznets. O trabalho deste último era fortemente empírico, e ele não tinha muito (ou quase nada) em comum com Ricardo ou Marx. Ele e Pareto também não compartilhavam muito além de suas preocupações com desigualdade interpessoal em vez de desigualdade de classe e dependência de métodos empíricos. A teoria de distribuição de renda de Kuznets era uma teoria intuitiva e indutiva que devia pouco a seus predecessores na economia política. A teoria da modernização e mudança estrutural que sustenta sua obra só pode ser vagamente conectada às teorias de desenvolvimento de Smith ou Marx. A visão de mudança de Kuznets era bem mais economicista do que social ou política.

Diferentes vozes, diferentes estilos

Cada um dos autores estudados aqui também tinha um estilo distinto de escrita e uma maneira de abordar os tópicos em questão. Aqui no Prólogo é um bom lugar para fazer o que não é feito em capítulos separados: colocar esses diferentes talentos e maneirismos lado a lado para comparação e contraste.

O estilo de Quesnay é obscuro e se torna ainda mais difícil por seus muitos erros numéricos. Com frequência, seus leitores ficam um tanto frustrados quando ele levanta uma questão para a qual a resposta parece estar tentadoramente próxima e depois atrasa a chegada dela com algum exemplo numérico complexo ou digressão bizarra (da perspectiva de hoje). Tem-se a sensação de atravessar uma paisagem intelectual atraente, mas ter o prazer dela estragado por repetições, contradições, erros e elipses. Friedrich Melchior Grimm achava que os escritos de Quesnay eram intencionalmente obscuros: "O sr. Quesnay não é apenas obscuro por natureza; ele é obscuro sistematicamente, e acredita que a verdade nunca deve ser dita com clareza".[15] No final, a jornada se torna uma longa e árdua labuta. Revelam-se conexões incomuns entre os fenômenos e os fatos, algumas delas extraordinariamente prescientes e que soam modernas, mas que são "canceladas" por outras declarações, surpreendentemente antiquadas e vindas direto do arsenal de *idées reçues* do século XVIII. Pode-se com facilidade entrar na toca do coelho da obra de Quesnay (e muitos o fizeram), tentando descobrir a lógica de seus argumentos enquanto cortam um emaranhado de erros técnicos. Sempre pensei que Quesnay devia atrair um grupo especial de economistas masoquistas que ficam obcecados em corrigir seus erros, um dia dando um passo à frente na compreensão desse homem complicado e seus seguidores, para depois recuar no dia seguinte quase na mesma proporção. Se eles chegam ao seu destino, é apenas depois de muitos anos de viagem e trabalho árduo.

O estilo de Adam Smith é totalmente distinto. O contraste entre a mente complexa, brilhante e às vezes confusa de Quesnay e a mente ácida, perspicaz e sensata de Adam Smith é impressionante. Eles foram os únicos dois escritores entre os seis deste livro que se conheceram pessoalmente, mas é de perguntar como os dois se comunicaram. Como eu disse, provavelmente não muito. Foi dito por vários outros que a influência de Smith na economia e nas ciências sociais deve muito à sua habilidade como escritor, o que permite que até mesmo erros de lógica e declarações contraditórias passem despercebidos na primeira leitura. É certo que *A riqueza das nações* é mal organizado e tem partes bastante tediosas e repetitivas (inclusive um capítulo muito longo sobre arrendamento de terras no Livro I, uma extensa discussão sobre manipulações financeiras no Livro II e uma seção dedicada às minúcias das regras alfandegárias britânicas no Livro IV). No geral, apesar de sua organização desajeitada, é uma obra muito bem escrita, e o fato de Smith ser citado com tanta frequência em tantos contextos diferentes não é acidental.[16] É um testemunho de seu estilo, suas analogias surpreendentes e a versatilidade de seu conhecimento.

Mas a citação desenfreada de frases escolhidas de *A riqueza das nações* ocorre ao custo da compreensão. Não é raro que uma frase de Smith seja citada com um objetivo em mente (que parece perfeitamente consistente com a frase em si), porém, qualquer um que leia a frase em seu contexto original verá que Smith quis dizer algo muito distinto. Entender ou não entender Adam Smith e usar uma citação isolada para apoiar sua posição adquiriram o status de uma indústria caseira; isso começou quase imediatamente após sua morte. Tomo partido em algumas das disputas relevantes argumentando que *A teoria dos sentimentos morais* e *A riqueza das nações* não devem ser distinguidas pela época em que foram escritas, e sim pelo objetivo e pelo público que Smith tinha em mente.[17] (Não reivindico que seja uma posição original, mas é difícil ter uma posição original quando se trata de Smith.) Esse argumento não é de mero interesse de antiquário; ele tem implicações importantes para nossa visão de Adam Smith como um economista da desigualdade.

O estilo de Ricardo é ainda mais diferente. É matemática escrita sem símbolos matemáticos. Seu estilo era árido, um caso original do que Schumpeter chamou de "o vício ricardiano".[18] Mas esse estilo árido e desapaixonado despertou paixões por dois séculos desde a publicação de *Princípios de economia política e tributação*.[19] Somos repelidos pela secura da escrita e impressionados pela consistência lógica levada (às vezes) aos seus extremos frígidos. Enquanto Adam Smith é, em geral, divertido de ler, e Quesnay alternadamente fascinante e frustrante, Ricardo não é o que se possa chamar de um autor atraente. Até o próprio Ricardo manifestou uma opinião bastante crítica sobre seus talentos de escrita e oratória ao escrever para James Mill: "Tenho dificuldades em composição — em vestir meus pensamentos com palavras, num grau que raramente testemunho em outros".[20] É difícil dizer o quanto ele acreditava nisso e o quanto disso era simplesmente a afetação autodepreciativa comum ao gênero epistolar britânico do século XIX. Os exemplos históricos de Ricardo (*excursi*) são muito poucos, e os que ele fornece parecem funcionar simplesmente como ilustrações e não revelam nada de profundidade sobre países reais e suas histórias. O contraste com Smith é forte, considerando-se especialmente que o interesse de Ricardo em economia começou com suas leituras cuidadosas e anotadas de *A riqueza das nações*. O conhecimento e a curiosidade de Smith sobre questões econômicas ao redor do mundo e ao longo da história, desde os impérios romano e asteca até a China e a Escócia, o diferenciam de Ricardo.

Mas se alguém se concentrar na questão que ocupa Ricardo e seguir o argumento frase por frase, os ganhos são enormes. Eu destacaria o famoso capítulo XXXI, "Sobre máquinas", como o melhor exemplo da escrita de Ricardo: é um tema excelente, a argumentação é concisa e compreensível, e ele é totalmente honesto a respeito de ter abandonado sua crença anterior de que a introdução de máquinas não poderia prejudicar os interesses dos trabalhadores (Marx o elogiou por demonstrar sua "boa-fé").[21] Desse modo, o capítulo combina Ricardo, o homem, em busca de conhecimento aonde quer que ele o leve, e Ricardo, o pensador de primeira linha.

Os exemplos numéricos de Ricardo e Marx são outra história, devido principalmente ao uso frequente de fractis* e do obsoleto sistema libra-xelim-pence. Eu me pergunto quantas dissertações foram dedicadas a descobrir o significado e a precisão dos exemplos numéricos de Ricardo e Marx. Decerto há o suficiente deles para ocupar anos de trabalho. Os exemplos de Marx com frequência contêm erros aritméticos; alguns deles foram corrigidos por Engels, outros levaram cem ou mais anos e o trabalho conjunto de tradutores e editores para serem detectados. Alguns erros, no caso de Marx, ainda levam à confusão, como notei (não intencionalmente, mas por pura necessidade) ao comparar as edições da Penguin de *O capital* de Marx com as versões eletrônicas extremamente úteis, porém, às vezes cheias de erros, dos escritos de Marx disponíveis em Marxists.org. Tendo em vista o status quase religioso que os escritos de Marx adquiriram, há também a questão da tradução de seus termos-chave para o inglês e outras línguas. Embora as traduções para o inglês de termos e conceitos tão

---

* "Fractil" é um termo de estatística que se refere a quaisquer porções iguais em que um conjunto de dados pode ser dividido. Ou seja, fractis são pontos numa distribuição que dividem os dados em partes iguais. [N. T.]

importantes como "alienação", "mais-valia", "acumulação primitiva" (e em alguns casos também "acumulação *primária*") e "a tendência da taxa de lucro cair" estejam agora padronizados, ainda há diferenças que surgem de uma publicação para outra. Como não falo alemão, Marx é o único autor aqui estudado que não li no original, tendo confiado numa mistura de traduções para o inglês, francês e sérvio. Felizmente para mim e para outros economistas, há menos questões terminológicas nos escritos econômicos de Marx do que em seus textos filosóficos. Por exemplo, Martin Milligan, o tradutor para o inglês de uma versão dos *Manuscritos econômicos e filosóficos de 1844*, inicia o livro com uma nota de quatro páginas sobre a tradução de vários termos-chave, incluindo uma explicação de por que *estranged* está mais próximo do original alemão do que o mais comumente usado *alienated*.[22]

O objetivo de Marx ao escrever o primeiro volume de *O capital* era, como ele mesmo disse, escrever uma obra de arte e não apenas um livro de economia política, ou mesmo uma crítica da economia política (como diz o subtítulo). Ele atingiu esse padrão reunindo filosofia, literatura, história e economia política. E foi ajudado durante todo o processo de escrita por seu vasto conhecimento de filosofia e literatura grega e romana. (A dissertação de Marx foi sobre as filosofias da natureza de Demócrito e Epicuro.) Seu uso da ironia é excepcional; veja-se, por exemplo, sua avaliação de Luís Napoleão: "Como fatalista, ele vive devotado à convicção de que existem certos poderes superiores, aos quais o homem, particularmente o soldado, não pode resistir. Primeiro entre esses poderes ele enumera charutos e champanhe, aves frias e linguiça de alho".[23] Seu estilo facilmente reconhecível de repetições de antíteses, sobretudo em seus escritos políticos e históricos, é igualmente brilhante e digno de citação, embora talvez recorra a ele com demasiada frequência e às vezes se torne excessivamente previsível. Um bom exemplo é sua zombaria dos liberais britânicos do século XIX: "os whigs britânicos devem se tornar [...] agiotas com preconceitos feudais, aristocratas sem questão de honra, burgueses sem atividade industrial, homens de conclusividade com frases progressistas, progressistas com conservadorismo fanático, traficantes de frações homeopáticas de reformas, fomentadores do nepotismo familiar, grandes mestres da corrupção, hipócritas da religião, Tartufos da política".[24]

Nem todos, no entanto, ficavam encantados com o estilo de Marx, como mostra a crítica dura (mas não totalmente equivocada) de Benedetto Croce ao primeiro volume de *O capital*:

Deve-se levar em conta a estranha composição do livro, uma mistura de teoria geral, de controvérsias e sátiras amargas, e de ilustrações ou digressões históricas, e tão arranjado que somente [Achille Loria, um economista italiano conhecido por sua própria prosa desordenada] pode declarar *Das Kapital* como o melhor e mais simétrico dos livros existentes; sendo que ele é, na realidade, assimétrico, mal-arranjado e desproporcional, peca contra todas as leis do bom gosto e assemelha-se em alguns detalhes à *Scienza nuova* de Vico. Depois, há também a fraseologia hegeliana amada por Marx, cuja tradição agora se perdeu, e que, mesmo dentro dessa tradição, ele adaptou com uma liberdade que às vezes parece não carecer de um elemento de zombaria. Portanto, não surpreende que *Das Kapital* tenha sido considerado, em um momento ou outro, um tratado econômico, uma filosofia da história, uma coleção de leis sociológicas [...] um livro de referência moral e política, e até mesmo, por alguns, um pouco de história narrativa.[25]

Sabemos que o segundo e o terceiro volumes de *O capital* nunca foram concluídos e que foram editados por Engels, que usou o que poderíamos chamar hoje de método de cortar e colar. O estado inacabado deles tem vantagens e desvantagens. Algumas partes importantes (como a discussão da tendência de a taxa de lucro cair) estão claramente inacabadas. Algumas partes do terceiro volume são apenas longas citações das discussões intermináveis realizadas em vários comitês parlamentares de Westminster. Mas a vantagem de não terem sido concluídas é que, em determinadas partes, podemos ver e admirar uma mente brilhante trabalhando no auge de seu poder e inspiração. Alguns trechos (e o mesmo vale para os *Grundrisse*) são verdadeiros diamantes brutos e acredito que nunca foram relidos ou corrigidos por Marx. Eles parecem ter sido publicados como foram escritos, de uma só vez e nas garras da inspiração em qualquer dia que fosse, no quarto desorganizado de Marx em Londres ou na mesa que reivindicou como sua no Museu Britânico.

A enorme sede de Marx por conhecimento, que abrangia tudo, desde escritos jornalísticos até política, economia e filosofia, levou milhares de pessoas a gastarem milhões de horas de trabalho — e algumas delas, suas vidas inteiras — debruçando-se sobre seus textos. (Algumas até morreram por Marx, ou por causa dele, o que não se pode dizer de nenhum outro escritor estudado neste livro.) Em artigo recente sobre a publicação de novos volumes de obras coletadas, Heinz Kurz escreve sobre a relativa esterilidade dos últimos anos de Marx, que explica por seu apetite insaciável por conhecimento. Ele se aprofundou nas literaturas não só de todas as partes da existência social humana, inclusive o aprendizado de novas línguas como o russo, mas também de matemática, química (em sua idade madura), geologia e outras ciências naturais.[26] Tem-se a impressão de que, se um acordo pudesse ser feito para que o mundo parasse em seus trilhos assim como aconteceu em 1870, e que Marx tivesse dois séculos para analisá-lo, ele não conseguiria completar a tarefa. A ambição de absorver o conhecimento do mundo atrapalhou sua conclusão de muitas partes de seus textos. Se não fosse por sua fama inesperada, desencadeada por se tornar, após a Revolução de Outubro, não um mero fundador de uma república ou monarquia, mas o fundador de uma nova ordem social destinada a se espalhar por toda a Terra, muitos de seus escritos nunca teriam chegado ao público. (Por exemplo, seus manuscritos de 1844, *Grundrisse*, e a maioria de sua correspondência provavelmente não teriam sido publicados em forma de livro, afora talvez algumas edições bastante especializadas.)[27] Mas, na realidade, suas obras reunidas, muitas delas meras anotações ou rabiscos, ainda são publicadas um século e meio após sua morte.

Os escritos de Pareto estão imbuídos do amor do autor pelo paradoxo, sua busca por controvérsia e seu desejo de *épater le bourgeois* [chocar a burguesia], mesmo que na maioria de seus textos ele defendesse as virtudes burguesas. Os escritos mecanicistas de Pareto, excessivamente ordenados em seções como "3.2A.4" (sem muita razão aparente), e sua terminologia não intuitiva tornam sua obra difícil de ler; ela requer um alto nível de comprometimento e paciência do leitor e frequentemente clama por elucidação. As melhores partes de Pareto são quando ele esquece seu desejo usual de chocar com paradoxos, ou de disciplinar com divisões do texto semelhantes às da engenharia, ou de impressionar ao criar neologismos gregos, e permite que suas opiniões sejam expressas de uma forma mais "natural". Apesar de seus defeitos, os escritos de Pareto exercem certa atração perversa. É lamentável que seja tão pouco lido hoje em dia, embora ele talvez não pensasse assim. Como amante de paradoxos, com uma mente de inclinação aristocrática, poderia ter algum orgulho da falta de popularidade e apelo às massas.

O estilo de escrita de Kuznets é provavelmente o menos interessante dos seis autores estudados neste livro. Em parte ele reflete o próprio homem — cuidadoso, comedido, enfadonho — e em parte reflete a evolução da economia à medida que ela gradualmente deixou de ser uma ampla ciência social para se restringir a um campo estreito que examina apenas uma parcela da existência humana. Kuznets tinha um forte interesse em demografia e com frequência reconhecia a importância da política, de fatores sociais e até mesmo da psicologia, mas não escrevia nessas áreas. Talvez para manter um efeito aparentemente mais científico, ele expressava suas ideias complexas em frases cheias de ressalvas e qualificações, complicando-as ainda mais. Não era incomum para Kuznets começar uma frase aparentemente argumentando a favor de A, porém, no final ela acumula tantos problemas enfrentados por A que o leitor começa a acreditar que A deve estar errado e B mais correto. Os estilos de Pareto e Kuznets representam antípodas, um sendo provocador e o outro tentando ser o menos provocativo possível. Mas ambos foram cuidadosos ao abordar questões de desigualdade e distribuição de renda, sem exagerar em sua argumentação. Isso é especialmente notável em Pareto, que era mais propenso a fazer declarações fortes apenas para se retratar delas mais tarde, ao menos em parte.

Integrações desiguais de narrativa, teoria e empiria

Já delineei meu próprio padrão do que constitui um trabalho substancial sobre desigualdade: ele apresenta uma narrativa convincente, teoria bem desenvolvida e provas empíricas. Quando olhamos para todos os nossos autores com esse padrão em mente, podemos dizer que Quesnay, Smith e Ricardo tinham narrativas muito fortes e claras, e uma boa conexão entre as narrativas e a teoria (isso é provavelmente mais evidente no caso de Ricardo), mas pouco em termos de empiria. A ausência de provas empíricas se deve ao simples fato de que a maioria dos dados de que precisavam não existia na época. É por isso que Ricardo teve de recorrer quase inteiramente a cálculos ilustrativos e exemplos numéricos. Alguns dados sobre aluguéis, lucros e salários existiam, mas as fontes eram fragmentárias e dispersas, mesmo em obras de autores como Malthus, que estavam mais interessados em provas empíricas do que Ricardo, e que procuravam dados em praticamente qualquer publicação que pudessem encontrar. Havia uma escassez de empiria em comparação ao que esperamos hoje.

Na obra de Marx, e ainda mais na de Pareto, todas as três partes estão presentes. O uso de dados e fatos por Marx marcou uma melhoria imensa em relação a Ricardo e Smith. Pareto levaria isso a um novo nível graças a seu acesso aos dados fiscais sobre distribuição de renda. (Como o capítulo 4 mostrará, Marx também citou dados fiscais sobre distribuição de renda inglesa e irlandesa — o mesmo tipo de dados que três décadas depois proporcionaria o núcleo empírico das alegações de Pareto.) Tanto Marx quanto Pareto também tinham narrativas e teorias claras. E o mesmo vale para Kuznets: todos os três componentes da abordagem "boa" estão presentes.

Mas com a Guerra Fria, e a economia tal como praticada na época em países socialistas e capitalistas, as coisas foram diferentes. Isso não ficou imediatamente claro para mim, pois enfrentei o problema de como explicar o eclipse repentino dos estudos sobre distribuição de renda após aproximadamente 1960 no Ocidente. Esse eclipse ocorrera ainda mais cedo no Oriente, porém, para este último, era possível encontrar uma explicação na crença de que as classes sociais haviam sido abolidas e na pressão política para não permitir estudos que pudessem contestar essa crença (imposta). Mas, quanto ao Ocidente, haveria algo na economia neoclássica e no clima político induzido pela Guerra Fria que fazia seus economistas se voltarem contra o estudo da desigualdade em seus países capitalistas e democráticos?

O quebra-cabeça foi resolvido quando percebi que a disciplina de economia, tal como foi ensinada e estudada entre 1960 e 1990 no Ocidente, foi realmente projetada para o período da Guerra Fria. Mas os elementos políticos não eram os únicos relevantes: existia igualmente um elemento objetivo, pois o período testemunhou um declínio significativo na desigualdade. Ela parecia um problema que estava desaparecendo, e isso reduziu o interesse em estudá-la. Havia também a virada abstrata na economia e o financiamento de pesquisas pelos ricos para culpar, porém, o clima político era talvez o determinante mais importante. No tipo de economia favorecida durante a Guerra Fria no Ocidente, não havia lugar para pesquisa sobre desigualdade de classe e, portanto, para qualquer estudo sério sobre distribuição de renda — ao menos enquanto os países comunistas do outro lado da Cortina de Ferro alegassem ter abolido as classes. Cada lado tinha de insistir que era mais igualitário e menos baseado em classes do que o outro.

O evisceramento da gradação social ou de classe durante a Guerra Fria é evidente quando olhamos para a evolução histórica sofrida pelos próprios estudos de distribuição de renda. Quesnay, Smith, Ricardo e Marx usaram as classes sociais como uma forma de organizar seu pensamento sobre economia. As classes eram os conceitos naturais em torno dos quais a distribuição de renda era "construída". Pareto mudou para a desigualdade interpessoal, mas não se esqueceu da estrutura social. A elite (a classe de renda mais alta) e o resto da população tomaram o lugar das classes sociais — ou mais exatamente, dependendo do sistema político, diferentes classes sociais poderiam se tornar elites. Capitalistas num sistema, burocratas no outro. Foi somente com Kuznets que as classes sociais e as elites desapareceram e o foco mudou para indivíduos que eram socialmente diferenciados por sua localização (rural ou urbana), suas ocupações (agricultura, indústria ou serviços) e sua educação (qualificados e não qualificados). Mas nenhum desses grupos representava uma classe social da forma como os clássicos viam, desempenhando um papel distinto no processo de produção, e nenhum constituía uma elite. A tendência de rebaixar marcadores sociais como categorias primárias por meio das quais compreendemos a desigualdade começou com Kuznets e continuou depois dele ainda mais fortemente, e ela é, na minha opinião, uma das razões pelas quais os estudos de distribuição de renda regrediram na segunda metade do século XX.

Havia também outras razões pelas quais os estudos de distribuição de renda retrocederam sob a égide da economia da Guerra Fria. Esse é o tema do capítulo 7. No entanto, vale a pena mencionar aqui que a estrutura tripartite desejável se desfez. Estudos puramente empíricos (que eram numerosos) tornaram-se desvinculados de uma narrativa, fosse política, baseada em classe ou internacional. Na maioria das vezes, não havia narrativa alguma. Ou, onde havia uma narrativa, como na "teoria dos sistemas mundiais", havia muito pouco em termos de empirismo. Enquanto isso, os estudos teóricos tornaram-se excessivamente simplistas e irrealistas em suas suposições, bem como teleológicos, porque as próprias suposições ditavam os resultados finais. Esses estudos teóricos dispensavam tanto a parte narrativa quanto a empírica. As coisas desmoronaram também devido à especialização excessiva no trabalho sobre distribuição de renda, onde nenhuma das muitas vertentes era capaz de incorporar todas as três dimensões.

Uma versão da economia da Guerra Fria existia similarmente em países socialistas. Essa versão era um marxismo dogmático simplificado, despojado de sua análise de classe quando aplicado a sociedades socialistas. Tal como na economia ocidental, a desigualdade e suas causas eram ignoradas. As partes narrativa e teórica foram suplantadas por visões normativas da distribuição de renda, enquanto havia poucos estudos empíricos (ao contrário do Ocidente) devido à falta de dados e, quando os dados existiam, ao segredo em que estavam envoltos. Estudos sobre distribuição de renda em países socialistas tinham, portanto, na melhor das hipóteses, algum conteúdo empírico, muitas vezes fraco, mas quase nenhuma narrativa ou teoria.

A situação era melhor em algumas partes do Terceiro Mundo, notadamente na América Latina. Por muito tempo, autores latino-americanos produziram estudos empíricos sobre desigualdade de renda em seus países. Mas sua principal vantagem em comparação com a economia ocidental da Guerra Fria estava na capacidade de ancorar esses estudos na narrativa estruturalista que vinculava a posição econômica e política internacional desses países a uma análise de suas estruturas internas (de classe). A teoria era, portanto, muito mais rica do que na economia neoclássica da Guerra Fria.

E os pesquisadores? Keynes escreveu sobre a famosa "rara combinação de dons" que um grande economista deve ter.[28] Em minha opinião, os estudiosos da desigualdade de renda precisam conhecer intimamente a política e as histórias relevantes das sociedades que estudam, e devem ser bons em matemática e técnicas empíricas. Eles também devem ter uma ampla "visão" sobre o tópico que estão estudando e familiaridade com a história econômica de países estrangeiros, inclusive sua literatura econômica. Tais características, combinadas em um autor, eram escassas, devido talvez a um sistema educacional que colocava ênfase indevida na divisão do trabalho e na especialização despropositada.

Ganhando perspectiva sobre nossas próprias concepções

Uma vantagem da abordagem adotada aqui é que ela nos dá uma visão não apenas dos autores estudados, mas também de nossos próprios preconceitos quando olhamos para a desigualdade hoje. Igualmente nos faz apreciar melhor a especificidade histórica de nossas preocupações atuais com a desigualdade. Nossas próprias concepções não têm relevância universal, mas são a expressão do que vemos hoje como as forças mais importantes que determinam a desigualdade. A "historicidade" deve nos ajudar a perceber que as forças que moldam a desigualdade podem ser diferentes em diferentes sociedades e em diferentes épocas.

Dito isso, devo também admitir que neste livro me referirei ocasionalmente a um efeito observado como uma lei — por exemplo, mencionando a lei de Marx pela qual a taxa de lucro tende a cair, ou a lei de Pareto, ou a lei sugerida pela curva U invertida de Kuznets. Em todos esses casos, a verdade é que se trata de hipóteses e, no melhor dos cenários, quando parecem ser confirmadas, tendências. O termo "lei" vem das ciências naturais e é usado por conveniência, mas afirma demais; é óbvio que fenômenos sociais não se prestam a declarações igualmente preditivas.

Cada geração se concentra no que considera ser as características relevantes da desigualdade, ou suas causas principais. Ao observar como os economistas mais importantes pensavam sobre isso no passado, aprendemos sobre história e indiretamente questionamos — ou melhor, notamos — que nossa própria abordagem é limitada tanto por nossa concepção da sociedade contemporânea quanto pelo que hoje pensamos serem marcadores essenciais da desigualdade.

Os autores dos séculos XVIII e XIX (como observado anteriormente) mal se preocupavam com desigualdades raciais e de gênero e como elas se sobrepunham e influenciavam a desigualdade geral. Ambas são mencionadas apenas incidentalmente. Até mesmo a desigualdade entre nações, da qual eles estavam obviamente cientes (e que desempenhou um papel cada vez mais importante no pensamento de Marx), não tinha nem de longe o lugar que tem hoje. Durante a maior parte dos séculos XVIII e XIX, a igualdade perante a lei era, no máximo, um objetivo ambicioso.

Embora quase todos os escritores examinados neste livro tenham enfrentado pessoalmente a desigualdade legal, ela não desempenhou um papel substancial em suas obras. Quesnay considerava evidente que a igualdade legal das classes sociais não pode existir; Smith não tinha o direito de votar na Escócia; Ricardo não hesitou em comprar uma cadeira no Parlamento e aparentemente nunca visitou seu eleitorado; o pai de Marx teve de se converter ao protestantismo para continuar trabalhando como advogado; Pareto não pôde se casar com uma mulher que amava até que, quase no fim de sua vida, conseguiu encontrar um lugar na Ístria, governada pela Itália, onde divorciados eram autorizados a se casar de novo; Kuznets era um migrante que originalmente, após chegar aos Estados Unidos, achou prudente mudar seu nome do russo Kuznets para o inglês Smith (os dois significam "ferreiro").

O ponto principal é que a percepção da desigualdade muda ao longo do tempo, e cada autor considerado nestas páginas foi influenciado pelas condições de época e lugar. Levar isso em conta nos permite compreender a verdade importante de que toda desigualdade é um fenômeno histórico; seus motivos variam entre sociedades e épocas, e as percepções de desigualdade diferem em função das ideologias que defendemos. Não podemos, portanto, falar de desigualdade em termos gerais ou abstratos; podemos apenas falar de características específicas de cada desigualdade.

Um objetivo deste livro é destrinchar essas características específicas de tempo e lugar e possibilitar que os leitores reconheçam que nossas próprias visões da desigualdade são influenciadas pelas principais características de nossas sociedades. Aceitar que nossa própria concepção de desigualdade é moldada por nosso contexto histórico e definida pelo lugar pode melhorar nossa capacidade de pensar adiante, em direção às questões que o futuro trará.

I.
François Quesnay: Classes sociais em um "reino agrícola rico"

François Quesnay e os fisiocratas podem ser corretamente considerados os fundadores da economia política. Eles constituíam um grupo de acadêmicos, dentre os quais Quesnay e Mirabeau *père* são os mais famosos, que foram de início chamados de *"les économistes"* — a primeira vez que esse rótulo foi usado. Só mais tarde eles se tornaram conhecidos como fisiocratas, termo cunhado provavelmente pelo próprio Quesnay, referindo-se (como o subtítulo de seu livro indica) às "leis naturais de governança mais vantajosas para a espécie humana": respeito à liberdade e à propriedade privada, fundado no poder de criação de riqueza da agricultura.[1]

A contribuição dos fisiocratas é importante em três aspectos. Primeiro, eles (e Quesnay em particular) foram os primeiros a ver o processo econômico como um fluxo circular e sujeito a ritmos regulares. Segundo, foram os primeiros a ver que os excedentes são criados dentro do processo econômico e não a partir do comércio, como argumentavam os mercantilistas.[2] Embora seja verdade que eles viam um excedente surgindo apenas na agricultura, onde as forças da natureza ("os poderes inesgotáveis do solo", para citar Adam Smith) se combinam com o trabalho dos trabalhadores para produzir resultados, sua ideia essencial de que o excedente é criado por meio da produção foi crucial e ainda se mantém hoje em nossos conceitos modernos de valor agregado e produto interno bruto. Com efeito, alguns economistas veem na obra dos fisiocratas a precursora da contabilidade nacional moderna.[3] Em terceiro lugar — e é isso que mais nos interessa aqui —, os fisiocratas criaram *Le Tableau économique*, que exibe relações numéricas na economia e define as classes sociais e suas rendas de uma maneira que nos dá hoje uma base empírica para estudar a desigualdade de renda na França pré-revolucionária. Eles deram a primeira definição clara de classes sociais em economia e provavelmente a primeira definição de conflito de classes.[4]

A desigualdade na França na época de Quesnay

Quesnay era o médico pessoal de Madame de Pompadour na corte de Luís XV, numa época em que a França era o país mais populoso da Europa, um grande reino agrícola com o rei no topo e uma distinção legal formal entre seus três estados: clero, nobreza e *le tiers état* [o terceiro estado]. Este último incluía todos os outros: burguesia, trabalhadores, fazendeiros, pobres e vagabundos. Essa estrutura de classe formalizada influenciou, como veremos adiante, a própria visão de Quesnay sobre as diferenças de classe.

A desigualdade de renda na França, como podemos avaliar com base em dados fiscais e tabelas sociais, era muito alta e considerada maior do que a da Inglaterra. O coeficiente de Gini para a França, calculado a partir de fontes da época que incluem dados fornecidos pelo próprio Quesnay, varia entre 49 e 55, em comparação com o inglês, estimado como abaixo ou em torno de 50 no mesmo período.[5] O nível de desigualdade indicado por um Gini acima de 50 não é obviamente desconhecido hoje; é o nível de desigualdade que encontramos em países latino-americanos como Colômbia, Nicarágua, Honduras e Brasil. Como esses exemplos modernos sugerem, é um nível muito alto de desigualdade. Morrisson e Snyder, num estudo detalhado da desigualdade francesa ao longo de dois séculos, estimam que a participação na renda do país do decil superior em 1760-90 fosse de 56% (veja também o capítulo 5 adiante).[6] Como a riqueza é tipicamente distribuída de forma mais desigual do que a renda, as pessoas no decil superior por riqueza podem ter possuído até 70% da riqueza nacional.[7]

Ademais, a renda média da França pré-revolucionária era muito menor do que a das sociedades latino-americanas modernas e, portanto, a desigualdade "real" pré-revolucionária era muito maior. Um determinado Gini numa sociedade mais pobre em relação a uma mais rica significa que a elite é capaz de empurrar a desigualdade real para muito mais perto da desigualdade máxima viável.[8] (Define-se "desigualdade máxima viável" como aquela em que, com exceção de uma minúscula e, no limite, infinitesimal, elite, todos vivem no nível da subsistência.) Isso torna uma sociedade mais pobre com o mesmo Gini mais "exploradora". A "taxa de extração de desigualdade", que é a razão entre o nível de desigualdade real de uma sociedade e o que é considerado seu nível máximo viável, é estimada em 70% na França pré-revolucionária.[9] O mesmo Gini no Brasil de hoje implica uma taxa de extração de desigualdade de cerca de 55%. Em outras palavras, a elite governante francesa empurrou a desigualdade para o nível mais alto que pôde — com certeza, não tão perto da marca de 100% como foi o caso em várias colônias, mas também não muito longe dela.[10]

Os níveis de renda franceses eram mais baixos que os ingleses. Estima-se que a renda média francesa (com base nas mesmas fontes usadas para estimativas de desigualdade) era entre 3,3 e 3,8 vezes o nível de subsistência.[11] A renda média inglesa na mesma época era cerca de seis vezes maior que o nível de subsistência.[12] Do mesmo modo, o Projeto Maddison, a principal fonte de dados históricos de contas nacionais, estima em sua atualização de 2020 que o PIB per capita inglês no ano 1760 era de cerca de US$ 3000 (em dólares internacionais), enquanto o PIB per capita francês era de US$ 1700.[13] Isso está de acordo com a percepção de Quesnay: "O nível de prosperidade que supomos [para a França] está muito abaixo do que é uma realidade para uma nação da qual acabamos de falar [Inglaterra]".[14] A diferença nas rendas é bem captada pelas impressões de François-René de Chateaubriand em seu retorno à França em 1800, após um período de exílio na Inglaterra:

> Fiquei impressionado com a aparência de pobreza no país: mal havia alguns mastros visíveis no porto. [...] Na estrada, não se via quase nenhum homem; mulheres com a pele bronzeada, os pés descalços, as cabeças descobertas ou apenas enroladas em lenços, aravam os campos: alguém poderia confundi-las com escravas.[15]

O contraste também é observado em muitas ocasiões pelo escritor britânico Arthur Young, que viajou por cidades, vilas e campos franceses nos anos imediatamente anteriores à Revolução. As impressões de Young sobre a França são talvez excessivamente negativas, mas pintam um quadro consistente de pobreza coexistindo com enorme riqueza, como nesta citação (que numa coincidência bem divertida diz respeito ao castelo ancestral do próprio Chateaubriand, na Normandia):

> Eu disse a M. de la Bourdonaye que sua província da Bretanha me parecia não ter nada além de privilégios e pobreza, ele sorriu e me deu algumas explicações que são importantes; mas nenhum nobre pode jamais sondar esse mal como deveria ser feito, resultante como acontece dos privilégios que vão para eles, e da pobreza para o povo.[16]

É interessante notar que, apenas duas gerações mais tarde, a situação se inverteria. Enquanto a Inglaterra continuava a ser vista como líder no progresso industrial e até mesmo em desenvolvimento político, e era admirada por isso por muitos pensadores franceses, inclusive Alexis de Tocqueville, surgiu um enigma. A Inglaterra, embora economicamente mais avançada, também tinha uma pobreza muito mais profunda do que a França. Assim, em 1835, Tocqueville foi incumbido pela Academia de Cherbourg de viajar à Inglaterra e estudar a pobreza britânica. Ele escreveu um pequeno esboço, *Mémoire sur le paupérisme*, mas nunca concluiu o ensaio, que foi entregue à Academia e publicado somente após sua morte (em francês em 1911, e em inglês somente em 1968).[17] Embora Tocqueville não tenha conseguido dar uma explicação totalmente satisfatória do motivo da pobreza inglesa ser tão profunda e generalizada (o que talvez explique por que o ensaio não foi formalmente publicado durante sua vida), está claro que ele acreditava que a situação se devia principalmente à movimentação da mão de obra da agricultura para a indústria: pessoas que antes cultivavam suas próprias terras e desfrutavam de um mínimo de bem-estar (inclusive de comida abundante) foram deslocadas do campo e espremidas nos novos centros industriais. A primogenitura, os vínculos e o comportamento "improvidente" de um novo proletariado privado de posses eram, segundo Tocqueville, as principais causas da pobreza.[18]

A condição do proletariado britânico durante a Revolução Industrial impressionou muitos observadores, inclusive, é óbvio, Friedrich Engels, que publicou seu famoso panfleto sobre o tema em 1845.[19] Do mesmo modo, afetou Karl Marx e sua própria visão do aprofundamento da polarização de classes e da pauperização dos trabalhadores durante a Revolução Industrial (um tema que será abordado no capítulo 4). Em contraste, o campesinato francês que obteve terras após a Revolução parecia agora relativamente próspero, e o proletariado britânico empobrecido e sobrecarregado de trabalho.

Porém, esse não era o caso em meados do século XVIII, quando o principal objetivo dos fisiocratas era influenciar a política econômica e ajudar a França a se tornar um "reino agrícola rico" e alcançar a Inglaterra. A primeira motivação deles não era criar uma nova ciência, mas influenciar a política, embora se vissem como "cientistas" e considerassem científica sua abordagem.[20] Eles defendiam o "laissez-faire, laissez-passer", uma expressão cunhada por Quesnay. "Laissez-faire" significava, como hoje, liberdade de empreendimento sem interferência governamental. "Laissez-passer" significava liberdade de tarifas internas que limitavam o movimento de mercadorias e, em particular, dos grãos dentro da França.

Os fisiocratas, rompendo com a tradição, também consideravam a riqueza das classes pobres como o melhor indicador da riqueza de um país, e estavam preocupados com o subconsumo se a renda dos pobres fosse muito baixa. Isso aparece como a Máxima XX de Quesnay (uma das trinta em sua lista de "máximas do governo econômico"): "Que o bem-estar [*aisance*] das classes mais baixas de cidadãos não seja diminuído, porque reduzir seu consumo dos produtos da nação reduziria a reprodução e a receita da nação".[21] A preocupação com a *aisance* das classes mais baixas era uma ideia nova e um afastamento marcante da visão mercantilista anterior, segundo a qual a riqueza da classe alta, ou a riqueza do Estado, expressa em estoques de ouro e balanças comerciais positivas, era o barômetro do sucesso econômico. A visão dos fisiocratas, que veremos manifestada com ainda mais força por Adam Smith, era de que as condições de vida da maioria da população representavam o indicador-chave da riqueza de um país e da solidez de suas políticas econômicas.

Os fisiocratas foram muito influenciados pela ideia da China (como a China era entendida na Europa naquela época) por razões que são fáceis de entender: tal como a França, tratava-se de um reino agrícola dirigido por um governante absoluto que, em princípio, era benevolente e interessado no bem-estar de seus súditos. Ademais, compreendia-se que esse imperador mantinha um corpo de estudiosos nobres para implementar políticas de interesse público, que não apenas o aconselhavam, mas coletivamente, até certo ponto, limitavam seus poderes autocráticos.[22] Não surpreende que os fisiocratas imaginassem para si próprios o mesmo papel do mandarinato chinês.[23] Numa monografia intitulada *Le despotisme de la Chine*, Quesnay dedicou oito capítulos a tópicos que iam da religião à responsabilização por gastos públicos na China e criticou Montesquieu e outros que haviam alegado que o despotismo chinês era antinômico ao progresso.[24]

Nem todos concordavam com o que os fisiocratas buscavam realizar. Em *O Antigo Regime e a Revolução Francesa*, publicado cerca de sessenta anos após a Revolução, Tocqueville foi muito crítico dos fisiocratas. Desprezava o dogmatismo deles, bem como o desejo de remodelar todas as instituições da sociedade e impor sua própria maneira de pensar a todos os outros, indiferente à liberdade política: "De acordo com os economistas [fisiocratas], a função do Estado não era meramente governar a nação, mas também reformulá-la conforme determinado molde, moldar a mentalidade da população como um todo de acordo com um modelo predeterminado e incutir as ideias e os sentimentos que eles achavam desejáveis nas mentes de todos".[25] O ideologicamente liberal Tocqueville, admirador do sistema britânico, via os fisiocratas como intelectualmente "aprisionados" dentro do sistema monárquico tradicional e hierárquico. Observe-se a forte dose de sarcasmo nas palavras de Tocqueville sobre a admiração dos fisiocratas pela China, por cujo sistema não sentia nenhuma atração em particular:

> Eles entraram em êxtase por uma terra cujo governante, absoluto, mas livre de preconceitos, prestava homenagem às artes utilitárias arando um campo uma vez por ano; onde os candidatos a cargos governamentais precisam passar por um exame competitivo em literatura; onde a filosofia faz o dever da religião e a única aristocracia consiste em homens de letras.[26]

Além de seu interesse pela China, Quesnay encontrou apoio para a importância da agricultura e a nocividade da grande desigualdade e do consumo urbano ostentoso na experiência histórica do declínio e queda da República Romana. A preeminência da agricultura e das pequenas propriedades camponesas foi a glória daquela república e a base de seu poder. Mas quando a riqueza se acumulou e os grandes proprietários de terras deixaram o campo para se reunir em Roma e gastar seu dinheiro em "artes de luxo e obras de uma indústria engenhosa" (em vez de investir em agricultura), eles largaram as terras conquistadas para serem cultivadas por trabalhadores contratados e escravizados, e as colheitas sofreram. À medida que Roma começou a depender de remessas de grãos do exterior, e o conhecimento e os costumes agrícolas foram esquecidos, o declínio foi inevitável:

> Assim foi a origem frutífera da República Romana, que era composta a princípio de ladrões e malfeitores, uma classe pior que improdutiva, mas que logo por necessidade se transformou e se dedicou unicamente ao trabalho da agricultura; graças aos produtos agrícolas, sempre tidos em alta estima, e graças a ser protegida em casa por mais de quinhentos anos, viu sua população e sua glória aumentarem continuamente, e cresceu para ser o Estado mais feliz, mais rico e mais poderoso do mundo conhecido. Mas quando os grandes proprietários de terras se reuniram em Roma e gastaram suas rendas na cidade, quando as províncias foram abandonadas

à tirania dos fazendeiros fiscais, e o trabalho da agricultura foi largado nas mãos de escravos; quando foi necessário recorrer a cereais do Egito para alimentar a capital, que foi assim reduzida à dependência de uma marinha mercante; quando as artes do luxo e os trabalhos de uma indústria engenhosa tornaram os habitantes da cidade importantes e o *capita censi* [a classe mais baixa] em homens valiosos, quando essa multidão de causas, ao se afastar da ordem natural das coisas, provocou a destruição da moral, o Estado, enfraquecido em todas as frentes, apenas esperou por — e não poderia e nem deveria senão deixar de esperar por — devastação e escravidão.[27]

Consistente com suas preocupações com a agricultura, os fisiocratas exibiam um forte preconceito antiurbano, misturado às vezes com desprezo maldisfarçado pelos filisteus urbanos. Era uma atitude um tanto estranha, uma vez que seus escritos eram direcionados aos homens cultos urbanos ou à corte, a elite da sociedade francesa (embora alguns de seus membros talvez gostassem de se imaginar "rurais", com Versalhes sendo uma versão semelhante à Disneylândia do campo francês).

Classes sociais e suas fontes de renda

Na estrutura de classes introduzida pelos fisiocratas, vemos pela primeira vez na economia uma delimitação muito clara das principais classes econômicas. A Tabela 1.1 mostra o resumo da distribuição fatorial de renda que aparece em *Philosophie rurale*, publicado em 1763. O livro foi escrito principalmente por Mirabeau, mas seu sétimo capítulo, que trata da distribuição de renda, foi escrito por Quesnay.[28] Ao contrário de *Le Tableau Économique*, em que as quantidades eram meramente ilustrativas, aqui o objetivo era descrever a situação real da economia francesa. Mirabeau e Quesnay, antes de decidirem o título final da obra, pensaram em chamá-la de *Le Grand Tableau Économique*. O livro em si era um projeto ambicioso, talvez o mais ambicioso já empreendido pelos economistas. Era "uma exposição, pura e simples, magistral e completa, de uma […] verdade superior, cujos princípios devem ser aplicados a todos os países e a todos os tempos".[29] Viria a ser o Pentateuco da futura seita.[30]

Os fisiocratas definem quatro fontes de renda — salários, lucro, juros e excedente líquido — e (pelo menos) quatro classes sociais (ver Tabela 1.1). Se dividirmos a elite governante em suas partes componentes (proprietários de terras, funcionários do governo e clero), obtemos um total de seis classes sociais.[31]

Tabela 1.1. Resumo da estrutura de classes em *Philosophie rurale*

Classe social	Grupos sociais mais detalhados	Renda em termos da média geral	Porcentagem da população
Trabalhadores	Lavradores	0,5	48%
	Pouco qualificados na manufatura (*gagistes inférieurs*)	0,6	22%
Autônomos	Autônomos na viticultura	0,8	6%
	Artesãos e artífices na manufatura (*gagistes supérieurs*)	2,3	4%
Capitalistas	Capitalistas (arrendatários)	2,7	8%
A elite	Proprietários (senhorios, clero, administradores do governo)	2,3	12%
	Total	*1*	*100*

Categorias e valores representam a distribuição de ganhadores (pessoas com renda líquida positiva), não a população inteira.

A classe trabalhadora é composta de trabalhadores agrícolas e trabalhadores pouco qualificados fora da agricultura (*gagistes inférieurs*), que juntos representam 70% da população ativa. Suas rendas giram em torno de metade a 60% da média geral. Em seguida, estão os autônomos, que compõem 10% da população e vêm de dois grupos. Alguns são trabalhadores agrícolas, com Quesnay supondo que todos os produtores de vinho são donos de suas terras e usam seu próprio capital.* Os outros são trabalhadores da manufatura, artesãos e artífices (*gagistes supérieurs*).** Os viticultores do primeiro grupo não estão muito melhores do que os trabalhadores comuns, mas os artesãos do último grupo são muito mais ricos, com uma renda média de 2,3 vezes a média. Capitalistas ou arrendatários, que recebem compensação pela administração da fazenda (ou seja, lucro) e juros sobre o

---

* Nunca é explicado por que essa estrutura de propriedade específica se mantém somente na viticultura. ** Como acontece com muitos termos em Quesnay (talvez porque fossem novos), há algumas ambiguidades que exigem redefinições. Um exemplo é que artesãos e artífices, que são em sua maioria autônomos, são ambos chamados *gagistes supérieurs* — uma expressão em que "*gage*" tem a mesma origem etimológica do inglês "*wage*" (salário), levando-nos a pensar que devem ser trabalhadores contratados, o que não eram.

capital que adiantam aos trabalhadores, estão todos envolvidos na agricultura. Eles têm a maior renda de todas as classes (2,7 vezes a média) e compõem 8% da população.

É importante notar que os únicos capitalistas no sistema fisiocrático são os arrendatários que alugam terras de proprietários.* O conflito de classes ocorre, como em Ricardo (ver capítulo 3), entre arrendatários e proprietários. Os trabalhadores não participam desse conflito porque seus salários são considerados iguais ou próximos da subsistência, independentemente de como seja a distribuição entre o aluguel do senhorio e os lucros dos arrendatários. Como Vaggi escreve, Quesnay tendia, no início, a ficar do lado dos arrendatários, porque via sua atividade como crucial para a expansão da produção agrícola.[32] Defendia arrendamentos de terras a longo prazo e maior estabilidade no relacionamento entre as duas classes porque, obviamente, se os arrendatários não pudessem esperar ver retornos sobre seus investimentos, decerto não fariam nenhum. Ele até pensava nos arrendatários e na nobreza como coproprietários da terra: "na agricultura, o possuidor da terra e o possuidor dos adiantamentos necessários para o cultivo são ambos igualmente proprietários, e por isso há igual dignidade de cada lado".[33] Era nada menos que um apelo por uma mudança no sistema jurídico francês, que havia traçado uma nítida distinção entre clero e nobreza em relação a todos os outros. Isso não podia agradar à poderosa aristocracia, entre a qual o próprio Quesnay se movia, ou ao rei, e pouco a pouco a defesa dos capitalistas por Quesnay tornou-se mais abafada.[34]

É notável que não existam nesse mundo capitalistas fora da agricultura, somente artesãos e artífices autônomos e, é claro, trabalhadores contratados. Como escreve Weulersse:

> Os fisiocratas, que consideram a indústria como "o assalariado" [*salarié*] da agricultura, não imaginam que essa ordem de coisas possa ser revertida; que os empreendedores da manufatura venham a realizar um lucro líquido real, enquanto os fazendeiros e os próprios proprietários são reduzidos a uma condição mais próxima do trabalho assalariado do que de sua antiga primazia econômica. A hipótese de uma sociedade em

---

* Os arrendatários trazem o arado, os animais, as sementes e assim por diante (ou seja, o capital), dos quais esperam um retorno.

que seriam os ricos fabricantes que sustentariam a agricultura parece-lhes implausível e, por assim dizer, monstruosa, pelo menos num país com um território vasto e fértil como a França.[35]

As três classes que não estavam diretamente envolvidas no processo de produção (proprietários, funcionários do governo e clero) são chamadas conjuntamente de "proprietários" por Quesnay. Elas se sobrepõem em geral a *le premier* e *le deuxième état* [ao primeiro e ao segundo estado] — formalmente, as duas principais classes sociais na França. Os proprietários recebem sua renda do excedente: os senhorios recebem aluguel, os funcionários do governo são pagos com impostos e o clero é pago por meio de outro imposto (dízimos). Existem bastantes proprietários (totalizando 12% da população) e, em média, sua renda é 2,3 vezes maior que a média. Como se pode ver com facilidade, a estrutura de classes definida pelos fisiocratas correspondia muito à classificação oficial de classes que existia na França pré-revolucionária.

Consideremos agora com mais detalhes a composição e os níveis de renda de cada classe, começando pelos trabalhadores. Existem três tipos de trabalhadores: trabalhadores contratados na agricultura; trabalhadoras agrícolas (*servantes de basse cour*), cujos salários muito baixos são apenas um quarto daquele dos trabalhadores não qualificados; e trabalhadores não qualificados no setor de manufatura.* Podemos supor que os salários destes últimos estejam no nível de subsistência, embora isso nunca seja claramente declarado. A ambiguidade em relação à subsistência é uma característica que, como veremos, é compartilhada por muitos autores clássicos. A subsistência deve ser entendida, como Robert Allen sustentou em seus muitos artigos, não como subsistência apenas para o trabalhador, mas subsistência para o trabalhador *e* a família do trabalhador.

Capitalistas ou arrendatários, no *Tableau* de Quesnay, possuem quantidades variáveis de capital, de modo que há diferenciação na renda que vem diretamente de suas diferenças de riqueza. Eles recebem renda em virtude tanto do capital que possuem (juros) quanto dos frutos de sua

---

* É implicitamente suposto que as empregadas não têm famílias para sustentar. Seu salário médio de 125 *livres* está, portanto, numa base per capita, em conformidade com os 500 *livres* recebidos pelo trabalhador agrícola contratado que tem, em média, uma família de quatro pessoas.

administração (lucro). Os capitalistas também aplicam capital em diferentes ramos de produção, porém, recebem em todos os lugares a mesma taxa de retorno de 10% ao ano. Não devemos levar essa taxa de retorno específica muito a sério; o aspecto a ser observado é a equalização da taxa de lucro, que se aplica não apenas a diversas áreas da agricultura, mas também ao comércio e à manufatura. O capital, em outras palavras, é móvel.

Em princípio, muita desigualdade de renda pode vir de variações dentro da classe capitalista (arrendatários). A Figura 1.1 apresenta um quadro mais detalhado da desigualdade de renda que distingue os diferentes capitalistas. Conforme mostrado, a classe mais rica é a dos capitalistas que investem na produção de grãos, silvicultura e comércio; sua renda é, em média, cerca de 3,8 vezes maior que a média. Como já aceitamos a suposição de que a taxa de retorno é a mesma em todas as áreas de investimento, a renda mais alta desses capitalistas resulta simplesmente das maiores quantidades de capital investidas na produção de grãos, silvicultura e comércio. Presumivelmente, Quesnay julgava que esses ramos eram mais intensivos em capital do que outros.

As rendas dos proprietários são todas iguais. Essa falta de diferenciação de renda entre as três classes superiores (deixando de lado a diferenciação de renda *dentro* de cada uma dessas classes, que também deve ter sido substancial) é provavelmente a maior e mais infeliz simplificação de Quesnay. A classe superior, que inclui aristocratas muito ricos, mas também burocratas e padres modestos ou mesmo pobres, era heterogênea. Nessa agregação da "elite", vemos a principal fonte da subestimação geral de Quesnay da desigualdade de renda francesa.

Considerando todas as classes mostradas na Figura 1.1, a diferença de renda entre os mais ricos e os mais pobres é de mais de sete para um. Mas, embora as classes sejam, em termos gerais, classificadas por seus níveis de renda — com os trabalhadores na base, os capitalistas no meio e os proprietários no topo —, essa classificação, quando olhamos mais de perto, nem sempre se sustenta. Os capitalistas podem ter rendas maiores ou menores que os proprietários, e os autônomos na indústria (artesãos), que se saem muito bem, ganham mais que vários grupos de capitalistas. Também há desigualdades dentro da classe: os capitalistas, como vimos, ganham quantias diferentes dependendo de quanto capital investem, e entre os trabalhadores (se incluirmos as empregadas domésticas), alguns recebem mais que outros.

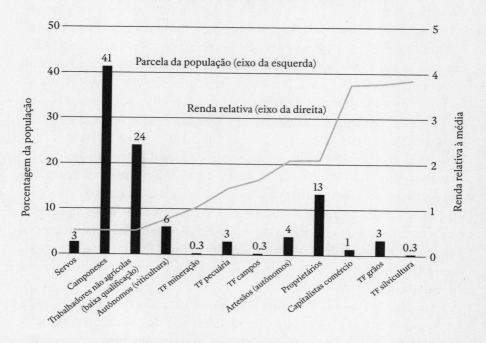

Figura 1.1. Estrutura social mais detalhada (doze classes)

TF representa arrendatários, ou capitalistas da terra. As classes são classificadas da esq. para a dir. de acordo com a renda. As parcelas da população são mostradas pelas barras. A renda relativa (em relação à média) é mostrada pela linha. Esta é a distribuição de toda a população, de modo que as parcelas de classe não são necessariamente as mesmas da Tabela 1.1. Por exemplo, servos e camponeses representam 44% da população total na Figura 1.1, mas 48% de todos os assalariados na Tabela 1.1. FONTE: Mirabeau e Quesnay, *Philosophie rurale*.

As rendas dentro da agricultura são diferenciadas, mas fora desse setor, a estrutura de classes é bem rudimentar. O setor não agrícola é considerado "estéril" porque não gera excedente para as três classes mais altas. Supõe-se que a produção não agrícola não produz impostos, aluguel ou dízimos para o clero: ela simplesmente cobre os custos do trabalho e a taxa média de retorno do capital. Não há requerentes residuais, isto é, proprietários, funcionários do governo ou clérigos que se aproveitam do excedente. Como alternativa, e talvez de modo mais preciso, pode-se dizer que o que importava não era a produtividade inerente da agricultura (a terra trabalhando junto com o trabalhador, parafraseando Quesnay), mas o fato de que na manufatura não havia uma relação hierárquica institucionalizada que permitisse que qualquer pessoa não diretamente envolvida na produção recebesse uma renda dela. Podemos simplesmente imaginar que a manufatura no mundo de Quesnay não paga impostos (e com efeito, Quesnay defendia um único imposto sobre a terra) e é livre de qualquer força institucionalizada acima dela forçando-a a transferir parte de sua renda para pessoas não diretamente envolvidas na produção.[36]

A importância do excedente

É importante perceber que, para Quesnay, o objetivo da atividade econômica era a produção de excedente (como é hoje), mas esse *excedente* era muito mais estreitamente definido do que o *valor agregado* de hoje, porque excluía salários e retorno do capital. Isso parece estranho da perspectiva de hoje, mas não era na de Quesnay: salários e juros podem ser considerados simplesmente custos necessários de produção (uma vez que nenhum trabalhador legalmente livre fornece mão de obra sem salário, e nenhum capitalista empresta dinheiro ou adianta capital sem compensação). Mas para Quesnay isso não era suficiente. Para uma sociedade existir e florescer, ela tinha de gerar um excedente suficiente para sustentar suas classes dominantes, cujos membros, embora não estivessem diretamente envolvidos na produção — isto é, não trabalhavam nem forneciam capital —, desempenhavam papéis indispensáveis no funcionamento da sociedade. Pois sem excedente suficiente, não poderia haver atividades além da simples produção: nenhuma administração da justiça, nenhuma defesa ou proteção da propriedade, nenhuma ideologia (religião) para manter toda a estrutura. O excedente pode ser considerado uma precondição para a existência de uma sociedade civilizada, não de modo diferente do que os impostos são imaginados hoje.*

As três classes superiores desempenham aqui o mesmo papel, como notou Marx, que a classe capitalista desempenha em Ricardo.[37] Elas são requerentes de renda residual e sua renda é vital para a economia. Para Ricardo, a renda líquida dos capitalistas é necessária para investimentos e, em última análise, para o crescimento.** Para Quesnay, a renda líquida dos proprietários é necessária para que a economia e a sociedade continuem funcionando: para prover a lei e a ordem, e o sustento espiritual presumivelmente contribuído pelo clero. Uma

---

* No entanto, tem algumas semelhanças com a visão mercantilista de que é a renda e o poder das classes mais altas que importam.   ** Em Ricardo, os capitalistas recebem sua renda somente depois que o arrendamento é cobrado pelos senhores das terras e os salários são pagos aos trabalhadores. (Tecnicamente, em Quesnay, os salários são pagos ainda mais cedo, como um adiantamento.)

sociedade incapaz de pagar os proprietários por suas funções se dissolveria, deixaria de existir e cairia numa espécie de anarquia e caos hobbesianos.

O crescimento, nunca discutido muito explicitamente pelos fisiocratas como o objetivo da economia, viria do retorno sobre o capital recebido pelos capitalistas, que seria então reinvestido. Essa presunção, no entanto, não é unanimemente aceita. Isaac Rubin, por exemplo, argumenta que Quesnay, na realidade, tinha em mente apenas uma economia estacionária (um sistema de reprodução simples, não expandida) e que o retorno ao capital era meramente uma compensação pela depreciação.[38]

Da mesma forma, Quesnay não imaginava que o excedente pudesse ser usado para aumentar os salários acima da subsistência ou para pagar um lucro maior aos capitalistas. Ele o via, por definição, acumulando-se para as classes mais altas: proprietários de terras, funcionários do governo (como o próprio Quesnay) e padres. "Para obter uma renda da terra", ele escreveu, "o trabalho agrícola deve produzir uma renda líquida acima dos salários pagos aos trabalhadores [e juros pagos aos arrendatários], pois é esse produto líquido que permite que outras classes existam."[39]

Quesnay nos dá apenas uma imagem estática e única da estrutura de classes numa sociedade predominantemente tradicional anterior à Revolução Industrial. Ele não oferece previsões de como essa estrutura de classes pode ser afetada pelo desenvolvimento econômico ou como as rendas das classes podem mudar. Essa é uma das principais deficiências da imagem estática da desigualdade que herdamos dos fisiocratas. Seria simplesmente porque eles não estavam interessados numa análise dinâmica? Ou talvez porque não reconhecessem a importância de mapear a evolução das classes sociais à medida que uma sociedade se torna mais rica?

Na minha opinião, é mais provável que o objetivo de todo o trabalho deles fosse levar o leitor a uma conclusão anterior que eles haviam estabelecido. A estrutura da sociedade que descrevem e os números da renda que fornecem representam uma versão um tanto embelezada da economia francesa na época. Isso ocorre porque o objetivo oculto dos fisiocratas ao longo de seus estudos era ilustrar aos governantes — isto é, ao rei e às pessoas ao seu redor — a prosperidade que poderia ser da França se as políticas certas fossem adotadas. As políticas certas eram obviamente aquelas defendidas pelos fisiocratas. Assim, eles transmitiam tacitamente a estrutura social da sociedade ideal. Era aquela que eles estavam precisamente esboçando: um reino agrícola rico e talvez estacionário. Se o ideal fosse alcançado, não haveria necessidade de dinâmica.

2.
Adam Smith: "Progresso da opulência" e uma teoria implícita da distribuição de renda

Em termos atuais, Adam Smith poderia ser considerado um economista do desenvolvimento. Seu objetivo em *A riqueza das nações* era descrever e argumentar a favor de políticas governamentais que levariam à máxima "opulência" para uma população. Ele foi um dos primeiros a elaborar uma teoria dos estágios do desenvolvimento, propondo que as sociedades evoluem de um estado primitivo ("estado bruto da sociedade") para um estado pastoral, depois agrícola ou feudal e, por fim, um estado comercial.[1] Da mesma forma, dividiu as sociedades entre aquelas que avançavam, as estacionárias e as com declínio da riqueza. Em sua época, o norte da Europa e a América do Norte pertenciam ao primeiro grupo, o resto do mundo ao segundo e talvez somente a China ao terceiro.[2]

O Livro I de *A riqueza das nações* (aproximadamente 340 páginas das 1200 na edição que estou usando) trata de melhorias nas forças produtivas, ou seja, do tema do crescimento. O Livro II (130 páginas) aborda a acumulação de capital. O Livro III (menos de sessenta páginas) relata a história de como diferentes sociedades, da era romana até os tempos de Adam Smith, organizaram suas economias.[3] Nesses três tópicos amplos, os economistas do desenvolvimento de hoje reconhecem facilmente seu próprio campo. Não é difícil entender por que os interesses de Adam Smith eram semelhantes aos dos economistas do desenvolvimento de hoje: a Inglaterra e a Escócia, em sua época, eram economias em desenvolvimento. Com efeito, elas estavam (junto com a Holanda) à frente daquele longo pelotão de países que tentariam desenvolver suas economias nos próximos dois séculos. Seus problemas — encontrar a mistura certa entre iniciativa individual e política governamental, encontrar o equilíbrio adequado entre capital e trabalho, aumentar o investimento para acelerar a "opulência" — eram os mesmos que os economistas do desenvolvimento enfrentaram na África, América

Latina e Ásia a partir da década de 1960. A teoria dos estágios de desenvolvimento econômico de Smith foi replicada, em diferentes formas, por outros, de Marx, Rudolf Hilferding e Lênin até Walt W. Rostow e sua teoria da modernização de estágios de crescimento econômico.

Smith começa com a declaração do que acredita que todos nós desejamos. É a riqueza como um meio para melhorar nossas vidas: "Um aumento da fortuna é o meio pelo qual a maior parte dos homens se propõe e deseja melhorar sua condição".[4] Ele se sentia afortunado por ter descoberto que o sistema de "liberdade natural" é aquele que maximiza a riqueza econômica, isto é, satisfaz melhor a paixão humana. Isso, por sua vez, significava que havia uma coincidência natural entre a liberdade humana e o crescimento econômico.

Smith foi frequentemente interpretado de forma muito restrita como sendo contra quase qualquer interferência governamental em questões econômicas. Isso não é verdade: o próprio Smith dá muitos exemplos em que o envolvimento do governo é necessário (em questões de segurança nacional como a Lei da Navegação, a proteção da indústria nascente, a prevenção de monopólio, a limitação da exploração do trabalho, a introdução de regulamentação financeira e a promulgação de políticas anticonluio, sobretudo em relação a empregadores que conspiram juntos contra os trabalhadores).[5] Mas afora esses casos específicos, era a favor de tirar o governo "do cabelo" dos participantes da vida econômica. Esta famosa citação capta a ideia principal:

> Pouco mais é necessário para levar um Estado do mais baixo barbarismo ao mais alto grau de opulência, além de paz, impostos fáceis e uma administração tolerável da justiça; todo o resto sendo provocado pelo curso natural das coisas. Todos os governos que frustram esse curso natural, que forçam as coisas para outro canal, ou que se esforçam para deter o progresso da sociedade em um ponto específico, são antinaturais, e para se sustentarem são obrigados a ser opressivos e tirânicos.[6]

Outra citação, que coloca a arrogância e a presunção do governo em seu devido lugar, torna sua visão ainda mais clara:

> É a mais alta impertinência e presunção, portanto, em reis e ministros, fingir zelar pela economia de pessoas privadas e restringir suas despesas, seja por leis suntuárias, seja proibindo a importação de luxos estrangeiros. Eles

mesmos são sempre, e sem nenhuma exceção, os maiores perdulários da sociedade. Deixe-os cuidar bem de suas próprias despesas, e eles podem confiar com segurança a pessoas privadas as suas. Se sua própria extravagância não arruinar o Estado, a de seus súditos nunca o fará.[7]

A riqueza das nações (muito mais do que *A teoria dos sentimentos morais*) está repleta de referências ao resto do mundo (isto é, além das Ilhas Britânicas). Penso que seu conhecimento histórico de outros países e épocas lhe possibilitou criar uma teoria dos estágios do desenvolvimento econômico e oferecer exemplos dela que vão de Grécia e Roma antigas a China, Holanda, Polônia, Império Otomano, Hindustão, Bengala, Angola, América do Norte, Espanha, Portugal, Rússia, Peru, Império Asteca e muitas outras terras. Ele foi testemunha — e participante, tendo em vista seu posto de comissário da alfândega escocesa (1778-90) — do brilhante desenvolvimento econômico da Escócia no século XVIII.[8] Movendo-se entre a Inglaterra e a Escócia, pôde contrastar as regras nas duas partes do reino (por exemplo, sobre guildas, corporações e livre circulação de trabalhadores na Escócia em comparação com limites sobre movimentos entre paróquias na Inglaterra) e relacioná-las a diferenças nos resultados. A França também desempenhou um papel especial na formação da visão de mundo de Smith, principalmente depois de sua viagem para lá de 1764 a 1766 (com a idade de 41 a 43 anos) como tutor do jovem (de oito a dez anos) duque de Buccleuch. Foi lá que ele se familiarizou com as teorias dos fisiocratas e conheceu François Quesnay.

Os interesses mundiais de Smith incluíam a gestão colonial e a má gestão, e uma vez que seu objetivo era encontrar o "segredo do crescimento econômico", não surpreende que fosse especialmente mordaz quanto a empresas mercantis governarem colônias, porque os destinos dos comerciantes não eram apenas divorciados dos cidadãos dos "países infelizes" que eles supervisionavam, mas iam claramente na direção oposta: "É um governo muito singular em que cada membro da administração deseja sair do país e, por consequência, acabar com o governo o mais rápido possível, e para cujo interesse, no dia seguinte ao deixá-lo e levar toda a sua fortuna com ele, é perfeitamente indiferente que todo o país tenha sido engolido por um terremoto".[9] A discussão das práticas coloniais europeias ocupa mais de cem páginas no Livro IV de *A riqueza das nações* (isso é cerca de 8% de todo o volume) e é quase uniformemente negativa, exceto por alguns casos em que Smith argumenta que os colonos devem ter permissão para fazer o que quiserem (como na América do Norte continental), ou seja, onde eles não são considerados vilões típicos. Vale ressaltar (especialmente porque é com frequência ignorado) que a visão de Smith sobre o imperialismo — inclusive sua visão das Cruzadas, arquitetadas, segundo ele, pelos arquivilões das repúblicas mercantis de Veneza, Gênova e Pisa — é quase inteiramente negativa. De certo modo, era mais crítico do imperialismo do que Marx, que o retratou às vezes, sobretudo em seus escritos sobre a Índia, como um servo do desenvolvimento capitalista e, portanto, em última análise, do socialismo.

Uma prática que surpreendentemente Smith não consegue condenar explicitamente é a escravidão. Em vários casos, ele expressa condenação implícita ou indireta, mas nunca assume uma posição direta. Pode-se especular que se absteve de fazê-lo porque isso o colocaria em total desacordo com os interesses de várias pessoas poderosas que possuíam escravizados, como muitos membros da aristocracia escocesa. Isso é ainda mais interessante porque, em muitos casos, ele não media exatamente suas palavras em relação aos ricos e poderosos.[10]

Tendo em vista os amplos interesses históricos e geográficos evidenciados por *A riqueza das nações*, é apropriado, embora fosse acidental, que o livro fosse publicado em 1776, com as partes que tratam da América do Norte provavelmente concluídas em 1775. Smith dedica as últimas páginas a discutir as demandas dos insurrecionistas (que Smith geralmente não apoiava).*
A riqueza das nações termina com uma nota profética:

> Se alguma das províncias do império britânico não puder ser obrigada a contribuir para o suporte de todo o império, certamente é hora de a Grã-Bretanha se libertar das despesas de defender as províncias em tempos de guerra e de apoiar qualquer parte de seu estabelecimento civil ou militar em tempos de paz, e se esforçar para acomodar suas visões e projetos futuros à mediocridade real de suas circunstâncias.[11]

---

* Para ser mais exato, pode-se resumir a posição de Smith dizendo que ele não achava que os colonos americanos tivessem um argumento econômico para a secessão (apesar de muitos limites impostos pela metrópole em seu comércio, dos quais Smith discordava), mas também não acreditava que houvesse um argumento moral ou ético contra a secessão.

Os interesses de Smith, como as melhores pesquisas de economistas do desenvolvimento, abrangiam o globo inteiro, e é útil classificar os países que menciona em várias categorias amplas de acordo com sua percepção da riqueza e do nível de desenvolvimento deles. Isso é feito nas duas primeiras colunas da Tabela 2.1. Os Países Baixos estão no topo porque foram frequentemente tratados por Smith como a sociedade comercial mais avançada, mesmo que, com base apenas nos níveis salariais, alguém pudesse ser tentado a colocar as colônias norte-americanas à frente de qualquer outra sociedade da época. (Smith fez várias referências às suas altas taxas de salários.) A classificação dos outros países por Smith é mais ou menos clara, com países europeus periféricos como Portugal e Polônia considerados os menos desenvolvidos da Europa. Ele também é bastante desdenhoso das Américas de língua espanhola, e ainda mais das civilizações pré-colombianas: "Todas as artes antigas do México e do Peru nunca forneceram uma única manufatura para a Europa".[12] A Índia é discutida com frequência, mas principalmente no contexto da má gestão da Companhia Britânica das Índias Orientais, uma das *bêtes noires* de Smith, e quanto à China, ainda que ele não tenha certeza se é apenas uma sociedade estacionária ou em retrocesso, está longe de ser o reino exemplar que Quesnay a considerava. Em um de seus comentários mais condenatórios sobre o país, Smith escreve: "A pobreza das classes mais baixas da população na China supera em muito a das nações mais pobres da Europa. No bairro de Cantão, muitas centenas, diz-se comumente, muitos milhares de famílias não têm habitação na terra, mas vivem constantemente em pequenos barcos de pesca nos rios e canais. A subsistência que encontram lá é tão escassa que estão ansiosos para pescar o lixo mais nojento jogado ao mar por qualquer navio europeu".[13]

Por fim, na parte inferior da liga do desenvolvimento estão o interior africano e a "Tartária", que inclui a Sibéria e a Ásia Central de hoje, que são consideradas "bárbaras". Esse *tour du monde* esquece apenas o Japão e o Império Otomano, o último dos quais é discutido em muitos casos, mas apenas em relação ao comércio. Isso torna difícil avaliar seu nível de desenvolvimento, embora Smith observe que, como no Hindustão, as pessoas de lá precisam enterrar tesouros para garantir que estejam seguras contra o governo e os bandidos, o que implica que ele não classifica seu nível de desenvolvimento como alto.

Tabela 2.1. Níveis de desenvolvimento de vários países na época de *A riqueza das nações*

Classificação de Smith (inferida)	Classificação de Smith dos países (inferida e aproximada)	PIB per capita por volta de 1776
Ricos	Países Baixos	4431
	América do Norte	2419
	Inglaterra	2962
	Escócia	—
	França	1728
Subdesenvolvidos	Alemanha	1572
	Nórdicos (Suécia)	1562
	Espanha	1447
	Portugal	1929
	Polônia	995
Pobres	Rússia	—
	México	1446
	Peru	1278
Destituídos	Hindustão (Índia)	1068
	Java (Indonésia)	795
	China	981
"Bárbaros" (termo de Smith)	África	—
	Tartária (Sibéria/ Ásia Central)	—

FONTES: Os dados na primeira e segunda colunas refletem a leitura de Smith pelo autor. Os dados na terceira coluna são do Maddison Project, 2020. Os dados do PIB da maioria dos países são de 1775-6; as exceções são Alemanha (1800), Hindustão (1750), Java (1815) e China (1780). Smith distingue entre Inglaterra e Escócia e coloca a Inglaterra à frente, mas aqui atribuem-se a ambos dados do PIB para o Reino Unido em geral.

Como terceira coluna da Tabela 2.1, acrescentei (*após* classificar os países de acordo com minha leitura de Smith) os dados mais recentes do Projeto Maddison, que fornece PIBs per capita comparáveis para a maioria das partes do mundo.[14] Os dados usados para comparação são de 1775-6 e, em alguns casos, para o ano mais próximo. Como a comparação mostra, as classificações de Smith estão muito próximas dos níveis de renda que hoje, com alguma confiança, estimamos para esses países. Os "ricos" de Smith eram de fato mais ricos do que os outros, e a única classificação incorreta é a de Portugal, que Smith colocou na categoria subdesenvolvida. Ele também pode ter superestimado a renda da Polônia, que, de acordo com as estatísticas conhecidas hoje, não estava melhor do que a China.[15] As composições de grupos feitas por Smith estão muito próximas dos dados modernos, o que implica que as pessoas da época estavam cientes dos níveis de desenvolvimento de diferentes países e Smith teve acesso suficiente a esse conhecimento, bem como ao senso comum, para identificar corretamente as posições de várias partes do mundo. Em termos de interesse e conhecimento globais, Smith (junto com Marx) está decerto acima de outros economistas estudados neste livro. Seu feito é ainda mais impressionante tendo em vista a escassez de dados na segunda metade do século XVIII, em comparação a um ou dois séculos depois.

Em relação ao homem como pessoa, há três "enigmas de Adam Smith" que vale a pena mencionar aqui: sua abordagem às citações de outros autores, a falta de conhecimento sobre aspectos de sua vida pessoal e o mistério da disposição de sua riqueza.

A avareza de Adam Smith em relação a citações é bem conhecida. Como Marx escreveu, "com cuidado meticuloso, ele [...] mantém em segredo as fontes com as quais está em dívida".[16] Uma busca por todos os autores mencionados, nem mesmo citados literalmente, num livro de 380 mil palavras (*A riqueza das nações*) produz esta lista: Platão, seis vezes; Aristóteles e Hume, cinco vezes cada; Montesquieu, quatro vezes; Colbert, quatro vezes; Quesnay, três vezes; e Cantillon e Mirabeau, uma citação cada. Outro exemplo: embora o sistema "mercantil" (ou abordagem ou teoria) seja mencionado, principalmente de forma crítica, 99 vezes, seu grande expoente James Steuart não é mencionado nenhuma vez. De forma alguma, uma citação tão escassa de outros autores é aceitável. As "subcitações" mais notáveis envolvem as contribuições de Hume, em cuja companhia e amizade íntima Smith passou mais da metade de sua vida, e Quesnay, que foi uma influência intelectual significativa sobre Smith quando se conheceram na França.[17] Qual o motivo disso? Uma possibilidade é que Smith estivesse guardando zelosamente sua própria influência e não quisesse compartilhá-la com os outros. Outra explicação talvez seja que ele relutava em entrar em polêmicas, e sua relutância em citar pelo nome aqueles de quem discordava também o mantinha muito "econômico" em revelar aqueles com quem aprendeu e com quem concordava. Quesnay se enquadra em ambas as categorias. Que Smith não queria entrar numa discussão com os fisiocratas fica óbvio no começo de uma frase: "Mas sem entrar na discussão desagradável dos argumentos metafísicos pelos quais eles apoiam sua teoria muito engenhosa [...]".[18] No entanto, também deixou de citar Quesnay em temas nos quais concordavam, e onde se poderia argumentar que Quesnay influenciou Smith, inclusive o sistema de liberdade natural, a liberdade de comércio interno e externo, a distribuição de rendas entre as classes e a importância do bem-estar da maior classe como um indicador de bem-estar nacional e como um objetivo digno de políticas governamentais.[19]

Quando se trata de citações e relações com seus predecessores e contemporâneos, Smith, especialmente se o compararmos com os próximos autores neste livro (Ricardo, Marx e Pareto), parece muito mais contido e frio. Parece que o vemos sempre através de um vidro opaco. Suas virtudes foram proclamadas em voz alta por seus amigos em sua morte e depois, mas expressas no estilo de tantos outros elogios convencionais na Inglaterra e Escócia do século XVIII. Não se fica sabendo muito com a repetição de qualidades como "serenidade" e "alegria", ou com referências ao "encanto inexprimível [de] sua conversa" e assim por diante.[20] Samuel Johnson fez as observações menos genéricas de que "Smith era o cão mais chato que já havia conhecido" e era "um sujeito muito desagradável depois que bebia um pouco de vinho".[21] Trata-se de gracejos brutais (característicos de Johnson), mas talvez nos proporcionem um entendimento melhor sobre um Adam Smith possivelmente rabugento, sobretudo se sob a influência de alguma bebida alcoólica.

Para aumentar a obscuridade do perfil — de novo, em contraste com Ricardo, Marx e Pareto, cujas vidas, graças às suas vastas correspondências, podem ser reconstruídas quase que dia a dia —, há vários "pontos em branco" na vida de Adam Smith. Não sabemos de uma única ligação amorosa dele; só nos resta especular por que viveu quase toda a década de seus quarenta anos com a mãe e um primo, por que aparentemente nunca teve interesse em casamento, filhos e coisas desse tipo. Nenhuma dessas escolhas é em si mesma estranha (talvez vivesse com a mãe porque gostava dela, ou porque fosse mais confortável para um escritor solteiro ter sua comida preparada pela mãe do que frequentar tavernas), mas juntas nos fazem pensar sobre Smith como pessoa. Sua decisão de pedir, pouco antes de sua morte, que todos os seus manuscritos e correspondências fossem queimados na frente dele, para que pudesse ter certeza de que foram destruídos (nenhum Max Brod para Smith!), acrescenta outra camada de mistério.

O enigma final tem a ver com a riqueza de Adam Smith. Após a publicação de *A riqueza das nações*, ele recebia um salário anual de seiscentas libras esterlinas por seu cargo de comissário da alfândega escocesa, ainda recebia uma pensão anual de trezentas libras do duque de Buccleuch e ganhava royalties de seus livros, fazendo sua renda chegar a 1500 libras por ano.[22] Portanto, fazia parte do 1% superior da distribuição de renda britânica. A tabela social de Joseph Massie de 1759 para a Inglaterra e o País de Gales (que usaremos novamente a seguir) indica que a renda per capita da classe mais alta entre as quase sessenta classes que inclui era pouco menos de setecentas libras esterlinas. A renda de Smith era mais do que o dobro disso. Se expressarmos a renda de Smith em relação aos ganhos médios na época (cerca de 28 libras por ano, de acordo com Massie), a proporção é de 53 para 1.[23] Se usarmos então a mesma proporção para traduzir a renda anual de Smith em termos atuais (usando dados de 2020 para assalariados britânicos em tempo integral e parcial, cujos ganhos médios eram de cerca de 25 mil libras naquele ano), descobrimos que é equivalente a cerca de 1,3 milhão de libras. Sua renda quando jovem, mesmo que não naquele nível, também era bastante alta. Mas o patrimônio de Smith em sua morte era relativamente modesto.[24] A especulação de Dugald Stewart é de que Smith talvez tenha se envolvido durante a maior parte de sua vida em atos de "caridade secreta", adquirido "uma biblioteca pequena, mas excelente" e proporcionado "uma mesa simples, embora hospitaleira, onde [...] sempre ficava feliz em receber amigos".[25] As duas últimas despesas não podem explicar a discrepância, e a primeira é um mero palpite.[26] Poderíamos propor várias hipóteses, porém, todas são desprovidas de provas; algo não bate totalmente, mas não conseguimos apontar o que é.

A desigualdade na Inglaterra e na Escócia na época de Adam Smith

A estrutura social da Inglaterra na época de *A riqueza das nações* de Adam Smith, de 1776, pode ser mais bem apreendida a partir da tabela social quase contemporânea que Massie compilou para o ano 1759.[27] Conforme reestruturada recentemente por Robert Allen, ela mostra que a população inglesa era composta de 56% de trabalhadores não agrícolas (incluindo servos e soldados), quase 20% de fazendeiros e quase 10% de lojistas (ver a Figura 2.1).[28] Entre os cerca de 15% restantes, a maioria era o que hoje seria chamado de "sem-teto". Apenas 4% eram capitalistas e 1,5%, nobres e aristocratas. Para traduzir essa tabela social numa hierarquia visual simplificada, imagine uma pirâmide tripartite baseada na renda dos fatores e na classe, com um topo consistindo em 1,5% da população que possuía terras, uma próxima camada representando os 4% que eram capitalistas e uma base de aproximadamente 95% da população composta de agricultores, trabalhadores assalariados, autônomos e pobres.

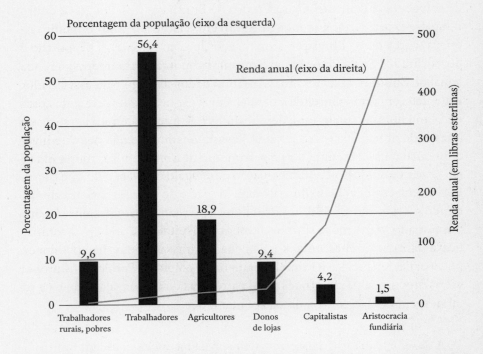

Figura 2.1. Estrutura de classes da Inglaterra e do País de Gales por volta de 1759: Porcentagens da população e rendas anuais

As classes são ordenadas da mais pobre para a mais rica, da esq. para a dir., com a linha destacando as diferenças em suas rendas médias anuais per capita. As barras mostram as proporções populacionais dessas classes (em porcentagens que somam 100). FONTE: Robert C. Allen, "Class Structure and Inequality during the Industrial Revolution: Lessons from England's Social Tables, 1688-1867". *Economic History Review*, v. 72, n. 1, pp. 88-125, 2019.

Quais eram as rendas relativas das principais classes? As famílias dos proprietários, de acordo com a tabela de Massie, retrabalhada por Allen, tinham uma renda per capita média de 450 libras por ano, os capitalistas, de 145 por ano e os trabalhadores, de 14 por ano. Entre os capitalistas e os trabalhadores, havia donos de lojas e agricultores com, respectivamente, 27 e 22 libras por ano; e, na base da pirâmide social, trabalhadores rurais e pobres com menos de 3 libras esterlinas por ano. A proporção entre as rendas dos proprietários para as dos capitalistas era de cerca de 3 para 1, e a dos capitalistas para os trabalhadores era de 10 para 1. Isso faz a vantagem dos proprietários sobre os trabalhadores ser de um enorme 30 para 1. A posição de alguém na sociedade era em grande parte determinada por qual dos três tipos básicos de renda dos fatores — aluguel, salário ou lucro — ele recebia. Era muito improvável que os proprietários fossem pobres, e muito improvável que trabalhadores estivessem entre os ricos.

A desigualdade interpessoal estava aumentando na época de Smith ou não? Sobre essa questão temos vários estudos, todos baseados no mesmo conjunto de tabelas sociais.[29] Apesar das diferenças no modo como eles "traduzem" os números de Massie (por exemplo, ajustando para o tamanho da família ou não, consolidando certos grupos sociais ou não), todos parecem mostrar que na época de Adam Smith a desigualdade na Inglaterra era muito alta. Em termos da escala de 0 a 100 do índice de Gini, as estimativas a colocam na faixa de 45 a 51 pontos de Gini.* Esse é o nível de desigualdade que existe no Chile ou na República Dominicana de hoje. É alto, mas não fora da escala da experiência moderna. Não vemos um aumento claro na desigualdade inglesa entre 1688, quando Gregory King produziu a primeira tabela social, e 1759, ano para o qual temos a tabela social de Massie. Conforme discutiremos no capítulo 3, parece que o aumento sustentado da desigualdade inglesa (e muito provavelmente britânica) começou somente na primeira parte do século XIX, duas ou três décadas após a publicação de *A riqueza das nações*.

Classes sociais em Smith, Ricardo e Marx

Quais visões do mundo, em relação a questões de desigualdade e classe, são compartilhadas por Smith, Ricardo e Marx? Vale a pena mencionar essas semelhanças agora, antes de tratarmos dos autores individualmente. Primeiro, todos os três sustentam que a distribuição funcional de renda determina a posição de alguém na distribuição de renda interpessoal; em outras palavras, a distribuição funcional de renda, praticamente sozinha, é o

---

* Lembremos que isso é menor do que a desigualdade na França na mesma época, conforme observado no capítulo 1.

que importa. A distribuição de renda interpessoal está subsumida nela, ou melhor, determinada por ela.

Em segundo lugar, ninguém via as três classes "funcionais" como apenas sortimentos aleatórios de indivíduos: elas implicavam uma classificação clara que ia de proprietários de terras ou aristocracia no topo, passando por capitalistas industriais e financeiros no meio, até autônomos, camponeses e trabalhadores (provavelmente nessa ordem). Um grande número, equivalente a cerca de 10% da população inglesa, de acordo com Massie, eram "vagabundos, trabalhadores rurais e pobres". Eles não deveriam ser esquecidos. Sua existência era o resultado, por um lado, do fim do apego feudal à terra e da obrigação legal de trabalhar nela e, por outro lado, do sistema industrial ainda não totalmente desenvolvido.

Na época em que Smith escreveu, Inglaterra e Escócia eram mais avançadas do que outros países europeus. Ambas tinham provavelmente uma porcentagem menor do que a França de autônomos, isto é, pequenos agricultores trabalhando em suas próprias terras. O que era um arranjo fundiário britânico típico (e de fato muito diferente dos arranjos que prevaleciam na Europa continental, América do Norte e China) já estava em vigor: uma divisão de classe tripla com proprietários de terras alugando terras a arrendatários, e arrendatários contratando trabalhadores assalariados para trabalhar nelas. O grau em que esse arranjo fundiário britânico local influenciou a história intelectual da economia política é mais bem apreciado quando se reflete que, em outros lugares, outros arranjos eram muito mais comuns: na França e em outras partes da Europa continental, bem como na maior parte da China, os camponeses labutavam em terras que possuíam; na Índia, a produção da terra era compartilhada entre o proprietário e o fazendeiro; na Europa Central e Oriental, a terra era trabalhada por pessoas que eram legalmente obrigadas a fornecer ao proprietário um determinado número de dias de trabalho gratuitamente; e na Rússia, no Caribe e no sul da América do Norte, esse trabalho forçado era feito por servos e escravizados. Em nenhum desses outros arranjos vemos fazendeiros capitalistas — as pessoas que, como o capítulo 3 mostrará, desempenharam um papel fundamental nos primeiros textos britânicos sobre economia e influenciaram nossas concepções de estrutura de classes até o presente.

Em terceiro lugar, Smith, Ricardo e Marx aceitam como evidente um modelo simplificado de rendas de classe pelo qual "todos" de uma classe mais alta têm renda maior do que qualquer um pertencente a uma mais baixa. Isso quer dizer, em termos metodológicos contemporâneos, que não há *sobreposição* das rendas das diferentes classes. Trata-se obviamente de uma simplificação: nas tabelas sociais, bem como na realidade, há trabalhadores e autônomos (por exemplo, comerciantes autônomos) com rendas maiores do que as rendas de alguns capitalistas. Não obstante, era razoável empregar essa simplificação porque era verdade na maior parte do tempo: as rendas de diferentes classes raramente se sobrepunham, e a renda de uma pessoa costumava consistir inteiramente em um tipo, fosse ela proveniente de capital, trabalho ou terra. (Pensemos, por exemplo, nos romances de Jane Austen, nos quais os ricos — que povoam todos os seus livros — têm rendas inteiramente derivadas da propriedade de terras ou capital, e os pobres, raramente vistos, dependem por completo de seus trabalhos.) Poucos proprietários de terras eram também capitalistas industriais, e provavelmente ainda menos capitalistas industriais trabalhavam como empregados contratados. Havia dupla estratificação: entre as classes que eram hierarquicamente ordenadas e entre diferentes tipos de renda que raramente eram encontrados na mesma pessoa.

A simplificação valia sobretudo para trabalhadores e camponeses, que provavelmente não estavam em melhor situação do que os comerciantes e tinham decerto menor probabilidade de estar em melhor situação do que os capitalistas. Em contraste, as rendas dos donos de lojas e comerciantes abrangem uma grande variedade: na tabela social de Massie, os comerciantes mais ricos fazem parte do 1% superior, enquanto os comerciantes pobres estão em torno da média da distribuição de renda.

Em sociedades estratificadas, a distribuição funcional se traduz diretamente em distribuição interpessoal. É provável que seja essa a principal razão pela qual nenhum desses autores aborda a distribuição interpessoal como um tema separado. Chama a atenção que raramente Smith, Ricardo e Marx mencionem a desigualdade no sentido moderno do termo. Como veremos mais tarde, o termo quase não aparece em Marx, embora fosse (obviamente) crítico do capitalismo e preocupado — ou melhor, feliz, porque isso pressagiava o fim do capitalismo — com o que ele, em alguns escritos, considerava ser a crescente miséria da classe trabalhadora. Destacar a desigualdade entre as pessoas deve ter parecido redundante para o autor de *O capital*, uma vez que a estratificação de classe implicava com tanta clareza diferentes níveis de renda. O mesmo valia para Ricardo.

O que é uma sociedade próspera?

A riqueza das nações foi publicado apenas treze anos depois de *Philosophie rurale*, de Mirabeau e Quesnay, mas nos apresenta uma imagem muito diferente da economia e, até certo ponto, do mundo. Ao contrário de Quesnay, para quem a agricultura é o centro das atenções, aqui a indústria toma esse lugar. Da introdução de *Philosophie rurale* das classes típicas de uma sociedade agrícola, com base em estados legalmente definidos, passamos para os trabalhadores, capitalistas e proprietários de terras de Smith — a clara estrutura de classe tripartite que ainda usamos hoje para países em desenvolvimento — e para a estrutura binária (trabalhadores e capitalistas) que, desde Marx, é comum para economias capitalistas mais avançadas. No entanto, como escreve Wesley Mitchell, "a teoria da distribuição de Adam Smith é uma parte incidental e não cardinal de seu sistema".[30] A teoria da distribuição de Smith foi certamente derivada de uma maneira bastante casual. Ele estava interessado principalmente nos três componentes do "preço natural" de uma mercadoria (aluguel, lucro e salários), e sua teoria da distribuição e da estrutura de classe correspondente surgiu como o subproduto da formação de preços.[31] Mas por mais incidental que essa teoria possa ter sido, seu desenvolvimento ainda representou para Smith um começo importante — e para economistas posteriores talvez até mais. Ela introduziu as três classes essenciais do capitalismo ocidental.*

Essa introdução de classes também possibilitou que Smith propusesse uma visão radical, cuja importância não pode ser superestimada: que a opulência de um país é indistinguível das condições de vida de sua maior classe, a de seus trabalhadores. Isso representou uma grande ruptura com a posição mercantilista, que considerava apenas a riqueza das classes governantes e a riqueza do Estado como importantes. Esse novo ponto de vista fora prefigurado por Quesnay e os fisiocratas, como vimos no capítulo I, mas não declarado tão vigorosamente por eles quanto por Smith, em parte devido ao estilo elíptico de escrita dos fisiocratas e em parte porque eles vinculavam a prosperidade da maior classe às suas preocupações subconsumistas.

---

* No lado negativo, pode-se argumentar, sobretudo num contexto marxista, que a reificação da estrutura de classe ocidental, e ainda mais estritamente da britânica, dos séculos XVIII e XIX limitou a capacidade de olhar para outras sociedades não ocidentais sem que sempre se tentasse encontrar nelas a estrutura de classe tripartite definida por Smith, Ricardo e Marx.

Nem sempre estava claro se viam a maior prosperidade dos trabalhadores e agricultores como algo bom em si, como um sinal de uma sociedade próspera, ou simplesmente como algo necessário para evitar cair na armadilha do subconsumo.

Em Smith, pela primeira vez na história da economia política, encontramos a ideia de que é o bem-estar do maior grupo que é importante: "O alto preço do trabalho deve ser considerado não só como uma prova da opulência geral da sociedade que pode pagar bem a todos aqueles que emprega; deve ser considerado como o que constitui a própria essência da opulência pública, ou como a própria coisa em que a opulência pública consiste propriamente". Observando que "criados, trabalhadores e operários de diferentes tipos compõem a maior parte de cada grande sociedade política", Smith acrescentou que "o que melhora a circunstância da maior parte nunca pode ser considerado um inconveniente para o todo. Nenhuma sociedade pode decerto ser florescente e feliz quando a maior parte de seus membros é pobre e miserável".[32] Era uma ideia verdadeiramente revolucionária e continua sendo, mesmo que tenha adquirido o status de senso comum.

Atitude em relação aos ricos em *A teoria dos sentimentos morais* e *A riqueza das nações*

A teoria dos sentimentos morais e *A riqueza das nações* são livros muito diferentes, que tratam de temas diferentes e têm públicos diferentes em mente. A atenção dos economistas é naturalmente direcionada para *A riqueza das nações*, mas *A teoria dos sentimentos morais* tem sido mais lida ultimamente e também é citada com frequência por eles. As distinções substanciais entre as duas obras começam com o fato de que *A teoria dos sentimentos morais* é sobre nossas relações com aqueles mais próximos de nós (nossas famílias, amigos e colegas), enquanto *A riqueza das nações* trata de nossa relação com o mundo em geral e nosso comportamento nele: nossas relações com pessoas com quem interagimos por razões econômicas.[33] A diferença de foco é óbvia a partir dos títulos (embora possamos ter nos acostumado tanto a eles que prestamos pouca atenção nos seus significados). Em um caso, Smith lida com sentimentos *morais* e, no outro, com a obtenção de *riqueza* — duas coisas muito diferentes.

Em *A teoria dos sentimentos morais*, Smith é um filósofo moral e o livro, numa visão recentemente propagada por Amartya Sen, pode ser visto como "mais suave" em alguns aspectos do que *A riqueza das nações*, que George

Stigler memoravelmente chamou de "um palácio estupendo erguido sobre o granito do egoísmo".[34] *A teoria dos sentimentos morais* dá grande ênfase à nossa capacidade de entender os outros. O "espectador imparcial" que Smith apresenta em suas páginas é dotado de empatia e da capacidade de entender as motivações e os comportamentos dos outros. O uso narrativo de um observador tão empático é destacado por Sen como uma grande vantagem sobre teorias secas e "contratuais" como a de Rawls, que não permitem que nenhum observador externo tenha voz e, portanto, de acordo com Sen, excluem a possibilidade de os participantes do contrato serem julgados por uma fonte externa. A ideia de Rawls de que a imparcialidade exige que os tomadores de decisão adotem um "véu de ignorância" em relação aos seus próprios interesses, diz Sen, "se abstém de invocar o escrutínio (na linguagem de Smith) 'dos olhos do resto da humanidade'".[35] Em contraste, a empatia não está muito presente em *A riqueza das nações*, onde é suficiente ser guiado pelo interesse próprio e pela razão e presumir que os outros também o são.

Porém, quando se trata da atitude de Smith em relação à desigualdade e à sociedade de classes, a suposta "suavidade" de *A teoria dos sentimentos morais* não se traduz numa postura mais igualitária. Ao contrário, em questões de distribuição, essa obra é bem mais dura e inflexível. O livro é, em grande medida, moralista e religioso em tom e substância, e apresenta muitas observações depreciativas sobre as deficiências morais dos ricos, mas aceita uma estrutura de classe imutável. As classes altas podem estar sujeitas a expressões de escárnio em *A teoria dos sentimentos morais*, mas seu direito de estar no topo nunca é questionado, nem as origens de suas fortunas são examinadas. A aceitação quase religiosa de uma hierarquia da riqueza é impressionantemente ilustrada no trecho em que, pela primeira vez em sua obra, Smith menciona o funcionamento da mão invisível na economia.[36] Referindo-se aos hábitos de consumo dos ricos vaidosos e vorazes, ele escreve:

> Eles são levados por uma mão invisível a fazer quase a mesma distribuição das necessidades da vida, que teria sido feita se a terra tivesse sido dividida em porções iguais entre todos os seus habitantes, e assim, sem querer e sem saber, a promover o interesse da sociedade e fornecer meios para a multiplicação da espécie. Quando a Providência dividiu a terra entre alguns senhores nobres, ela não esqueceu nem abandonou aqueles que pareciam ter sido deixados de fora na partição.[37]

O que é notável aqui é que uma ordem social moldada pela existência de grandes diferenças de renda é aceita e até aplaudida porque os ricos, desejando bens e serviços fornecidos pelos pobres, gastarão necessariamente parte de seus próprios ganhos. Pelo mesmo raciocínio, qualquer distribuição de renda, por mais desigual que seja, poderia ser declarada aceitável e até elogiada, uma vez que todos sabemos que os ricos não podem viver comendo seu ouro e dormindo sobre ele. Eles precisam de outras pessoas a fim de produzir o que é necessário para sustentá-los e devem pagar aos outros por esse trabalho. Mas esse fato não pode, em nenhum sentido razoável, ser tomado como uma justificativa para suas rendas mais altas ou tornar a distribuição aceitável.[38] Os argumentos para ambas as posições devem ser buscados em outro lugar. Particularmente impressionante é a última frase, muito panglossiana, do trecho citado, que sugere que tudo neste mundo de desigualdade acaba sendo idealmente arranjado para o melhor resultado possível. A lógica disso também pode ser expandida à vontade, para alegar, por exemplo, que mesmo uma distribuição de renda na qual toda a renda é recebida por uma minoria infinitesimal é parte do desígnio de Deus. Recorrer à providência (quando todo o resto falha) não é incomum em *A teoria dos sentimentos morais*, mas usá-la para subscrever uma ordem social visivelmente injusta é raro.

É de fato trivial mostrar que, do ponto de vista dos pobres, ter seu próprio pedaço de terra para trabalhar está longe de ser o mesmo que ter de depender da disposição dos ricos de contratar seus serviços, quer meçamos "o mesmo" em termos de renda, ação individual, poder ou felicidade. O trecho de Smith é extremamente reacionário e pode-se até notar uma certa qualidade cínica em sua afirmação de que os ricos, por meio de seus gastos, "fazem quase a mesma distribuição das necessidades da vida, que teria sido feita se a terra tivesse sido dividida em porções iguais entre todos os seus habitantes", e ainda que eles "consomem pouco mais do que os pobres". Ficamos surpresos com essas declarações: lidas literalmente, elas implicam que qualquer distribuição, por mais desigual e injusta que seja, não é pior do que outra, e que em todas elas os ricos e os pobres saem com aproximadamente as mesmas partes. (Pergunta-se, então, por que os ricos são chamados de "ricos"?) Nenhum argumento semelhante aparecerá em *A riqueza das nações*, no qual as únicas pessoas criticadas quanto às *origens* de suas fortunas são os ricos.

Para descontar ainda mais a relevância das riquezas desiguais, em *A teoria dos sentimentos morais* Smith descreve um autoengano generalizado: somos naturalmente impelidos por nossas imaginações a buscar coisas melhores, acreditando que elas nos farão felizes. Isso nos leva a trabalhar duro e correr riscos para aumentar nossa riqueza e grandeza, muitas vezes de maneiras que promovem a indústria humana e o progresso mais amplo. Trata-se, portanto, de uma força positiva. Mas essa riqueza maior não nos traz felicidade, e "o mendigo que se bronzeia na beira da estrada possui aquela segurança pela qual os reis estão lutando".[39] Por sua vez, isso significa que a verdadeira desigualdade real em felicidade entre as pessoas é muito menor do que a desigualdade aparente medida em bens materiais. Embora as distâncias de riqueza possam ser grandes, as distâncias de felicidade são muito menores e talvez inexistentes. Por essa rota tortuosa, a importância da desigualdade concreta de renda é minimizada e os ricos são deixados em paz para contratar os pobres e consumir suas riquezas que, de acordo com Smith, dificilmente os fazem felizes.

Uma distinção marcante entre as duas obras pode ser vista em seus diferentes usos da linguagem que é o "pão com manteiga" de um filósofo moral religiosamente inclinado — ou seja, referências a *Deus*, ao *Divino*, à *Providência* e ao *Grande Criador*. Esses quatro termos aparecem 149 vezes em *A teoria dos sentimentos morais*, mas apenas seis em *A riqueza das nações*. Isso apesar do fato de que a última obra é quase três vezes mais longa. Em outras palavras, a frequência com que Smith invoca termos para a divindade em *A teoria dos sentimentos morais* é quase cinquenta vezes maior do que em *A riqueza das nações*. Isso não é nada surpreendente à luz do que dissemos antes: *A teoria dos sentimentos morais* foi escrita por um filósofo moral teísta e, pode-se até dizer, um pregador.[40] *A riqueza das nações* foi escrita por um observador profundamente cético, até mesmo castigado, da vida econômica e dos costumes sociais.[41] O ensaísta Nirad Chaudhuri descreveu certa vez a vida humana como tendo um quarto e último estágio de "desespero severo, quase exultante".[42] Isso se aplica muito bem ao autor de *A riqueza das nações*, mas não descreve o autor de *A teoria dos sentimentos morais*.[43]

Nesta última obra, os ricos são ridicularizados por seu comportamento (pela "fatuidade da acumulação de riqueza") e por seus padrões de gastos, mas a posição social e a riqueza deles não são questionadas. É uma perspectiva semelhante à de Thorstein Veblen em *A teoria da classe ociosa* (escrito um século e meio depois de *A teoria dos sentimentos morais*), pois ambos zombam daqueles que são mais ricos, mais afortunados e estão acima na hierarquia social, mas nunca negam o direito deles de estar lá — e nunca imaginam uma situação em que tal hierarquia não exista.[44] Apesar dessa zombaria em relação aos ricos (ou talvez por causa dela, pois evita qualquer investigação mais profunda sobre as origens do poder dos ricos), Smith frequentemente aparece em *A teoria dos sentimentos morais* não só como conservador, mas abertamente reacionário.

Se alguém fosse, então, resumir a perspectiva de Smith em *A teoria dos sentimentos morais*, seria justo dizer que ele acreditava que os pobres deveriam aceitar sua posição porque ela foi ordenada pela vontade divina e é assim que todas as sociedades foram estruturadas, mas também que ele não via os ricos como necessariamente virtuosos. Contudo, achava que as origens da riqueza dos ricos não deveriam ser examinadas muito de perto. Quanto aos pobres, embora o argumento de que eles podem ser compensados por sua pobreza no "outro mundo" nunca seja defendido explicitamente, aparece com frequência sob um fino disfarce teológico. Como veremos em breve, nenhuma dessas explicações quase religiosas da desigualdade será apresentada em *A riqueza das nações*.

Questionando a renda dos ricos

Quando passamos de *A teoria dos sentimentos morais* para *A riqueza das nações*, entramos no reino do realismo severo e do interesse próprio; passamos para o mundo das interações econômicas que são, por definição, relações com estranhos. Também passamos de comunidades orgânicas, onde nosso comportamento é colorido pela empatia e até pelo altruísmo (ou, como acabamos de ver, pela aceitação da injustiça manifesta), para o mundo das comunidades mecânicas, onde as regras são diferentes. Com efeito, para que *A riqueza das nações* permaneça firme e alta, o interesse próprio é suficiente; a esse respeito, Smith exibe uma economia louvável de suposições. Não precisamos de muitas suposições para explicar o comportamento das pessoas na Grande Sociedade. Basta assumir que elas seguem seus próprios interesses e são racionais.

Mas — e essa é uma grande diferença de atitude em relação aos ricos — onde *A teoria dos sentimentos morais* é condescendente com a hierarquia, *A riqueza das nações* é realista e severa. Ela critica abertamente os ricos, como eles adquiriram sua riqueza e como a usam para enriquecer e se fortalecer ainda mais. Em alguns de seus comportamentos, Smith vê somente posturas hipócritas: "Eu nunca soube de muita coisa boa feita por aqueles que fingiam comerciar para o bem público. É de fato uma afetação não muito comum entre comerciantes, e muito poucas palavras precisam ser empregadas para dissuadi-los disso".[45] Em algumas passagens, ele os trata com sarcasmo mordaz: "A resolução tardia dos quakers na Pensilvânia de libertar todos os seus escravos negros pode nos tranquilizar de que o número deles não pode ser muito grande".[46]

Até mesmo a religião, conforme praticada pelo povo, é trazida à Terra e não poupada do ridículo (algo inimaginável em *A teoria dos sentimentos morais*):

> As leis que dizem respeito aos cereais podem ser comparadas em todos os lugares às leis relativas à religião. As pessoas se sentem tão interessadas pelo que se relaciona com sua subsistência nesta vida, ou com sua felicidade numa vida futura, que o governo deve ceder aos seus preconceitos e, para preservar a tranquilidade pública, estabelecer o sistema que eles aprovam. É por esse motivo, talvez, que raramente encontramos um sistema razoável estabelecido com relação a qualquer um desses dois objetos capitais.[47]

Além de ser mais realista e "mais severo", *A riqueza das nações* é bem mais "esquerdista" quando se trata de desigualdade do que *A teoria dos sentimentos morais*. Ele não aceita a validade ética da hierarquia entre as classes: as rendas dos ricos são muitas vezes adquiridas injustamente. Os ricos podem muito bem estar no topo da pirâmide, mas isso não significa que sejam dignos dela, ou que suas rendas e a maneira como chegaram ao topo devam ser deixadas sem estudo e sem crítica. De fato, uma renda alta é frequentemente produto de conluio, monopólio, pilhagem ou uso de influência política. Sobre conluio, Smith escreve:

> Pessoas do mesmo ofício raramente se encontram, mesmo para diversão e alegria, mas a conversa termina numa conspiração contra o público, ou em algum artifício para aumentar os preços. Com efeito, é impossível impedir essas reuniões, por qualquer lei que pudesse ser executada ou que fosse consistente com a liberdade e a justiça. Mas embora a lei não possa impedir que pessoas do mesmo ofício às vezes se reúnam, ela não deve fazer nada para facilitar tais reuniões; muito menos para torná-las necessárias.[48]

E sobre monopólio:

> Consta que, nas ilhas das especiarias, os holandeses queimam todas as especiarias que uma estação fértil produz além do que eles esperam dispor na Europa com um lucro que acham suficiente. [...] Por diferentes artes de opressão [os holandeses] reduziram a população de várias Molucas quase ao número suficiente para suprir com novas provisões e outras necessidades da vida suas próprias [...] guarnições.[49]

Como o texto sugere obliquamente, a busca por lucros monopolistas levou os colonos holandeses não só a oprimir membros da população local, mas a matá-los, para que sua quantidade se tornasse "ótima" do ponto de vista da produção de especiarias e do atendimento a estrangeiros.

Sobre pilhagem, as companhias mercantes (a Companhia Britânica das Índias Orientais e sua equivalente holandesa, a Companhia Holandesa das Índias Orientais — Vereenigde Oostindische Compagnie, ou VOC) e as repúblicas mercantes são alvos de opróbrio particular porque seus lucros derivam de uma pilhagem descarada: "O governo de uma companhia exclusiva de mercadores é, talvez, o pior de todos os governos para qualquer país".[50] E mais adiante, sobre pilhagem:

> Os grandes exércitos que marcharam de todas as partes para a conquista da Terra Santa deram um incentivo extraordinário à navegação de Veneza, Gênova e Pisa, às vezes transportando-os para lá e sempre fornecendo-lhes provisões. Eles eram os comissários, se assim se pode dizer, desses exércitos; e o frenesi mais destrutivo que já se abateu sobre as nações europeias foi uma fonte de opulência para aquelas repúblicas.[51]

Por fim, sobre influência política:

> O membro do Parlamento que apoia todas as propostas para fortalecer esse monopólio [sobre comércio exterior] certamente adquirirá não apenas a reputação de entender o comércio, mas grande popularidade e influência junto a uma ordem de homens cuja quantidade e riqueza os tornam de grande importância. Ao contrário, se o membro do Parlamento se opõe a eles, e ainda mais se tem autoridade suficiente para ser capaz de frustrá-los, nem a probidade mais reconhecida, nem a mais alta

patente, nem os maiores serviços públicos podem protegê-lo do mais infame ataque e difamação, de insultos pessoais, nem às vezes de um perigo verdadeiro, decorrente da indignação insolente de monopolistas furiosos e desapontados.[52]

A visão cética que permeia *A riqueza das nações* não se aplica apenas a capitalistas e comerciantes. Ela se estende à nobreza:

> Vínculos [proibir que grandes propriedades sejam divididas] são considerados necessários para manter esse privilégio exclusivo da nobreza aos grandes cargos e honras de seu país; e havendo essa classe usurpado uma vantagem injusta em relação ao resto de seus concidadãos, é considerado razoável, para que sua pobreza não a torne ridícula, que ela tenha outra.[53]

Os ricos não só são privados de sua reivindicação de superioridade moral, mas, como a origem de sua riqueza é submetida a escrutínio, a diferença de riqueza pode ser vista como produto de uma ordem social injusta ou de uma sociedade comercial injusta. Esse é um ponto ao qual retornarei adiante.

Salários, aluguéis e retorno ao capital à medida que a sociedade se desenvolve

Qual é a visão de Adam Smith sobre as rendas do trabalho? Uma visão realista ou crítica da renda das classes mais altas em *A riqueza das nações* é acompanhada por uma ênfase no bem-estar das classes mais baixas: uma sociedade avançada não pode ser uma sociedade em que os trabalhadores são mal pagos. O sucesso de uma sociedade é julgado pela condição de sua maior classe. Smith traça um contraste desfavorável entre, de um lado, Espanha e Portugal, cujas pequenas classes dominantes exibem alta riqueza enquanto todos os demais são pobres, e do outro lado, os Países Baixos, amplamente considerado o país mais próspero naquela época, com seus altos salários e baixa taxa de juros.[54] De acordo com Smith, altos salários e baixa taxa de juros são as características mais desejáveis de qualquer sociedade que deseja avançar economicamente e manter uma justiça razoável. "A taxa de lucro não sobe, como o aluguel e os salários, com a prosperidade e cai com o declínio da sociedade", escreve ele. "Ao contrário, é naturalmente baixa nos países ricos e alta nos países pobres, e é sempre mais alta nos países que estão indo mais rápido para a ruína".[55]

Não apenas os juros altos são uma marca de sociedades estagnadas com direitos de propriedade inseguros (aqui Smith menciona o Império Otomano, a Índia e a China), como uma taxa de juros baixa tem a vantagem de tornar difícil para as pessoas viverem de sua riqueza sem trabalhar: "Em um país que tivesse adquirido seu complemento total de riquezas, onde, em cada ramo específico de negócios, houvesse a maior quantidade de ações que pudessem ser empregadas [...] a taxa de juros [...] seria baixa [o suficiente] para tornar impossível a qualquer pessoa, exceto as mais ricas, viver dos juros de seu dinheiro".[56] Assim, por uma feliz coincidência, o que parece economicamente vantajoso, e o que está associado a sociedades mais avançadas e com menor desigualdade, também é considerado eticamente preferível. Quando o bem-estar da maioria, que significa essencialmente altos salários para os trabalhadores, se torna o critério para julgar o sucesso de uma sociedade, estamos na presença de uma visão nova e muito moderna do que é uma sociedade boa. Smith cunha o termo "comeattibleness", que significa o grau em que as classes trabalhadoras podem pagar o que precisam: "É opulento aquele Estado onde as necessidades e conveniências da vida são facilmente obtidas [...] e nada mais pode merecer o nome de opulência senão essa *comeattibleness*".[57] Essa identificação do avanço de um Estado com o bem-estar de sua maior classe pode ser incontroversa hoje, mas não era adotada na época de Smith, quando a miséria das classes trabalhadoras era frequentemente considerada seu destino inevitável, ou mesmo desejável porque apenas ameaças de fome e miséria obrigariam os pobres a trabalhar.* Apenas seis anos antes da publicação de *A riqueza das nações*, Arthur Young escrevera a famosa frase de que "todos, exceto um idiota, sabem que as classes mais baixas devem ser mantidas pobres ou nunca serão industriosas".[58]

Portanto, é compreensível que Smith não acreditasse que os salários, independentemente do sistema e do estado da sociedade, permaneceriam no nível de subsistência, suficientes apenas para a sobrevivência física. Além disso, o que constituía subsistência, conforme Smith indicou, não era uma constante da condição humana, mas podia variar ao longo do tempo e do

---

* Conforme observamos no capítulo 1, Quesnay criticou de maneira semelhante a visão de que os pobres trabalharão apenas se forem motivados pela fome. Nesse ponto, como em muitos outros, Quesnay e Smith estavam de acordo.

lugar. Ele reconheceu como necessidades "não apenas aquelas coisas que a natureza, mas aquelas coisas que as regras estabelecidas de decência tornaram necessárias para as classes mais baixas de pessoas".[59]

As necessidades não devem ser tomadas como um pacote fixo de bens e serviços dados de uma vez para sempre. Isso abre obviamente a possibilidade de um salário real crescente à medida que a sociedade avança — uma declaração que Smith faz explicitamente. Como sociedades mais avançadas também têm taxas de juros mais baixas, essa combinação particular de rendas fatoriais (salários mais altos, juros mais baixos) implica uma sociedade com menos desigualdade interpessoal. Vemos, portanto, em Smith a criação de uma teoria implícita da distribuição de renda, de modo que a desigualdade entre capitalistas e trabalhadores, e provavelmente entre indivíduos na sociedade em geral, diminui à medida que a economia se desenvolve.

No entanto, também temos de levar em conta o terceiro fator de produção: a terra e seu retorno, o aluguel. A situação agora fica mais complicada porque o aluguel real também deve aumentar à medida que a sociedade avança, e não apenas em quantidade absoluta, mas em proporção à produção geral.[60] Isso ocorre porque o progresso social traz consigo uma demanda maior por uma série de bens (além de alimentos) que são cultivados na terra (como o algodão) ou obtidos dela por meio da mineração.[61] À medida que uma população mais rica demanda mais desses produtos, o valor da terra sobe e seus proprietários ganham um aluguel mais alto. Portanto, os interesses dos trabalhadores e proprietários estão alinhados com o interesse do público, pois as posições dos trabalhadores e proprietários melhoram com o avanço da sociedade. A classe cuja renda é adversamente afetada pelo desenvolvimento é a classe capitalista (empregadores ou senhores na terminologia de Smith), porque a taxa de lucro ou juros, que constitui sua renda, está fadada a diminuir.[62]

Desse modo, a teoria implícita de distribuição de renda de Smith se torna mais complexa porque se supõe que as rendas daqueles que estão no topo e na base aumentem à medida que a sociedade avança, e as rendas daqueles no meio devem ser reduzidas. Provavelmente é verdade que o avanço resultaria numa diminuição geral da desigualdade, por conta da quantidade dos beneficiários (como vimos, 80% da população inglesa/britânica na época de Smith eram trabalhadores e camponeses), mas também se pode esperar mais polarização da sociedade à medida que a classe alta (proprietários de terras, 1,5% da população) se torna cada vez mais rica. Poder-se-ia dizer que, na visão de Smith, o desenvolvimento resulta em menos desigualdade de renda (como calcularíamos hoje usando medidas sintéticas comuns de desigualdade como o coeficiente de Gini), mas possivelmente também resulta em mais polarização e uma parcela ainda maior para o 1% do topo, composto principalmente de proprietários de terras.

Por fim, é notável que em um dos poucos comentários de Smith que trata a desigualdade como tal (dos quais há talvez, com a interpretação mais generosa, apenas meia dúzia), ele compara os níveis de desigualdade na América do Norte e na França. Apesar de a França ser um país mais rico, Smith observa, "por conta da distribuição mais desigual de riquezas, há muito mais pobreza e mendicância" nela do que na América.[63] Até mesmo os escravizados na América são, por implicação, considerados em melhor situação do que os pobres na França.

Salário real e salários relativos numa sociedade avançada

A diferença no salário real é usada por Smith para distinguir entre sociedades em avanço, estacionárias e em declínio. Isso pode ser considerado parte de uma concepção dos estágios da história — especialmente quando lido junto com o Livro III de *A riqueza das nações*, que discute o "progresso natural da opulência" desde os tempos romanos —, mas também é uma descrição justa das sociedades da época de Smith. Como já mencionado, ele acha que os salários reais em diferentes países não são os mesmos, a começar pelo fato de que são muito mais altos na Europa do que na China ou na Índia.[64] Smith também usa salários para classificar países na Europa: os salários reais holandeses são os mais altos e os Países Baixos são, portanto, considerados o país mais avançado, seguido pela Inglaterra, depois Escócia, França e, muito mais abaixo, Polônia e Rússia.[65] (As viagens europeias de Smith de 1765-66, bem como seu trabalho no conselho alfandegário, devem ter fornecido a ele algumas provas para a classificação.) Embora hoje em dia tendamos a pensar que o nível do PIB per capita e o nível dos salários reais estão correlacionados, para Smith, um alto nível salarial estava relacionado à *taxa de crescimento* do país. Smith repete em várias ocasiões que é a alta taxa de crescimento do país que determina seu nível de salários. Ele obviamente achava isso importante o suficiente para insistir nesse ponto.[66] Hoje, isso pode nos parecer desconcertante: a alta taxa de crescimento da China no século XXI não torna os salários chineses mais altos do que os americanos. Há, no entanto, uma explicação possível. Embora não diga isso de maneira explícita, Smith parece assumir que, até bem recentemente (isto é, antes da Revolução Comercial), todos os países eram igualmente pobres e os salários em todos estavam próximos de sustentar a mera subsistência fisiológica. Somente quando alguns países decolaram é que os salários reais aumentaram. É nesse sentido, acredito, que podemos ver a taxa de crescimento de uma economia determinando o salário real: os países de maior crescimento na época de Smith teriam sido aqueles que escaparam da armadilha malthusiana (um termo que, é claro, não existia na época) e viram os salários reais aumentarem. Os estados coloniais norte-americanos, citados no final de *A riqueza das nações* pelos seus altos salários, fornecem um exemplo disso.[67]

Quando se trata de salários relativos entre trabalhadores (engajados em diferentes tipos de trabalho), argumenta-se que eles diferem mais do que as taxas de lucro diferem entre capitalistas (investindo em diferentes negócios). Isso ocorre porque os operários trabalham em ocupações muito distintas e, em algumas delas (seja porque colocam os trabalhadores em condições perigosas ou sujas, ou são desonrosas, ou exigem educação longa e cara), o componente compensatório dos salários é alto.[68] Por sua vez, a taxa de lucro não difere tanto entre os diversos usos do capital, porque o capital é mais amorfo e pode se mover com muito mais facilidade do que o trabalho entre as ocupações para equalizar os retornos.[69]

Após uma longa investigação no final do Livro I e no Livro II de *A riqueza das nações*, Smith conclui que os salários relativos e os lucros relativos — isto é, as faixas de salários e de taxas de retorno — não são afetados pelo estado avançado ou declinante da sociedade. Todos os salários sobem ou descem juntos sem mudar em relação uns aos outros, e o mesmo é verdade para os lucros:

> A proporção entre as diferentes taxas de salários e de lucro nos diferentes empregos de trabalho e ações parece não ser muito afetada [...] pela riqueza ou pobreza, pelo estado de avanço, estacionário ou de declínio da sociedade. Tais revoluções no bem-estar público, embora influenciem as taxas gerais de salários e lucro, devem, no final, afetá-las igualmente em todos os diferentes empregos. A proporção entre elas, portanto, deve permanecer a mesma, e não pode ser alterada, pelo menos por um tempo considerável, por quaisquer dessas revoluções.[70]

Essa talvez não seja a parte mais satisfatória de *A riqueza das nações*, porque alguém poderia esperar que a mudança tecnológica, ou mesmo a maior divisão do trabalho introduzida no início do livro, teria impactos variados sobre os salários de diferentes ocupações e nos salários de trabalhadores de diferentes habilidades. Todo o tema da mudança tecnológica e seu impacto no trabalho (que, como veremos, causou algumas dores de cabeça para Ricardo) é simplesmente ignorado por Smith. As rendas dos três principais fatores de produção podem se mover de forma diferente conforme a sociedade se desenvolve, mas dentro de cada um deles, as relatividades não são afetadas.

Teoria implícita da distribuição de renda e desconfiança dos capitalistas

A teoria implícita de distribuição de renda de Smith está intimamente relacionada à sua desconfiança dos capitalistas como influenciadores da política econômica. Isso ocorre porque, na visão de Smith, as rendas mais altas dos trabalhadores e proprietários de terras que vêm como resultado do avanço social alinham os interesses dessas duas classes com os da sociedade como um todo. Para os capitalistas, a situação é inversa. Sociedades mais avançadas estão associadas a maior abundância de capital e menores taxas de lucro. (As taxas de lucro caem porque o capital mais abundante torna a competição mais acirrada entre os capitalistas.) O fato de que os capitalistas só têm a perder com o desenvolvimento os torna um grupo muito suspeito para oferecer conselhos sobre política econômica. Isso é ainda mais verdadeiro porque, na visão de Smith, nem os proprietários nem os trabalhadores estão aptos a defender de modo convincente as políticas que os beneficiam (e, por sua vez, a sociedade), tendo em vista a indolência dos proprietários e a falta de educação e preguiça dos trabalhadores.[71] Por sua vez, os capitalistas são muito hábeis em questões de persuasão e advocacia política. Mas sua visão do mundo é estreita e seus conselhos, uma vez que seus interesses não correm paralelos aos da sociedade, não devem ser confiáveis:

> A proposta de qualquer nova lei ou regulamentação do comércio que venha dessa ordem [de empregadores] deve sempre ser ouvida com grande precaução, e nunca deve ser adotada antes de ter sido longa e cuidadosamente examinada, não só com a atenção mais escrupulosa, mas com a mais desconfiada. Ela vem de uma ordem de homens cujo

interesse nunca é exatamente o mesmo que o do público, que em geral têm interesse em enganar e até mesmo oprimir o público, e que, por consequência, em muitas ocasiões, tanto o enganaram quanto o oprimiram.[72]

As sombras da teoria de "hegemonia" de Gramsci espreitam por trás disso. E para que não seja considerada uma declaração isolada, ela quase repete outra: "O interesse dos negociantes, no entanto, em qualquer ramo específico de comércio ou manufatura, é sempre em alguns aspectos diferente, e até oposto, ao do público".[73]

A teoria de distribuição de renda de Smith está, portanto, na origem de seu ceticismo sobre o papel político dos capitalistas. Os conselhos deles apenas retardariam o desenvolvimento econômico, porque eles próprios não têm nada a ganhar com uma sociedade mais avançada. Numa passagem famosa, Smith contrasta "o gênio da constituição britânica que protege e governa a América do Norte, e o da empresa mercantil que oprime e domina as Índias Orientais".[74] E na mais clara rejeição de um papel político para os donos do capital, Smith escreve:

> Mas a rapacidade mesquinha, o espírito monopolizador dos comerciantes e fabricantes, que não são, nem deveriam ser os governantes da humanidade, embora talvez não possa ser corrigido, pode muito facilmente ser impedido de perturbar a tranquilidade de qualquer pessoa, exceto eles próprios.[75]

Tabela 2.2. Interesses de classe alinhados e não alinhados

	Proprietários de terras	Capitalistas	Trabalhadores
Com a "melhoria da sociedade" a classe...	ganha (à medida que os aluguéis aumentam)	perde (à medida que os lucros caem)	ganha (à medida que os salários reais aumentam)
A capacidade da classe de persuadir formuladores de políticas é...	baixa (devido à indolência)	alta (devido a sofismas)	baixa (devido à falta de educação)
Em relação ao interesse público geral, os interesses da própria classe são...	alinhados	opostos	alinhados

A visão de Smith sobre distribuição de renda é apresentada com admirável clareza na conclusão do último capítulo ("muito longo", nas próprias palavras dele) do Livro I de *A riqueza das nações*. Podemos resumi-la como na tabela anterior.

Embora o interesse próprio seja a base do livro, também é verdade que o interesse próprio de alguns pode trabalhar contra objetivos sociais mais amplos ou a "melhoria" social. Vemos claramente nesta discussão que nem todo interesse próprio deve ser igualmente respeitado. O interesse próprio de grandes monopolistas, funcionários do governo e indústrias protegidas pelo Estado é profundamente pernicioso para a sociedade como um todo e deve ser mantido sob controle. O principal ponto de contraste com *A teoria dos sentimentos morais*, bem como com alguns historiadores econômicos posteriores que ignoram os comentários mordazes de Smith sobre as classes dominantes, é o questionamento dele da justiça de algumas rendas altas, e sua argumentação de que os interesses dos capitalistas muitas vezes vão contra o interesse social. Essas duas críticas em particular nunca são direcionadas a trabalhadores e camponeses em *A riqueza das nações*. Trabalhadores e camponeses estão isentos de críticas, pode-se pensar, não porque Smith acredite que eles sejam moralmente melhores, mas porque não têm riqueza e poder político para impor seu interesse próprio. A riqueza não é vista como necessariamente ruim do ponto de vista moral, mas como algo que dá aos seus detentores os meios para promover interesses estreitos sem levar em conta o que é socialmente desejável. Além disso, os interesses dos trabalhadores são, de acordo com Smith, mais consistentes com os da sociedade.

É importante destacar que a crítica de Smith ao papel dos capitalistas na formulação de políticas não se baseia em instâncias específicas de comportamento monopolista, conluio e coisas do tipo, mas em sua visão mais geral de que os interesses dos capitalistas não se alinham com os interesses sociais porque sua fonte de renda (lucro) está fadada a declinar com o "progresso geral da opulência".

O argumento delineado aqui pode ser interpretado como se Smith apresentasse duas versões da sociedade capitalista ou comercial: a competitiva, que é um sistema de "liberdade natural" em que as rendas são adquiridas de forma justa, e outra baseada no nepotismo ou capitalismo político, na qual as rendas são resultado de fraude, monopólio ou pilhagem. Em minha opinião, há pouca dúvida de que Smith vê o último como o "capitalismo realmente existente", e que ele defende o capitalismo totalmente competitivo como uma sociedade cuja realização deve ser o objetivo do filósofo ou do formulador de políticas. A crítica moral e, às vezes, zombeteira dos ricos em *A teoria dos sentimentos morais* torna-se em *A riqueza das nações* uma crítica baseada na economia política. Por quê? Porque as rendas obtidas por poder político, monopólio ou promoção de interesses particulares não são apenas injustas; elas também, ao retardar o desenvolvimento, minam a eficiência econômica. Assim, duas críticas importantes à riqueza injustamente adquirida se juntam em *A riqueza das nações*: uma que a condena por motivos filosóficos ou morais e a outra que expõe seu efeito nefasto no crescimento econômico. Esta última é obviamente uma crítica instrumental da desigualdade. Mas é uma crítica que só faz sentido no mundo de *A riqueza das nações*, em que o principal objetivo do autor era descobrir os princípios que levam a vidas materialmente mais ricas.*

Começa-se a captar uma possível unidade de propósito por trás de *A teoria dos sentimentos morais* e *A riqueza das nações*. A longo prazo, o mundo da empatia não é possível sem a obtenção de riqueza material suficiente. Desse modo, o mundo de *A riqueza das nações* vem "naturalmente" primeiro: ele estabelece a base material para o mundo de *A teoria dos sentimentos morais*. Talvez se possa até dizer que é justificado, se as bases materiais da prosperidade forem amplamente compartilhadas, que somente os ricos sejam ridicularizados nessa obra. Não precisamos insistir demais na injustiça da renda dos ricos se todos estivermos razoavelmente bem de vida; podemos baixar a guarda e apenas sorrir para as loucuras dos bilionários.

Conclusões

Quais são os pontos essenciais de *A riqueza das nações* que nos interessam aqui? São seis. Primeiro, a prosperidade da maior classe (trabalhadores e camponeses) é um indicador do sucesso econômico do Estado. Segundo, sociedades avançadas têm altos salários e baixos retornos sobre o capital. Terceiro, muitas rendas altas são adquiridas fraudulentamente e, por conta

---

* Vemos aqui o mesmo alinhamento de argumentos morais e eficiência econômica que era perceptível na crítica às altas taxas de juros: juros altos são ruins não somente porque permitem que os muito ricos vivam sem trabalhar, mas também porque são característicos de uma sociedade atrasada.

disso, os ricos não podem reivindicar superioridade moral. Quarto, as condições que garantem a prosperidade econômica são as mesmas que garantem a justiça das rendas. Quinto, há uma teoria implícita de distribuição de renda pela qual o aluguel e os salários aumentam à medida que a sociedade progride, enquanto o lucro e as taxas de juros caem, de modo que a desigualdade geral provavelmente diminui, embora ao custo de maior concentração de renda no topo (os proprietários ficam mais ricos). Sexto, e muito importante, como resultado da teoria específica de distribuição de renda de Smith, os capitalistas não devem ter permissão para governar o Estado, porque seus interesses econômicos são opostos aos do público.

Antes de encerrar este capítulo, acho que é importante destacar três aspectos da perspectiva de Adam Smith que vão muito além das concepções de distribuição de renda investigadas neste livro, mas que ajudam a explicar como seu trabalho é usado hoje. Uma vez que isso não será uma característica dos próximos capítulos, por que oferecer essa visão mais ampla de Smith? Simplesmente porque, de todos os autores aqui estudados, a influência de Adam Smith na economia foi a maior, e essa influência vem de muitas partes de sua obra, não apenas daquelas relacionadas à evolução de salários, lucros e aluguéis.

O primeiro aspecto a enfatizar é a atitude crítica de Smith em relação aos ricos e à maneira como eles ganharam sua riqueza, e em especial, sua opinião frequentemente expressa de que os interesses dos empresários são tão contrários aos da sociedade que eles não devem ser autorizados a impor seus interesses estreitos e peculiares aos demais. Este não é meramente um Adam Smith "de centro-esquerda", cujas várias citações poderiam ser facilmente repetidas por Bernie Sanders sem que muitas pessoas percebessem que elas vêm de um dos fundadores da economia política. Este é um Adam Smith que chega muito perto do que é chamado de crítica "socialista" do capitalismo nos Estados Unidos de hoje.

Em segundo lugar, no entanto, embora Smith fosse cético em relação aos ricos, ele era igualmente cético em relação ao grande governo. Sua crença no sistema de liberdade natural o fez suspeitar dos motivos daqueles que, sob o manto do interesse geral, tentariam passar por cima de seus próprios interesses. Adam Smith era, portanto, a favor de um governo minimalista que ele limitava a três funções: proteção contra agressões externas, administração da justiça e obras públicas e educação pública (para elevar o nível geral de conhecimento e, finalmente, melhorar a economia).

Ele acrescentou outras instâncias em que o governo deveria agir, mas quase todas eram de natureza regulatória, destinadas a limitar o conluio e o poder de monopólio. As funções governamentais de Smith são drasticamente menores do que as de qualquer Estado capitalista moderno. Em termos gerais, suas funções governamentais talvez exigissem gastos de cerca de 10% do PIB, ou seja, aproximadamente um terço ou um quarto do que os governos de hoje gastam em países capitalistas desenvolvidos. Em consequência, eles exigiriam impostos pessoais muito mais limitados, embora levemente progressivos (como sugerido por Smith). Este é o Smith citado com frequência por economistas do livre mercado e pela mídia. É de fato um Smith verdadeiro, mas é apenas parte dele. Os economistas de direita raramente mencionam o anticapitalista e esquerdista Smith.

O terceiro aspecto da obra de Smith importante a ser sublinhado aqui é que, mesmo que ele acreditasse que um sistema de liberdade natural e livre concorrência fosse o melhor para o avanço do bem-estar humano, sua avaliação lúcida era de que tal sistema dificilmente seria alcançado na prática. Um estado ideal de liberdade natural e livre concorrência poderia ser usado como um parâmetro para medir as realizações do mundo real, mas não era racional esperar que ele se materializasse. Acho que esse Adam Smith realista teria pouca paciência ou interesse em esquemas econômicos abstratos, inclusive em análises de equilíbrio geral e muitas das implicações bastante recônditas dessas análises. Na melhor das hipóteses, Smith poderia tê-las considerado exercícios teóricos úteis, porém, é mais provável que se enquadrassem na categoria de (para usar seus termos) conhecimento "ornamental", mas não "útil", não merecendo muita atenção de economistas e formuladores de políticas.

São esses três Smiths igualmente importantes, mas complexos, que tornam difícil a inclusão de seu trabalho no discurso político e econômico atual. Numa sociedade que é ideologicamente dividida e muito consciente dessas divisões, reconhecer as contribuições de um pensador que, da perspectiva de hoje, pode ser interpretado como de esquerda, de direita ou muito pragmático se torna difícil, e talvez até mesmo impossível. Essa é a razão pela qual Smith é citado e usado seletivamente.

3.
O benefício inesperado ricardiano: David Ricardo e a ausência de perde--ganha entre equidade e eficiência

"*Ecce homo!*", exclamou Thomas De Quincey enquanto lia o primeiro capítulo de *Princípios de economia política*.[1] Ao longo dos dois séculos seguintes, inúmeros economistas, ao lerem o volume fino e elegante, tiveram basicamente a mesma reação. Há um tipo de fascínio que Ricardo continua a exercer muito depois da publicação dos *Princípios*, e é provável que exerça por muito tempo. O fascínio decorre do modelo simples, potente e elegante que Ricardo criou. Trata-se essencialmente de um modelo matemático, mas descrito em palavras e explicado com clareza (embora não totalmente livre de contradições). A mente por trás do modelo é logicamente consistente e matemática. Esse é o aspecto dos *Princípios* que atraiu os economistas, especialmente depois que a economia se tornou muito matematizada, no final do século XIX.

Ricardo elevou os problemas locais da Inglaterra à significação universal. As Leis dos Cereais, contra as quais seu volume se voltou, foram uma tentativa de proteção econômica que aumentou o custo de vida ao impor tarifas sobre alimentos importados. Mas ao discutir esse problema local, Ricardo criou a base para uma teoria do comércio internacional e definiu com mais nitidez do que qualquer um antes dele as três principais classes sociais que tanto se destacariam na economia por mais dois séculos. Smith havia dividido a sociedade em três classes, porém, Ricardo deu a essa divisão um lugar muito mais saliente em seu sistema e colocou o conflito distributivo entre as classes no centro do palco. Um conflito que era real, mas cujas implicações completas não haviam sido elaboradas por Smith, tornou-se explícito em sua obra.

A estrutura de classes de Ricardo refletia também o estado do desenvolvimento da Inglaterra na época. Não surpreende que as três classes que desempenharam um papel tão grande em Ricardo se fundissem, nos escritos de Marx, em apenas duas: capitalistas e trabalhadores. Os proprietários de terras ficaram numérica e financeiramente menos importantes à medida que os industriais proliferavam. A terra passou a ser apenas outra forma de capital. Os proprietários de terras acabaram sendo incluídos por Marx entre os capitalistas proprietários de terras tout court. Mas na Inglaterra de Ricardo, eles desempenhavam um grande papel político e social, então foram corretamente considerados separados dos capitalistas.

No entanto, a elegância da abordagem de Ricardo também plantou as sementes de um problema que mais tarde afligiu muitas partes da economia: um alto nível de abstração e simplificação dos atores e de seus interesses e motivações. Isso tendeu a obscurecer o comportamento do mundo real e a levar a economia numa direção excessivamente abstrata. O método atraiu críticos assim que *Princípios* foi publicado, entre eles Jean-Baptiste Say:

> Talvez seja uma objeção bem fundamentada ao sr. Ricardo que ele às vezes raciocina sobre princípios abstratos aos quais dá uma generalização muito grande. Depois de fixar-se numa hipótese que não pode ser atacada, por estar fundada em observações não questionadas, ele empurra seu raciocínio para suas consequências mais remotas, sem comparar seus resultados com os da experiência concreta.[2]

A mesma tendência seria mais tarde criticada por Joseph Schumpeter, que a chamou de "vício ricardiano".

> Ele [...] empilhava uma suposição simplificadora sobre outra até que, tendo realmente resolvido tudo por essas suposições, ficava somente com algumas variáveis agregadas entre as quais, dadas essas suposições, ele estabelecia relações unidirecionais mais simples para que, no final, os resultados desejados emergissem quase como tautologias.[3]

Ricardo continua sendo uma presença na economia de hoje, tanto metodologicamente quanto por meio de suas descobertas em muitas áreas, mas sobretudo no comércio internacional, na política fiscal e no papel do progresso tecnológico. Ele também foi, como argumentarei, a primeira pessoa a unificar os temas da distribuição e do crescimento econômico. Para ele, a distribuição, ou mais exatamente a distribuição "correta" de renda entre as classes, era o pré-requisito para o crescimento econômico.

Ao contrário de Smith, as viagens e o interesse de Ricardo pelo mundo eram limitados. Ele nunca viveu quando adulto por qualquer período de tempo no exterior — uma experiência de vida totalmente diferente da de Marx, o exilado permanente. Ricardo mal viajou para qualquer lugar fora da Inglaterra e para alguns países da Europa continental, nem demonstrou muito interesse pelo resto do mundo, pelo menos além do interesse puramente pragmático em relações exteriores e bolsas de valores estrangeiras que o ajudou a se tornar imensamente rico como corretor da bolsa. Não há muitas referências a outros lugares em sua obra. A França aparece nela, assim como a Holanda (o país de onde seu pai emigrou e para onde foi enviado aos onze anos, a fim de viver com parentes por dois anos).[4] América, Espanha, Rússia, Polônia e Portugal (de onde a família, do lado de seu pai, emigrou) são mencionados, mas apenas como exemplos convenientes de seus argumentos, e não porque estivesse particularmente interessado neles ou familiarizado com seus problemas. Na maioria de suas menções a países estrangeiros, seus nomes poderiam ser substituídos por letras — A, B e C — e pouco se perderia. Quando viajava, era em grande estilo, pois perto do fim da vida, podia se dar ao luxo de visitar a Europa com sua extensa família como um dos antigos lordes. Morreu repentina e excepcionalmente jovem, aos 51 anos, de uma doença aparentemente menor, mas negligenciada.

Os interesses de Ricardo também se limitavam à Inglaterra, onde ele comprou uma cadeira no Parlamento em 1819, participou de inúmeras discussões políticas, começou seu interesse em economia política lendo e comentando sobre Smith, escreveu vários panfletos e era muito admirado e querido por todos que o conheceram. Adquiriu uma enorme fortuna durante sua vida graças a negociações e investimentos bem-sucedidos, inclusive, ele próprio admitiu, durante o interlúdio entre a fuga de Napoleão de Elba e sua derrota final em Waterloo, quando os títulos do governo inglês flutuaram enormemente.[5] Talvez o próprio Ricardo, embora nunca vaidoso ou exaltador de si mesmo, tenha descrito melhor o poder que tinha sobre o mercado:

> Um dizia, não raramente, para outro — o sr. Ricardo comprou este e aquele artigo ou ação e, acredite, você não pode fazer melhor. Nesse estado de coisas, deve estar claro que muitas vezes posso ter criado a própria demanda que me permitiu dispor do artigo comprado, com um pequeno lucro, apenas um tempo muito curto depois. Por fim, minha

reputação como especulador bem-sucedido se tornou tão grande que às vezes pensei que seria possível entrar no mercado e comprar aleatoriamente, não importava o quê, com uma boa perspectiva de vantagem a ser obtida vendendo de novo imediatamente.[6]

O comentário é uma boa articulação de uma dinâmica que George Soros mais tarde chamaria de "reflexividade".[7]

Quando Ricardo morreu, em 1823, seus ativos somavam 615 mil libras esterlinas, uma quantia que, para usar uma das definições de riqueza de Adam Smith — uma pessoa é rica "de acordo com a quantidade de trabalho que pode exigir" —, equivalia aos salários anuais de cerca de 14 mil trabalhadores qualificados.[8] Sua riqueza o colocava facilmente entre o 1% mais rico da população inglesa. Traduzido para termos britânicos atuais, e usando o mesmo critério (salário médio), seu patrimônio seria equivalente a cerca de 350 milhões de libras esterlinas.* Ricardo talvez tenha sido o economista mais rico de todos os tempos, além de um dos mais influentes.[9]

De acordo com Wesley Mitchell, Ricardo, tanto no estilo de sua escrita quanto em sua visão dos seres humanos como sendo motivados nos negócios, na política e na moral pelo interesse próprio deveu muito à sua experiência de corretor da bolsa, "onde a qualidade purificada e abstrata de ganhar dinheiro é mais óbvia".[10] Isso é bem possível mesmo que a predileção de Ricardo pelo pensamento severamente abstrato já estivesse em vigor numa idade mais precoce. Mas talvez tenha sido sua natureza intelectualmente curiosa e honesta, e sua polidez inata, que o tornaram popular e apreciado por economistas de extremos opostos do espectro político, que com frequência estavam em desacordo entre si. Ele manteve relações cordiais, até mesmo amigáveis, com Malthus, apesar de discordarem em muitas questões. Entre os economistas clássicos, era o mais respeitado por Marx.[11] E foi incluído por Alfred Marshall em sua genealogia da economia, que se tornou a maneira padrão como os economistas pensavam o desenvolvimento de sua ciência.

Embora se opusesse às Leis dos Pobres e ao direito de voto universal, ele era admirado pelos progressistas contemporâneos, e seu trabalho estabeleceu a base para os socialistas ricardianos que surgiram pouco após sua

---

* Uso o salário bruto médio de 2020 de 25 mil libras esterlinas anuais.

morte e, mais tarde, para os neorricardianos, que desafiaram a ortodoxia neoclássica um século depois.[12] Assim, o mais "capitalista" dos economistas, talvez precisamente porque tomou as classes sociais como um dado econômico fundamental, continuou a ser influente não apenas entre as variantes "burguesas" e neoclássicas da economia, mas também entre as alternativas de esquerda e marxistas. Ele se tornou o Juan Perón da economia: reivindicado pela esquerda, pelo centro e pela direita. Desse modo, ocupa um lugar singular, não compartilhado nem mesmo por Adam Smith. Embora todos os seus escritos sobre economia (sem contar sua volumosa correspondência com Malthus, Mill, Say e alguns outros) possam preencher no máximo dois ou três volumes, permaneceu notavelmente "vivo" por mais de dois séculos após sua morte prematura.

Desigualdade de renda na Inglaterra na época das Guerras Napoleônicas

Ricardo escreveu na época em que a Grã-Bretanha estava se tornando a potência mundial predominante e o capitalismo britânico havia amadurecido muito desde a época de Adam Smith: cerca de quarenta anos separam *A riqueza das nações* e os *Princípios*. Foi também a época em que a Grã-Bretanha e a Europa passaram pelo período tumultuado e sangrento das Guerras Napoleônicas. Os *Princípios* foram publicados apenas dois anos após Waterloo e um ano depois da conclusão do Congresso de Viena. A desigualdade na Inglaterra, calculada a partir de tabelas sociais da época (ver a Figura 3.1), aumentou significativamente entre 1759, quando Adam Smith estava no final dos seus trinta anos, e o início do século XIX. De acordo com as tabelas sociais, que subestimam a desigualdade (já que, por falta de informações precisas, temos que assumir que todos dentro de uma determinada classe social tinham a mesma renda), a desigualdade inglesa em 1801 estava em cerca de 52 pontos do coeficiente de Gini. Isso é igual aos níveis de desigualdade atuais em muitos países sul-americanos e quase vinte pontos Gini acima da desigualdade britânica atual. A desigualdade entre 1759 e 1801 cresceu em pelo menos sete pontos Gini. Mais uma vez, uma comparação moderna é útil: esse aumento foi apenas um pouco menor do que o que o Reino Unido testemunhou (9 pontos Gini) entre a ascensão de Margaret Thatcher ao poder em 1979 e o pico da desigualdade no Reino Unido quase trinta anos depois.

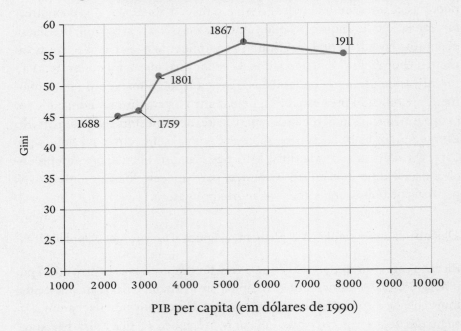

Figura 3.1. Inglaterra/ Reino Unido, 1688-1911: Gini e pib per capita

FONTES: Calculado a partir de tabelas sociais produzidas por Gregory King (1688), Joseph Massie (1759), Patrick Colquhoun (1801), Dudley Baxter (1867) e Arthur L. Bowley (1911), e retrabalhadas por Peter H. Lindert e Jeffrey G. Williamson, "Revising England's Social Tables 1688-1812". *Explorations in Economic History*, v. 19, n. 4, pp. 385-408, 1982; Branko Milanović, Peter Lindert e Jeffrey Williamson "Pre-industrial Inequality". *Economic Journal*, v. 121, n. 1, pp. 255-72, 2011; Maddison Project Database, 2020.

Os *Princípios* foram escritos não apenas numa época de grandes aumentos de desigualdade de renda e riqueza, mas também numa época de crescimento relativamente alto. As características mais notáveis reveladas na Tabela 3.1 são, em primeiro lugar, um aumento enorme da renda dos capitalistas na segunda metade do século XVIII (que aumentaram sua renda em quase o dobro do próximo grupo mais bem-sucedido) e, em segundo lugar, a concentração desse crescimento em menos mãos, uma vez que a porcentagem de famílias capitalistas caiu de cerca de 4% para 3% da população. Ao mesmo tempo, as rendas nominais dos trabalhadores aumentaram a uma taxa abaixo da média, enquanto seu número se expandiu: de 56% da população para 61%.

Mantendo em mente as três classes principais, ou *personae dramatis*, dos *Princípios* de Ricardo (proprietários de terras, capitalistas e trabalhadores), podemos concluir que as classes altas (aristocracia fundiária e capitalistas)

diminuíram em tamanho relativo, mas que o crescimento da renda dos capitalistas superou em muito o da aristocracia. A diferença de renda entre os dois foi reduzida pela metade, de uma proporção de 3 para 1 para uma proporção de menos de 1,5 para 1. A própria prosperidade de Ricardo, como vimos, é um testemunho disso.

Por sua vez, os trabalhadores tornaram-se mais numerosos e sua posição em relação aos capitalistas se deteriorou. Mas os números que temos hoje sobre a situação inglesa no início do século XIX não eram conhecidos na época e talvez tenham sido percebidos apenas vagamente por Ricardo. Não é difícil imaginar que ele não só discerniu uma relação entre a prosperidade dos capitalistas e o crescimento geral conceitualmente, no sentido de que as altas rendas dos capitalistas eram necessárias para gerar as poupanças e os investimentos necessários para impulsionar a economia, como também viu isso confirmado empiricamente. Com efeito, o crescimento real per capita acumulado britânico entre 1759 e 1801 foi de 18%, de acordo com as estimativas recentes do Projeto Maddison (ver a última linha na Tabela 3.1).[13] Isso produz uma taxa média de crescimento anual de 0,4% por pessoa, considerada baixa pelos padrões atuais, mas alta para a época de Ricardo.[14] Observe-se também que o crescimento populacional britânico no mesmo período foi de 0,7% ao ano.[15] Somando isso, obtemos uma economia se expandindo acima de 1% ao ano por mais de duas gerações.

Tabela 3.1. Tamanho e renda relativa das classes sociais na Inglaterra e País de Gales

	Porcentagem de famílias 1759	Porcentagem de famílias 1801	Renda (em £ nominais por ano) 1759	Renda (em £ nominais por ano) 1801	Aumento de renda (em %)
Aristocracia fundiária	1,5	1,3	453	756	67
Capitalistas	4,2	3,2	145	525	261
Donos de lojas	9,4	8,6	27	65	138
Camponeses	18,9	10,8	22	49	126
Trabalhadores	56,4	61,1	14	23	67
Pobres	9,6	14,9	4	4	1
Total/ média	*100*	*100*	*28*	*52*	*88*
PIB real per capita (em dólares de 1990)			2850	3351	18

A alta inflação durante o período reflete-se na grande distância entre o aumento nominal e real na renda per capita total (compare-se os dados nas duas últimas células da coluna "Aumento de renda"). A renda é anual, exceto pela última linha.
FONTE: Tabelas sociais resumidas e harmonizadas por Robert Allen, "Revising England's Social Tables Once Again". Oxford Economic and Social History Working Paper 146, Tabelas 11 e 12, 2016. PIB per capita do Maddison Project versão 2020 (em dólares PPC 1990 reais).

Foi a ameaça a esse crescimento e, consequentemente, do ponto de vista de Ricardo, a ameaça à melhoria da posição dos capitalistas, que seus *Princípios* se propuseram a explorar — e a combater com intervenções sugeridas. Desse modo, as questões do crescimento e da distribuição tornaram-se intimamente ligadas para Ricardo desde o início — e ele as tratou de forma muito diferente do que seriam tratadas mais tarde pelos economistas neoclássicos, que consideravam a produção e a distribuição governadas por forças muito distintas, em que a produção obedecia a leis físicas e econômicas e a distribuição, a leis sociais.

Distribuição de renda e crescimento econômico

A distribuição funcional de renda, o conflito sobre a renda líquida e as três principais classes que participam desse conflito — trabalhadores, capitalistas e proprietários de terras — estão no centro do palco em *Princípios*.[16] Como outros escritores clássicos, Ricardo nunca desenvolveu o que acontecia na distribuição de renda pessoal já que era evidente e desnecessário explicar por que os indivíduos eram definidos por suas rendas de classe. As rendas dos trabalhadores estavam num nível de subsistência e as rendas dos proprietários eram determinadas pelo custo de produção de cereais na pior parcela de terra que rendesse lucro "razoável" ao arrendatário capitalista (além de, obviamente, pagar os salários dos trabalhadores rurais).* A distribuição entre classes determinava a distribuição entre indivíduos. Peter Lindert, em seu estudo sobre a desigualdade inglesa no século XIX, conclui:

> As classes tituladas e comerciantes, já muito mais ricas do que o resto da sociedade, ampliaram sua vantagem ao longo do século da Revolução Industrial, de uma maneira que Malthus, Ricardo, Mill e Marx deploraram. A ligação íntima das classes econômicas aos três fatores clássicos de produção [pode ser vista pelo fato de que ...] quase todas as terras eram de propriedade do decil de renda mais alto, que também obtinha muito mais de sua renda do capital e muito menos do trabalho do que o resto da sociedade. Em tal mundo, podia-se oferecer explicações de

---

* A pior terra não rende aluguel em Ricardo, mas isso poderia ser modificado sem introduzir nenhuma mudança substancial, como Marx fez ao introduzir o conceito de aluguel absoluto.

movimentos no tamanho da distribuição de renda ou riqueza em termos de aluguel, lucros e salários.[17]

A respeito disso, só precisamos lembrar da declaração com frequência citada no prefácio dos *Princípios*: "Determinar as leis que regulam essa distribuição [entre proprietários de terras, donos de capital e trabalhadores] é o principal problema da Economia Política".

Para Ricardo, diferentemente de Smith, melhorar as rendas da maior classe não era o objetivo da atividade econômica.[18] A distribuição era apenas uma ferramenta para acelerar o crescimento.* O principal objetivo de sua obra, apesar dessa declaração introdutória, era acelerar o crescimento. Era a economia estacionária que ele temia. Nas palavras de Marx:

> Ricardo defendeu a produção burguesa na medida em que ela [significava] o desenvolvimento mais irrestrito das forças produtivas sociais, sem se preocupar com o destino daqueles que participam da produção, fossem eles capitalistas ou trabalhadores. Ele insistiu na justificação e necessidade *histórica* desse estágio de desenvolvimento. Sua própria falta de um senso histórico do passado significava que considerava tudo do ponto de vista histórico de seu tempo.[19]

E assim, Marx conclui em outro lugar:

> A desumanidade de Ricardo não era apenas *cientificamente honesta*, como uma *necessidade científica* do seu ponto de vista. Mas também por isso, é bastante irrelevante para ele se o avanço das forças produtivas mata a propriedade fundiária ou os trabalhadores. Se esse progresso desvaloriza o capital da burguesia industrial, isso é igualmente

---

* Isso não quer dizer que Ricardo tenha negado o valor de elevar os padrões de vida dessa classe maior. Ele também escreveu: "Os amigos da humanidade não podem deixar de desejar que em todos os países as classes trabalhadoras tenham gosto por confortos e prazeres. E que sejam estimuladas por todos os meios legais em seus esforços para obtê-los. Não pode haver melhor segurança contra uma população superabundante". Ricardo, *Principles of Political Economy and Taxation*, cap. V, p. 57. Observe-se, no entanto, o problema implícito com as classes trabalhadoras de que elas não têm o "gosto" pelo prazer, e o tratamento aqui da renda mais alta não como um objetivo em si, mas como algo justificado porque fornecerá um controle negativo ao crescimento da população.

bem-vindo para ele. Se o desenvolvimento do poder produtivo do trabalho reduz pela metade o valor do capital fixo *existente*, o que importa, diz Ricardo. A produtividade do trabalho humano dobrou. Portanto, aqui está a *honestidade científica*. A concepção de Ricardo é, no geral, do interesse da *burguesia industrial*, apenas porque, e *na medida em que* seus interesses coincidem com os da produção ou do desenvolvimento produtivo do trabalho humano. Onde a burguesia entra em conflito com isso, ele é tão *desumano* quanto em outras ocasiões com o proletariado e a aristocracia.[20]

O objetivo de Ricardo era aumentar a produção: ele apoiaria qualquer classe social que tivesse interesses mais alinhados com a produção maior. Nessa interpretação de Ricardo, falta somente um passo para apoiar a ascensão do proletariado se for possível mostrar que seus interesses coincidem com um crescimento econômico mais rápido. Obviamente, ele nunca teve tal ideia, porque os capitalistas eram os agentes do progresso, mas logicamente sua análise permite isso. Podemos até ver as sombras da análise ricardiana por trás de um plano quinquenal.

Ao colocar a distribuição de renda apenas como um instrumento para maior crescimento econômico, Ricardo produziu a primeira integração de distribuição e crescimento. Em Smith, a distribuição aparece no palco porque o preço de qualquer mercadoria se resolve em três componentes (salários, lucro e aluguel), um dos quais pertence aos trabalhadores, outro aos capitalistas e o terceiro aos proprietários. Para Ricardo é diferente: o valor de uma mercadoria é determinado pela quantidade de trabalho necessária para produzi-la. Isso inclui trabalho de dois tipos: o trabalho vivo dos operários e o trabalho "congelado" ou "objetificado" incorporado nas ferramentas. Mas enquanto o valor é dado, a distribuição desse valor entre diferentes fatores de produção não é determinada. As três classes lutam por suas cotas: "Quando os salários aumentam, é sempre às custas dos lucros, e quando eles caem, os lucros sempre aumentam".[21] Em outras palavras, temos uma equação com três incógnitas: salário + lucro + aluguel = valor. A princípio, apenas o valor é conhecido. Mas a solução se torna simples com a suposição de um salário real constante, no nível de subsistência, e o conhecimento do custo de produção de bens salariais (no caso de Ricardo, cereais). Uma vez que o custo de produção do cereal na terra marginal é conhecido, o aluguel também o é, e o sistema é resolvido.

Pode-se dizer que os *Princípios* de Ricardo (na parte que nos diz respeito) foram escritos para mostrar que a forma como a distribuição entre salário, lucro e aluguel é decidida tem um efeito substancial na taxa de crescimento de uma economia. Se os lucros são espremidos, o crescimento vacila. Estamos na presença de uma visão dinâmica da economia: a distribuição de hoje determina quanto a renda crescerá amanhã. A distribuição determina a produção. Ou para colocá-lo um passo mais perto de Marx: as relações de produção determinam as forças de produção.

Desse modo, a ideia principal em Ricardo é o sonho de um modelador. Sua clareza simples é uma das razões do sucesso intelectual contínuo dos *Princípios*. O livro, como já dissemos, foi concebido como um panfleto contra as Leis dos Cereais. Mas para mostrar como essas leis eram prejudiciais para o crescimento inglês, Ricardo criou o primeiro e possivelmente o mais influente modelo na ciência econômica.

Antes de prosseguirmos, é necessário um esclarecimento terminológico. Eu uso certos termos em seu significado atual, não como Ricardo os definiu. Assim, "salário real" expressa a quantidade física real de mercadorias que os trabalhadores podem comprar com seu salário nominal. Na terminologia de Ricardo, "salário real" era o que hoje chamamos de participação do trabalho, a proporção da renda líquida recebida pelo trabalhador. Outro esclarecimento terminológico é que, no uso atual, "renda líquida" e "valor líquido adicionado" incluem as rendas do trabalho e do capital. Para Ricardo, isso era "produto bruto" e, de acordo com sua visão do capitalista como único agente ativo, "produto líquido" ou "produção líquida" consistia apenas em lucro. (Quanto aos fisiocratas, "renda líquida" significava apenas a renda dos proprietários.)

A evolução dos salários, lucros e aluguel

O objetivo das Leis dos Cereais era regular a quantidade de importações de alimentos em função do preço doméstico e da produção das safras, reduzindo as tarifas apenas quando a produção interna fosse insuficiente. O argumento contra elas pode ser resumido rapidamente: se as Leis dos Cereais fossem mantidas e a população da Inglaterra continuasse aumentando, os grãos teriam de ser cultivados em solos cada vez menos férteis. Isso significava que os custos de produção da unidade marginal de cereal, que determinavam seu preço, se tornariam mais altos. À medida que o cereal se tornasse mais caro, todas as outras porções da terra (os lotes inframarginais mais férteis) renderiam aluguéis mais altos. Assim, com o aumento da população e a continuação das Leis dos Cereais, os aluguéis aumentariam.

Mas o aumento do custo de subsistência também aumentaria o salário nominal. O custo de subsistência aumentaria porque os cereais seriam agora mais caros e, para receber a mesma quantidade física dele (supondo-se que o salário estivesse em qualquer caso no nível de subsistência), o salário nominal do trabalhador deveria aumentar. O salário nominal, por sua vez, governava a distribuição do produto líquido entre o capitalista e o trabalhador. À medida que o salário nominal dos trabalhadores aumentasse, uma proporção menor da renda líquida permaneceria para o capitalista. O ponto principal era que um preço mais alto dos cereais reduziria a quantidade de lucros e a taxa de lucro.

A ideia principal pode ser apresentada graficamente como mostrado na Figura 3.2. O ponto em que a produção de alimentos para é determinado pelo tamanho da população (e força de trabalho). Suponha-se que este seja o ponto B. Para simplificar, supõe-se que o custo marginal de produção aumenta linearmente de muito baixo no ponto A, que representa a terra mais fértil, para D na última porção cultivada. Essa é a parcela marginal de terra cujo custo de produção determina a quantidade de aluguel recebida por todas as parcelas inframarginais (isto é, área ADC). Desse modo, determina-se o aluguel total. O que precisa ser decidido a seguir é a distribuição da área ABC entre capital e trabalho. Isso é feito tirando-se daquele triângulo qualquer que seja o custo do trabalho, igual ao salário de subsistência vezes o número de trabalhadores. O que resta é o lucro. A taxa de lucro é, nessa economia simples de um setor, dada pela razão entre lucro e salários, porque os salários adiantados por capitalistas-arrendatários são o único tipo de capital (circulante) que supostamente existe.*

Para voltar à nossa equação, salário + lucro + aluguel = valor, as três incógnitas são, portanto, resolvidas da seguinte forma. Se o salário real (na terminologia atual) e o número de trabalhadores forem dados, então a quantidade de alimentos a serem produzidos também será dada; isso, por sua vez, determina a última porção (marginal) de terra que precisa ser cultivada

---

* Observe-se um detalhe adicional. Como o capital é a quantidade de salários adiantados, à medida que o salário nominal aumenta, também aumenta a quantidade de capital que o capitalista adianta. Assim, a taxa de lucro diminui porque os lucros totais (como numerador) diminuem e porque o capital (como denominador) aumenta.

para produzir aquela quantidade necessária de alimentos. Todas as terras inframarginais recebem aluguel; assim o valor total do aluguel também é determinado. E o que sobrar vai para os lucros. Obviamente, quanto mais trabalhadores houver, maior será a produção necessária de alimentos e mais pobre será a terra incluída na margem — desse modo, maior será a parcela do valor que vai para o aluguel e menor será a parcela que vai para o lucro.*

Figura 3.2. Modelo ricardiano de distribuição

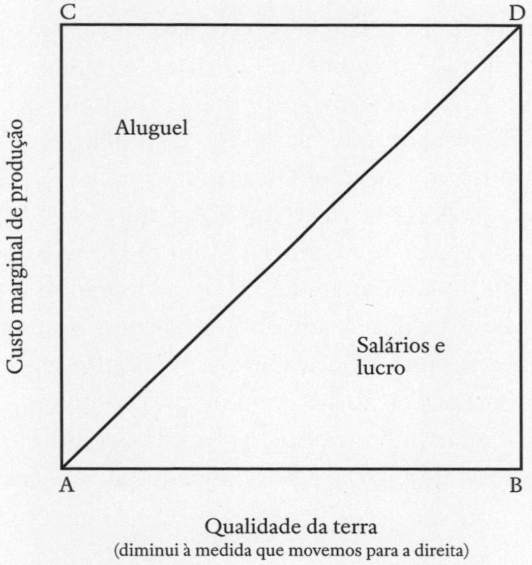

[Diagrama: quadrado com vértices C (superior esquerdo), D (superior direito), A (inferior esquerdo), B (inferior direito). Diagonal de A a D divide o quadrado em duas regiões: "Aluguel" (acima) e "Salários e lucro" (abaixo). Eixo vertical: Custo marginal de produção. Eixo horizontal: Qualidade da terra (diminui à medida que movemos para a direita).]

Adaptado de Maurice Dobb, *Theories of Value and Distribution since Adam Smith: Ideology and Economic Theory* (Cambridge University Press, 1973), p. 87n.

Se a taxa de lucro cair, haverá simplesmente menos poupança e investimentos: a taxa de crescimento da economia desacelera. O maior medo de Ricardo era de que os salários se tornassem tão altos (não porque o salário

* Para simplificar, é melhor tratar toda a expansão da produção como ocorrendo na margem extensiva (isto é, que inclui terras novas e até agora não utilizadas). Mas claramente o mesmo argumento se mantém se tivermos em mente a margem intensiva, isto é, a expansão da produção na terra já explorada.

real estivesse ficando mais alto, mas simplesmente devido ao aumento do custo dos alimentos) que pudessem esgotar toda a renda líquida, não deixando nada, ou quase nada, para o lucro. E à medida que a taxa de lucro caísse para zero, os capitalistas deixariam de investir, e a economia pararia. Ricardo resumiu isso bem e com clareza:

> Meu esforço foi mostrar ao longo deste trabalho que a taxa de lucros nunca pode ser aumentada a não ser por uma queda nos salários, e que não pode haver queda permanente dos salários a não ser em consequência de uma queda das necessidades nas quais os salários são gastos. Se, portanto, pela extensão do comércio exterior, ou por melhorias nas máquinas, a comida e as necessidades do trabalhador puderem ser levadas ao mercado a um preço reduzido, os lucros aumentarão. Se, em vez de cultivar nosso próprio trigo, ou fabricar as roupas e outras necessidades do trabalhador, descobrirmos um novo mercado do qual podemos nos abastecer com essas mercadorias a um preço mais barato, os salários cairão e os lucros aumentarão; mas se as mercadorias obtidas a uma taxa mais barata, pela extensão do comércio exterior, ou pela melhoria do maquinário, forem exclusivamente as mercadorias consumidas pelos ricos, nenhuma alteração ocorrerá na taxa de lucros. A taxa de salários não seria afetada, embora o preço de vinho, veludos, sedas e outras mercadorias caras caísse 50%, e por consequência os lucros continuariam inalterados.[22]

Ou, como ele enfaticamente expressou em carta a Malthus: "Tudo o que pretendo defender é que os lucros dependem dos salários, os salários, em circunstâncias comuns, do preço dos alimentos e necessidades, e o preço dos alimentos e necessidades da fertilidade da última terra cultivada".[23] Podemos escrever esquematicamente:

Preço alto dos alimentos → aluguéis altos → salário nominal alto → lucro baixo → investimento baixo → crescimento lento

O texto de Ricardo destaca duas maneiras pelas quais esse processo pode ser interrompido. A primeira é por meio da importação de alimentos. Em outro lugar, ele escreveu que se "no progresso dos países em riqueza e população novas porções de terra fértil pudessem ser adicionadas a tais países, com cada aumento de capital, os lucros nunca cairiam, nem os aluguéis aumentariam".[24] A segunda maneira é por meio do progresso tecnológico, que tornaria a produção de alimentos mais barata.

A concepção de Ricardo sobre a taxa de lucro é, portanto, muito diferente da de Smith e, como veremos, da de Marx também. Para ele, está inteiramente inserida na distribuição. Enquanto para Smith a taxa de lucro é reduzida pela competição de capitais (isto é, por ter mais capital por perto), para Ricardo "não há [...] limite para o emprego de capital enquanto ele produz algum lucro, e [...] por mais abundante que o capital possa se tornar, não há razão adequada para uma queda no lucro, senão um aumento nos salários".[25] A ameaça ao lucro, à acumulação e ao crescimento, portanto, vem inteiramente do aumento do custo da produção de alimentos, por meio do salário nominal mais alto que ele determina.*

A questão identificada por Ricardo tinha implicações geopolíticas de longo prazo. Quase trinta anos depois, a ideia de que a Inglaterra precisava de importações de alimentos para continuar seu crescimento industrial levou à revogação das Leis dos Cereais e, então, à dependência do que Kenneth Pomeranz em *The Great Divergence* chama de "área fantasma" — isto é, terras estrangeiras (principalmente nos Estados Unidos e na Rússia) que produziam alimentos e algodão exportados para a Inglaterra.[26] Mas a dependência de áreas fantasmas necessita, como argumenta Avner Offer, do controle dos mares, para que o fluxo de mercadorias vitais não seja interrompido pela guerra, sujeitando uma nação à fome. Trabalhadores famintos dificilmente poderiam lutar, então a guerra seria perdida. Esse entendimento fez com que os planejadores de guerra britânicos enfatizassem o controle dos mares. A frota se tornou o substituto das tarifas.[27] Os planejadores de guerra alemães fizeram o mesmo cálculo (daí a corrida armamentista naval antes da Primeira Guerra Mundial), mas sua Marinha era muito menor e, devido ao bloqueio naval britânico, ficou presa no mar do Norte durante a guerra. Isso forçou os alemães a recorrerem à guerra submarina para impedir que suprimentos de alimentos chegassem à Grã-Bretanha. As apostas aumentaram quando a Alemanha retomou a guerra submarina

---

* Ricardo parece implicar que qualquer lucro é suficiente para manter os capitalistas produzindo e investindo. Obviamente, quanto menor o lucro, menos há para investir e menor a taxa de crescimento, mas o incentivo para a produção capitalista permanece enquanto o lucro não for zero. Isso será examinado mais detalhadamente no capítulo 4.

irrestrita no início de 1917. Isso levou os Estados Unidos à guerra e determinou seu curso, embora (para não deixar dúvidas sobre o resultado final) o bloqueio naval britânico tenha continuado após o Armistício, até que o moral alemão estivesse totalmente quebrado. O mecanismo ricardiano, idealizado após as Guerras Napoleônicas, perdurou até o século seguinte, durante toda a Primeira Guerra Mundial.

A conclusão que Ricardo tirou e que antes de tudo o motivou a escrever — pois *Princípios* foi escrito ao contrário, ou "produto de engenharia reversa", da conclusão desejada para o modelo — era orientada para políticas públicas. As Leis dos Cereais precisavam ser abolidas para que o aluguel das terras não disparasse, a crescente participação da mão de obra reduzisse os lucros a zero e o crescimento parasse. Aqui vemos claramente a integração das teorias da distribuição e do crescimento. Uma implicação mais ampla do modelo de Ricardo é que a distribuição determina o crescimento; ele representa uma forte afirmação sobre a interconexão de ambos.

A Tabela 3.2 resume os dois estados da Inglaterra como Ricardo os vê: com e sem as Leis dos Cereais. Podemos facilmente contrastar a melhoria da Inglaterra se essas leis forem abolidas com o estado desolado ou estacionário da economia, se forem mantidas. Supõe-se que o salário real seja constante em todo o processo. No restante de *Princípios*, Ricardo reconhece que o salário pode variar entre países e até aumentar dentro de um determinado país, mas para os propósitos de seu modelo — que, podemos supor, se mantém a curto e médio prazo —, o salário é considerado fixo.[28] Isso fica mais claro em sua declaração de que um imposto sobre salários é um imposto sobre lucro.[29] A alegação é verdadeira porque o imposto não afetará a taxa de salário real, que é fixada na subsistência mais o que os costumes de um lugar permitirem, mas será o capitalista que arcará inteiramente com ela.[30] A atitude de Ricardo em relação aos salários também pode ser explicada por seu malthusianismo, pois ele sustenta que qualquer aumento nos salários reais está simplesmente fadado a trazer uma população maior, fazendo com que o salário por fim caia para seu nível anterior.[31] Deve-se reconhecer, no entanto, que o tratamento dado por Ricardo aos salários não é consistente no livro. O melhor que podemos fazer para torná-lo consistente é argumentar que ele previu um aumento no salário real a longo prazo, à medida que a sociedade se tornasse mais rica, mas para os propósitos de sua análise, e como uma questão prática, ele preferiu supor que os salários reais eram constantes.

Tabela 3.2. Os dois estados da Inglaterra

	Importação de cereais e economia crescente	Leis dos Cereais e economia estacionária
Aluguéis	Diminuindo	Aumentando
Salários reais	Fixos	Fixos
Lucros	Aumentando	Diminuindo
Participação dos aluguéis	Diminuindo	Aumentando
Participação dos salários	Diminuindo	Aumentando
Taxa de lucro	Aumentando	Diminuindo
Investimentos	Aumentando	Diminuindo
Taxa de crescimento	Mais alta	Mais baixa, possivelmente zero

Na luta entre proprietários de terras e capitalistas, no caso da manutenção das Leis dos Cereais, a participação dos lucros deve diminuir à medida que é espremida de ambas as pontas: pela participação salarial crescente e pelo aumento dos aluguéis. A participação do aluguel provavelmente aumente, embora como uma questão um tanto técnica; enquanto o valor total do aluguel deve aumentar à medida que terras menos férteis são cultivadas, a parcela do aluguel na produção total não precisa aumentar. Tudo dependerá da curva de custo da produção de alimentos. Suponha-se que a nova terra que precisa ser posta em uso tenha uma produtividade ligeiramente menor do que a terra marginal anterior; essa produtividade ligeiramente menor pode ser aproximada dizendo-se que o custo de produção aumenta numa quantidade infinitesimal. Então, o valor total do aluguel também aumentaria muito pouco, enquanto a produção total de alimentos pode aumentar muito mais. Assim, a participação do aluguel pode diminuir.[32] Mas esse caso extremo — a capacidade de expandir a produção para novas áreas quase ao mesmo custo sem usar terras de países estrangeiros — representa a situação que Ricardo acreditava ser mais improvável.

Conflito de classes

Os *Princípios* apresentam um quadro muito claro da luta de classes pelo produto líquido entre três classes. Porém, o principal conflito não é tanto entre capitalistas e trabalhadores (porque os trabalhadores devem simplesmente viver com um salário de subsistência que é fixo), mas entre proprietários de terras e capitalistas. "O interesse do proprietário de terras é sempre oposto ao interesse de todas as outras classes na comunidade", escreveu Ricardo em *Ensaio acerca da influência do baixo preço do cereal sobre os lucros do capital*, publicado dois anos antes de *Princípios* (mas que trata das mesmas questões aqui discutidas).[33] Compare-se isso com a afirmação de Smith de que os interesses dos capitalistas são opostos aos interesses de todas as outras classes.

Observe-se que Ricardo, para simplificar, apresenta os dois conflitos de Smith (capitalistas versus proprietários de terras e, em seguida, capitalistas versus trabalhadores) como sendo fundamentalmente apenas um: depois que o preço dos alimentos é estabelecido na luta de classes entre capitalistas e proprietários de terras, esse preço determina as participações do capital e do trabalho no produto líquido e, portanto, na taxa de lucro. Se quisesse tornar seu modelo mais realista e mais complicado, Ricardo teria permitido que a taxa salarial real variasse, o que deixaria as participações de capital e trabalho indeterminadas, e as faria emergir como resultado do poder político relativo e da barganha entre trabalhadores (frequentemente unidos em sindicatos) e associações de empregadores. Esse foi o passo que muitos neorricardianos deram mais de um século após a publicação de seu livro.

Em relação à evolução dos salários à medida que a sociedade progride, Ricardo inverteu um pouco sua posição em seu famoso capítulo XXXI, que ele acrescentou na terceira edição dos *Princípios*. Seu ponto principal foi retratar-se de sua opinião anterior de que a introdução de novas máquinas não poderia ser prejudicial aos trabalhadores; agora, ele mostrava como uma produção mais intensiva em capital poderia, a curto prazo, reduzir a demanda por mão de obra e presumivelmente diminuir o salário. No entanto, Ricardo ainda sustentava que, a longo prazo, as máquinas, ao aumentar a quantidade de mercadorias, melhorariam o padrão de vida dos trabalhadores. Como aqui estamos preocupados principalmente com a visão de Ricardo sobre a evolução de longo prazo da distribuição de renda, devemos esclarecer que os efeitos temporários do aumento da intensidade de capital na produção devem ser deixados de lado. Além disso, mesmo que mudanças tecnológicas de substituição de mão de obra continuassem ocorrendo em intervalos curtos, cada uma deprimindo a demanda por trabalho, elas ainda infligiriam seus efeitos ao longo de uma curva de produção geral crescente e salário real constante. Daí advém a rigidez de longo prazo do salário real, apesar das flutuações de curto prazo.

A imagem da economia e da distribuição de renda oferecida por Ricardo é muito diferente daquela desenhada por Adam Smith, que, como vimos, acreditava que a prosperidade da classe mais numerosa — os trabalhadores — era sinônimo de prosperidade geral. Em Ricardo, no entanto, o crescimento é o objetivo mais importante e, por conseguinte, a renda dos capitalistas é o que importa. Eles são os únicos agentes ativos. Eles diferem dos proprietários, que simplesmente coletam aluguel sem nenhuma contribuição própria (porque o aluguel é determinado pelo preço e não o contrário). E eles diferem dos trabalhadores, que também não são agentes ativos, porque não podem investir (seus salários são muito baixos) e porque suas rendas são "passivas", no sentido de que estão sempre no nível de subsistência habitual.

Assim, para garantir o crescimento, os lucros são necessários. Lucros altos são um sinal de progresso. Isso também é muito diferente de Smith, que via lucros baixos como um sinal de prosperidade e apresentava os Países Baixos como o exemplo de uma economia avançada com uma baixa taxa de juros e lucros baixos. Curiosamente, Ricardo aborda o ponto de Smith sobre a prosperidade holandesa e os juros baixos, mas o faz apontando que seus lucros (e juros) são baixos porque o país, que importa todos os seus alimentos, impõe impostos pesados sobre eles.[34] Isso aumenta o salário nominal e espreme os lucros. Para Ricardo, portanto, os lucros baixos nos Países Baixos não são um sinal de prosperidade madura, mas se devem aos altos custos dos alimentos e, portanto, são indesejáveis.[35]

Para Smith, os juros altos são um sinal de falta de segurança da propriedade privada e de uma economia atrasada. Em forte contraste, Ricardo vê os altos lucros como um sinal de uma economia dinâmica e crescente.

Figura 3.3. Curvas de incidência do crescimento com e sem as Leis dos Cereais

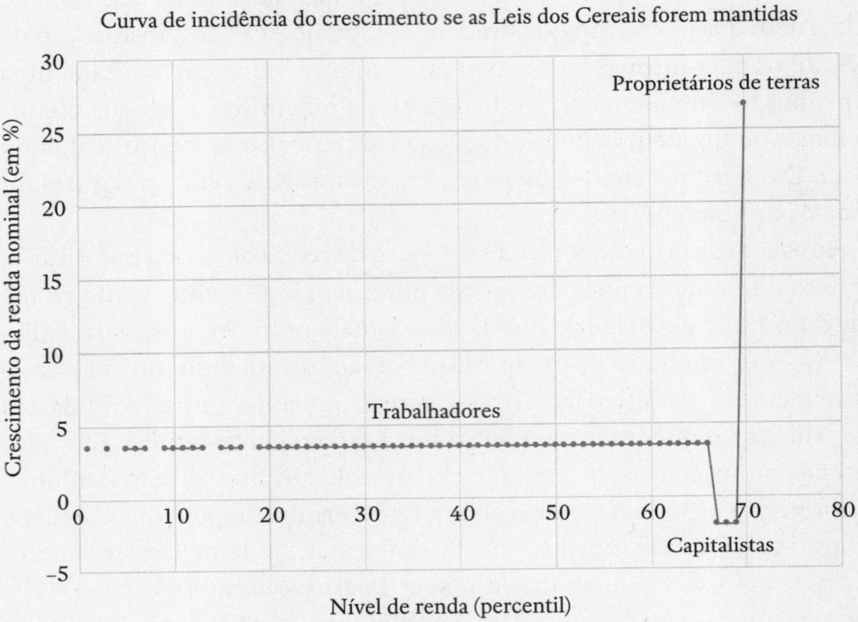

Curva de incidência do crescimento se as Leis dos Cereais forem mantidas

[Gráfico: eixo Y "Crescimento da renda nominal (em %)" de -5 a 30; eixo X "Nível de renda (percentil)" de 0 a 80. Trabalhadores em aproximadamente 4% ao longo dos percentis até ~65; Capitalistas com queda acentuada próximo ao percentil 70; Proprietários de terras em cerca de 27% no topo.]

O benefício inesperado ricardiano

Já vimos que na obra de Ricardo a conexão entre distribuição de renda e crescimento é muito clara. As duas sociedades que compara — a sociedade estacionária com as Leis dos Cereais e a sociedade dinâmica sem elas — também diferem em seus níveis de desigualdade de renda. A sociedade estacionária é aquela com desigualdade alta: tem proprietários super-ricos, capitalistas empobrecidos (cuja taxa de lucro, Ricardo temia, poderia cair para zero) e trabalhadores ganhando salários de subsistência.

A economia em crescimento, apesar dos lucros crescentes dos capitalistas, tem menor desigualdade. As rendas dos proprietários são reduzidas e convergem para as rendas dos capitalistas, que aumentam (como de fato aconteceu, como vimos antes, na Inglaterra na época de Ricardo). As duas classes altas tendem a se tornar mais semelhantes do que no caso de uma economia estacionária. Os salários não desempenham um papel muito importante porque supostamente devem ser fixos numa economia estacionária ou em crescimento. Uma economia em crescimento

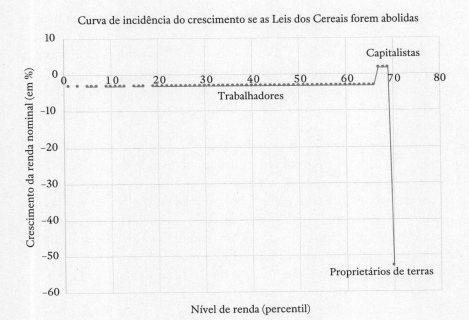

O painel da esquerda mostra o cenário se as Leis dos Cereais forem mantidas; o da direita, se forem abolidas.

caracteriza-se por desigualdade menor devido à redução das rendas da classe mais rica (proprietários de terras), ou o que podemos chamar hoje de o 1% do topo.

Se agora traduzirmos esse resultado "baseado em classes" numa distribuição de renda pessoal, em que todos os trabalhadores estão na base da pirâmide, todos os capitalistas estão no meio e todos os proprietários estão no topo, podemos derivar uma curva de incidência de crescimento (que representa para diferentes percentis de assalariados como suas rendas reais mudam ao longo do tempo). Para tornar o número mais realista, podemos usar as cotas populacionais aproximadas dos três grupos (na Tabela 3.1) da tabela social de Colquhoun de 1801 para a Inglaterra e o País de Gales, conforme harmonizada recentemente por Robert Allen.[36] Podemos então recorrer ao próprio exemplo numérico de Ricardo do que acontece com as rendas das três classes quando, de uma dada posição, os preços dos cereais aumentam ou diminuem. Tomamos como preço base um dos cinco preços do trigo, com seus cenários distribucionais, dados por Ricardo — a saber,

4 libras e 10 xelins —, e consideramos primeiro seu aumento para 4 libras e 16 xelins (um aumento de quase 7%) e, então, sua diminuição para 4 libras, 4 xelins e 8 pence (uma diminuição de 6%).[37] A primeira mudança reflete obviamente a continuação das Leis dos Cereais, e a última mudança reflete sua abolição. A Figura 3.3 (em seus dois painéis) mostra o que acontece com as rendas nominais de trabalhadores, capitalistas e proprietários de terras sob os dois cenários.

As rendas nominais dos trabalhadores aumentam marginalmente quando os preços do trigo sobem e diminuem quando os preços do trigo caem — em ambos os casos, apenas o suficiente para manter o salário real aproximadamente constante.[38] No painel da esquerda, as rendas dos capitalistas caem cerca de 3%, e as rendas dos proprietários de terras aumentam em impressionantes 27%. Com a continuação das Leis dos Cereais, não só a distribuição funcional de renda se moverá em favor dos proprietários ricos, mas a distribuição de renda pessoal piorará à medida que a classe mais rica ganhar mais.

No painel da direita, quando se importa o trigo mais barato, o resultado é exatamente o inverso: as rendas dos proprietários de terras se reduzem pela metade e as rendas dos capitalistas aumentam (embora, neste exemplo, em modestos 2%). Para os capitalistas, os trabalhadores se tornam "mais baratos" porque, para a mesma quantidade de produção de alimentos, uma parcela menor da renda bruta de Ricardo é necessária para pagá-los e, portanto, os lucros aumentam. Como os lucros são usados para investimentos, a economia cresce. A curva de incidência de crescimento mostra que o topo perde, o meio ganha e a base permanece inalterada (em termos reais). A concentração de renda se torna menor. Portanto, menor desigualdade interpessoal está associada a um crescimento mais rápido.

Arthur Okun afirmou que há sempre um perde-ganha entre igualdade e eficiência, ou, para colocar de forma um pouco diferente, entre reduzir a desigualdade de renda e promover o crescimento econômico.[39] Para David Ricardo, o oposto é verdadeiro: menor desigualdade interpessoal leva a um crescimento econômico mais rápido. Foi somente trinta anos depois da publicação de *Princípios* que as Leis dos Cereais foram revogadas na Inglaterra, mas pode-se ver facilmente a atratividade do esboço de desenvolvimento que Ricardo apresentou aos seus leitores: ele prometia tanto promover crescimento mais rápido quanto reduzir a desigualdade.[40]

Em conclusão, Ricardo criou a primeira integração de distribuição de renda e crescimento econômico, vinculou uma economia crescente com altas rendas capitalistas e argumentou que os capitalistas poderiam desempenhar seu papel de agentes ativos somente se seus lucros fossem suficientemente altos. Mas ele não considerava que o conflito de classes fosse principalmente entre capital e trabalho. Em vez disso, refletindo o estado de desenvolvimento na Inglaterra do início do século XIX, considerou que o conflito principal fosse entre capitalistas e proprietários de terras — entre lucro e aluguel. O estado mais avançado da sociedade que viria por meio do crescimento econômico se caracterizaria por mais igualdade de renda, devido à redução de suas rendas mais altas, aquelas recebidas pelos proprietários de terras. Adotar a prescrição de Ricardo traria, portanto, uma dádiva: junto com rendas mais altas, também viria menor desigualdade.

4.
Karl Marx: Taxa decrescente de lucro, mas pressão constante sobre a renda do trabalho

Leszek Kolakowski inicia sua monumental obra em três volumes *Principais correntes do marxismo* com esta frase: "Karl Marx foi um filósofo alemão".[1] (Essa frase é uma referência a Jules Michelet, que sempre começava suas palestras de seu curso sobre história inglesa com as palavras: "A Inglaterra é uma ilha".) Parece uma maneira óbvia de pensar sobre Marx. Ela o vincula ao contexto filosófico hegeliano e geralmente alemão do século XIX que, de muitas maneiras, marcou sua juventude, e talvez toda sua vida e obra.

Mas isso é verdade? Isso define Marx com precisão, mesmo nos termos estreitos de sua formação alemã? Penso que as coisas são mais complicadas. A excelente biografia de Michael Heinrich revela muitos detalhes que são novos ou lançam uma nova luz sobre a juventude de Marx. Embora os principais contornos daqueles primeiros anos fossem bem conhecidos, Heinrich destaca um contexto mais complexo e até mesmo "cosmopolita" graças a clivagens ao longo de pelo menos três linhas importantes: nacional, religiosa e política.[2]

Uma clivagem nacional. Todos sabemos que Marx, como diz Kolakowski, era um filósofo alemão. Mas se tivesse nascido três anos antes, teria nascido cidadão francês. Ele poderia ter ido estudar em Paris em vez de Berlim. Heinrich traz à tona a complicada história do local de nascimento de Marx, a cidade de Trier. Ela foi conquistada pelos franceses em 1794 e permaneceu em mãos francesas até a derrota final de Napoleão, em 1815. No começo, os franceses introduziram muitas reformas progressistas, inclusive direitos plenos de cidadania para a população judaica, porém, aos poucos, conforme a sorte da guerra mudava, o governo francês se tornou mais opressivo, os impostos aumentaram e os jovens foram recrutados para lutar. Assim, a burguesia de Trier, que era totalmente francófona e, de início, bem disposta em relação aos franceses, ficou cada vez mais desencantada com o governo de Napoleão. A administração prussiana em Berlim depois de 1815 também não era muito apreciada e, em troca, não considerava a população renana totalmente "confiável". Vários órgãos públicos anteriormente sediados em Trier foram transferidos para Koblenz e Colônia. A pesada mão prussiana de prerrogativas monárquicas, conformismo sufocante e pomposidade se mostrou opressiva. O espírito francófilo, em grande parte coincidente com a ideia do liberalismo burguês e os ideais da Revolução Francesa, retornou à província limítrofe. Heinrich aponta muitos exemplos do caráter misto franco-alemão de Trier, com Berlim e a Prússia bastante distantes ao fundo. A distância de Trier a Berlim é de 722 quilômetros, cerca de trezentos quilômetros a mais do que de Trier a Paris. Quando estudou em Berlim, Marx levava entre cinco e sete dias para chegar lá, cruzando várias fronteiras estaduais alemãs no processo.[3] Hoje, a viagem de trem de oito horas para Berlim é o dobro das quatro horas para Paris.

Havia além disso uma questão linguística. A mãe de Marx, Henriette Presburg, foi criada falando holandês e se mudou para Trier somente depois de se casar, aos vinte e poucos anos. De acordo com o que Marx contou à sua filha Eleanor, Henriette nunca dominou completamente a língua alemã.[4] Isso também é evidente nas cartas dela para Karl. Seu alemão continuava bastante limitado, embora o usasse para se comunicar com o filho e o resto da família. O "cosmopolitismo" linguístico do próprio Marx se manifestaria mais tarde em sua vida com seu domínio de várias línguas. Estima-se que 60% dos textos de Marx foram escritos em alemão, 30% em inglês, 5% em francês e os 5% restantes em russo, espanhol e latim.[5]

Uma clivagem religiosa e cultural. Houve também uma clivagem entre as tradições judaica e cristã na vida do jovem Marx. Seus pais nasceram e foram criados como judeus. Depois de se mudar para Trier, em algum momento entre 1817 e o final de 1819, o pai de Marx, Heinrich, converteu-se ao cristianismo e escolheu o protestantismo em vez do catolicismo mais comum da cidade.[6] Karl Marx nasceu em 1818, então a conversão de seu pai foi um pouco antes ou logo depois de seu nascimento. A razão por trás disso é interessante por si mesma. Como Michael Heinrich explica, as leis antijudaicas discriminatórias, que foram abolidas quando Trier se tornou parte da Confederação Napoleônica do Reno, foram reintroduzidas, junto com uma série de outras medidas regressivas em 1808, à medida que o poder de Napoleão diminuía e seu governo "piorava". Os decretos discriminatórios foram então assumidos pela nova administração prussiana. Eles excluíram os judeus de uma série de ocupações, inclusive da administração governamental. O pai de Marx era advogado, e advogados eram funcionários estatais. Portanto, um profissional razoavelmente próspero — até mesmo rico — defrontou-se com uma escolha odiosa: perder seu emprego e começar uma carreira totalmente diferente (com quase quarenta anos de idade) ou se converter.[7] Depois de tentar adiar o inevitável, ele escolheu se converter e, em poucos anos, o jovem Karl foi batizado (tornando-o um cristão, por assim dizer, "diretamente").[8] Fazer essas escolhas deve ter afetado o Marx mais velho (descendente de uma longa linhagem de rabinos), bem como a mãe de Karl, que adiou a própria conversão até que a mãe morresse, talvez para poupá-la de uma fonte de tristeza.

A conversão religiosa permitiu que a família mantivesse sua posição de alta renda e reputação social, como pode ser visto nos dados da Tabela 4.1 para 1831-2 (quando Karl Marx tinha entre treze e catorze anos). A renda de 1500 táleres de Heinrich Marx colocava a família no decil de renda mais alto, e provavelmente até mesmo nos 5% mais ricos da população de Trier.

Tabela 4.1. Estimativa da distribuição de renda de Trier em 1831-2

Renda total familiar em táleres	Porcentagem da população
Abaixo de 200	80
Entre 200 e 400	10
Entre 400 e 2500	8,8
Acima de 2500	1,2

FONTE: Heinrich, *Karl Marx and the Birth of Modern Society*, p. 45.

O judaísmo original de sua família não parece ter desempenhado um papel muito importante na vida de Marx.[9] Seu ensaio "Sobre a questão judaica", que ele escreveu aos 26 anos, foi até descrito por alguns como antissemita. As inúmeras citações da Bíblia feitas por Marx em seus livros, artigos e cartas particulares refletem o conhecimento que adquiriu no ensino fundamental e médio e na universidade em Berlim, onde sua carreira filosófica começou com uma crítica à religião.[10] Desse modo, o sistema educacional, e não a família, foi a fonte do conhecimento religioso de Marx. E assim como a clivagem franco-prussiana discutida antes, a clivagem judaico-cristã aumentou provavelmente a consciência de Marx de que aquilo que é considerado verdade de um ponto de vista pode parecer muito diferente quando visto de um ângulo alternativo.

Uma clivagem política. Heinrich Marx era, por todos os relatos e até onde podemos ver em sua correspondência com Karl, um liberal secularista influenciado pelo Iluminismo. Mas sob a pressão da burocracia prussiana e dos espiões, ele teve que esconder suas ideias. Michael Heinrich dá um excelente exemplo disso no discurso feito pelo pai de Marx em 1834 num banquete comemorativo para deputados locais da dieta provincial renana. Embora sua fala tivesse muitos aspectos "politicamente corretos", inclusive elogios ao monarca, os breves comentários de Heinrich Marx também traziam um tom subversivo que não passou despercebido pelas autoridades de Berlim. Por exemplo, ao elogiar os deputados eleitos por representarem as perspectivas de seus constituintes na dieta, Heinrich Marx os retratou como detentores de algum poder para decidir questões políticas, o que eles enfaticamente não tinham, já que a dieta era um órgão meramente consultivo do imperador. Tratava-se de uma assembleia consultiva, não de um órgão decisório semelhante ao Parlamento da Grã-Bretanha.[11] Desse modo, Heinrich Marx estava empregando a "linguagem esopiana", comunicando apoio ao liberalismo enquanto camuflava isso com elogios ao rei. Como mostra Michael Heinrich, o agradecimento ao rei ficou em segundo lugar, depois daquele dirigido aos representantes.[12] (É um tanto irônico que muitas pessoas, vivendo mais tarde sob regimes que reivindicaram Karl Marx como seu fundador intelectual, tiveram de recorrer ao mesmo subterfúgio de seu pai: elogiar ostensivamente um regime por sua democracia de uma maneira que, na verdade, transmite que ele não é democrático.)

A origem familiar de Marx, embora aparentemente limitada a uma pequena fatia da Europa Ocidental, era, portanto, muito mais rica, cheia de contradições nacionais, linguísticas, religiosas e políticas.

A desigualdade de riqueza e renda no Reino Unido e na Alemanha na época de Karl Marx

A desigualdade de riqueza no Reino Unido aumentou durante a maior parte dos séculos XVIII e XIX, até atingir o pico na véspera da Primeira Guerra Mundial (Figura 4.1). Na época em que Marx estava escrevendo *O capital*, a desigualdade de riqueza no Reino Unido não só estava aumentando, como era excepcionalmente alta: 1% dos detentores de riqueza possuíam cerca de 60% da riqueza do país. Isso era algo desconhecido provavelmente antes e com certeza depois. Nos Estados Unidos, que hoje em dia têm, entre os países ricos, uma desigualdade de riqueza anormalmente alta, os que estão no percentil superior possuem cerca de 35% de toda a riqueza.[13] No Reino Unido hoje, o 1% mais rico possui cerca de 20% de toda a riqueza.

A desigualdade de renda também era muito alta, como vimos no capítulo 3, e é provável que tenha aumentado até por volta da década de 1870. A tabela social de Baxter para 1867, mesmo ano em que *O capital* foi publicado, mostra o pico da desigualdade britânica do século XIX (ver Figura 3.1). As tabelas sociais de Robert Allen, em um rearranjo ligeiramente diferente, mostram o pico ocorrendo em 1846.[14]

As rendas relativas das três classes principais também mudaram (ver Tabela 4.2). Na época de *A riqueza das nações*, a renda média dos capitalistas era onze vezes, e a dos proprietários de terras, 33 vezes maior do que a renda média dos trabalhadores. Na época de *O capital* — cerca de um século depois — a posição dos trabalhadores era ainda pior em relação aos capitalistas (que agora ganhavam quinze vezes mais), mas melhorara em relação aos proprietários de terras (que agora ganhavam 21 vezes mais). Os dados na Tabela 4.2 ilustram a posição decrescente da classe alta (os proprietários) e a posição melhor dos capitalistas (tendências já observadas no capítulo 3 que foram reforçadas entre os *Princípios* de Ricardo e *O capital* de Marx).

Figura 4.1. Participação na riqueza do 1% mais rico na Inglaterra, 1670-2010

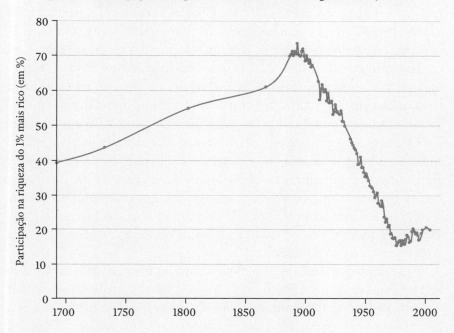

FONTES: Facundo Alvaredo, Anthony B. Atkinson e Salvatore Morelli, "Top Wealth Shares in the UK over More Than a Century". INET Oxford Working Paper 2017-01, 2016; Peter Lindert, "Unequal British Wealth since 1867", *Journal of Political Economy*, v. 94, n. 6, pp. 1127-62, 1986.

Tabela 4.2. Rendas relativas das três principais classes no Reino Unido

	Por volta de 1776 (época da publicação de *A riqueza das nações*)	Por volta de 1867 (época da publicação de *O capital*)
Proprietários (aristocracia)	33	21
Capitalistas	11	15
Trabalhadores	1	1

Renda dos trabalhadores = 1. FONTES: Calculado a partir da reformulação de Robert Allen das tabelas sociais inglesas: Allen, "Revising England's Social Tables Once Again". Oxford Economic and Social History Working Paper 146, 2016; e id., "Class Structure and Inequality during the Industrial Revolution: Lessons from England's Social Tables, 1688-1867". *Economic History Review*, v. 72, n. 1, pp. 88-125, Tabelas 10 e 11, 2019.

E quanto aos salários reais? Aqui temos os dados das estimativas dos salários ingleses de Gregory Clark e Charles Feinstein (Figura 4.2). De acordo com Clark, os salários permaneceram quase inalterados em termos reais até o início do século XIX, mas depois das Guerras Napoleônicas, eles começaram a subir e, apesar dos períodos de quedas acentuadas durante as crises e depressões no final da década de 1840 e a crise financeira global em 1857, apresentaram uma tendência inconfundivelmente ascendente. Segundo Feinstein (que é mais pessimista), o aumento foi mais lento e começou um pouco mais tarde. No entanto, de acordo com ambos os autores, os salários reais na época da publicação de *O capital* eram substancialmente mais altos do que em 1820, a época dos *Princípios* de Ricardo. Conforme Clark, o salário real era 50% maior do que em 1820 (o que se traduz numa taxa de crescimento média de quase 1% ao ano, um número elevado para os padrões da época) e, de acordo com Feinstein, cerca de 30% maior.[15]

Isso é algo que Marx e Engels notaram no final da década de 1850. Engels escreve numa carta de 1858 a Marx que "o proletariado inglês está na verdade se tornando cada vez mais burguês, de modo que esta que é a mais burguesa de todas as nações está, em última análise, visando a posse de uma aristocracia burguesa e de um proletariado burguês ao lado da burguesia. Para uma nação que explora o mundo inteiro, isso é até certo ponto justificável".[16] Havia também, de acordo com Engels, uma diferenciação de renda entre os trabalhadores e a criação do que mais tarde ficou conhecido como "aristocracia trabalhista". O aburguesamento dos trabalhadores exigia uma explicação; uma preferida por Engels era de que salários reais mais altos eram possíveis graças a transferências não pagas das colônias (ou, para dizer de forma menos delicada, pilhagem). A Inglaterra era a maior potência colonial e conseguia transferir alguns dos recursos das colônias e, nas palavras de Engels, dava aos seus trabalhadores "uma parte dos benefícios do monopólio", mesmo que fossem distribuídos de forma muito desigual entre os trabalhadores.[17] Essa explicação em particular teria bastante ressonância e influência no início do século XX, quando se tornou a explicação preferida usada pela ala esquerda do movimento social-democrata, e especialmente por Lênin, para a postura mais pragmática, ou revisionista, da corrente principal dos partidos social-democratas. Se os trabalhadores estavam melhorando sob o sistema capitalista, qual era o sentido

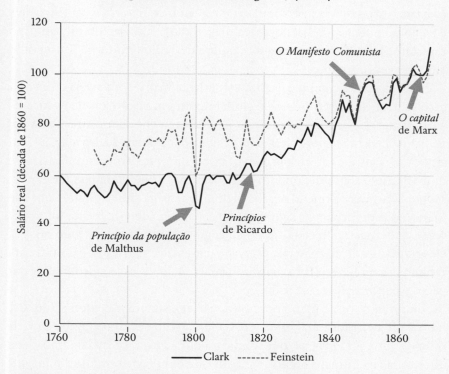

Figura 4.2. Salários reais ingleses, 1760-1870

Reformatado e reimpresso, com permissão do autor, de Gregory Clark, "The Condition of the Working Class in England, 1209-2004". *Journal of Political Economy*, v. 113, n. 6, pp. 1307-40, Figura 8, 2005; Charles Feinstein, "Pessimism Perpetuated: Real Wages and the Standard of Living in Britain during and after the Industrial Revolution". *Journal of Economic History*, v. 58, n. 3, pp. 625-58, 1998.

da derrubada violenta do sistema? Lênin e outros atribuíram, não totalmente sem razão, essa atitude "conciliatória" aos "revisionistas".

Marx também menciona vários tópicos relacionados à desigualdade de renda e riqueza, e faz uso de dados que seriam utilizados posteriormente por outros (várias décadas e até um século depois) para obter uma compreensão muito melhor da desigualdade contemporânea inglesa/britânica. Para ilustrar a crescente participação das rendas de capital, Marx fornece os dados sobre lucros tributáveis entre 1853 e 1864 e contrasta seu aumento de mais de 50% durante esse período com um aumento muito menor de salários (cerca de 20%).[18] Ele argumenta então que os salários reais podem não ter aumentado, uma vez que os custos de produtos essenciais consumidos pelos trabalhadores também aumentaram.[19] Marx também mostrou várias tabelas de imposto de renda da Inglaterra e País de Gales e (separadamente) da Irlanda para 1864 e 1865. Elas são do mesmo tipo que Pareto usaria mais tarde, na virada do século (conforme observado em uma seção adiante).

Por fim, e de maneira bastante estranha, a maior controvérsia em relação às citações de Marx — e ele citou literalmente centenas de escritores e palestrantes — ocorreu em 1863, quando mencionou uma frase dita por William Gladstone sobre o tema da desigualdade de renda. Na época, Gladstone era chanceler do Tesouro (mais tarde viria a ser primeiro-ministro), e num discurso sobre orçamento ao Parlamento poderia ou não ter expressado o sentimento que Marx lhe atribuiu. A briga subsequente sobre se Marx havia deturpado o significado das palavras de Gladstone foi tão intensa que, mesmo décadas depois, Engels dedicaria quase todo o prefácio da quarta edição alemã de *O capital* (cerca de cinco a seis páginas) para refutar as acusações. (Para mais informações sobre esse episódio bizarro, veja o Apêndice deste capítulo.)

Também deve-se mencionar que, na segunda metade do século XIX, houve uma expansão significativa da legislação social britânica e do direito de voto. A Lei Fabril, que limitava a duração da jornada de trabalho a doze horas na indústria têxtil, foi aprovada em 1833 e, em 1867, foi estendida a todos os setores. No mesmo ano, o direito de voto foi concedido a uma parte da classe trabalhadora urbana e, em 1884, ele foi ampliado para incluir cerca de 60% dos homens adultos. Em 1875, permitiram-se greves e, em 1880, houve uma proibição do trabalho infantil.

Robert Allen reformulou recentemente as tabelas sociais britânicas e estimou as participações dos fatores (capital e trabalho).[20] Allen encontra um declínio notável na participação do trabalho, apesar de um aumento no salário real. A participação dos capitalistas aumentou significativamente, de cerca de 20% da renda nacional no fim do século XVIII para 50% cem anos depois. Essa expansão da fatia dos capitalistas ocorreu às custas das do trabalho e dos proprietários. Aqui vemos outro desdobramento que seria notado por Marx, a saber, que houve simultaneamente um aumento no salário real e uma participação decrescente do trabalho. Isso, argumentarei adiante, influenciou a visão de mundo de Marx.

Também podemos observar a evolução da desigualdade de renda e da concentração de renda na Alemanha. A Inglaterra foi obviamente o país pelo qual Marx mais se interessou, tendo vivido lá a maior parte de sua vida e a estudado como o modelo do capitalismo e o "demiurgo do cosmos burguês".[21] Mas a Alemanha estava ao mesmo tempo passando por tremendos eventos econômicos e Marx também estava interessado nela — e não só porque era alemão. Ele havia participado da vida política na Alemanha muito ativamente antes e durante a Revolução de 1848, e permaneceu engajado depois por meio de seu envolvimento com a social-democracia alemã. A Alemanha também ofereceu lições importantes sobre desenvolvimentos capitalistas de longo prazo. Os dados sobre desigualdade alemã eram desconhecidos de Marx, assim como a maioria dos dados ingleses que acabamos de revisar. Essas informações estão disponíveis para nós agora porque os economistas trabalharam recentemente com dados produzidos no passado, mas não publicados ou analisados antes da maneira moderna. Nem mesmo a metodologia para estudar tais dados existia no século XIX. A análise recente de Bartels, Kersting e Wolf mostra os desenvolvimentos muito interessantes que estavam acontecendo na Alemanha. A Figura 4.3 exibe as mudanças na desigualdade de renda de 1870 a 1914 em diferentes áreas do país, as quais estão definidas por quanto de seu emprego total era composto de emprego agrícola.

Em todas as áreas, das fortemente agrícolas às moderadamente agrícolas e às predominantemente industriais, houve um aumento na desigualdade de renda.[22] Esse é o tipo de mudança que, em meados do século XX, seria descrita como uma "oscilação ascendente da curva de Kuznets", significando que o desenvolvimento industrial inicial estava associado à crescente desigualdade de renda (ver capítulo 6). Na Figura 4.3, vemos isso de uma forma muito impressionante porque o aumento da desigualdade ocorreu em todas as três partes da Alemanha, independentemente de seus níveis iniciais de desenvolvimento agrícola ou industrial e também de seus níveis iniciais de desigualdade de renda. Portanto, podemos concluir que, no caso da Alemanha, o final do século XIX (e, é possível supor, toda a segunda metade do século XIX) se caracterizou pelo aumento da desigualdade de renda.

Figura 4.3. Participação do 1% mais rico na Alemanha, 1870-1914, em áreas com diferentes participações de emprego agrícola

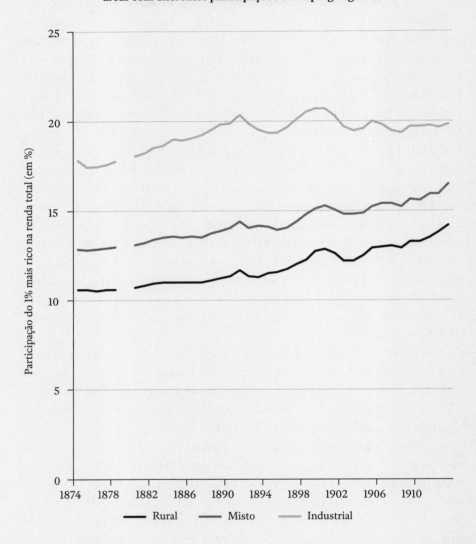

O gráfico mostra a porcentagem da renda total que vai para o 1% mais rico dos assalariados em três tipos de distritos: rural (com mais de 50% dos trabalhadores empregados na agricultura), industrial (menos de 40%) e misto (40% a 50%).
FONTE: Charlotte Bartels, Felix Kersting e Nikolaus Wolf, "Testing Marx: Income Inequality, Concentration, and Socialism in Late 19th Century Germany". Stone Center on Socio-Economic Inequality Working Paper 32, mar. 2021, Figura 1.

Preparando o terreno: Principais conceitos marxistas

Não podemos discutir a distribuição de renda em Marx da mesma forma que discutimos em outros escritores. Isso ocorre porque precisamos primeiro explicar sua visão da "unidade", ou interdependência, da produção e distribuição (e a consequente falta de importância da desigualdade de renda como tal), sua teoria da exploração e centralidade da luta de classes e sua definição histórica de capital. Todos esses são momentos novos, não presentes em Ricardo.

Produção e distribuição como categorias históricas. A unidade da produção e distribuição pode ser mais bem explicada contrastando as visões de Marx com algumas que vieram antes dele. Em particular, para John Stuart Mill e depois os economistas neoclássicos, a produção precedia logicamente a distribuição (as coisas devem ser criadas antes de serem distribuídas) e consideravam a economia como uma ciência que visa, em face das restrições existentes, maximizar a produção. Enquanto a distribuição é aceita como uma categoria histórica que pode, em princípio, ser alterada, considera-se que a produção é determinada por leis físicas ou mecânicas, e as relações de produção entre os participantes são vistas como determinadas pelas leis imutáveis da natureza humana.[23] Como Marx escreve criticamente em *O capital*:

> Uma consciência mais desenvolvida e crítica [como a de Mill] admite o caráter historicamente desenvolvido dessas relações de distribuição, mas se apega ainda mais firme ao caráter supostamente constante das próprias relações de produção, como decorrentes da natureza humana e, portanto, independentes do desenvolvimento histórico.[24]

A verdade, ele continua explicando, é que as "relações nas quais os homens entram em seu processo de vida social [...] têm um caráter específico, histórico e transitório; e [...] as relações de distribuição são essencialmente idênticas a essas relações de produção [...] pois as duas coisas compartilham o mesmo caráter historicamente transitório". Algumas páginas adiante, resume: "As relações específicas de distribuição expressam simplesmente as relações de produção historicamente determinadas".[25] E vários anos depois, afirmaria de modo ainda mais enfático:

Qualquer distribuição dos meios de consumo é apenas uma consequência da distribuição das próprias condições de produção. A última distribuição, no entanto, é uma característica do próprio modo de produção. O modo de produção capitalista, por exemplo, repousa no fato de que as condições materiais de produção estão nas mãos de não trabalhadores na forma de propriedade de capital e terra, enquanto as massas são apenas donas da condição pessoal de produção, da força de trabalho. Se os elementos da produção são assim distribuídos, então a distribuição atual dos meios de consumo resulta automaticamente.[26]

E o que dizem os neoclássicos? A ausência de história (explicando, por exemplo, como os capitalistas se tornaram capitalistas) e o tratamento simétrico do capital e do trabalho na obra deles são provavelmente as duas diferenças mais importantes em relação a Marx. Para eles, a produção é distribuída de acordo com as dotações de capital e habilidade dos participantes, e de acordo com os preços dos fatores gerados dentro do processo de produção. Por meio de decisões políticas, a produção pode ser ainda mais redistribuída para ajudar aqueles que são pobres e que recebem renda insuficiente da própria produção. As dotações, nessa visão do mundo, são consideradas fora da economia. Isso é claramente enunciado por Paul Samuelson em sua *Economia*, conforme mostrado por Eli Cook.[27] Os economistas parecem modestos em suas alegações. Tal como os engenheiros da produção social, eles são responsáveis pela maximização da produção sob condições dadas de dotações e tecnologia. Os mercados geram rendas e os economistas deixam a tarefa de redistribuição adicional para aqueles mais qualificados do que eles: os políticos.[28] Produção e preços determinados pelo mercado são categorias técnicas, não históricas. Isso é semelhante à situação na programação linear: há recursos, há demanda, há uma combinação ótima de produção — e então há distribuição do que foi produzido, tendo como recompensas de fatores apenas outro conjunto de preços.

Para Marx, como vimos, as leis de produção e as leis de distribuição são as mesmas, apenas expressas sob formas diferentes. Elas são as leis específicas de determinado modo de produção. O modo capitalista de produção resulta em dada distribuição de renda.[29] Não faz sentido lógico — nem faria qualquer diferença prática na vida real — focar numa mudança na distribuição de *renda* quando as *dotações* são distribuídas de forma desigual, e uma vez que algumas dotações (a saber, o capital) permitem que aqueles que as têm contratem mão de obra e se apropriem da mais-valia.* Essa é a origem da rejeição frequentemente declarada de Marx da ideia de que o socialismo pode ser reduzido a questões de distribuição de renda: "O socialismo vulgar [...] assumiu dos economistas burgueses a consideração e o tratamento da distribuição como independente do modo de produção e decorre disso a apresentação do socialismo como voltado principalmente para a distribuição".[30]

As dotações, exógenas no mundo neoclássico, são de fundamental importância para Marx. Elas dependem do exercício anterior e atual do poder. A "acumulação primitiva" é parte integrante do sistema, não um acessório. Se as dotações fossem distribuídas de forma diferente, a estrutura da produção seria diferente, e também o seria o poder das várias classes. E ao contrário, se o poder das várias classes fosse distinto, a distribuição das dotações e tudo o mais, inclusive o mix de produção e os preços relativos, também seriam distintos. Sob diferentes modos de produção, a estrutura de produção, preços relativos e rendas individuais são todos diferentes.

Essa ênfase nos efeitos poderosos das dotações (capital privado), combinada com as leis que protegem as dotações, dá origem à insistência dos marxistas de que, sob diferentes formas históricas de organização da produção, a lei do valor assume diferentes formas. Se o modo de produção dominante for produtores de commodities em pequena escala trabalhando com seus próprios meios de produção, não haverá tendência geral para a equalização das taxas de lucro, e a estrutura dos preços relativos não será o que é sob o capitalismo.[31] E como os preços relativos diferirão sob os dois sistemas, o mesmo ocorrerá com o mix de produção e os retornos aos fatores de produção. Essa característica da economia de Marx teve, como veremos no capítulo 7, uma forte influência na economia da distribuição de renda sob o socialismo. Muitas discussões e lutas se concentraram em como a lei do valor se manifestava no socialismo (e até mesmo se ela poderia existir no socialismo) e, por sua vez, em como chegar ao "preço normal" de um bem e, portanto, à distribuição "normal" entre os fatores de produção.

---

* Marx não achava que o Estado poderia desempenhar um papel redistributivo tão significativo que, além de mudar a distribuição de renda, pudesse alterar a distribuição das dotações, de modo que o capitalismo então produziria "endogenamente" uma distribuição menos desigual. As classes obviamente ainda permaneceriam.

Desimportância relativa da desigualdade de renda. A compreensão de Marx sobre a unidade de produção e distribuição tem implicações para seu tratamento da desigualdade. Se a distribuição de renda não pode ser dissociada do modo de produção subjacente, então qualquer noção de que a crítica de Marx ao capitalismo gira em torno da questão da distribuição e, portanto, pode ser abordada dentro do sistema capitalista, é fundamentalmente falha. A distribuição não pode ser alterada de forma material até que o sistema seja alterado. A questão é a abolição das classes, não a alteração marginal da desigualdade de renda. Faz sentido falar de distribuição de renda somente após o estabelecimento de instituições de fundo "justas", ou seja, aquelas que transcendem a relação antagônica entre proprietários de capital e trabalhadores. "Clamar por remuneração igual ou mesmo equitativa com base no sistema de salários", escreve Marx, "é o mesmo que clamar por liberdade com base no sistema de escravidão."[32] Para Marx, como Allen W. Wood resume bem, "a igualdade é propriamente falando apenas uma noção política, e mesmo uma noção política especificamente burguesa; e [...] o real significado da demanda proletária por igualdade [...] é a demanda pela abolição das classes".[33]

As opiniões de Engels sobre esse tema eram as mesmas de Marx, como visto em sua introdução à "Crítica do Programa de Gotha", de Marx, que ataca uma plataforma política apresentada em 1875 pelo Partido Social-Democrata Alemão. Em carta a August Bebel, ele explicita que o apelo do documento do programa pela "'eliminação de toda desigualdade social e política' em vez de 'a abolição das distinções de classe' é similarmente uma expressão muito duvidosa. Entre um país, uma província e até mesmo um lugar e outro, as condições de vida sempre evidenciarão *certa* desigualdade que pode ser reduzida ao mínimo, mas nunca eliminada por completo".[34]

Exploração. A teoria da exploração de Marx é parte integrante de sua teoria da distribuição. Somente no caso extremo, quando todo o valor recém-criado pertence ao trabalho — isto é, quando a participação do trabalho na renda é de 100% —, sua teoria da exploração (sob o capitalismo) deixa de se aplicar.[35] Em todos os outros casos, não importa quão favorável ao trabalho a distribuição do produto líquido possa ser, há exploração. A teoria da exploração baseia-se na suposição de que todo o produto líquido é produzido pelo trabalho. A implicação é que os meios de produção — isto é, as matérias-primas e ferramentas que Marx chama de "capital constante" — simplesmente transmitem seu valor ao produto final. O valor mais alto desse produto final é, portanto, totalmente devido à contribuição do trabalho, com somente a depreciação do capital constante entrando no valor agregado bruto. Vista sob essa luz, a distribuição entre capital e trabalho não é mais simplesmente uma questão de distribuição entre os dois fatores de produção; ela se torna uma questão de exploração. O trabalho recebe menos do que contribuiu para o valor agregado em qualquer cenário em que os lucros sejam positivos. Somente se a taxa de lucro for zero é que ele obtém todo o produto líquido — e se a taxa de lucro for zero, o capitalismo não pode operar e acaba. Assim, a exploração é uma característica indispensável do capitalismo.[36]

Como Marx podia afirmar que o trabalho recebe menos do que contribui, ao mesmo tempo que sustentava que a lei do valor era válida? Ele explicou essa aparente contradição traçando uma distinção entre trabalho e força de trabalho. O capitalista compra (ou melhor, aluga) a força de trabalho pelo seu valor, que é igual ao valor dos bens necessários para a reprodução da força de trabalho. (Poderíamos pensar nisso como o custo fundamental de vida, a quantia necessária para sustentar a atividade produtiva do trabalhador.) O valor da força de trabalho pode diferir entre países e períodos de tempo (como será discutido adiante), mas, qualquer que seja esse valor, a característica específica do trabalho é que ele cria um valor que excede o valor da força de trabalho. Retornar os trabalhadores ao mesmo estado de bem-estar que tinham no início do processo de produção (e garantir a reprodução a longo prazo desse tipo de trabalho) custa menos do que o valor com que eles contribuem durante o processo de produção — essa é a diferença entre o valor da força de trabalho e o novo valor criado pelo trabalho. Se uma hora de trabalho cria dez unidades de valor, mas o dispêndio de esforço muscular, intelectual e outros nessa hora de trabalho (o "trabalho necessário") requer bens e serviços que valem apenas seis unidades de valor para repor totalmente o trabalhador, então as quatro unidades restantes (o "trabalho excedente") são valor apropriado pelo capitalista. Assim, como Marx enfatizou, a troca é baseada totalmente na lei do valor: os trabalhadores não são tratados injustamente, nem são pagos menos do que o valor de sua força de trabalho. A exploração vem dessa característica específica do trabalho: sua capacidade de produzir valor maior do que o valor dos bens e serviços gastos naquele esforço e, portanto, necessário para compensá-lo. Da teoria da exploração vem também a conclusão de que o lucro é a mais-valia em outra forma. A taxa de exploração, ou a taxa de mais-valia, é então simplesmente a mais-valia *s* (recebida pelo capitalista) dividida pelo valor do capital variável (*v*), sendo este último o salário que o capitalista paga aos trabalhadores.[37]

Centralidade da luta de classes. Outra grande contribuição de Marx foi fazer da luta de classes — que, como o capítulo 3 deixou claro, desempenhou um papel importante em Ricardo — a peça central da história humana. Ela não está presente apenas no capitalismo; na verdade, o capitalismo é apenas um exemplo de luta de classes e de sociedade de classes. Embora a classe nunca tenha sido formalmente definida por Marx, e embora o terceiro volume de *O capital* termine com um capítulo curto demais chamado "Classes", algo próximo a uma definição pode ser de fato encontrado em *O 18 de Brumário*: "Na medida em que milhões de famílias vivem sob condições econômicas que separam seu modo de vida, seus interesses e sua cultura daqueles das outras classes, e que as colocam numa atitude hostil em relação a estas últimas, elas constituem uma classe".[38] Embora se possa argumentar que o conflito de classes é um motor de crescimento em Ricardo, a luta de classes se torna em Marx o motor da história mundial, e a própria definição de classe inclui um elemento de "hostilidade" ou conflito.

O papel desempenhado pelas classes e sua luta pela distribuição de renda é muito mais importante e mais geral em Marx do que jamais foi em Ricardo, por mais nitidamente exibido que tenha sido na análise deste último. A luta de classes não diz respeito apenas à distribuição do produto líquido, mas também abrange questões como a duração da jornada de trabalho, direitos sindicais, condições de trabalho e até mesmo sentimentos de alienação dos trabalhadores.[39] O trabalho é separado do objeto de sua atividade (seu produto). Ele não é um agente. É tratado puramente como "capital variável" pelo capitalista e, por consequência, sua relação com os produtos que ele cria se torna remota e "estranha": "Uma vez que seu próprio trabalho foi alienado de si mesmo pela venda de sua força de trabalho, foi apropriado pelo capitalista e incorporado ao capital, ele deve ser [...] realizado em um produto que não lhe pertence".[40]

Capital como uma relação de produção. Por fim, chegamos à definição de *capital* de Marx. Em toda a obra dos escritores anteriores, o capital era essencialmente considerado intercambiável com as ferramentas de produção ou máquinas, ou com dinheiro no caso do capital financeiro. Para Marx, no entanto, a situação é um pouco diferente. Em sociedades capitalistas, as ferramentas adquirem a forma de capital quando são usadas por capitalistas (que monopolizam a propriedade de tais ferramentas) a fim de contratar mão de obra para trabalhar com elas e para se apropriar da mais-valia. Na produção de mercadorias em pequena escala ou insignificante, uma ferramenta não é capital, mas simplesmente uma ferramenta: uma máquina que usamos para nossa própria produção não é capital. Desse modo, o capital se torna uma relação social ou forma social que, como diz Marx, é adquirida por meios de produção quando são usados para contratar mão de obra. Em uma citação famosa, "o capital não é uma coisa, é uma relação social definida de produção, pertencente a uma formação social histórica determinada, que simplesmente assume a forma de uma coisa e dá a essa coisa um caráter social específico".[41] Em outras palavras, o capital é uma categoria histórica. Esse é um ponto importante porque vincula a existência do capital à existência do trabalho assalariado. Os dois andam juntos. Numa maneira menos cautelosa, talvez menos marxista, de falar, as pessoas hoje costumam usar o termo capital quando querem dizer simplesmente o maquinário ou os meios de produção. Mas numa terminologia marxista mais precisa, o capital é um meio de produção quando é usado para contratar mão de obra e gerar lucro para o proprietário dos meios de produção.

Estrutura de classe

Como em Ricardo, há três classes principais em Marx: senhores de terras, trabalhadores e capitalistas. Como em Ricardo, é também a posição de classe que determina a posição de uma pessoa na distribuição de renda. Kolakowski, ao notar a rejeição de Marx à classificação utópico-socialista das pessoas, observa corretamente que "a divisão utópica de acordo com a riqueza é bastante estranha ao pensamento de Marx".[42] Mas este, tendo estudado a evolução histórica do capitalismo muito mais de perto e empiricamente do que Ricardo, e tendo escrito obras e panfletos históricos, tem uma visão mais matizada da estrutura de classe. Ricardo, visando à clareza de exposição, trata-a de uma forma muito simplificada (e com um nível de conhecimento histórico que é bastante difícil de adivinhar com base em seus escritos).

As três classes principais podem ser decompostas em várias subclasses. A Tabela 4.3 compara as estruturas de classe como aparecem em *As lutas de classes na França* e *O 18 de Brumário de Luís Bonaparte* com a estrutura em *O capital*, v. III. Elas são quase idênticas. Os capitalistas são divididos em capitalistas industriais e financeiros (comerciais). Enquanto seus interesses estão alinhados em manter os salários baixos, eles divergem assim que o produto excedente tem que ser dividido: o interesse da burguesia industrial "é indubitavelmente a redução dos custos de produção, portanto, a redução de impostos [...] portanto, redução das dívidas do Estado, cujos juros entram nos impostos" e fornecem uma fonte de renda para a burguesia financeira.[43] Os banqueiros também entram no quadro; eles estão próximos, mas tecnicamente não fazem parte da burguesia financeira ou comercial: sua renda é juros sobre capital emprestado e, portanto, diferente dos lucros recebidos pelos proprietários. Os proprietários de terras são tratados simplesmente como parte da classe capitalista geral. Isso é importante porque mostra que, em um estágio mais desenvolvido do capitalismo, os proprietários de terras como classe distinta desaparecem: eles se tornam apenas outro tipo de capitalista cuja diferença específica é que seu capital é investido em terras. Em outras palavras, com o desenvolvimento, os proprietários de terras aristocráticos ricardianos foram convertidos em meros capitalistas proprietários de terras: "a grande propriedade fundiária, apesar de sua coqueteria feudal e orgulho de raça, tornou-se completamente burguesa graças ao desenvolvimento da sociedade moderna".[44]

Tabela 4.3. Estrutura de classe das sociedades capitalistas

	Conforme descrito em *As lutas de classe na França* e *O 18 de Brumário*	Conforme descrito em *O capital*, v. III (fonte de renda)
Capitalistas	Burguesia financeira Burguesia industrial	Capitalistas financeiros (lucro) Capitalistas industriais (lucro) Banqueiros (juros) Capitalistas de terras (aluguel)
Autônomos	Pequena burguesia (inclui campesinato proprietário de terras)	Pequena burguesia (lucro e salário)
Trabalhadores (proletariado)	Camponeses sem-terra ou pobres Trabalhadores	Camponeses (salário) Trabalhadores (salário)
Desclassificado	Lumpemproletariado	Lumpemproletariado

FONTES: Marx, *As lutas de classe na França*; id., *O 18 de Brumário*; id., *O capital*, v. III, cap. 52 (o último e inacabado capítulo).

A segunda grande classe de Marx é composta dos autônomos ou da pequena burguesia. Eles desempenhavam um papel bastante importante em muitos países, inclusive na França (como vimos em Quesnay), e estão presentes tanto na agricultura quanto na indústria. Não aparecem em Ricardo, porque ele estava preocupado com o conflito principal, aquele entre proprietários de terras, capitalistas e trabalhadores. Mas em todas as análises históricas, seja de Quesnay, seja de Marx, eles exercem um papel. Os autônomos, devido à sua natureza de classe contraditória (sendo tanto capitalistas quanto trabalhadores), oscilam com frequência entre o apoio ao proletariado e o apoio aos capitalistas. Isso aparece com muita clareza em *As lutas de classe na França*, onde os autônomos fazem causa comum com o proletariado urbano no começo, mas depois mudam gradualmente de lado e se juntam às forças da reação.[45] Em uma carta de 1846 a Pável Annenkov, Marx define o *pequeno-burguês* como um homem que é "deslumbrado pela magnificência da grande burguesia e simpatiza com os sofrimentos do povo. Ele é ao mesmo tempo um burguês e um homem do povo. [Ele] diviniza a *contradição*, porque a contradição é a base de sua existência. Ele próprio não é nada além de contradição social, posta em ação".[46]

Em seguida, vêm os trabalhadores urbanos ou rurais, que são divididos em dois grupos: camponeses sem-terra (ou, pelo menos, camponeses que são suficientemente pobres para precisarem oferecer seu trabalho por aluguel) e proletários (ou trabalhadores urbanos, os "trabalhadores contratados" da indústria e dos serviços). Mais uma vez, vemos aqui a divisão já presente em Quesnay, não algo novo.

Os interesses dos trabalhadores, como é bem sabido, são, segundo Marx, idênticos aos interesses de toda a humanidade. Isso ocorre porque, sendo a classe explorada (a última na história das sociedades de classes), sua liberdade da escravidão assalariada depende de uma situação em que todos os outros também sejam libertados dela. Portanto, os trabalhadores, embora possam, na prática, estar interessados em salários mais altos, têm um objetivo histórico (*telos*) de abolição de toda exploração, e nenhum interesse de classe particular próprio.[47] De acordo com Marx, isso os distingue da burguesia, que também tem uma agenda movida pela liberdade (eliminação de várias injunções legais), mas cujos objetivos terminam nesse ponto. As experiências do próprio Marx com o proletariado urbano parisiense, tanto em 1848 quanto em 1871, o convenceram de seu igualitarismo, que poderia ser interpretado precisamente conforme o esboçado anteriormente.

Com efeito, o igualitarismo francês era algo em que escritores opostos às revoluções, como Chateaubriand e Tocqueville, concordavam com Marx. Mas eles não consideravam esse igualitarismo desejável.[48]

O campesinato é, de acordo com Marx, uma classe com interesses contraditórios: não é composto apenas de agricultores sem-terra e mão de obra contratada, mas também de pequenos e até moderadamente prósperos proprietários. Marx não mostra muita simpatia pelo campesinato, que ele chama, em *A luta de classes na França*, de "uma classe que representa a barbárie dentro da civilização", e em *O capital*, v. III, de "uma classe de bárbaros que estão meio fora da sociedade".[49] Ele o trata simplesmente como uma "classe por si só", incapaz de se unir e afirmar seus próprios interesses. No famoso parágrafo em que diz que a classe camponesa é "constituída pela simples adição de magnitudes iguais — assim como um saco com batatas constitui saco de batatas", Marx também escreve sobre os "fazendeiros de loteamento", ou seja, aqueles que obtiveram suas propriedades após as terras feudais serem distribuídas depois da Revolução Francesa, como "uma imensa massa, cujos membros individuais vivem em condições idênticas, sem, no entanto, entrar em relações múltiplas uns com os outros". Ele elabora:

> O método de produção deles os isola uns dos outros, em vez de atraí-los para uma relação mútua. Esse isolamento é promovido pelos meios de comunicação precários na França, juntamente com a pobreza dos próprios fazendeiros. Seu campo de produção, o pequeno lote de terra que cada um cultiva, não permite espaço para uma divisão de trabalho e nenhuma oportunidade para a aplicação da ciência; em outras palavras, exclui a multiplicidade de desenvolvimento, a diversidade de talentos e o luxo das relações sociais.[50]

Essa distinção dentro do campesinato, de acordo com o tamanho da terra possuída, reaparecerá muitas vezes em regimes comunistas, especialmente na União Soviética e na China, seja usada para o bem (reforma agrária) ou para o mal (opressão dos cúlaques, coletivização e criação de comunas).

A última classe, que poderíamos chamar de desclassificados, são pessoas que estão em algum sentido fora da estrutura de classe adequada: elas constituem o *lumpemproletariado*, como Marx as rotulou, mas de forma diferente podemos vê-las como os "cronicamente desempregados, mendigos ou vagabundos" conforme contabilizados nas tabelas sociais inglesas do século XIX. Elas não estão diretamente envolvidas no processo de produção. Em Marx, esta última classe social (ou talvez "não social") desempenha um papel quando as condições são adequadas e a demanda por mão de obra é forte. Nesse ponto, seus membros são atraídos para o processo de produção e seu papel é amortecer os aumentos de salários que de outra forma ocorreriam. Eles se tornam "o exército de reserva do trabalho", os normalmente desempregados que são chamados pelo capital para exercer pressão sobre os salários quando a economia está (na linguagem de hoje) superaquecida. Essa mesma ideia — de que o desemprego é usado pelos capitalistas como uma ferramenta para impedir um aumento substancial nos salários reais e para disciplinar o trabalho — é um tema que seria aprofundado mais tarde tanto por Kalecki quanto por Leijonhufvud.[51]

A definição de Marx do lumpemproletariado o reconhece como um fenômeno urbano e não é muito lisonjeira: "O lumpemproletariado [...] em todas as cidades forma uma massa estritamente diferenciada do proletariado industrial, um campo de recrutamento para ladrões e criminosos de todos os tipos, vivendo das migalhas da sociedade, pessoas sem comércio definido, vagabundos, *gens sans feu et sans aveu* [gente sem lares e sem fé]".[52] Eles também podem ser prontamente contratados para apoiar a alta burguesia ou aristocracia quando os governantes precisam de multidões para impor a "ordem".* Marx descreve impiedosamente os apoiadores de Luís Bonaparte como "soldados demitidos, condenados dispensados, escravos de galé fugitivos, trapaceiros, malabaristas, *lazzaroni*, batedores de carteira, artistas de prestidigitação, jogadores, cafetões, guardiões de casas desordeiras, carregadores, intelectuais, tocadores de realejo, trapeiros, amoladores de tesouras, funileiros, mendigos — em suma, toda aquela massa indefinida, dissoluta e maltratada que os franceses chamam de 'la Bohème'".[53]

É útil contrastar a estrutura sociopolítica de Marx (desenvolvida em parte com condições especificamente francesas em mente) com a tabela social para a França em 1831 construída por Morrisson e Snyder a partir de muitas fontes do século XIX. A Tabela 4.4 mostra a tabela social de Morrisson e Snyder com tamanhos de classe e rendas relativas, e indica suas

---

* Existem muitos exemplos modernos desses usos do lumpemproletariado. Um dos mais sangrentos e manifestos disso foi a colaboração de Chiang Kai-shek com a criminosa Gangue Verde para acabar com greves e dizimar o Partido Comunista da China em Xangai, em abril de 1927.

correspondências na classificação de Marx.[54] Dentro de ambas as tabelas, os capitalistas industriais e fundiários têm as rendas mais altas, os trabalhadores (que respondem por quase 16% do emprego) estão no meio, a pequena burguesia (com 13,4% do emprego e renda abaixo da média) vem em seguida, e os camponeses (de longe a maior classe) estão na base, quer sejam donos de suas terras ou trabalhem como mão de obra agrícola contratada. Temos, mais ou menos, uma pirâmide invertida em que classes com menos membros tendem a ser mais ricas.

Tabela 4.4 Tabela social para a França de 1831

Classe de Morrisson-Snyder (classificada por renda)	Emprego (porcentagem do total)	Renda média (expressa em relação à média geral)	Classe de Marx mais equivalente
Empregadores	3,4	8,6	Capitalistas industriais
Grandes fazendeiros	5,1	3	Capitalistas fundiários
Funcionários públicos de alto escalão	1,1	1,8	[Estado]
Operários	13,9	1	Trabalhadores
Empregados de escritório	2,0	0,9	
Autônomos	13,4	0,7	Pequena burguesia
Funcionários públicos de baixo escalão	1,1	0,6	[Estado]
Pequenos fazendeiros	31,4	0,5	Camponeses
Trabalhadores agrícolas e criados	28,5	0,45	
Total	*100*	*1*	

"Estado" denota funcionários do governo não claramente separados como uma classe por Marx. FONTE: Os números de emprego e renda estão calculados com base em dados de Morrisson e Snyder, "Income Inequality of France in Historical Perspective". *European Review of Economic History*, v. 4, n. 1, p. 73, Tabela 7, 2000.

A tabela destaca a natureza contraditória dos autônomos ou da pequena burguesia. Por seu nível de renda, essa classe está próxima dos trabalhadores e, de acordo com a tabela social, é até mais pobre em média do que eles; ainda assim, o fato de possuir propriedade a coloca em oposição aos trabalhadores, que não têm nenhuma. A mesma contradição surge no caso do campesinato proprietário de terras. Essa classe foi muito bem descrita por Tocqueville, cujas memórias da Revolução de 1848 incluem a observação de que todos aqueles que possuíam propriedade, por menor que fosse, formavam uma frente comum contra o proletariado urbano:

> É verdade que reinava uma certa agitação demagógica entre os trabalhadores da cidade, mas no campo, os proprietários, fossem quais fossem sua origem, seus antecedentes, sua educação, sua própria propriedade [*biens*], ficaram mais próximos uns dos outros. [...] A propriedade, entre todos aqueles que a desfrutavam, tornou-se uma espécie de fraternidade. Os mais ricos eram como primos mais velhos, os menos ricos, como primos mais moços; mas todos se consideravam irmãos, tendo o mesmo interesse em defender sua herança. Como a Revolução Francesa [de 1789] estendeu a posse de terras ao infinito, toda a população [rural] parecia estar incluída naquela enorme família.[55]

Ausentes da classificação de Marx estão os funcionários do Estado ou do governo (os funcionários públicos de alto e baixo escalão na classificação de Morrisson e Snyder), um grupo que abrange todos, desde trabalhadores do setor de serviços (como carteiros) até os mais altos funcionários governamentais e militares (ministros e generais). Na verdade, Marx, por sua origem familiar, pertenceria a essa classe.

A discussão de Marx sobre as principais tendências na evolução das economias capitalistas e da distribuição de renda no capitalismo é, em certo sentido, uma análise ricardiana simplificada, pois lida apenas com duas classes (trabalhadores e capitalistas) e suas fontes de renda (salários para os trabalhadores e, para os capitalistas, todas as rendas de propriedade derivadas da mais-valia: lucro, juros e aluguel). Em seus escritos políticos Marx deu atenção especial às classes sociais "contraditórias", como a pequena burguesia ou os autônomos, mas em seus escritos analíticos, o mundo era muito simplificado. Era um capitalismo típico-ideal que ele descreveu, conforme apontado por seu primeiro crítico, Benedetto Croce.[56] Da mesma maneira simplificada, a discussão sobre distribuição de renda que se segue se concentrará nas rendas do trabalho e do capital e em como sua interação determina o que acontece com a desigualdade.

Trabalho e salários

Na explicação de Marx sobre salários, há duas questões que precisam ser respondidas. Primeiro, os salários diferem entre distintos tipos de trabalhadores? Se *sim*, introduzimos automaticamente uma fonte significativa de desigualdade de renda, já que a maioria das pessoas são trabalhadores. Segundo, o salário médio (ou, em uma formulação diferente, o salário mínimo) difere entre as sociedades em função do desenvolvimento econômico delas? Se *sim*, então o desenvolvimento econômico e o bem-estar médio para a maioria estão correlacionados. Portanto, se a resposta for *sim* para ambas as perguntas, a visão reducionista de Marx — que sustenta que todos os trabalhadores devem ter mais ou menos o mesmo salário, e que o salário é de subsistência independentemente do nível de desenvolvimento — está errada.

Trabalho complexo e simples. Se os salários devem estar no nível da subsistência, e se haverá uma variabilidade de salários (em dado ponto de desenvolvimento das forças produtivas), são questões muito simples de resolver se começarmos pelos princípios fundamentais de Marx. O trabalho (ou mais exatamente a força de trabalho) é uma mercadoria como qualquer outra. Assim, as leis que regem seu preço de longo prazo (valor) devem ser as mesmas leis que regem a formação de preços de todas as outras mercadorias. O preço de longo prazo de qualquer mercadoria é determinado pela quantidade de trabalho passado e atual necessária para produzir essa mercadoria. O preço de longo prazo da força de trabalho é, então, igual ao valor dos bens e serviços necessários para produzi-la (ou reproduzi-la). Se diferentes quantidades de bens e serviços são necessárias para produzir diferentes tipos de trabalho (por causa das diferenças nos custos de treinamento e duração do treinamento), então deve haver diferenças nos salários.[57] Não pode haver um salário único para distintos tipos de força de trabalho, assim como não pode haver um único preço para distintas mercadorias. O tipo mais simples de trabalho, que requer apenas um conjunto de mercadorias que proporcionam somente uma subsistência fisiológica, pode ser produzido de forma mais barata, e outros tipos de trabalho mais complexos devem ter um preço mais alto (salário). Assim, estabelecemos facilmente três conclusões. Primeira, apenas o tipo mais baixo de trabalho pode exigir um salário de subsistência. Segunda, deve haver variabilidade nas rendas dos trabalhadores. Terceira, se a "subsistência" tem um componente histórico além de um meramente fisiológico, então o salário mais baixo pode subir acima do mínimo necessário para a sobrevivência, e toda a distribuição real de salários se moverá para cima. Se esse aumento geral afeta os salários relativos entre diferentes tipos de trabalho dependerá de mudanças nos preços das mercadorias que entram no custo de produção daquele tipo específico de força de trabalho. Pode-se esperar, por exemplo, que se os custos relativos de níveis mais altos de educação se elevassem, as diferenças salariais aumentariam.*

Em Marx, como na obra de outros escritores, o nível e a evolução dos salários são um tema de grande importância. As questões essenciais são se os salários tendem a permanecer no mesmo nível ou não, se esse nível é de subsistência ou não, se os salários diferem por qualificação e entre os países. Marx estava obviamente muito familiarizado com a "lei férrea dos salários" de Ferdinand Lassalle, que determina que os salários sob o capitalismo nunca podem exceder a subsistência de forma duradoura.[58] Mas Roman Rosdolsky e Ernest Mandel argumentaram enfaticamente que nos escritos de Marx não há citações que possam nos levar a crer que ele aceitasse isso como uma lei, ou que acreditasse que os salários sob o capitalismo seriam necessariamente reduzidos à subsistência.[59] Com efeito, é bastante comum encontrar em Marx referências aos diferenciais de salários entre diferentes categorias de trabalhadores e entre diferentes países.

Salários reais num determinado momento no tempo e num determinado país. Qualquer alegação de que Marx pensava que a maioria (ou todos) os trabalhadores teriam um salário de subsistência é facilmente refutada pelo fato de que ele define pelo menos dois tipos de trabalho: complexo (ou composto) e simples. O trabalho complexo que requer mais investimento (como educação) é mais caro para reproduzir e deve ser mais bem pago. Isso tem uma implicação muito clara para a desigualdade entre os trabalhadores porque não podemos mais, mesmo na primeira aproximação, ignorar a desigualdade entre os trabalhadores e considerar que todos os trabalhadores ganham o mesmo salário. O salário é a função dos custos de reprodução dos trabalhadores.[60] Claro, não é somente porque custa mais para produzir trabalhadores mais qualificados que o capitalista estará disposto a pagar

---

* Portanto, é muito fácil ver por que, dentro de um contexto puramente marxista, a educação gratuita deve resultar numa estreita diferença salarial. Encontraremos isso novamente ao discutir a desigualdade salarial no socialismo, no capítulo 7.

mais para eles. Um trabalhador mais qualificado também deve ser mais produtivo, o que podemos supor ser o caso em virtude da maior instrução.[61]

Semelhança com a economia neoclássica. Marx escreve: "Todo trabalho de caráter mais elevado ou mais complicado do que o trabalho médio é [...] força de trabalho cuja produção custou mais tempo de trabalho e que, portanto, tem um valor mais alto do que o trabalho não qualificado ou simples".[62] A concepção de que os tipos de trabalho diferem pelos custos de produção é semelhante, ou mesmo idêntica, à teoria do capital humano de Jacob Mincer e, com efeito, remonta a Adam Smith.[63] De acordo com a opinião de Mincer, as diferenças nos salários são simplesmente compensatórias: elas compensam o investimento necessário durante o período de treinamento e uma vida útil mais curta (devido ao fato de que mais anos são gastos em treinamento e supondo-se que a aposentadoria de todos os tipos de trabalho ocorre aproximadamente na mesma idade).[64] Nesse ponto há fortes semelhanças entre Marx e os neoclássicos. O elemento que é especificamente marxista é o "exército de reserva de trabalho", que, como vimos, deve manter os salários baixos. Mas mesmo esse exército pode ser, numa visão neoclássica, aproximado pela atração crescente do emprego na época da expansão, quando muitos trabalhadores desencorajados que normalmente ficariam em casa (inclusive a mão de obra feminina) entram de novo na força de trabalho. Trazê-los para o reino do trabalho remunerado reduz a pressão salarial sobre os capitalistas.

Salário real e desenvolvimento. No que diz respeito às diferenças salariais entre os países e, portanto, ao crescimento salarial que acompanha o processo de desenvolvimento, elas são claramente reconhecidas: "quanto mais produtivo for um país em relação a outro no mercado mundial, maiores serão seus salários, em comparação a outro".[65] Numa nota incluída em *O capital*, v. III, Marx mostra a diferença nos salários nominais entre o Reino Unido, França, Prússia, Áustria e Rússia (ver Tabela 4.5). A proporção dos salários nominais no Reino Unido, que está no topo, para a Rússia, na parte inferior, é de 5 para 1. Com certeza, os bens de consumo eram mais baratos na Rússia do que na Inglaterra, então é possível que a diferença salarial não fosse tão grande, mas ainda assim a proporção teria sido talvez de 3 (ou 2,5) para 1, uma diferença considerável. E supondo-se que os salários na Rússia estavam no nível de subsistência (eles dificilmente poderiam estar abaixo da subsistência, uma vez que os trabalhadores tinham de sobreviver), os salários na Inglaterra deviam estar substancialmente acima da subsistência.

Esse é um ponto importante porque mostra claramente que Marx não poderia ter concordado com a lei férrea dos salários de Lassalle, e que ele admitiu, como Smith, o aumento dos salários no processo de desenvolvimento.

Tabela 4.5. Salários nominais em diferentes países por volta de 1848

País	Salários anuais (em tálares)
Reino Unido	150
França	80
Prússia e Áustria	60
Rússia	30

Os dados são na verdade mostrados como o valor do capital humano, com salários capitalizados à taxa de 4% ao ano. Mas a partir desses números, podemos calcular facilmente os salários anuais implícitos. FONTE: *Capital*, v. III, cap. 29, p. 596, n. 1. Os dados de Marx são de Friedrich Wilhelm Freiherr von Reden, *Vergleichende Kultur-Statistik der Gebiets- und Bevölkerungsverhältnisse der Gross-Staaten Europa's* (Berlim: A. Duncker, 1848), p. 434.

Ademais, Marx argumenta que o próprio conceito do que é o salário mínimo aceitável é histórico.[66] E, de fato, seria difícil imaginar que Marx, para quem todas as categorias econômicas são históricas, não aplicaria a mesma lógica à força de trabalho. Em estágios de desenvolvimento mais baixos ou mais primitivos, quando as necessidades humanas são elementares, o "trabalho necessário" para produzir bens para essas necessidades limitadas (ou seja, o salário) também será pequeno. A razão pela qual o trabalho necessário é pequeno não é porque o trabalho é produtivo.* É porque as necessidades são limitadas, diz Marx.[67] (A declaração de que as necessidades são historicamente determinadas, e não inatas ou absolutas, é um ponto importante tanto por si só quanto porque fundamenta a determinação salarial.)

---

* Tecnicamente, se a produtividade fosse alta, a reprodução da força de trabalho levaria apenas uma fração da jornada de trabalho; o "trabalho necessário" seria baixo. Mas o trabalho necessário depende tanto da produtividade do trabalho quanto das necessidades a serem satisfeitas (que se expandem com o desenvolvimento). Com o tempo, a produtividade e as necessidades trabalham uma contra as outras: o aumento da produtividade reduz o trabalho necessário e as novas necessidades o aumentam.

No manuscrito inacabado publicado mais tarde como *Grundrisse der Kritik der Politischen Ökonomie* [*Fundamentos de uma crítica da economia política*], Marx escreve:

> Na produção baseada no capital, a existência de tempo de trabalho *necessário* [para "produzir" salário suficiente para o trabalhador] é condicional à criação de tempo de trabalho *supérfluo* [isto é, tempo de trabalho apropriado pelo capitalista]. Nos estágios mais baixos da produção [...] poucas necessidades humanas são produzidas e, assim, poucas [precisam] ser satisfeitas. O trabalho necessário é, portanto, restrito, não porque o trabalho seja produtivo, mas porque não é muito necessário.[68]

Desse modo, temos uma sequência: necessidades limitadas levam a um baixo trabalho necessário, o que leva a um baixo salário real.

Uma implicação óbvia de que as necessidades são uma função do nível de desenvolvimento é que o salário real aumenta com o nível de desenvolvimento. Com maior desenvolvimento, as necessidades se tornam mais amplas e diversificadas; elas se estendem a novos bens e serviços e, consequentemente, o trabalho necessário para satisfazer essas necessidades se torna maior (a menos que seja mais do que compensado pelo aumento da produtividade). O salário real também deve ser maior.[69] Isso é o que Marx chama de "componente histórico e moral da força de trabalho".[70] O mesmo argumento que, ademais, introduz a diferenciação salarial impulsionada pelo clima, é apresentado novamente no volume III de *O capital*: "O valor real da força de trabalho diverge do mínimo físico; difere de acordo com o clima e o nível de desenvolvimento social; depende não apenas das necessidades físicas, mas também das necessidades sociais historicamente desenvolvidas".[71]

Salário real, salário relativo e necessidades. Isso não significa que a participação do trabalho deve aumentar à medida que o salário real aumenta. Na verdade, o inverso pode ser verdade: Marx argumenta que, enquanto os salários reais são maiores em economias mais avançadas do ponto de vista capitalista, a participação do trabalho ("o salário relativo") é menor.[72] Isso é exatamente o que mostram os dados do século XIX de Robert Allen.[73] Marx defende essa posição de forma especialmente forte (repetindo-a várias vezes) em *Trabalho assalariado e capital*, o texto de suas palestras propagandísticas de 1847 proferidas no Clube dos Trabalhadores Alemães em Bruxelas. Ele enfatiza que a maior participação do capital, independentemente do que aconteça com o salário real, aumenta o poder do capital sobre o trabalho. Assim, "os salários reais podem permanecer os mesmos, podem até aumentar, no entanto, os salários relativos [a participação do trabalho na riqueza] podem cair. O poder da classe capitalista sobre a classe trabalhadora aumentou, a posição social do trabalhador piorou", e também se "o capital cresce rapidamente, os salários podem aumentar, mas o lucro do capital aumenta desproporcionalmente mais rápido. A posição material do trabalhador melhorou, mas às custas de sua posição social. O abismo social que o separa do capitalista aumentou".[74]

O contraste entre a posição material e a posição social do trabalhador, esta última obviamente um conceito relativo, é traçado com força e repetidas vezes. Isso é consistente com a ideia de Marx de que tanto a desigualdade quanto as necessidades são relativas, sejam medidas, como no caso da desigualdade, em relação aos outros, ou, no caso das necessidades, em relação aos outros e ao tempo. Sobre a desigualdade, Marx observa:

> Uma casa pode ser grande ou pequena; contanto que as casas vizinhas sejam igualmente pequenas, ela satisfaz todos os requisitos sociais para uma residência. Mas se surgir ao lado da pequena casa um palácio, a pequena casa encolhe para uma cabana. A casa pequena deixa claro agora que seu ocupante não tem posição social alguma a manter, ou apenas uma muito insignificante.

E sobre as necessidades, ele explica:

> Nossas necessidades e prazeres têm sua origem na sociedade; portanto, nós os medimos em relação à sociedade; não os medimos em relação aos objetos que servem para sua gratificação. Como são de natureza social, são de natureza relativa.[75]

As necessidades são, portanto, duplamente relativas: em um dado momento, elas se desenvolvem em reação ao que os outros têm, e historicamente, em comparação ao que era habitual no passado. Ambas as relatividades estavam, como vimos, presentes já na definição de Smith de necessidades mínimas, ou o que na linguagem de hoje seria chamado de linha de pobreza. Mas Marx considera as necessidades de maneira mais filosófica: elas não só evoluem mecanicamente à medida que a sociedade se desenvolve, como são criadas pela própria atividade do homem. Como Shlomo Avineri escreve: "Marx nega que a consciência de cada geração de suas próprias necessidades seja uma resposta mecanicista e automática da consciência humana a estímulos meramente materiais. A consciência do homem de suas próprias necessidades é um produto de seu desenvolvimento histórico e atesta os valores culturais alcançados pelas gerações anteriores".[76]

Rosa Luxemburgo levou a distinção de Marx entre salário real e salário relativo mais adiante, argumentando que a participação do trabalho tende a diminuir com o desenvolvimento do capitalismo. Ela propôs a "lei da queda tendencial dos salários relativos".[77] A ênfase de Luxemburgo na participação do trabalho tem a vantagem de levar ao estudo da relação social entre capital e trabalho. Isso também é muito semelhante a Ricardo, cuja análise inteira foi formulada em termos das diferentes participações de capital e trabalho. O fato de um salário real crescente poder ser acompanhado por uma participação menor do trabalho (que é algo que observamos hoje também) significa que a taxa de exploração (muito provavelmente) aumenta. Como vimos, a taxa de exploração (s^*) é a razão entre a mais-valia (s) ou lucro e o valor do capital variável (v), que é a folha de pagamento. Mas uma questão permanece: o que acontece ao longo do tempo se a quantidade de capital aumenta mais rápido do que o trabalho? Isto é, e se a razão entre capital constante (c) e capital variável (v) — ou como Marx chama essa razão em *O capital*, v. I, a "composição orgânica do capital" — aumentar?

Antes de considerarmos essa questão — que é importante porque diz respeito à dinâmica da distribuição entre capital e trabalho, e também marca a interseção da abordagem marxista com a da teoria neoclássica do crescimento —, devemos esclarecer alguns termos marxistas. Capital constante (c) é o custo das máquinas e materiais usados na produção. Capital variável (v) é o dinheiro gasto em salários. Para c e v, Marx, como a maioria dos autores clássicos, pressupõe que o capitalista tem o dinheiro necessário em mãos. Se desconsiderarmos as matérias-primas, então o capital (K) da função de produção neoclássica é equivalente ao c de Marx.[78] Do mesmo modo, para uma dada taxa salarial, o v de Marx se move paralelamente à força de trabalho neoclássica (L). Assim, podemos aproximar o aumento de Marx na composição orgânica do capital — o aumento na razão c/v — a um aumento na razão neoclássica K/L.[79] Podemos falar indistintamente do aumento na razão capital-trabalho e do aumento na composição orgânica do capital. O que está sempre implícito é que, com uma *dada* tecnologia e preços dados, há mais máquinas por trabalhador.

Marx sustentava que a crescente composição orgânica do capital é uma das regularidades da produção capitalista: substituir o trabalho por máquinas tende a baratear a produção e, portanto, a fornecer lucro extra para os capitalistas que primeiro introduzem máquinas. A mesma ação é então repetida por todos os outros capitalistas. Isso, em última análise, aumenta a razão K/L geral.[80] Isso tem vários efeitos. Em primeiro lugar, a crescente razão K/L pode reduzir a taxa de lucro.* Em Marx, isso acontece porque somente o trabalho produz mais-valia e, como há menos trabalhadores por unidade de capital, supondo-se que a taxa de mais-valia (a taxa de exploração) não aumenta ou não aumenta o suficiente, a taxa de lucro deve cair. (Na economia neoclássica, a mesma coisa acontece porque o produto marginal do capital mais abundante é menor.) Em segundo lugar, a maior produtividade implica o barateamento dos bens salariais que entram na determinação do salário. A taxa de mais-valia (s^*) pode, portanto, subir.[81] (Em termos neoclássicos, para que a participação do trabalho seja reduzida, o aprofundamento do capital não deve deprimir a taxa de lucro na mesma extensão proporcional.)[82]

Assim, notamos quatro pontos importantes que podem ser reunidos dos vários escritos de Marx para informar nossa interpretação de como a distribuição de renda evoluirá em sociedades capitalistas avançadas. Em primeiro lugar, o salário real provavelmente aumentará com o desenvolvimento. Segundo, a taxa de exploração pode ir para qualquer lado. Terceiro, a participação do trabalho tenderá a cair e, consequentemente, a participação do capital aumentará. E quarto, um ponto discutido a seguir, a participação crescente do capital pode significar não um aumento na taxa de lucro, mas sim seu declínio. Isso ocorre porque a quantidade de capital pode aumentar mais rápido do que a renda do capital, caso em que a taxa de lucro, igual a $s/(c+v)$, diminuiria. Esse quarto desdobramento, denominado por Marx de "lei da queda tendencial na taxa de lucro", é uma de suas construções mais famosas, embora seja discutida somente de maneira bastante fragmentária

---

* Aqui usarei a definição de Marx da taxa de lucro, como a mais-valia sobre a soma dos adiantamentos do capitalista para capital tanto constante quanto variável: $s/(c+v)$. Diferentemente do modelo neoclássico, na abordagem de Marx o capitalista adianta o pagamento em dinheiro aos trabalhadores por salários (ou bens de salário) *antes* do início da produção.

em cerca de sessenta páginas de três capítulos do volume III de *O capital*.[83] Ela também desempenha um dos papéis mais importantes e controversos na análise de Marx sobre a distribuição de renda no capitalismo, bem como no destino final do modo de produção capitalista. Discutimos isso a seguir.

O capital e a tendência da taxa de lucro cair

O funcionamento da lei. Há quatro grandes áreas de discussão e desacordo relacionadas à economia de Marx: a teoria do valor-trabalho; a transformação de valores em preços de produção (o problema da transformação); o equilíbrio dinâmico entre setores que produzem meios de produção e setores que produzem meios de consumo; e a lei da queda tendencial na taxa de lucro.[84] Os dois primeiros temas têm a ver com a aplicação da lei do valor em diferentes formações históricas, e o terceiro se relaciona ao modelo de crescimento equilibrado e desequilibrado. Mas o último é o que nos interessa aqui, por dois motivos. Primeiro, se a taxa de lucro tem uma tendência histórica de cair, isso tem um significado claro e imediato para como podemos esperar que a desigualdade nas rendas mude à medida que o capitalismo se desenvolve. Segundo, e mais importante em termos políticos, se a taxa de lucro eventualmente cair para zero, o capitalismo não pode funcionar. (Como vimos, Ricardo tinha a mesma concepção.) Se o capitalismo não pode funcionar, então um sistema alternativo (socialismo, na crença de Marx) pode substituí-lo. Assim, a lei da queda tendencial na taxa de lucro tornou-se intimamente associada à teoria do colapso do capitalismo — sua doença terminal e morte. É por isso que a lei atraiu tanta atenção desde que foi publicada em 1895, no volume III de *O capital*.

Para nossos propósitos, no entanto, a lei importa porque revela o que Marx pensava sobre a distribuição de renda no capitalismo avançado, não por suas implicações para o fim do capitalismo. Esse é um ponto que vale a pena sublinhar devido à importância exagerada que a lei adquiriu na exegese marxista (na medida em que é com frequência abreviada como simplesmente "A Lei"). Ela foi usada por proponentes e oponentes como prova de um eventual colapso do capitalismo ou como prova da própria incerteza de Marx sobre a validade lógica da lei. Mas aqui importa apenas no sentido muito comum de refletir a concepção de Marx de que, a longo prazo, as rendas dos capitalistas provavelmente se tornarão menores, e a desigualdade entre as classes (pelo menos no que diz respeito à renda do capital) provavelmente diminuirá.

A lógica que sustenta a lei é bastante padrão. Marx acreditava, tal como muitos economistas, que o progresso consiste na substituição do trabalho vivo por máquinas (trabalho incorporado). Maior produtividade e maiores lucros exigem, para cada capitalista, a aplicação de processos mais intensivos em capital (na formulação de Marx, maior composição orgânica do capital). Como todos os capitalistas substituem independentemente o trabalho pelo capital para melhorar suas posições individuais e obter lucro acima da taxa média vigente, a razão capital-trabalho na economia aumenta. Como há menos trabalhadores em comparação ao estoque de capital, há uma diminuição relativa na mais-valia produzida — supondo-se que a taxa de exploração não aumente o suficiente. Portanto, e isso é fundamental, a proporção entre lucros e capital deve diminuir, ou seja, a taxa de lucro deve cair. Marx é muito claro: "A taxa de lucro cai, embora a taxa de mais-valia permaneça a mesma ou aumente, porque a proporção de capital variável para capital constante diminui com o desenvolvimento do poder produtivo do trabalho".[85] A taxa de lucro fica cada vez menor e, eventualmente, podemos imaginá-la caindo para perto de zero. Se quisermos colocar o raciocínio de Marx numa roupagem neoclássica, podemos fazê-lo e obter o mesmo resultado: a maior abundância de capital em comparação com o trabalho significa que o produto marginal do capital deve ser menor, então novamente a taxa de lucro diminui.[86] A única solução para essa tendência de queda da taxa de lucro, no sistema neoclássico, é o progresso tecnológico, que em etapas distintas melhora a produtividade marginal do capital e mantém a taxa de lucro. A única solução no sistema de Marx é uma exploração crescente do trabalho — mais as tendências compensatórias (ou, mais exatamente, retardadoras) discutidas adiante.

Vale a pena parar aqui por um momento porque, como Heinrich enfatiza, a situação é um pouco mais complexa.[87] Quando os capitalistas introduzem mais capital constante, seja para substituir o trabalho ou para fazer determinado número de trabalhadores trabalhar com mais máquinas, eles o fazem para melhorar a produtividade. A produtividade melhorada, com um salário real *dado*, implica um aumento na taxa de mais-valias (s/v). Assim, a taxa de lucro que é por definição

$$p = \frac{s}{c+v} = \frac{s/v}{\frac{c}{v}+1} = \frac{\textit{taxa de mais-valia}}{\textit{composição orgânica de capital} + 1} \qquad (1)$$

muda conforme seu numerador e denominador aumentam. O denominador claramente aumenta conforme c/v aumenta. E enquanto isso, devido à maior produtividade que não se reflete em salários reais mais altos, s/v também aumenta. Isso é o mesmo que afirmar que processos mais intensivos em capital levam a uma maior produção por trabalhador e, uma vez que o salário real é dado, o excedente deve aumentar. Portanto, não é óbvio que a taxa de lucro deve diminuir, uma vez que tanto o numerador quanto o denominador aumentam. Tudo se resume a se o aumento em c/v é maior do que o aumento em s/v.

O problema é antigo, foi notado pela primeira vez por Ladislaus Bortkiewicz em 1907 e posteriormente formulado por muitos outros. Eis, por exemplo, o que diz Paul Sweezy: "Se supormos que tanto a composição orgânica do capital quanto a taxa de mais-valia são variáveis [...], então a direção na qual a taxa de lucro mudará se torna indeterminada. Tudo o que podemos dizer é que a taxa de lucro cairá se o aumento percentual na taxa de mais-valia for menor que o percentual [aumento na composição orgânica do capital]".[88] Para ver por que esse é provavelmente o caso, suponha-se que o número de trabalhadores na relação (1) seja fixo, e que os capitalistas introduzam processos mais intensivos em capital, aumentando assim c/v. Como acabamos de dizer, s/v deve aumentar simplesmente porque os processos mais intensivos em capital são supostamente mais produtivos, inclusive na produção de bens de salário, e consequentemente a despesa com o capital variável será menor mesmo se o salário real permanecer inalterado. (Isso é idêntico a Ricardo, em que o menor custo dos bens de salário reduz o salário nominal e mantém o salário real inalterado.) Assim, Heinrich está certo ao afirmar que o aumento em s/v não é uma força que neutraliza a lei; é antes a condição sob a qual a lei ocorre, ou melhor, a própria lei faz s/v aumentar.[89]

Contudo, não é verdade que s/v pode tender a aumentar menos que c/v? Existem várias possibilidades. Primeiro, o salário real pode subir, detendo o aumento do excedente. Segundo, o aumento em s/v é limitado de cima, seja por razões históricas (limite legal na duração da jornada de trabalho), seja por razões fisiológicas (o esforço de trabalho não pode ser aumentado sem limite), enquanto o aumento na composição orgânica do capital não tem limites. Terceiro, uma produtividade mais alta pode encorajar ou animar os trabalhadores a exigirem menos tempo de trabalho, o que também conteria o aumento em s.[90] Essencialmente, para qualquer s/v dado, podemos sempre encontrar uma composição orgânica de capital que reduzirá a taxa de lucro.[91]

Estamos, portanto, de volta à afirmação original e crucial de Marx de que a taxa de lucro diminuirá com maior intensidade de capital na produção, a menos que o efeito dessa mudança seja compensado por uma maior exploração do trabalho. Temos simultaneamente três condições válidas:

(1) um aumento do salário real (à medida que alguns dos ganhos de produtividade são partilhados com os trabalhadores), e portanto $dv > 0$

(2) uma diminuição da taxa de lucro, e portanto $d\left(\frac{s}{c+v}\right) < 0$

(3) uma diminuição da participação do trabalho, e portanto $d\left(\frac{v}{c+s}\right) < 0$

As circunstâncias em que essas condições se mantêm e um exemplo numérico simples são fornecidos nas notas de rodapé abaixo.*,**

O significado da lei. Vimos no capítulo 2 que Adam Smith também sustentou que, com o desenvolvimento econômico, a taxa de lucro tende a diminuir. A lei de Marx, portanto, não é única. Tampouco sua ideia de que, com a taxa de lucro sendo zero, o capitalismo não pode funcionar. A mesma opinião tinha Ricardo — e, de fato, foi a principal razão pela qual

---

* As condições que podem ser facilmente derivadas são:

$$\frac{ds}{s} < \frac{dc+dv}{c+v}$$

$$\frac{dv}{v} < \frac{dc+dv}{c+v}$$

Elas mostram que o aumento percentual no capital total ($c + v$) deve ser maior que o aumento percentual no capital variável (que garante o aumento na composição orgânica do capital) e também que o aumento percentual no valor excedente (que garante que a taxa de lucro deve diminuir).

** Tome-se o seguinte exemplo simples. Seja $c = 50$, $v = 50$ e $s = 50$. A taxa de lucro é $s/(c+v)$ = 50/100 = 50%; a taxa de exploração (s/v) é 50/50 = 100%; e a participação do trabalho no valor bruto adicionado total é $v/(c+s+v)$ = 50/150 = 33%. Suponha agora que os capitalistas invistam mais em máquinas, de modo que adicionem 10 unidades a c. Suponha ainda que eles também aumentem a folha de pagamento em 1 unidade (o que significa que o salário real aumenta, porque a quantidade de trabalho é, por suposição, fixa). Se a taxa de exploração permanecer a mesma, o s adicional é 1. A nova taxa de lucro é 51/111 = 46%, e a nova participação do trabalho é 51/162 = 32%. Concluímos que o salário real aumentou, e tanto a taxa de lucro quanto a participação do trabalho caíram.

ele decidiu escrever seu livro. Jevons, em *The Theory of Political Economy*, publicado somente quatro anos depois de *O capital*, também escreve:

> É uma das doutrinas favoritas dos economistas desde a época de Adam Smith, que à medida que a sociedade progride e o capital se acumula, a taxa de lucro [...] tende a cair. A taxa acabará caindo tão baixo [...] que o incentivo à acumulação adicional cessará. [...] Nossa fórmula para a taxa de juros mostra que, a menos que haja progresso constante nas artes, a taxa deve cair em direção a zero, supondo-se que a acumulação de capital continue.[92]

A concepção de que uma economia capitalista pode eventualmente se tornar estacionária foi, de uma forma ou de outra, defendida por muitos outros economistas, como Joseph Schumpeter, Alvin Hansen e, mais recentemente, Larry Summers. A lei da queda tendencial da taxa de lucro, na formulação de Marx, fez tanta tinta fluir não porque fosse muito diferente do que outros economistas clássicos ou neoclássicos escreveram (nem em sua lógica subjacente nem na declaração de que o capitalismo de lucro zero é uma impossibilidade), mas em virtude de suas implicações: ela é o toque de finados do capitalismo. A lei, nessa interpretação, é a força de longo prazo que trabalha contra o capitalismo. As forças de curto prazo que destroem o capitalismo são as crises de superprodução. É a ação conjunta ou simultânea das duas — a coincidência dos lucros baixos seculares e das crises econômicas — que significará o fim do capitalismo. Então o capitalismo atrofiará e definhará.

Vale a pena mencionar que muitos marxistas não concordavam que uma taxa de lucro próxima de zero significaria o fim do capitalismo. Luxemburgo e Kautsky (embora não concordassem em muitos outros pontos) argumentaram que a quantidade absoluta de lucro ainda poderia aumentar (simplesmente porque haveria muito mais capital). Mas a lógica deles é falha. Os capitalistas são incentivados por altos retornos; se a taxa de lucro se torna, digamos, 0,1%, mas, diante de um grande estoque de capital, ainda produz grandes lucros absolutos, então o incentivo para continuar investindo e organizando a produção para um retorno tão escasso (relativo) será muito diminuído. Os investimentos seriam baixos e a economia se tornaria estacionária. Para dar um exemplo muito simples, se a taxa média de lucro se tornasse 0,1%, com a relação capital-renda sendo em torno de 5, como é nas economias avançadas hoje, então lucro/renda (ou lucro/PIB) seria igual a apenas 0,5%. Mesmo que todos os lucros fossem reinvestidos, a taxa de investimento seria de apenas 0,5% do PIB, uma pequena fração do que as economias modernas investem.[93] Por sua vez, isso implicaria uma taxa de crescimento próxima de zero. Mas a situação pioraria: com lucros de longo prazo próximos de zero e crescimento de longo prazo próximo de zero, a questão fundamental seria levantada: que incentivo há para os capitalistas continuarem cumprindo a função empreendedora se o retorno médio for essencialmente nulo? Com certeza, uma vez que a taxa de lucro é uma variável aleatória com a média assumida próxima de zero, ainda haveria alguns obtendo retornos positivos, mas seriam compensados por aqueles com retornos negativos que eventualmente iriam à falência.[94] Portanto, como Schumpeter corretamente argumentou, uma economia capitalista estacionária é uma impossibilidade: para perdurar como sistema capitalista, ela deve gerar retornos positivos para os capitalistas-empreendedores; se não o fizer, simplesmente não há incentivo para continuar com a produção.[95] Tecnicamente, uma economia assim teria de ser assumida pelo Estado ou por "produtores associados" para continuar funcionando.[96]

A lei e a distribuição de renda. Mas, como observamos anteriormente, essa dinâmica particular não está no centro do nosso interesse aqui. O que nos interessa é o que a lei implica para a concepção de Marx sobre a evolução da distribuição de renda no capitalismo avançado. É óbvio que, se a taxa de lucro diminuir (e todo o resto permanecer o mesmo), os capitalistas serão menos ricos e a desigualdade de renda será provavelmente reduzida. Se acrescentarmos a isso o argumento de Marx de que o menor salário (de subsistência) inclui uma dimensão moral-histórica, então podemos argumentar de pronto que Marx deve ter implicitamente sustentado que a desigualdade de renda entre as duas classes principais seria reduzida no capitalismo avançado. Isso não é muito diferente da conclusão alcançada por Smith, que também achava que o desenvolvimento levaria a salários mais altos e lucros mais baixos.

No entanto, essa interpretação sobre o futuro da desigualdade no capitalismo é contrariada por outras declarações encontradas em Marx. Elas se enquadram em três categorias. Primeiro, há declarações sobre as forças que retardam ou neutralizam a ação da lei. Em segundo lugar, há declarações sobre a crescente concentração da propriedade do capital. E, em terceiro, há declarações sobre o papel crescente do exército de reserva de trabalho que mantém os salários sob controle. Qualquer um desses fatores pode retardar a convergência entre as rendas dos capitalistas e dos trabalhadores, ou até mesmo revertê-la. Assim, podemos acabar com uma desigualdade maior, não menor, à medida que o capitalismo se desenvolve. Cada uma dessas três categorias merece uma discussão mais completa.

Contrapondo-se à lei. As forças que se contrapõem à diminuição da taxa de lucro são claras e listadas explicitamente por Marx.[97] Há seis delas. Primeiro, poderia haver maior exploração do trabalho (em outros termos, um aumento na razão s/v, digamos, pelo alongamento da jornada de trabalho ou maior intensidade do trabalho); e segundo, poderia haver uma tentativa de empurrar o salário para abaixo de seu valor. Acho que podemos descartar essas duas forças porque elas não podem operar a longo prazo (levar o salário abaixo de seu valor é possível apenas temporariamente, como com qualquer outra mercadoria), ou ser estendidas de modo indeterminado (porque, como discutido anteriormente, a razão s/v tem seus limites). Nenhuma delas é muito bem motivada. Pode-se até argumentar que elas são contraditórias ao espírito do próprio sistema de Marx, do qual uma afirmação fundamental é que os avanços capitalistas não devem ser explicados pelo recurso a explicações ad hoc, mas ser baseados na suposição de que os mecanismos de mercado operarão de forma clara e irrestrita.

Outro fator que, segundo Marx, retarda a ação da lei é o maior emprego nos setores menos intensivos em capital que produzem mais do valor excedente. Se esse emprego aumenta, o montante total de lucro é maior do que seria de outra forma. Essa explicação não pode ser totalmente descartada. Pode haver razões pelas quais a distribuição do trabalho numa economia capitalista mais avançada apresentaria mais pessoas empregadas em setores menos intensivos em capital. Por exemplo, se o progresso tecnológico for maior em setores mais intensivos em capital, esses setores serão os que liberarão mão de obra, fazendo com que esses trabalhadores tenham de procurar emprego em setores menos intensivos em capital — como observamos hoje com o aumento do emprego em serviços. Assim, uma mudança na composição do emprego pode de fato alterar o montante total de excedente produzido e atrasar a ação da lei.

Enquanto os três fatores discutidos acima têm a ver com mão de obra, os três restantes não. O quarto fator é devido ao barateamento do capital (constante) causado por crises. Se as crises tornam obsoleta uma parcela significativa do capital, se ele se torna principalmente sucata, então o valor do capital deve cair, e a relação lucro-capital pode muito bem ser mantida em seu nível anterior (mais alto). Trata-se de um argumento muito sofisticado, semelhante ao conceito de destruição criativa de Schumpeter. A destruição do capital hoje mantém a taxa de lucro alta e torna a produção mais lucrativa amanhã. Na análise de Schumpeter, a característica confiável de um sistema capitalista, mudanças revolucionárias (ou, como diríamos, crises) que "ocorrem em ímpetos discretos que são separados uns dos outros por períodos de silêncio comparativo", é o mecanismo que torna a produção capitalista sustentável a longo prazo.

O quinto fator é a expansão do comércio exterior. Aqui, um atraso no declínio da taxa de lucro pode ser previsto somente se supormos que os lucros serão maiores no comércio exterior do que no comércio interno. Trata-se de uma área que foi posteriormente desenvolvida por Rosa Luxemburgo, que argumentou que o capitalismo permanece viável apenas enquanto se expande geograficamente para novas áreas e engole, por assim dizer, reinos que eram menos produtivos sob modos de produção anteriores, pré-capitalistas.[98] A explicação, conforme apresentada por Marx, é questionável: não é óbvio que os lucros do comércio exterior sejam sempre, ou mesmo geralmente, maiores do que os lucros da produção e do comércio internos. Se fossem assim em qualquer período dado, isso simplesmente atrairia capital adicional até que a taxa de lucro fosse equalizada. Obviamente, a expansão territorial também é limitada, e quanto mais o capitalismo "invade" outros modos de produção pré-capitalistas, menos oportunidades de continuar fazendo isso permanecem. A explicação pode ser mais convincente, no entanto, se considerarmos que, embora a expansão do capitalismo seja necessária para sua sobrevivência, essa expansão não precisa ser geográfica. Pode envolver novas maneiras de organizar a produção, a introdução de novos produtos ou a criação de mercados inteiramente novos (como, por exemplo, o mercado de aluguel de casas a curto prazo ou a venda do próprio nome como marca, para citar apenas dois mercados que surgiram recentemente). Vistas nesses termos, as oportunidades de expansão são infinitas e a dinâmica do capitalismo pode ajudar a manter a taxa de lucro alta.

O último fator identificado por Marx é a disseminação da participação acionária. Os acionistas recebem apenas dividendos, que são, em média, menores que o lucro. Consequentemente, os capitalistas que são proprietários e gerentes recebem mais do que receberiam de outra forma (dividendos mais uma alíquota de lucro operacional não distribuído). Isso desacelera a diminuição da taxa de lucro. O argumento aqui se baseia na divisão dos capitalistas em dois grupos: aqueles que recebem apenas dividendos e, portanto, tornam possível que os outros obtenham um $π/K$ maior. É um argumento questionável: se não fizermos a divisão em dois grupos arbitrários de capitalistas — o que vai contra o espírito da obra de Marx —, então esse fator específico não pode ser operativo para conter a queda na taxa de lucro.

Ficamos, portanto, com apenas duas forças significativas que podem desacelerar a diminuição da taxa de lucro: o barateamento do capital constante e a expansão para novas áreas e campos de produção. É uma questão de julgamento e empirismo se eles seriam suficientemente fortes para derrubar as forças da produção mais intensiva em capital que empurram a taxa de lucro para baixo.

Efeitos do aumento da concentração de capital na lei. Mas há outras forças. A crescente concentração da propriedade de capital que empurraria a taxa de lucro e a desigualdade de renda para cima é tratada principalmente no muito citado capítulo 25 de *O capital* (v. I), "A lei geral da acumulação capitalista". À luz da importância que recebeu mais tarde, o tema é tratado de forma bastante superficial por Marx. Pois mesmo lá, antes de discutir a concentração de capital, ele escreve: "As leis dessa centralização do capital [...] não podem ser desenvolvidas aqui. Uma breve indicação de alguns fatos deve ser suficiente". Em outros lugares, a concentração de capital é mencionada principalmente como um *obiter dictum* e muitas vezes é simplesmente afirmada. Como isso ocorre? Uma maior concentração e centralização do capital, sustenta Marx, é provocada pelo progresso tecnológico que é incorporado em processos mais intensivos em capital e, portanto, favorece grandes empresas.[99] Ela também é impulsionada pelo aumento do tamanho mínimo necessário para realizar operações comerciais (o que pode ser chamado hoje de custos de entrada). Custos de entrada mais altos implicam economias de escala e, portanto, também favorecem empresas maiores. Em suma, a visão de Marx sobre o progresso tecnológico pressupunha mudança técnica tendenciosa para o capital e economias de escala. Marx resumiu essas forças assim:

A batalha da competição é travada pelo barateamento das commodities. O barateamento das commodities depende, *caeteris paribus*, da produtividade do trabalho e, por sua vez, da escala de produção. Portanto, os capitais maiores vencem os menores. Será lembrado ainda que, com o desenvolvimento do modo de produção capitalista, há um aumento na quantidade mínima de capital individual necessária para realizar um negócio sob suas condições normais.[100]

Pode-se interpretar a declaração de Marx da seguinte forma: dentro de ramos industriais individuais de produção, a taxa de lucro diverge sistematicamente entre empresas em virtude de seu tamanho. Além disso, crises econômicas tendem a liquidar empresas capitalistas menores. Quando o tamanho necessário para a sobrevivência da empresa se torna muito grande, os proprietários de empresas menores vão à falência e entram para a classe trabalhadora.[101] Portanto, temos aqui juntas as forças que tornariam as empresas capitalistas de larga escala mais capazes de progresso tecnológico, produzindo a custos unitários mais baixos e mais capazes de sobreviver a crises. Isso, por sua vez, deixa os capitalistas em menor número e, concomitantemente, torna alguns deles extraordinariamente ricos.[102]

Embora esse não seja um argumento para ser usado de pronto em nosso contexto (já que nosso objetivo é discernir o que Marx pensava sobre a desigualdade no futuro, não olhar necessariamente para o que de fato aconteceu), ainda vale a pena ressaltar que, em economias capitalistas avançadas, há um número crescente de pessoas que têm altas rendas de capital e trabalho, não a forte segregação que Marx postulou. É um desenvolvimento que chamei de *homoploutia*, definido como riqueza em termos de capital "humano" e financeiro.[103] Há pouca dúvida de que, como os indivíduos em economias capitalistas avançadas exibem menos estratificação em rendas fatoriais (capital versus trabalho), a divisão entre pessoas que estão recebendo apenas rendas de capital e aquelas que recebem apenas rendas de trabalho não é tão acentuada quanto era na época de Ricardo e Marx.

Efeitos do exército de reserva de trabalho sobre a lei. O último elemento importante que desacelera a diminuição da taxa de lucro é o papel de contenção de salários do exército de reserva de trabalho. Tratamos disso anteriormente. Basta mencionar aqui que a ampliação do campo de operação dos capitalistas pode trazer muitos para a força de trabalho que normalmente eram deixados de fora. Isso diminuiria o aumento dos salários; também aumentaria a taxa de exploração e poderia (temporariamente) impedir que a taxa de lucro caísse. É importante perceber, porém, que o exército de reserva de trabalho, por mais importante que seja a curto prazo, não pode ser usado de modo legítimo como um deus ex machina para explicar por que a taxa de lucro não cai. O exército de reserva é limitado em tamanho pela população em idade ativa. Assim, se quisermos argumentar contra a tendência de queda da taxa de lucro, devemos invocar algumas características inerentes ao sistema, não apenas o número de pessoas deixadas no exército de reserva.

Podemos considerar, no entanto, que, com a globalização, o exército de reserva interno não é mais relevante; enquanto houver internacionalmente pessoas suficientes para serem trazidas para o reino da produção capitalista global, o papel de contenção de salários desse trabalho adicional permanecerá. Mas aqui estamos introduzindo argumentos que não estavam presentes em Marx. Embora seu tratamento da globalização seja muito mais completo do que o de Ricardo (para quem a globalização é limitada ao comércio de bens), ele ainda fica aquém do que vivenciamos hoje.

Visão geral de Marx sobre a evolução da desigualdade:
Mais brilhante do que normalmente se supõe

Sobre o subconsumo. Ao nos voltarmos para o tópico do subconsumo, deve-se notar imediatamente que a análise deste livro sobre a evolução da desigualdade diz respeito apenas a forças seculares ou de longo prazo, não a situações de crise. Em primeiro lugar, não estou discutindo a visão de Marx sobre as mudanças de curto prazo nos salários versus lucros que precedem ou seguem crises, ou sua identificação do subconsumo como a causa das crises. O objetivo não é tratar da chamada hipótese de colapso, mas entender como (de acordo com Marx) forças de longo prazo impulsionam a evolução das rendas sob o capitalismo. Segundo, embora seja possível que as crises de subconsumo possam ser causadas por alta desigualdade (ou "má distribuição", para usar o termo de Hobson), nosso foco aqui não está nas consequências da desigualdade, mas em como a desigualdade evolui. Em outras palavras, a desigualdade aqui é uma variável dependente, não causal. Em terceiro lugar, as próprias ideias de Marx sobre o subconsumo como causa das crises não são inteiramente consistentes. Em *O capital*, v. III, Marx endossa fortemente a visão subconsumista:

A razão final para todas as crises reais continua sendo a pobreza e o consumo restrito das massas, diante do impulso da produção capitalista para desenvolver as forças produtivas como se apenas a capacidade absoluta de consumo da sociedade estabelecesse um limite para elas.[104]

Mas, no volume II, ele também rejeita fortemente essa ideia e escreve que as crises não podem ser devidas a salários muito baixos porque, em geral, os salários estão no pico pouco antes do início da crise.

É tautologia pura dizer que as crises são provocadas pela falta de demanda efetiva ou consumo efetivo. [...] Se tentarmos dar a essa tautologia a aparência de maior profundidade, pela declaração de que a classe trabalhadora recebe uma porção muito pequena de seu próprio produto, e que o mal seria remediado se ela recebesse uma parcela maior, ou seja, se seus salários aumentassem, precisamos apenas notar que as crises são sempre preparadas por um período em que os salários em geral aumentam, e a classe trabalhadora realmente recebe uma parcela maior na parte da produção anual destinada ao consumo. Do ponto de vista desses defensores do senso comum sólido e "simples" (!), tais períodos deveriam, em vez disso, evitar a crise. Parece, portanto, que a produção capitalista envolve certas condições independentes das boas ou más intenções das pessoas, que permitem a prosperidade relativa da classe trabalhadora apenas temporariamente e, além disso, sempre como um prenúncio de crise.[105]

Penso que Ernest Mandel está certo ao argumentar que Marx via as crises não como causadas pela má distribuição de renda, mas como resultado do crescimento desequilibrado do Departamento I (meios de produção) e do Departamento II (bens de consumo).[106] Portanto, para estudar crises, temos que olhar para quão equilibrado ou desequilibrado é o crescimento econômico — ou seja, olhar para a "anarquia" da produção capitalista — em vez de olhar para a distribuição de renda.[107] Desse modo, descartamos o tema do subconsumo e retornamos à distribuição.

Forças que impulsionam a distribuição de renda. Embora Marx nunca tenha resumido ou explicado completamente sua concepção sobre a evolução da desigualdade no capitalismo avançado, juntando todas as peças, podemos criar um quadro geral das mudanças esperadas na desigualdade.

É muito mais brilhante do que normalmente se supõe. Os principais componentes dessa imagem são os seguintes.

A tendência de a taxa de lucro cair deve reduzir a desigualdade porque os capitalistas (junto com os proprietários de terras que são tratados apenas como um subgrupo de capitalistas) são a classe mais rica. Está claro que, se as rendas da classe alta não aumentarem, ou mesmo diminuírem, podemos esperar uma melhoria na distribuição. Isso pode ser verdade mesmo se houver uma concentração maior das rendas dos capitalistas e alguns deles ficarem muito ricos enquanto outros vão à falência e se juntam aos trabalhadores.[108]

Do lado do trabalho, a visão inequívoca de Marx de que o salário mínimo inclui um componente histórico, vinculado ao nível da renda real do país, significa que com o avanço da sociedade o salário mínimo aumentaria, e com ele toda a cadeia de outros salários. Certamente não há nenhum argumento persuasivo a respeito do "empobrecimento" do trabalho em Marx, um ponto que também é afirmado (como visto anteriormente) por Mandel e Rosdolsky. Até mesmo o capítulo 25 de *O capital*, v. I, que é a parte mais significativa dos escritos de Marx sobre as forças dinâmicas da acumulação de capital e seu efeito sobre os salários, começa com a discussão sobre o *aumento* dos salários à medida que a demanda (impulsionada pela acumulação de capital) ultrapassa a oferta de trabalho. Além disso, notamos antes que a tendência da taxa de lucro cair está associada, ou mesmo depende, a longo prazo, de uma razão s/v fixa ou que aumente só lentamente, o que, sob condições de progresso tecnológico, implica um aumento do salário real. Portanto, Joan Robinson estava certa ao dizer que Marx "parece ter negligenciado [...] quando discutiu a tendência de queda dos lucros [para fazer uma] referência à tendência de aumento dos salários reais que ela acarreta".[109] Em outras palavras, o argumento em favor de um aumento do salário real em Marx é apoiado também por seu argumento sobre a "lei" da queda tendencial na taxa de lucro.

Mas também há forças, tanto do lado do capital quanto do lado do trabalho, agindo na direção oposta, aumentando a desigualdade ao manter os lucros altos e comprimindo os salários (Tabela 4.6). Do lado do capital, são a concentração e a centralização da produção causadas pelos menores custos unitários de empresas maiores (mais intensivas em capital); crises econômicas, que embora prejudiciais ao capital no curto prazo, mantêm a taxa de lucro em um nível mais alto no longo prazo; e expansões da produção capitalista para novas áreas que mantêm a taxa de lucro alta.

Tabela 4.6. Fatores que afetam a desigualdade

	Reduz a desigualdade	Aumenta a desigualdade
Capital	Tendência a cair da taxa de lucro	Crises Expansão da produção para novas áreas Aumento da concentração de capital
Trabalho	Aumento do salário real	Exército de reserva do trabalho

A situação do lado do trabalho com o exército de reserva industrial de trabalho é ainda mais importante. Ele desempenha o papel de um regulador de salários, especialmente na época de prosperidade econômica, quando a demanda por trabalho aumenta:

> vimos também como esse antagonismo entre as necessidades técnicas da indústria moderna e o caráter social inerente à sua forma capitalista [...] desabafa sua raiva na criação dessa monstruosidade, um exército industrial de reserva, mantido na miséria para estar sempre à disposição do capital.[110]

E muito importante e claro:

> os movimentos gerais dos salários são regulados exclusivamente pela expansão e contração do exército industrial de reserva, e isso, por sua vez, corresponde às alternâncias periódicas do ciclo industrial.[111]

Como mencionado antes, o exército industrial de reserva de mão de obra pode ser estimado (nas condições atuais) pela contagem de todos aqueles que são tentados a entrar no mercado de trabalho somente quando a demanda por mão de obra se torna forte, seja porque se tornam mais otimistas sobre conseguir um emprego, seja porque seu salário de reserva é alto. (Por exemplo, uma pessoa que cuida de uma família jovem pode não aceitar um emprego a menos que seu salário compense suficientemente o cuidado alternativo que eles teriam de obter.) Mas na época de Marx, o exército de reserva era composto de partes do lumpemproletariado e do que ele chama de "população nômade". Sobre o último grupo, Marx escreve: "Eles são a infantaria leve do capital, lançada por ele, de acordo com suas necessidades, ora para este ponto, ora para aquele. Quando não estão em marcha, eles 'acampam'".[112] Outra parte do exército de reserva talvez seja composta de mulheres que podem entrar ou sair da força de trabalho dependendo de suas situações familiares e que desempenharam de fato um papel importante na força de trabalho industrial na Europa Ocidental. O "exército de reserva" representa uma ameaça permanente à posição dos trabalhadores, uma ameaça que é ativada quando os trabalhadores começam a ficar, como diriam os capitalistas, arrogantes ou convencidos demais.

Quando as forças que aumentam a desigualdade se tornam particularmente fortes e dominantes, a situação pode ser bastante desanimadora. Na verdade, é *somente* a ação desses fatores que aumentam a desigualdade que é abordada na famosa declaração em que Marx, em *O capital*, v. I, combina a maior concentração de capital, por um lado, com a crescente polarização de classe, de outro:

> Junto com o número constantemente decrescente de magnatas do capital, que usurpam e monopolizam todas as vantagens desse processo de transformação, cresce a massa de miséria, opressão, escravidão, degradação, exploração; mas com isso também cresce a revolta da classe trabalhadora, uma classe cujo número sempre aumenta, e disciplinada, unida, organizada pelo próprio mecanismo do processo de produção capitalista. [...] A centralização dos meios de produção e a socialização do trabalho atingem finalmente um ponto em que se tornam incompatíveis com seu tegumento capitalista. Esse tegumento é rompido. O toque de finados da propriedade privada capitalista soa. Os expropriadores são expropriados.[113]

Uma afirmação semelhante ocorre no volume I, capítulo 25.[114] Lendo essas duas afirmações, nas quais apenas fatores que aumentam a desigualdade estão em jogo, muitos comentaristas concluíram que elas representam a visão completa de Marx sobre o assunto. Mas um estudo cuidadoso de seus escritos completos sugere que essas forças malignas podem ser apenas forças temporárias. A longo prazo, as forças mais benignas do desenvolvimento econômico podem ter efeitos sobre os lucros e os salários reais semelhantes ao que Adam Smith esperava: os lucros se reduzirão e os salários reais aumentarão. O quadro geral que emerge dos escritos de Marx é certamente menos otimista do que o de Smith, mas está longe do estado simplificado da sociedade que muitos marxistas viram: uma divisão cada vez mais profunda entre um pequeno grupo de capitalistas imensamente ricos e massas de trabalhadores empobrecidos. Isso pode ser verdade apenas se as forças que aumentam a desigualdade operarem *tanto* no reino do capital *quanto* do trabalho. De forma diferente, pode-se ver forças de aumento da desigualdade trabalhando no lado do capital, mas sendo contidas por forças de redução da desigualdade no lado do trabalho (como salários em ascensão secular), ou com uma taxa de lucro reduzida e salários industriais mais altos trabalhando para reduzir a desigualdade. Há quatro possibilidades, conforme mostrado na Tabela 4.7.[115] O mais sombrio é só um dos quatro cenários potenciais. Focar apenas nas forças de aumento da desigualdade parece excessivamente limitante; não há base factual e lógica nos escritos de Marx para considerar *exclusivamente* essa visão.

Uma nota sobre a politização das ideias de Marx sobre distribuição de renda. Nenhuma opinião dos autores estudados neste livro sobre o futuro da distribuição de renda foi tão politizada quanto um conjunto possível de expectativas de Marx. Como mencionamos, a miséria da classe trabalhadora, com concentração da propriedade do capital em cada vez menos mãos, é apenas uma das quatro hipóteses possíveis. No entanto, ela exerceu uma atração especial, primeiro para os marxistas e depois para os antimarxistas.

Tabela 4.7. Quatro possíveis evoluções da distribuição de renda em Marx

Cenário otimista	Cenário de sociedade em regressão
Aumento secular do salário real	"Empobrecimento do trabalho"
Declínio secular da taxa de lucro	Declínio secular da taxa de lucro
(Possível equivalente moderno: Europa Ocidental)	(Possível equivalente moderno: algumas sociedades latino-americanas)
Cenário de sociedade polarizada	**Cenário de colapso**
Aumento secular do salário real	"Empobrecimento do trabalho"
Concentração crescente de capital	Concentração crescente de capital
(Possível equivalente moderno: Estados Unidos)	(Possível equivalente moderno: África do Sul)

Considerar as rendas no futuro como cada vez mais polarizadas entre, de um lado, um proletariado com salários reais fixos ou mesmo decrescentes e sob pressão constante de trabalhadores nômades e do lumpemproletariado e, por outro lado, uma concentração cada vez maior de rendas de capital, exercia obviamente uma atração especial para aqueles que acreditavam nos contraditores sempre crescentes do capitalismo e sua eventual queda. De acordo com essa leitura de Marx, o empobrecimento da força de trabalho andava de mãos dadas com a desqualificação do trabalho, à medida que muitas das funções mais qualificadas eram mecanizadas. O progresso tecnológico era visto como tendente à baixa qualificação, em contraste com a visão oposta de hoje. Ele poderia reduzir a diferenciação de renda entre trabalhadores, ao mesmo tempo que aumentaria a distância média entre trabalhadores e capitalistas. Na outra ponta do espectro, a tendência de queda da taxa de lucro não afetaria as rendas dos capitalistas mais ricos, já que uma menor taxa de lucro era, de acordo com essa leitura de Marx, acompanhada pela concentração da propriedade do capital e pelo aumento da riqueza de poucos. O resultado era, portanto, uma profunda polarização da população, o aumento da desigualdade e — era razoável supor — uma revolução cada vez mais provável, significando o fim das relações capitalistas de produção.

A expectativa da taxa média de lucro em declínio aumentava o pessimismo, pois indicava a incapacidade do capitalismo de se expandir e crescer. Assim, os dois aspectos, polarização de rendas e desaceleração do crescimento (ou mesmo estagnação), prenunciavam o fim do capitalismo.

É bastante compreensível porque essa leitura de Marx foi privilegiada pelos partidos social-democratas e, mais tarde, comunistas, na primeira metade do século XX. Ela parecia baseada numa análise científica em Marx. Mostrava semelhança significativa com o que estava acontecendo na realidade (inclusive a centralização do capital e o papel crescente dos trustes e monopólios) e imbuiu os membros do Partido Comunista de otimismo em relação ao futuro.

Na segunda metade do século XX, à medida que os eventos nos países capitalistas avançados foram na direção oposta (com aumento das taxas salariais, redução da desigualdade geral de renda, aumento dos níveis de qualificação da força de trabalho e redução da polarização baseada na classe), a teoria de empobrecimento e concentração de Marx foi propagada por antimarxistas para mostrar o quão distantes da realidade estavam as previsões de Marx e como, por conseguinte, o restante de sua obra devia ser igualmente defeituoso.

Conforme sustentamos aqui, essa evolução específica da distribuição de renda (concentração de capital com empobrecimento do trabalho) é apenas um dos quatro cenários que podem ser legitimamente defendidos, com base na leitura atenta de Marx. Seu oposto polar é o cenário em que os salários, que Marx afirmou ter um componente histórico e social, aumentem em sintonia com o aumento do PIB das economias capitalistas, e os retornos do capital diminuam. Esse cenário leva a uma conclusão exatamente oposta à de empobrecimento e concentração: com efeito, a desigualdade de renda provavelmente diminuirá, os salários aumentarão e os lucros serão reduzidos.

Há também dois cenários intermediários que combinam elementos dos casos polares (aumento do salário real combinado com maior concentração de rendas de capital e estagnação ou diminuição do salário real combinado com uma menor taxa de lucro). Minha alegação é de que o próprio Marx não tinha certeza sobre qual dos quatro cenários possíveis era o mais provável. Seus escritos sobre o assunto, muitos deles nunca concluídos, permitem todas as quatro interpretações possíveis. Seja por falta de tempo, ou pela complexidade do assunto, ou simplesmente pelo fato de seus escritos serem tão dispersos e responderem a diferentes necessidades (política, estudo histórico, propaganda, análise econômica), é provável que Marx nunca tenha chegado a concepções firmemente definidas ou determinadas sobre a evolução da desigualdade de renda sob o capitalismo. A teoria de distribuição de renda de Marx é, portanto, fundamentalmente indeterminada.

A interpretação que oferecemos aqui rejeita a visão de que Marx era um determinista vitoriano quando se trata da evolução da distribuição de renda no capitalismo. As quatro possibilidades sugerem uma visão muito mais probabilística em que as tendências importam, mas são apenas isso — tendências, e não o desenrolar irreversível da história. Além disso, pode não haver apenas um cenário para todas as sociedades capitalistas. Podemos facilmente imaginar — como os exemplos contemporâneos simples dados na Tabela 4.7 sugerem — que diferentes sociedades capitalistas podem seguir diferentes caminhos de distribuição de renda. Assim, em qualquer ponto dado no tempo, podemos observar mais de um cenário.[116]

A única parte dos desenvolvimentos capitalistas modernos que é totalmente inesperada (e, portanto, nunca discutida) por Marx é a *homoploutia*, a tendência recente entre os grupos de renda mais ricos de serem ricos tanto em renda de trabalho quanto em renda de capital, de receberem altos salários em troca de seu trabalho altamente qualificado e também altos lucros de sua propriedade de ativos. Em suas próprias personas, eles "superam" a relação antagônica entre capital e trabalho. Marx, como todos os autores clássicos, achava evidente que as pessoas mais ricas dependeriam apenas de rendas de capital e não se tornariam trabalhadores assalariados. Penso que esse desdobramento é o único fundamentalmente estranho ao modo de pensar de Marx e às ideias expressas em *O capital* e em outros lugares. Para todos os outros, ou quase todos os outros desdobramentos no capitalismo moderno, uma discussão razoavelmente relevante pode ser encontrada nos escritos de Marx.

Passando para Pareto e a desigualdade de renda interpessoal

No mesmo capítulo que acabamos de discutir, "A lei geral da acumulação capitalista" (*O capital*, v. I, cap. 25), em que Marx escreve sobre a concentração de propriedade de capital e renda, ele a ilustra com dados do imposto de renda de 1865 na Inglaterra e no País de Gales.[117] Os dados fiscais usados são do chamado Anexo D, que incluía lucros de empresas, interesses, profissões e empregos. Em 1865, esse imposto era pago por aproximadamente 1,5% das famílias na Inglaterra. (Na maioria dos países, inclusive nos Estados Unidos, os impostos diretos não existiam naquela época.) Marx exibe os dados publicados sobre renda acumulada e o número acumulado de contribuintes por parcela de renda. Na parcela mais baixa de pessoas que pagavam o imposto, a renda média por contribuinte era de £ 133 (o limite do imposto era de £ 60), e essa parcela incluía cerca de 308 mil do total de 332 mil contribuintes. (Em outras palavras, incluía mais de 90% dos contribuintes.) Na parcela superior estavam apenas os 107 contribuintes mais ricos, cuja renda per capita média era de £ 103 526. Esse grupo, representando cerca de 0,03% dos contribuintes na Inglaterra e no País de Gales, ganhou mais de 10% do total da renda tributável. Essa concentração enorme de renda ou riqueza no topo seria, como veremos no próximo capítulo, exatamente o que atrairia a atenção de Pareto apenas cerca de uma década após a morte de Marx.[118] Isso levaria Pareto a definir a função de distribuição de renda que leva seu nome, ainda muito usada hoje e, mais importante para nosso propósito aqui, o levaria em direção à sua visão distinta da evolução da desigualdade de renda interpessoal, em vários aspectos oposta à de Marx.

Se tivesse decidido transformar os dados fiscais que mostra em *O capital* da mesma maneira que Pareto faria em breve, Marx poderia ter desenhado uma bela linha reta ligando os níveis de renda (log) de várias parcelas e a distribuição cumulativa (log) inversa dos contribuintes. Ele teria obtido o gráfico mostrado na Figura 4.4, que produz um coeficiente de Pareto de 1,2, muito de acordo com os próprios resultados de Pareto com base em dados fiscais semelhantes de cidades e estados da Europa Ocidental do final do século XIX. O coeficiente de 1,2 implica (como ficará claro no próximo capítulo) uma cauda direita muito espessa de distribuição de renda e um coeficiente de Gini muito alto (outra inovação metodológica pela qual teremos que esperar até a década de 1920) de 71 entre os contribuintes ingleses e galeses.

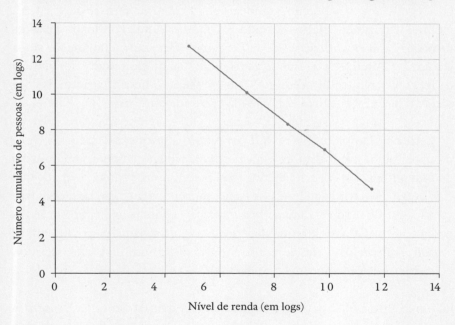

Figura 4.4. Distribuição de renda entre os contribuintes ingleses e galeses, 1865

O eixo horizontal mostra o nível médio de renda tributável em libras esterlinas (em logs), e o eixo vertical mostra o número acumulado de pessoas (em logs) que recebem renda pelo menos igual ao nível de renda mostrado no eixo horizontal. FONTE: Karl Marx, *O capital*, v. 1 (Nova York: Penguin Books, 1977), cap. 25.

Apêndice: A disputa de Gladstone

A maior controvérsia em relação às citações de Marx teve a ver com a desigualdade de renda na Grã-Bretanha, conforme descrita por William Ewart Gladstone, então chanceler do Tesouro, em seus discursos sobre orçamento de 1843 e 1863 ao Parlamento britânico.

O discurso de Gladstone de 1843 foi citado por Marx da seguinte maneira: "É uma das características mais melancólicas do estado social deste país [...] que, embora tenha havido uma diminuição no poder de consumo do povo e um aumento nas privações e sofrimento da classe trabalhadora e dos operários, houve ao mesmo tempo uma constante acumulação de riqueza nas classes altas e um constante aumento do Capital".[119] A referência feita numa nota de rodapé é a *The Times*. Em outro discurso, vinte anos depois, Gladstone (novamente, conforme citado por Marx) disse que "este aumento inebriante de riqueza e poder [...] inteiramente confinado a classes de propriedade [...] deve ser de benefício indireto para a população trabalhadora".[120] A referência é ao *Morning Star*. Quando essa citação foi questionada, como explicado a seguir, Marx apresentou uma citação mais completa do discurso de Gladstone de 1863 retirada do *Times*:

> Esse é o estado do caso no que diz respeito à riqueza deste país. Devo dizer, por um lado, que eu olharia quase com apreensão e com dor para esse aumento inebriante de riqueza e poder, *se fosse minha crença* de que ele estivesse confinado a classes que estão em circunstâncias fáceis. Isso não leva de modo algum em consideração a condição da população trabalhadora. O aumento que descrevi e que é fundado, penso eu, em retornos precisos, é um aumento inteiramente confinado a classes possuidoras de propriedade.[121]

Porém, a última frase desse trecho não apareceu de fato em *The Hansard*, a transcrição oficial dos debates parlamentares. Marx pensou que havia sido deliberadamente omitida ali porque era embaraçosa para o chanceler, e fora registrada com precisão pelo *Morning Star* e pelo *Times* porque foram para a imprensa antes que a transcrição oficial tivesse sido verificada e (como Marx acreditava) revisada.

O professor alemão Lujo Brentano (escrevendo anonimamente) acusou Marx de citar de modo incorreto e proposital a fala de Gladstone, cuja circunlocução complexa (como podemos facilmente notar) decerto tornou possível a má interpretação. Brentano argumentou que Gladstone, em sua frase final, não afirmara que o aumento da riqueza estava confinado às classes altas, o que implica que a apreensão do chanceler *não* era justificada.[122] Essa questão complicada de citações e contracitações, cuja clareza não foi ajudada pelo vaivém entre o discurso original em inglês e as traduções alemãs de Marx, continuou por anos. O debate contou, após a morte de Marx, com a intervenção de um professor do Trinity College de Cambridge (apoiando Brentano) e Eleanor Marx, filha de Karl Marx, em apoio a seu pai, e foi considerado — para nós agora, de maneira talvez um tanto surpreendente — de importância suficiente para ser discutido longamente no prefácio de Engels à quarta edição de *Das Kapital* (em alemão). Mas mostra como, às vezes, tanto Marx quanto seus oponentes tratavam com seriedade questões empíricas de distribuição de renda.

5.
Vilfredo Pareto: Das classes aos indivíduos

Como escreve Michael McLure em suas excelentes notas editoriais para o *Manual de economia política* de Vilfredo Pareto, o autor "nasceu em Paris no ano memorável de 1848, filho de um patriota italiano autoexilado, que presumivelmente absorveu e incutiu em seu filho o astuto concretismo de Cavour e o senso de dever religioso de Mazzini".[1] Desse modo, nos dias inebriantes da Revolução de 1848 e suas consequências imediatas, viveram três pensadores em estreita proximidade geográfica (embora em nenhuma outra): Alexis de Tocqueville, então com 43 anos de idade, que em 1849 foi por pouco tempo ministro francês das Relações Exteriores; Karl Marx, então com trinta anos, que editava e escrevia para o *Rheinische Zeitung* e logo seria expulso de novo da França; e Vilfredo Pareto, nascido no meio da revolução. Os pais de Pareto eram ricos (seu pai era marquês) e, ao longo de sua vida, ele viveu em circunstâncias muito confortáveis (embora um tanto incomuns em seus últimos anos, quando dividia sua *villa* com dezenas de gatos). Na época, as regiões em que ele passou sua vida (Suíça, norte da Itália e sul da França) constituíam provavelmente a parte mais rica da Europa.

Pareto, como vários outros intelectuais antes e depois dele, traçou um percurso intelectual que ia da atração pelas ideias liberais de democracia e livre comércio à rejeição delas e a adoção, em seu lugar, de um realismo severo, muitas vezes beirando a misantropia, misoginia e xenofobia. Sua visão saturada de um mundo governado principalmente pela força aproximou seu pensamento da celebração fascista da violência. Mussolini o nomeou — ignoramos o quanto ele desejava esse cargo — senador do Reino da Itália apenas alguns meses antes de sua morte. Como Marx, ele foi enterrado numa pequena cerimônia, com a presença de poucas pessoas.

Embora a reivindicação do Partido Fascista de que Pareto era um dos seus fosse, em grande parte, uma invenção — uma tentativa de cooptar a reputação de um famoso cientista social para servir à sua própria causa (sobretudo após a morte dele, quando não podia mais contradizê-los) —, algumas partes da visão de mundo de Pareto estavam mais do que tangencialmente relacionadas à ideologia fascista.[2] Mas ele não era racista.[3] Ele não acreditava que alguma raça ou civilização fosse superior a outra.[4]

Quando se trata de sua atitude em relação ao socialismo, ela começou com uma visão aparentemente positiva em sua juventude e se transformou em oposição implacável. Essa oposição era tão peculiar quanto Pareto. Ele acreditava que a luta de classes resumia muito bem a história do mundo moderno:

> A luta de classes, para a qual Marx chamou especificamente a atenção, é um fator real, cujos símbolos podem ser encontrados em todas as páginas da história. Mas a luta não se limita apenas a duas classes, o proletariado e os capitalistas: ela ocorre entre um número infinito de grupos com interesses diferentes e, acima de tudo, entre as elites que disputam o poder.[5]

Ele também elogiou o materialismo histórico de Marx:

> A teoria do materialismo histórico, da interpretação econômica da história, foi um avanço científico notável na teoria social, pois serve para elucidar o caráter contingente de certos fenômenos, como moral e religião, aos quais muitas autoridades atribuíam [...] um caráter absoluto.[6]

Pareto achava que o socialismo provavelmente venceria, mas não porque fosse intrinsecamente bom, economicamente eficiente ou desejável. Ele acreditava no oposto disso: o socialismo provavelmente venceria porque contava com a lealdade de uma classe de lutadores prontos para destruir a ordem burguesa e dispostos a se sacrificar da maneira como os primeiros cristãos o fizeram:

> Se os "burgueses" fossem animados pelo mesmo espírito de abnegação e sacrifício por sua classe que os socialistas, o socialismo estaria longe de ser tão ameaçador quanto realmente é. A presença em suas fileiras

[entre os socialistas] da nova elite é atestada precisamente pelas qualidades morais exibidas por seus adeptos, as quais possibilitaram que eles emergissem vitoriosos do amargo teste de inúmeras perseguições.[7]

Não por acaso, Georges Sorel era o único escritor socialista que Pareto estimava, com quem mantinha correspondência amigável e a quem, mesmo em desacordo, não cobria de insultos e comentários sarcásticos — como, num contexto diferente, fez com Edgeworth e Marshall.

A visão negativa de Pareto sobre o socialismo moldou seu trabalho inicial e influenciou sua interpretação da distribuição de renda em países ricos. Em seu primeiro estudo em formato de livro, *Les systèmes socialistes* (1902), o primeiro tema que ele aborda é a curva de distribuição da riqueza. Escreve que ela "provavelmente depende da distribuição de características [*caractères*] fisiológicas e psicológicas dos seres humanos", que determinam as escolhas que eles fazem e os obstáculos que enfrentam. De qualquer modo, embora os indivíduos específicos e suas posições possam mudar constantemente, a forma básica da pirâmide social não muda muito ("*cette forme ne change guère*"). Parece que os "sistemas socialistas" também não podem mudá-la, por mais que tentem.[8]

Pareto era engenheiro civil de formação e, antes de trabalhar como economista acadêmico, projetou sistemas ferroviários e foi gerente numa siderúrgica. Desse modo, tinha alguma experiência prática de como os sistemas industriais funcionam. Seus conhecimentos de engenharia e matemática lhe foram úteis no estudo da economia quando foi chamado por Léon Walras para continuar a tradição de economia matemática forte integrada no equilíbrio geral. Ele sucedeu a Walras na cátedra de economia política da Universidade de Lausanne em 1893, quando tinha 45 anos.

A vida de Pareto é interessante também no sentido de que, embora não tenha circulado muito, exceto dentro do rico triângulo de França, Suíça e Itália, teve uma experiência mais ampla do mundo do que outros economistas acadêmicos que foram seus contemporâneos (como Pigou e Walras).[9] Depois de trabalhar, como acabamos de observar, no "mundo real", ele concorreu sem sucesso a um cargo político em 1882, e depois de se desapontar tanto com seu fracasso eleitoral quanto ainda mais com a política italiana, enfrentou também uma experiência pessoalmente difícil quando sua primeira esposa, Alessandrina Bakúnina (uma parente distante do anarquista russo Mikhail Bakúnin), fugiu com o cozinheiro de sua casa. Comentaristas que explicam a filosofia de Pareto tendem a se deter em seus traços e experiências pessoais mais do que com outros autores, provavelmente demais. No entanto, essas decepções podem ter obscurecido seu estado de espírito, contribuindo para um efeito que muitas vezes parece destinado a deixar os leitores desconfortáveis em enfrentar as verdades que Pareto expõe diante deles. Raymond Aron, em sua revisão de sociólogos famosos, observa que Pareto é sempre difícil de ensinar aos alunos. Isso ocorre porque um dos principais temas de Pareto é que tudo o que está sendo ensinado é falso, já que conhecer a verdade é prejudicial a uma sociedade; a fim de que haja coesão suficiente para manter as sociedades unidas, as pessoas devem acreditar em mitos platônicos (ou, na expressão de hoje, a "grande mentira"). Os professores devem ensinar falsidades que sabem que são falsas. "Isso, parece-me, é o coração vivo do pensamento paretiano", escreve Aron, "e é por esse motivo que Pareto permanecerá sempre separado entre professores e sociólogos. É quase intolerável para a mente, ao menos para um professor, admitir que a verdade em si pode ser danosa."[10]

Pareto era de um tipo muito incomum: um conservador com sentimentos antirreligiosos. Penso que ele era basicamente um niilista. Mas essa pode ser uma boa filosofia para se ter numa era de globalização, seja a dele ou a nossa: indivíduos atomísticos, que se importam somente com seus próprios ganhos e perdas, não acreditam em nenhuma comunidade ou laços religiosos e consideram contos de fadas (como Pareto fazia) todas as religiões, grandes teorias sociais e coisas do tipo. Longe do que Pareto chamou de teorias "lógico-experimentais", a religião vendia "teorias que transcendiam a experiência".[11] Contudo, castigado pela realidade e sendo de disposição sombria, ele acreditava que nenhuma classe dominante poderia justificar seu poder sem recorrer a tais ficções. Portanto, não podemos ter uma sociedade sem contos de fadas, mas sabemos que todos os contos de fadas são falsos.

Por outro lado, há uma tendência entre sociólogos e economistas de psicanalisar Pareto excessivamente e buscar nas decepções de sua vida a explicação para seu estilo ácido, combativo, desdenhoso e até mesmo para suas teorias. Werner Stark, por exemplo, considera que a obra de Pareto está imbuída de misantropia, a qual atribui às decepções cruéis observadas anteriormente: perdas eleitorais em sua primeira (e única) incursão na política e abandono por sua esposa. Para Stark, "talvez alguém possa desvendar mais rapidamente o enigma da personalidade de Pareto dizendo que sua psicologia era a de um amante decepcionado".[12] Schumpeter também faz um estudo psicológico de Pareto: "Ele era um homem de [...] paixões do tipo que efetivamente impedem um homem de ver mais de um lado de uma questão política ou, nesse caso, de uma civilização. Essa disposição foi reforçada em vez de mitigada por sua educação clássica que tornou o mundo antigo tão familiar para ele quanto sua própria Itália e França; o resto do mundo [mal] existia para ele".[13] Franz Borkenau escreve: "o poder criativo de [Pareto] parece chegar exatamente tão longe quanto seus ódios. E desaparecer assim que eles se esgotam".[14] Até Aron faz isso, embora de uma forma mais sutil: "Minha experiência no decorrer da exposição do pensamento de Pareto me convenceu de que ele cria algum mal-estar tanto na pessoa que o expõe quanto na pessoa que ouve. Certa vez, mencionei esse mal-estar comum a um amigo italiano, e ele respondeu: 'O pensamento de Pareto não é projetado para jovens, significa mais para pessoas maduras que estão começando a ficar um tanto enojadas com o andamento do mundo'".[15]

Uma coisa óbvia precisa ser dita: se a teoria de Pareto deve muito ou nada à sua vida, ela se mantém e cai, como a teoria de qualquer outro cientista social, por seus próprios méritos. Embora conhecer algo sobre os antecedentes e a vida dos cientistas sociais seja sem dúvida útil para entender suas obras, isso não pode ser usado para rejeitá-las ou aceitá-las. O próprio Pareto pode ter se deliciado com a atenção especial dada à sua psique: ele teria dito que suas teorias, desconfortáveis de aceitar e ensinar (como Aron atesta), clamam por qualquer explicação que as faça serem descartadas como produtos de uma mente perturbada. Precisamos rejeitar suas ideias para continuar acreditando na falsidade, teria exultado ele. Nesse foco equivocado em sua vida, ele ironicamente teria visto ainda mais provas da correção de suas visões.

Pareto às vezes se deleita com aquele tipo particular de contradição pela qual, afirmaria, certas coisas, embora sejam verdadeiras ou mesmo *porque* são verdadeiras, não podem ser ditas e não se pode deixá-las influenciar a opinião social. Ele usa Sócrates como exemplo, argumentando que o filósofo grego não estava errado, mas certo demais — ou melhor, certo de um modo que minou a sociedade. Embora aceitasse totalmente em palavras a atitude ateniense em relação à religião, Sócrates insidiosamente instilou dúvidas em seus discípulos e estimulou a descrença ao pedir às pessoas que explicassem racionalmente suas crenças. Pareto nos lembra que ele obedeceu às leis atenienses: em vez de deixar a cidade e escapar da pena de morte, decidiu ficar e aceitar o julgamento que lhe foi imposto. Os governantes que se ressentiam dos ensinamentos de Sócrates estavam certos: viam com clareza o potencial de instabilidade social que advinha deles.[16] Em certo sentido, Pareto talvez se visse num papel semelhante: seus ensinamentos eram socialmente perturbadores precisamente porque eram verdadeiros, e não podiam ser ensinados por esse motivo. Ele teve sorte de ter vivido numa sociedade decadente demais, autoconfiante demais ou democrática demais para obrigá-lo a beber veneno.

Desigualdade na França na virada do século

Para Pareto, além de Grécia e Roma antigas, "o mundo" significava França e Itália, países onde ele foi criado, estudou, trabalhou e tentou iniciar uma carreira política, e em cujas línguas escreveu. A Suíça, onde viveu a segunda parte de sua vida, era um lugar cujos dados estatísticos ele usava, mas não tinha o tamanho, a importância política e a efervescência social dos outros dois países. Para entender as ideias de Pareto sobre desigualdade, é importante ver como a desigualdade evoluiu durante sua vida, especialmente na França.

Ao estudar as obras de nossos autores no contexto da desigualdade em evolução de suas sociedades, notamos uma mudança gradual. Quando Quesnay estava escrevendo, quase nenhuma informação sobre desigualdade na França existia, exceto alguns relatos superficiais. As inferências sobre desigualdade baseavam-se, no máximo, no que se observava, ouvia ou lia em alguns volumes (o que, de novo, carecia de muita comprovação empírica). Mas, indo em direção ao presente, a situação melhora: os dados estavam bem mais disponíveis na época de Ricardo e, em especial, na de Marx do que um século antes. Com Pareto, avançamos para uma consciência em tempo real da desigualdade que, embora não seja igual à que existe hoje, está mais próxima do nosso tempo do que da época de Quesnay. Embora não tivesse todos os dados sobre a França e a Itália de seu tempo que temos agora, Pareto tinha uma boa parte e, como veremos adiante, faria amplo uso deles em seus estudos e em suas especulações sobre a evolução futura da desigualdade.

Como seus contemporâneos na França e na Itália, ele estava bem ciente de que vivia num período politicamente grávido, cheio de turbulência e conflito entre ideias conservadoras, liberais, radicais, marxistas e anarquistas.

Isso estava muito mais presente no continente europeu, onde os movimentos anarquista e marxista criaram raízes mais profundas, do que na Grã-Bretanha.

A desigualdade de *riqueza* na França era muito alta e crescente (Figura 5.1). Mesmo que, em seu pico, por volta da virada do século, a porcentagem da riqueza da nação controlada pelo 1% mais rico de sua população fosse menor do que no Reino Unido (55% a 56%, em face de cerca de 70%; compare as Figuras 4.1 e 5.1), ela era extremamente alta: mais do que o dobro em 1900 do que é hoje (em 2012, era de cerca de 25%).[17] Era provavelmente comparável à participação na riqueza do 1% mais rico na época da Revolução Francesa.

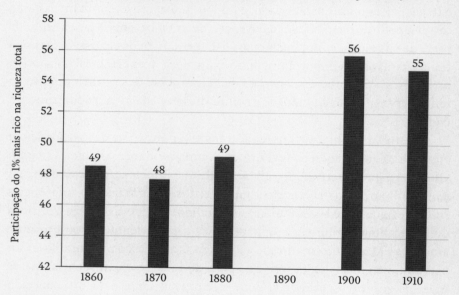

Figura 5.1. Participação do 1% mais rico na riqueza total, França 1860-1910

FONTES: World Inequality Database; Bertrand Grabinti, Jonathan Goupille-Lebret e Thomas Piketty, "Income Inequality in France, 1900-2014: Evidence from Distributional National Accounts (DINA)", WID.world Working Paper 2017/4, dez. 2016. Disponível em: <wid.world/www-site/uploads/2017/04/GGP2016DINA_2017_4_v2.pdf>.

Segundo Morrisson e Snyder, a participação na *renda* do decil superior era de 56% antes da Revolução Francesa, e entre 41% e 48% um século mais tarde.[18] Isso permite a Thomas Piketty descrever uma curva de desigualdade que começa num nível muito alto antes da Revolução, cai abruptamente no início do século XIX, depois sobe firmemente de 1830 até por volta da virada do século, época dos escritos de Pareto, quando atinge um patamar elevado.[19] Portanto, a desigualdade na França por volta de 1890 a 1900 era maior do que na época de Luís Napoleão Bonaparte, cujo regime, como sabemos pelos escritos de Marx sobre as revoluções em 1848 e a Comuna de Paris em 1871 (discutidos no capítulo 4), era de governo oligárquico. Há uma grande ironia no fato de que a Terceira República, estabelecida após a derrota da França na Guerra Franco-Prussiana e a derrubada do Império, representava, no papel, um retorno aos princípios da Revolução Francesa, mas na realidade era um regime de domínio capitalista pouco contido. Ele terminou formalmente com monarquias e aristocracias, mas a igualdade nominal na esfera cívica coincidiu com uma alta e crescente desigualdade de renda e riqueza na esfera econômica.

Piketty destaca o período da Terceira República graças precisamente a essa combinação de igualdade cívica e desigualdade econômica, que se assemelha fortemente às sociedades capitalistas atuais. Ele analisa o que era então chamado de *la question sociale*, o problema de uma classe trabalhadora cada vez mais deslocada e destituída na França em processo de industrialização. E dedica atenção especial a Paul Leroy-Beaulieu, um eminente economista francês do final do século XIX. A acusação de Piketty é que Leroy-Beaulieu usa de "má-fé" (*mauvaise foi*) quando, sem oferecer nenhum dado para apoiar a alegação, declara que a desigualdade na França está se tornando menos grave.[20] Leroy-Beaulieu escreveu: "As disparidades de riqueza e, acima de tudo, de renda, são menores do que se pensa, e essas disparidades estão em declínio. [...] Estamos emergindo do que chamei de 'período caótico da indústria em larga escala', o período de transformação, de sofrimento, de improvisação".[21] Enquanto seu argumento enfatizava o fato (verdadeiro) de que os salários reais haviam aumentado na segunda metade do século XIX, Leroy-Beaulieu deixava de reconhecer o que certamente sabia — que essa mudança não implicava em nada na evolução da desigualdade. Mostrou repetidamente que os salários reais estavam aumentando como se isso por si só fosse prova de que a disparidade de renda entre ricos e pobres estava diminuindo. Como escreve Piketty, "ele intencionalmente deixa uma ambiguidade pairar [*planer*]" entre os dois — a melhoria real da renda que poderia honestamente mostrar e a redução da desigualdade que não poderia.[22]

O livro mais importante de Leroy-Beaulieu sobre desigualdade, *Essai sur la répartition des richesses et sur la tendance à une moindre inégalité des conditions* [Ensaio sobre a repartição das riquezas e sobre a tendência a uma menor desigualdade de condições], foi publicado em 1881. Pareto estava ciente disso.[23] Para entender por que Leroy-Beaulieu pode argumentar de má-fé, é importante contextualizar sua obra e, portanto, também a de Pareto. O livro de Leroy-Beaulieu foi escrito em meio ao aumento das tensões de classe, a greves mais frequentes, polarização política crescente e movimentos socialistas e anarquistas cada vez mais importantes. Também foi escrito em meio a um sentimento predominante, que marcou profundamente Pareto, de que os interesses liberais e capitalistas estavam fracos demais, a burguesia cedia com demasiada facilidade e a sociedade estava tomada pela quantidade e dedicação de ativistas socialistas. Tanto Leroy-Beaulieu quanto Pareto perceberam um choque de interesses e valores em que os socialistas estavam vencendo graças a sua capacidade de despertar as massas e ganhar apoio em círculos políticos e intelectuais, e sua disposição de confrontar a "hegemonia" burguesa com sua própria forma de hegemonia operária.

Da mesma forma como Marx via sua obra promovendo os interesses proletários, Pareto se via travando uma luta de retaguarda contra esses interesses. Assim, tanto Marx quanto Pareto foram influenciados por suas percepções do ambiente político contemporâneo e suas concepções sobre a provável evolução futura da sociedade. Mas devemos observar que isso não era menos verdadeiro para outros economistas examinados neste livro. O medo da estagnação econômica, se as Leis dos Cereais fossem mantidas, levou Ricardo a escrever seus *Princípios*.[24] O desejo de Quesnay de um reino agrícola poderoso o levou a descrever, usando *Le Tableau Économique*, a França muito mais rica que poderia existir se seus conselhos fossem seguidos, e depois a oferecer suas ideias políticas.[25] Nesses autores encontramos inevitavelmente uma conexão entre o que eles acreditavam ser mudanças econômicas e políticas desejáveis e sua própria obra. Isso obviamente não desqualifica suas obras (afinal, este livro é dedicado a examiná-las); apenas sugere que uma ciência social "neutra" ou investigação científica "pura" não está ao nosso alcance. Numa medida muito maior do que nas ciências naturais, o trabalho em ciências sociais sempre será influenciado pelo tempo e espaço de seu autor.

A lei de Pareto e a "circulação das elites" aplicadas ao socialismo

As contribuições de Pareto para a economia, bem como para a sociologia, são muitas. Mas duas delas nos interessam aqui: seu trabalho sobre desigualdade de renda e sua famosa "lei de Pareto". Enquanto os economistas anteriores estavam principalmente, ou mesmo exclusivamente, interessados na distribuição funcional de renda, que então se resolvia em desigualdade de renda interpessoal, Pareto foi o primeiro a olhar para a desigualdade interpessoal como tal. Isso refletiu uma mudança mais ampla pela qual o foco da economia política mudou de estudos de classe e sociedade para análises de renda individual, consumo, satisfação e *ofelimidade* (um termo que Pareto inventou, preferindo-o à *utilidade*). As classes não estavam mais no centro das atenções, mas os indivíduos.

Essa mudança de interesse para a distribuição interpessoal de renda também deveu-se, no caso de Pareto, a dois fatores, um político, o outro pessoal. O fator político foi a introdução de impostos diretos em muitos países e cidades da Europa Ocidental. Os impostos pagos e a renda sobre a qual eram avaliados forneceram os dados para revelar como se distribuíam as rendas dos indivíduos (ou mais precisamente, das famílias contribuintes). O fator pessoal era que Pareto tinha mentalidade e habilidade matemática, e esses dados eram obviamente atraentes para ele.

Houve ainda um terceiro fator, que será abordado mais tarde, que tem a ver com o fato de suas descobertas serem reconfortantes para ele. Elas implicavam, como ele as interpretava, que a distribuição de renda era quase ditada por uma lei da natureza (*la loi naturelle*), semelhante à distribuição vista nos pesos e alturas dos seres humanos. E nesse caso, elas não poderiam ser alteradas por política econômica ou outras mudanças introduzidas num sistema social, como a substituição do capitalismo pelo socialismo.[26] Em um parágrafo um tanto divagante, talvez não totalmente pensado (e do qual apenas uma parte está traduzida aqui), Pareto defendeu esse mesmo argumento:

> Mostramos que a curva de distribuição de renda tinha uma estabilidade notável; ela muda muito pouco quando as circunstâncias de tempo e lugar em que é observada mudam muito. [...] Isso tem sua origem provavelmente na distribuição de características psicológicas das pessoas e também no fato de que a proporção em que os capitais são combinados

não pode ser aleatória [*quelconques*]. Suponha-se que, dada uma curva de distribuição de renda, alguém exproprie todas as pessoas com renda acima de certo limite; pareceria que a distribuição de renda deveria ser alterada por um longo tempo. Pode-se admitir que a desigualdade das características físicas e mentais das pessoas acabaria levando à desigualdade de renda, mas isso exigiria pelo menos algumas gerações. Na realidade, outro efeito ocorrerá muito mais rapidamente e tenderá a restabelecer o equilíbrio perturbado. [...] A soma total do capital móvel sofrerá uma redução: assim, as proporções de capital mudarão e a produção, em consequência, será reduzida. [...] A queda da produtividade será seguida por uma redução geral das rendas. [...] Toda a parte inferior da curva cai e consequentemente a própria curva acaba por tomar uma forma muito semelhante à que tinha antes.[27]

No capítulo 4, vimos que Marx usou dados fiscais ingleses da segunda metade do século XIX. Nos últimos anos do mesmo século, Pareto faria uso de dados de outros lugares, estruturados quase identicamente, com divisões de renda tributável e o número de pessoas caindo dentro de cada divisão. Isso incluía vários estados alemães (Wurttemberg, Bremen, Hamburgo, Schaumbourg-Lippe e Saxônia-Weimar-Eisenach) e os cantões suíços de Zurique e Ur.[28] Em outra publicação, ele apresentou dados da Inglaterra, de cidades italianas, da Prússia, Saxônia e Basileia.[29] Esses foram os conjuntos de dados que usou para derivar o que viria a ser conhecido como "lei de Pareto".[30] Ele passou dois anos analisando os dados e concluiu, por meio de várias etapas, que as rendas eram distribuídas de acordo com um padrão regular, pelo qual o número de beneficiários com pelo menos um determinado limite de renda diminuía numa proporção regular à medida que o limite era aumentado. Em outras palavras, se houvesse p beneficiários com rendas maiores que y, então com o novo e maior limite de renda de y mais 10%, o número de beneficiários diminuiria em certa porcentagem fixa (digamos, em 15%). Essa porcentagem permanecia inalterada à medida que o limite era gradualmente aumentado mais e mais. (Isso também é chamado de distribuição fractil, porque as relações relativas são mantidas do começo ao fim.) A maneira mais simples de escrever a relação é $ln p = A - \alpha \, ln y$, em que α é uma constante, p é o número de pessoas com renda y ou mais, e A é o tamanho total da população. (Se a renda assume algum valor mínimo, então a renda de todos deve estar

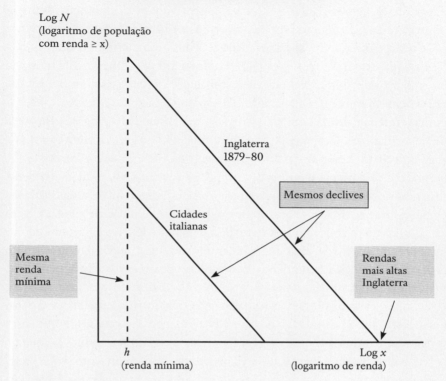

Figura 5.2. Distribuições de renda de Pareto

acima dele, o que seria toda a população A.)* O valor de α, alegou Pareto, não variou muito entre os diversos países e cidades para os quais ele tinha dados. Podemos imaginar α, que mais tarde ficou conhecido como "constante de Pareto" ou "coeficiente de Pareto", como uma guilhotina que corta, sempre por uma porcentagem constante, o número de pessoas conforme o limite de renda é aumentado. Em um gráfico de log duplo (com eixos horizontais e verticais expressos em logaritmos), como mostrado na Figura 5.2 e retirado diretamente de Pareto, a relação é uma linha reta com uma inclinação representando α, a guilhotina (*La courbe de la répartition de la richesse*).[31] Na Figura 5.2, as inclinações para as cidades da Inglaterra e da Itália são as mesmas. A renda mínima é igualmente

---

* A relação pode ser diretamente transformada numa distribuição de lei de potência: $p = \dfrac{A^*}{y^\alpha}$.

a mesma para ambas. Os pontos de corte mais altos para a Inglaterra nos eixos vertical e horizontal refletem, respectivamente, a maior população da Inglaterra e as maiores rendas dos ricos de lá, mas a descoberta principal é a similaridade (ou seria identidade?) das inclinações das duas linhas.

Por que essa descoberta foi tão reconfortante para Pareto? Ela mostrou que a distribuição de renda era, em linhas gerais, a mesma em países que eram bem diferentes.* E, portanto, Pareto podia postular que deve haver alguma tendência fundamental das rendas numa sociedade para se agruparem de certa maneira. Como ele disse em 1896, "nós nos encontramos aqui na presença de uma lei natural" — "*Nous nous trouvons ici en présence d'une loi naturelle*".[32] Ficava claro que as distribuições de renda não podiam ser determinadas por instituições, porque Inglaterra e Itália, com suas instituições bem diferentes, tinham o mesmo formato de distribuição de renda. E nem as distribuições poderiam ser determinadas pelo desenvolvimento econômico, porque os níveis disso também eram diferentes. Devia haver, portanto, alguma outra razão: "a tendência das rendas de serem distribuídas de uma maneira particular poderia depender amplamente da natureza humana".[33] Se esse fosse o caso, as tentativas socialistas de transformar a sociedade e eliminar a desigualdade estariam fadadas ao fracasso; não passariam de sonhos empiricamente infundados. A desigualdade no socialismo seria a mesma que no capitalismo, argumentou Pareto. Apenas a elite governante seria diferente.

A descoberta de Pareto teve, portanto, implicações importantes para sua teoria sociológica e para o que ele pensava sobre os conflitos entre, de um lado, capitalismo e liberalismo e, do outro, socialismo e estatismo. A teoria sociológica de Pareto da "circulação das elites" foi reforçada por sua descoberta de uma distribuição fundamentalmente estável de rendas (independente de instituições políticas). Isso significava que, embora o tipo de elite governante, sua origem e suas características pudessem variar, a distribuição subjacente de riqueza e renda não poderia ser afetada. Em seus escritos sociológicos, Pareto insistiu no papel das elites e forneceu uma taxonomia completa delas. Mas a característica mais importante dessa discussão foi provavelmente a distinção entre dois tipos de elites, que Pareto descreveu usando a linguagem de Maquiavel: algumas elites, os "leões", usam a

---

* Como o próprio Pareto percebeu, isso era verdade apenas para as rendas mais altas, já que somente os ricos estavam sujeitos à tributação direta.

força para impor seu governo, enquanto outras, as "raposas", usam trapaça, astúcia e propaganda.[34]

Contudo, quaisquer que sejam os meios pelos quais as elites exercem seu governo, se houver uma distribuição imutável de renda, então elas são incapazes de mudá-la. É apenas uma questão de quem será a nova elite — serão leões ou raposas? — e não como a renda ou a riqueza serão repartidas. As descobertas que deram origem à "lei de Pareto" justificaram para muitos uma mudança de ênfase das classes para a competição das elites pelo poder. Elas também combinavam muito bem com a visão severa de Pareto sobre competição política — que não era movida por valores concorrentes e crenças sinceras, mas principalmente pelos interesses dos jogadores concorrentes.*

Na concepção de Pareto, mesmo que a nova elite socialista chegasse ao poder (uma ascensão que Pareto temia, mas julgava inevitável), ela seria incapaz de mudar a distribuição de renda. E desse modo, ele deve ter pensado que solapava uma das reivindicações mais importantes feitas pelos partidos socialistas na Europa na virada do século XX: que seriam capazes de mudar a distribuição em favor dos pobres e reduzir a desigualdade. Na visão dele, nada disso era possível. A única coisa possível era que a nova elite burocrática substituísse a elite burguesa decadente. Mas isso deixaria as desigualdades de renda e riqueza inalteradas.

Alguns escritores insistem que a cegueira de Pareto para as diferenças, sua insistência na igualdade das distribuições de renda ao longo do tempo e do espaço, se devia a uma visão de mundo em ascensão na época. Werner Stark chama isso de "pan-mecanicismo". Em contraste fundamental com uma filosofia "pan-organísmica", ele vê fenômenos sociais se movendo de uma forma totalmente previsível e mecânica, e comete "o erro de acreditar que tudo é o mesmo em todos os lugares: que tudo é, como deve ser sempre".[35] Embora, sem dúvida, a obra de Pareto se caracterize por uma escrita excessivamente mecânica e taxonômica, outra explicação para sua paixão por uma distribuição de renda imutável faz mais sentido: em vez de uma preferência metodológica, foi atraído por ela porque parecia confirmar sua teoria da circulação das elites e negar a possibilidade de melhoria sob o socialismo.

---

* Pareto, no entanto, acreditava que era impossível que os líderes fossem totalmente cínicos e desacreditassem completamente o que estavam ensinando. Eles estavam fadados a acreditar em sua própria propaganda, pelo menos em parte.

Há um elemento adicional. Pareto insistiu que a mudança na "desigualdade" (como veremos, ele realmente queria dizer pobreza) só poderia ocorrer por meio da mudança na renda real. Chegou a essa conclusão definindo um índice de desigualdade, que seria a razão entre o número de pessoas abaixo de um certo nível de renda (digamos, perto da linha da pobreza) e o número de pessoas acima desse nível.[36] Então ele argumentou que, sem crescimento, era impossível reduzir o número de pessoas abaixo da linha da pobreza (o numerador em sua fração de desigualdade) e, portanto, reduzir a desigualdade. Com efeito, a redistribuição não poderia mudar as coisas se a curva de distribuição fosse imutável. Em suma, Pareto confundiu a redução da pobreza e a redução da desigualdade. Mas está claro, e devia estar claro para alguém tão matematicamente inclinado quanto Pareto, que esse *tour de main* era realizado fixando-se a distribuição a priori e definindo-se o índice de desigualdade relativa de modo a coincidir com a pobreza. Tendo feito isso, a tributação dos ricos ou mesmo a eliminação da propriedade privada era, por definição, incapaz de produzir uma mudança duradoura na distribuição de renda.

Na verdade, uma das principais implicações da concepção de Pareto de que a distribuição de renda é fixa dentro de uma faixa muito estreita foi precisamente tirar a possibilidade de uma melhoria na posição dos pobres por meio da redistribuição. Desse modo, os socialistas estavam cercados dos dois lados: a teoria das elites permitia que fossem apenas uma substituição para a burguesia, e a lei de Pareto dizia a eles que todas as suas tentativas de reduzir a desigualdade estavam condenadas. Qual era então o objetivo do socialismo, exceto trazer uma nova elite ao poder? A situação deve ter sido desanimadora para muitos socialistas. Mas talvez não para aqueles que pensaram em fazer uma pergunta essencial: a lei de Pareto era realmente uma "lei"?

Lei de Pareto, "Lei" de Pareto ou lei nenhuma?

Poucos termos econômicos foram objetos de maior mal-entendido do que a "lei de Pareto da distribuição de renda" e a "constante de Pareto". O mal-entendido da primeira tem a ver com a fixidez ou imutabilidade da distribuição de renda. Sem dúvida, os escritos do próprio Pareto levam o leitor a acreditar que seus resultados implicam exatamente isso. Aqui estão algumas das muitas citações que alguém poderia fazer para apoiar essa interpretação: "as estatísticas revelam que a curva [...] varia muito pouco no tempo e no espaço: diferentes nações têm curvas muito semelhantes. Há, portanto, uma estabilidade notável no formato dessa curva".[37] "Toda tentativa de mudar artificialmente a distribuição de renda enfrentará a tendência de as rendas serem distribuídas na forma de uma seta. Deixada por si mesma, a sociedade retornaria àquela distribuição original."[38] "As estatísticas revelam que a curva [...] varia muito pouco no tempo e no espaço; diferentes nações em diferentes épocas têm curvas bastante semelhantes."[39]

A alegação da fixidez da distribuição baseia-se na descoberta de que o coeficiente de Pareto, na maioria dos casos estudados, permanece numa faixa entre 1,5 e 2.[40] Mas isso implica uma variação substancial na parcela recebida pelos 10% mais ricos, de 46% da renda geral (se $\alpha = 1,5$) para 32% (se $\alpha = 2$). Não está claro se essa diferença pode ser considerada pequena ou grande. Usando dados atuais do país (para o ano 2018), isso é equivalente à diferença na participação do decil superior entre a Namíbia (desigualdade extremamente alta) e a Turquia (desigualdade moderada). Ela cobre a faixa que inclui cerca de quarenta países no mundo. Portanto, a faixa que parecia pequena para Pareto (com αs de 1,5 e 2 sendo considerados quase equivalentes) não é obviamente assim.

Pareto pensava que os dados que vinham de sociedades muito distantes da Europa Ocidental geográfica, social e historicamente, como o Peru pré--conquista ou o Império Romano, exibiam as mesmas distribuições. Isso reforçou ainda mais o sentimento que Pareto queria transmitir — que uma "lei férrea" de distribuição de renda se aplica não só aos Estados europeus desenvolvidos do século XIX, mas também a constelações muito diferentes de poder político e instituições muito diferentes. "Não considero impossível que a distribuição de renda naquelas sociedades fosse semelhante à distribuição observada em nossas sociedades", escreve ele, mesmo que admita que, aguardando acesso a mais dados, "estou perfeitamente disposto a admitir que minha opinião possa estar errada".[41]

Assim, se alguém tomasse as declarações de Pareto literalmente e fizesse um júri decidir, de forma legalista, se ele insistiu em sua hipótese de imutabilidade da distribuição de renda ao longo do tempo e do espaço, seria muito difícil condená-lo por essa generalização. A razão é que a maioria dos escritos de Pareto contém ressalvas que, de uma forma ou de outra, qualificam suas principais afirmações.

Ressalvas também são acrescentadas à sua discussão sobre distribuição de renda no socialismo. Quando ficou particularmente desanimado com a relutância de Edgeworth em creditar a ele a originalidade ou descoberta da nova lei e assim se sentiu provavelmente mais próximo de Sorel, Pareto escreveu ao seu amigo de longa data Maffeo Pantaleoni: "Eu mesmo apontei ao sr. Sorel a objeção que um socialista poderia fazer à minha curva, que é uma curva válida apenas para uma sociedade capitalista".[42] Enquanto em muitos trechos de *Les systèmes socialistes* ele escreve sobre a impossibilidade de a distribuição ser alterada por uma sociedade socialista, qualifica essa ideia no *Manual* afirmando que não sabemos se tal mudança distributiva pode ser possível.[43] Portanto, pode-se questionar até que ponto Pareto estava sendo honesto ao discutir a lei de distribuição de renda que descobriu. Há uma tensão constante em sua obra entre declarações muito claras de que a distribuição não pode ser alterada e formulações quase legalistas que diluem essas afirmações com ressalvas cuidadosas. Mas os qualificadores nunca são suficientemente numerosos ou fortes para anular a sugestão anterior da imutabilidade da distribuição.

A segunda confusão, que talvez seja ainda mais importante do que a confusão sobre se Pareto realmente alegou ter descoberto uma lei imutável de distribuição de renda, tem a ver com o significado do que ficou conhecido como a constante de Pareto (α), ou o que chamamos aqui de "guilhotina". Agora se sabe muito bem que essa "constante" se aplica apenas ao topo das distribuições de renda, e que mesmo lá ela não é uma constante, mas uma variável. O fato de que α se aplica apenas ao topo das distribuições de renda já estava claro para Pareto: sabia que tinha dados somente das pessoas relativamente ricas que estavam sujeitas à tributação de renda, e no *Manual* ele menciona, quando desenha a curva de toda a distribuição, que a parte da curva à qual o coeficiente se aplica é apenas uma faixa no topo da distribuição.[44] Isso é algo que sabemos bem hoje. Se desenharmos o logaritmo da renda no eixo horizontal contra o logaritmo da distribuição cumulativa inversa no eixo vertical (ou seja, exatamente a mesma relação da Figura 5.2) e fizermos isso em *toda* a distribuição, obtemos normalmente uma curva semelhante à da Figura 5.3. Nenhuma linha reta única poderia ser ajustada significativamente sobre essa curva. Mas se a truncarmos, tomando apenas o topo da distribuição, então ajustar uma única linha reta começa a fazer mais sentido — embora mesmo nesse caso (como veremos a seguir) a inclinação da linha dependa de onde

Figura 5.3. Relação de Pareto empírica numa distribuição de renda real

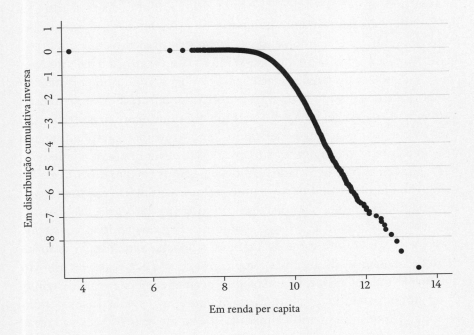

Calculado a partir de microdados da Alemanha (2008). FONTE: LIS Cross-National Data Center.

ao longo do topo da distribuição nos concentramos (ou seja, onde fizermos nosso truncamento).

Sabemos hoje em dia não só que a "constante" de Pareto muda de uma distribuição para outra (que ela não é fixa, independentemente do lugar e do tempo), mas também que, dentro da mesma distribuição, o coeficiente assume valores diferentes dependendo de qual porção da distribuição de renda consideramos — ou seja, dependendo de se olhamos para os 5% superiores dos recebedores ou para os 10% superiores, ou qualquer outra porcentagem. Em outras palavras, se tomarmos uma dada distribuição e então traçarmos a linha que melhor expressa a mudança no número de pessoas com renda acima de um certo limite, essa linha (ou mais exatamente, sua inclinação) variará dependendo de onde começarmos a "cortar" a distribuição. A Figura 5.4 mostra αs para três distribuições de renda (nos Estados Unidos, Alemanha e Espanha, todas em 2008), com α calculado em diferentes partes da distribuição. O gráfico começa com o octogésimo percentil da distribuição (o que significa que a relação de Pareto é calculada para os vinte percentis superiores); de lá, se move para o 81º percentil, calculando-se a relação de Pareto para os dezenove percentis superiores, e assim por diante. Ele continua assim até o 99º percentil, calculando-se no final a relação para os dois percentis superiores. Se as distribuições fossem realmente paretianas ou fractis (mesmo para os 20% superiores, isto é, uma vez que já sabemos que elas não poderiam ser para toda a distribuição), o coeficiente seria o mesmo, independente da porção da distribuição que escolhemos. Mas obviamente, o coeficiente não é o mesmo: para os Estados Unidos, ele aumenta (em quantidade absoluta) ao longo do tempo, o que implica que a guilhotina se torna cada vez mais afiada e o topo da distribuição cada vez mais fino. No caso da Alemanha, α move-se a princípio como nos Estados Unidos, mas após o 93º percentil, a evolução é exatamente a oposta: a inclinação se torna menor (em quantidade absoluta), implicando maior espessura no topo do que nos Estados Unidos. O α espanhol permanece por toda a distribuição maior em quantidade absoluta do que nos outros dois países e, além disso, continua aumentando à medida que se move em direção ao topo. Isso indica que o número de beneficiários de alta renda na Espanha é reduzido com bastante rapidez.

A própria ideia de imutabilidade da distribuição é contradita pelo fato de que o coeficiente, que supostamente reflete a imutabilidade da distribuição, é variável *dentro* de qualquer distribuição dada.[45] Com efeito, se as afirmações de Pareto em sua forma forte fossem verdadeiras, todas as três curvas mostradas aqui entrariam em colapso para apenas um valor de α. Isso está obviamente longe de ser o caso.

Se tomarmos o coeficiente de Pareto da equação anterior e escrevê-lo primeiro (como deveríamos) com um subscrito para o tempo e o lugar das distribuições onde ele se aplica (digamos, os Estados Unidos, ano de 2008), e depois adicionarmos um subscrito para indicar o intervalo da distribuição de renda onde ele se aplica (digamos, os 10% mais ricos), então fica imediatamente claro que não estamos falando de algo que seja invariável entre as distribuições. Assim, alegar constância de toda a distribuição com base em um *coeficiente que varia* — e varia não só no tempo e no espaço, mas numa determinada distribuição de renda — torna-se absurdo.

Figura 5.4. O coeficiente de Pareto calculado para diferentes países e em diferentes partes das distribuições de renda

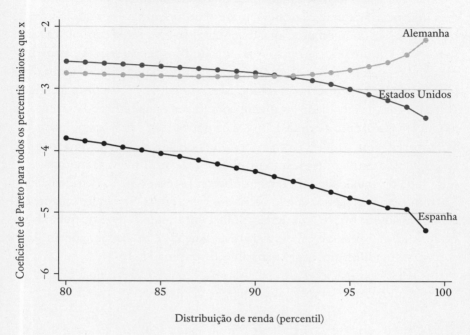

Calculado a partir de microdados de Estados Unidos (2008), Espanha (2008) e Alemanha (2008). FONTE: LIS Cross--National Data Center.

A variação do coeficiente de Pareto entre distribuições é algo que era óbvio até mesmo para os contemporâneos dele, e tem ficado cada vez mais clara desde então. Até o próprio Pareto tinha duas dúzias de distribuições com coeficientes que seriam considerados diferentes (e significativos estatisticamente), apesar de suas afirmações em contrário. Ainda mais destrutivo da ideia de imutabilidade é que, como vimos, a própria "constante" muda em função do lugar na distribuição em que é calculada. A "lei" some completamente.

Há ainda outra confusão que continuou até muito recentemente. Ela tem a ver com a maneira muito nítida, ou gradual, como a guilhotina opera, e com medidas sintéticas de desigualdade como o coeficiente de Gini. A relação entre os coeficientes de Pareto e Gini é direta: quanto maior o valor absoluto da constante, menor o Gini.* Porém, isso não é totalmente intuitivo. O valor mais alto do coeficiente de Pareto significa que a guilhotina funciona mais fortemente e que o número de pessoas com renda acima de qualquer nível dado diminui drasticamente. Isso significa, em última análise, que há muito poucas pessoas no topo (outras tendo sido rapidamente reduzidas) e também — e é aqui que nossa intuição nos falha — que a desigualdade de renda deveria ser maior. Mas o oposto é verdadeiro. Medidas sintéticas de desigualdade levam em conta a renda de todos e a comparam (como em Gini) com a renda de todos os outros (duas pessoas por vez), ou a comparam com a média (como diferentes índices de Theil). Se a maioria da população estiver no mesmo nível de renda ou similar, as medidas sintéticas de desigualdade tendem a ser baixas, apesar do fato de que há apenas muito poucas pessoas no topo. Assim, uma guilhotina muito afiada, ou o valor absoluto muito alto de α, implica um *baixo* grau de desigualdade. Caudas superiores mais espessas de distribuição de renda são, portanto, associadas a medidas sintéticas mais altas de desigualdade.[46]

As contribuições de Pareto

Seria errado concluir a partir das críticas deste capítulo às descobertas de Pareto que suas contribuições foram pequenas. Elas foram importantes de várias maneiras. Pareto definiu a primeira lei de potência, que é usada em muitos casos e não apenas para distribuições de renda e riqueza, mas também para distribuições de cidades por população, para tamanhos de enchentes, para números de publicações por autor e até mesmo para números de seguidores no Twitter. Hoje, a lei de potência de Pareto é utilizada heuristicamente em distribuições de renda e riqueza, quando surge a necessidade de estimar o topo extremo da distribuição, porém, os dados estão faltando — talvez porque os ricos não participem de pesquisas ou as rendas sejam subnotificadas às autoridades fiscais. Nesses casos, podemos pressupor que a "constante" de Pareto vale para os 5% do topo ou para o 1% do topo, ou qualquer porção superior da distribuição que pareça razoável. Frank Cowell dá um exemplo em que estender a linha

---

* A fórmula é $G \frac{1}{2α - 1}$, em que G representa Gini e α é o coeficiente de Pareto.

de Pareto além dos dados fiscais registrados permitiu que as autoridades fiscais concluíssem que devia haver alguns indivíduos com rendas extremamente altas não declaradas. Isso mostrou-se verdadeiro.[47] Ou tome-se o exemplo recente de casos de corrupção na China, onde estimativas de quantias envolvidas em situações de suborno ou peculato foram oficialmente registradas no momento da condenação (Figura 5.5).[48] Os dois mesmos valores para corrupção no topo sugerem algum truncamento (o que significa que quantias muito grandes foram simplesmente ignoradas), e a extensão da linha de Pareto além da corrupção registrada sugere que talvez tenha havido vários casos de peculato ainda maiores. Usos contínuos como esses da obra de Pareto são um testemunho de sua contribuição duradoura para o estudo da desigualdade de renda.

Figura 5.5. Linha de Pareto traçada através dos maiores níveis de corrupção na China

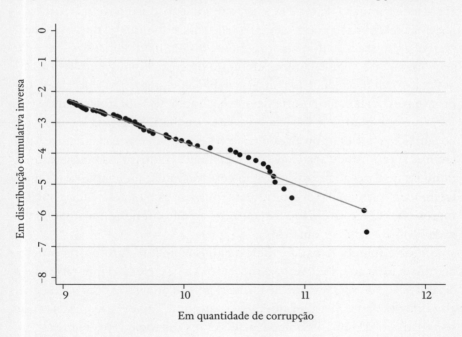

Os dados referem-se ao decil superior (por montante de suborno ou peculato) dos casos de corrupção, conforme reportados pelas autoridades judiciárias do governo. FONTE: Li Yang, Branko Milanović e Yaoqi Lin, "Anti-Corruption Campaign in China: An Empirical Investigation". Stone Center on Socio-Economic Inequality Working Paper 64, abr. 2023.

Outro aspecto importante da obra de Pareto é que ele rejeitou muito claramente as distribuições normais ou simétricas como válidas para a renda e riqueza. Embora a distribuição de renda e riqueza não tenha sido estudada em um sentido estatístico antes de Pareto, havia uma suposição implícita (feita provavelmente pela extensão do trabalho e raciocínio de Adolphe Quetelet) de que a distribuição de renda se aproximaria da distribuição de outras características físicas ou inatas, como peso ou altura — em outras palavras, que seria gaussiana. A ideia foi descartada por Pareto. Nunca voltamos a pensar em distribuições de renda como simétricas.*

Fundamentalmente de acordo com sua teoria da circulação de elites, Pareto não acreditava que a distribuição de renda fosse passível de mudança. Para colocar em termos mais fortes, Pareto não achava que a distribuição de renda mudaria sob diferentes arranjos sociais ou que mudaria com maior riqueza média ou desenvolvimento econômico. Isso marcou um contraste entre a distribuição de renda e outros fenômenos, inclusive taxas de casamento, crescimento populacional e taxas de mortalidade, todos os quais, como Pareto argumentou vigorosamente no *Manual*, mudavam com o desenvolvimento.[49] Pode parecer um tanto paradoxal que Pareto tenha atribuído à distribuição de renda uma imutabilidade que estava (corretamente) pronto para negar a uma série de outros fenômenos sociais. É impossível dizer até que ponto ele foi atraído a essa conclusão pelos dados — o que de fato poderia ter levado alguém ao erro — e até que ponto foi guiado por crenças anteriores que esperava ver totalmente confirmadas pelos dados. É irônico que Pareto, que insistia sem cessar no método lógico-experimental que, em princípio, seria imune a sentimentos ou preferências subjetivas, possa ter sido enganado naquele exato ponto — o mesmo em que viu muitos outros cometerem erros.

Simon Kuznets, cerca de meio século depois de Pareto, iria precisamente na direção que Pareto se recusou a tomar: ele argumentaria que a desigualdade de renda muda de forma regular e previsível com o desenvolvimento ou o aumento da riqueza da sociedade. Kuznets sustentaria que sociedades ricas têm distribuições diferentes das sociedades pobres.

---

* Uma razão aparentemente óbvia de que ela não pode ser simétrica é porque a base da distribuição de renda deve ter um nível mínimo de renda, ou então as pessoas não seriam capazes de sobreviver; e, no outro extremo, o lado direito da distribuição é ilimitado porque não há teto para a renda. Isso é muito diferente de outros fenômenos, em que há limites naturais.

Em qualquer pesquisa sobre abordagens de economistas proeminentes sobre desigualdade de renda e como elas evoluíram ao longo do tempo, a posição de Pareto deve ser reconhecida como bastante importante. Ele foi o primeiro a se dedicar por completo ao estudo da desigualdade de renda interpessoal e também o primeiro a considerar criticamente como seria a desigualdade de renda sob o socialismo. Ele trouxe para o primeiro plano um tema que foi abordado apenas indiretamente por Marx, como visto no capítulo 4, e então fez uma pergunta crucial: a propriedade estatal dos meios de produção reduziria a desigualdade de renda?

Pareto também colocou os estudos sobre desigualdade de renda em seu caminho indutivo. Hoje, todos esses estudos são movidos pela disponibilidade de dados e nossas tentativas de entendê-los e, se possível, descobrir as leis econômicas que governam a desigualdade. Ele foi, portanto, o primeiro a fazer a pergunta diretamente: a desigualdade de renda se move de acordo com alguma regularidade conforme as instituições sociais ou as rendas da sociedade mudam? Para ele, a resposta era negativa, e sabemos agora que ele estava errado. Mas era importante a pergunta ser feita.

6.
Simon Kuznets: Desigualdade durante a modernização

É possível dizer que Simon Kuznets foi (tendo como concorrente John Maynard Keynes) o economista mais importante do século XX.[1] Ele lançou as bases das duas áreas mais importantes da economia. Primeiro, seu trabalho inicial sobre contas nacionais nas décadas de 1930 e 1940 ajudou a definir os agregados econômicos nacionais que se tornaram a base indispensável para monitorar o crescimento econômico e as mudanças no bem-estar das pessoas. Mesmo que sua definição do produto nacional tenha sido adotada pelas Nações Unidas (com contribuições adicionais de Richard Stone, James Meade e outros mais tarde) e se tornado um padrão implementado em todos os países do mundo, ele também articulou as próprias dúvidas sobre o tratamento de algumas partes das contas nacionais que são cada vez mais expressas atualmente e podem orientar futuras revisões dos agregados nacionais. Em segundo lugar, por meio de seu trabalho nas décadas de 1950 e 1960, com o qual estamos preocupados aqui, Kuznets influenciou nossa visão das forças que criam e moldam a distribuição de renda.

Assim, podemos creditar a Kuznets não só uma medida de bem-estar agregado (renda nacional), mas também uma abordagem para sua distribuição entre as famílias. Aqueles mais estatisticamente orientados podem dizer que ele ajudou a definir o primeiro e o segundo momentos da distribuição de renda: sua média (renda nacional per capita) e sua distribuição (desvio padrão da renda entre as famílias). Mesmo que seu trabalho na área da distribuição de renda não seja tão amplamente aceito hoje quanto suas definições de vários conceitos de contas nacionais, o que viria a ser conhecido como a hipótese de Kuznets, uma teoria sobre a evolução da desigualdade ao longo do tempo, ainda está muito presente na economia. Antes de nos voltarmos para essa hipótese, que foi a contribuição mais importante de Kuznets em relação à distribuição de renda, devemos reconhecer seus outros três trabalhos seminais no mesmo domínio: o estudo empírico da desigualdade global, que foi o primeiro de seu tipo; a declaração do princípio *maximin* (ou princípio da diferença), que é mais associado a John Rawls, mas teve seu início, cronologicamente, nos escritos de Kuznets; e a discussão inovadora sobre o perde-ganha entre equidade e eficiência.

Em artigo de 1954, Kuznets produziu as primeiras estimativas empíricas da distribuição global de renda, focando em três pontos no tempo: 1894-5, 1938 e 1949.[2] Devido à falta de dados sobre distribuição de renda dentro das nações, essas eram distribuições globais de pessoas classificadas não por suas rendas individuais, mas pelas rendas médias de seus países. Isso é o que eu defini como uma abordagem do "Conceito 2" para a desigualdade global, para distingui-la da abordagem "verdadeira" que captura adequadamente as variações de renda pessoal dentro das nações.[3] Até mesmo os dados sobre rendas nacionais médias eram escassos na época em que Kuznets escreveu, então ele primeiro produziu uma distribuição do Conceito 2 somente para economias avançadas, que representavam cerca de 30% da população mundial em todos os anos que analisou. Depois complementou isso com uma distribuição global do Conceito 2 para 1949, e uma distribuição muito mais hipotética para 1894-5. Para a parte avançada do mundo, os cálculos de Kuznets mostram um aumento no coeficiente de Gini de 28 pontos em 1894-5 para 36-7 pontos em 1938 — portanto, uma divergência de renda entre os ricos. Para o mundo em 1949, Kuznets usou dados de renda média fornecidos pela ONU para setenta países e, por suposição, preencheu as populações de países não avançados na extremidade inferior da distribuição de renda. Ele estimou que a participação dos 6% mais ricos (que representa aproximadamente a população dos Estados Unidos, o país mais rico em ambos os anos) foi quase 28% em 1894-5 e 42% em 1949.[4] Assim, a desigualdade internacional ponderada pela população aumentou significativamente entre o final do século XIX e meados do século XX.

Podemos repetir esses cálculos hoje usando informações melhores, agora que temos dados sobre o PIB per capita vindos do Projeto Maddison. Descobrimos que a parcela da renda global total detida pelos 6% mais ricos (de novo, um grupo equivalente em tamanho à população dos Estados Unidos) era de 24% em 1894-5 e 31% em 1949.[5] A segunda porcentagem é muito menor do que Kuznets pensava devido à cobertura bem maior de dados do PIB para 1949 que temos agora em comparação com o que Kuznets tinha. Mas tanto sua ideia de criar uma distribuição mundial de renda quanto seu cálculo da participação detida pelo topo dessa distribuição eram novos, e os resultados foram os melhores que poderiam ser produzidos na época.

Em 1963, Kuznets levantou a questão da justificação instrumental da alta desigualdade: a desigualdade é sempre boa para o crescimento, ou há condições sob as quais a redistribuição de grupos de alta renda para aqueles na base pode acelerar o crescimento econômico?[6] Isso também pode ser visto como uma aplicação do princípio do *maximin*, pelo qual uma maior desigualdade pode ser justificada somente se levar a um maior crescimento econômico e, sobretudo, a maiores rendas para os pobres. Em sua maneira usual, o que faz com que seus escritos muitas vezes não estejam entre os mais fáceis de ler ou mesmo entender, Kuznets respondeu à questão em termos condicionais. Mas esta foi a explicação que ele preferiu: "Reduzir as altas rendas, embora possivelmente deprimindo a contribuição desses grupos, seria mais do que compensado pela contribuição desses recursos liberados para outros usos por outros grupos de renda; e, portanto, no saldo líquido, a mudança representaria uma contribuição positiva significativa para o crescimento econômico? Se a resposta for afirmativa, então alguns componentes das faixas de renda alta são injustificados do ponto de vista do crescimento econômico".[7] Note-se que Kuznets aceita aqui que restringir a capacidade dos ricos de aumentar suas rendas pode fazê-los trabalhar menos do que trabalhariam de outra forma, e assim resultar em renda geral menor, mas ele acha que o efeito de incentivo de permitir maior ganho de renda pelos pobres poderia mais do que compensar essa perda. Kuznets não questiona o papel positivo do incentivo de renda mais alta; ele questiona se o maior ganho pode ser obtido por meio do fornecimento de tal incentivo aos ricos ou aos pobres.

Kuznets pensava que toda distribuição de renda deveria ser julgada por três critérios: adequação, equidade e eficiência.[8] *Adequação* é garantir que mesmo os mais pobres tenham um nível de renda consoante aos costumes locais e ao nível de desenvolvimento econômico da sociedade. *Equidade* é ausência de discriminação, seja em termos de rendas correntes (como, por exemplo, em disparidades salariais raciais ou de gênero), seja em possibilidades futuras (restringindo o que agora chamamos de igualdade de oportunidades). *Eficiência* é a obtenção de altas taxas de crescimento.

Quando se trata de interações entre os três, Kuznets prevê todas as possibilidades. Em alguns casos, pressionar muito pela equidade, como no igualitarismo total, teria efeitos prejudiciais na taxa de crescimento e também reduziria a adequação — ou seja, o igualitarismo pode produzir pobreza. Mas em outros casos, a própria obtenção de taxas de crescimento mais altas requer maior equidade, seja porque uma parte significativa da população é socialmente excluída e não tem permissão de contribuir para a melhoria geral, seja porque leva à fragmentação da sociedade e à instabilidade política. Por fim, pressionar muito fortemente pela adequação (isto é, pela redução da pobreza) pode reduzir incentivos, diminuir a taxa de crescimento e até mesmo reduzir o valor da equidade, já que presumivelmente as pessoas seriam recompensadas independente de seus esforços, apenas para reduzir a pobreza. Era uma visão mais complexa do mundo do que um simples perde-ganha entre igualdade e crescimento.

Como esses exemplos do pensamento de Kuznets mostram, suas contribuições para a economia vão muito além das principais pelas quais é lembrado. As questões que levantou, em alguns casos pela primeira vez, permanecem conosco e continuam a ser debatidas setenta anos depois. Ele conseguiu isso por meio da rara combinação de seu trabalho com dados extremamente cuidadosos e pensamento profundo (motivado, creio eu, por seu trabalho empírico) sobre as questões fundamentais postas pela distribuição de renda de qualquer sociedade e refletidas nela.

Desigualdade nos Estados Unidos em meados do século XX

O período durante o qual Kuznets desenvolveu seu pensamento sobre a distribuição de renda foi um período muito especial e provavelmente único na história econômica americana. No fim da Segunda Guerra Mundial, os Estados Unidos não eram somente o vencedor incontestável e a única potência em posse de armas atômicas, como eram de longe o país mais rico do mundo (em termos totais e de renda per capita). A experiência da guerra deixou a Alemanha devastada, as partes ocidentais da União Soviética amplamente destruídas em termos de capital humano e físico, a Grã-Bretanha exausta, e China, Coreia e Japão, por várias razões, em situações de pobreza abjeta. Mas nos Estados Unidos, a renda aumentou tremendamente. Grande parte do aumento durante a guerra foi devido à produção militar, e a necessária conversão pós-guerra para um foco no consumidor levou a uma curta recessão em 1947. Enormes capacidades industriais novas foram construídas, no entanto, e os Estados Unidos no início da década de 1950, com apenas 6% da população mundial, eram responsáveis por mais de um terço da produção mundial.⁹ Esse nível de poder econômico relativo de uma única nação era inédito e não se repetiu desde então, nem é provável que se repita no futuro previsível.

Além disso, os Estados Unidos se tornaram uma sociedade de classes mais aberta, graças às políticas do New Deal antes da Guerra, à GI Bill depois da guerra e à diminuição (alguns diriam que foi tremenda) na desigualdade de renda de meados da década de 1930 a meados da década de 1950. A extensão total da diminuição (em cujo cálculo Kuznets desempenhou um papel importante) é contestada.[10] No entanto, há pouca dúvida de que uma diminuição na desigualdade aconteceu de fato e que foi grande. Apesar da discriminação racial contínua, os Estados Unidos na década de 1950 eram uma sociedade economicamente muito mais igualitária do que vinte anos antes. A equalização de renda do pós-guerra ocorreu não apenas por meio de uma educação pública muito mais acessível (com universidades públicas surgindo em todo o país e atraindo milhares de novos alunos) e maior demanda por mão de obra (impulsionada pelo rápido crescimento econômico), mas também por meio de medidas políticas que limitavam as rendas mais altas. Os impostos de pessoas físicas eram, às vezes, considerados quase confiscatórios: para os maiores beneficiários de renda, a taxa marginal de imposto era superior a 90% durante a maior parte da década de 1950.[11] Uma tributação tão severa não se repetiu desde então.

A Figura 6.1 ilustra a desigualdade americana e o crescimento econômico a longo prazo. O que é perceptível no período que nos preocupa é o aumento acentuado da desigualdade durante a Grande Depressão, principalmente por conta do alto desemprego, seguido pelo longo declínio dela que se estende até 1957. Um coeficiente de Gini que em 1933 superava 50 caiu para apenas 34 em 1957. Esse declínio enorme é extremamente raro e quase nunca encontrado, a não ser em revoluções. Mas as revoluções tendem a produzir declínios nas rendas reais, enquanto nesse caso a renda per capita real dos Estados Unidos mais que dobrou, de cerca de 8 mil dólares em 1933 para 17 500 dólares em 1957.[12] Esse notável desenvolvimento triplo — o poder global sem precedentes dos Estados Unidos, os grandes aumentos na renda per capita real e o nivelamento igualmente grande das diferenças de renda — é algo que devemos ter em mente para entender o clima intelectual em que Kuznets desenvolveu seu pensamento sobre a evolução da distribuição de renda.

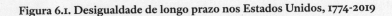

Figura 6.1. Desigualdade de longo prazo nos Estados Unidos, 1774-2019

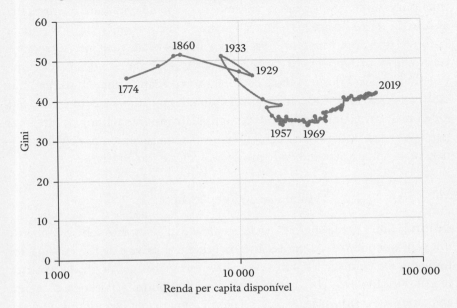

Eixo horizontal em log dólares internacionais de 1990 (Maddison). FONTES: Para 1774 a 1870: Peter Lindert e Jeffrey Williamson, *Unequal Gains: American Growth and Inequality since 1700* (Princeton University Press, 2016), pp. 38, 115. Para 1929 a 1947: Eugene Smolensky e Robert Plotnik, "Inequality and Poverty in the United States, 1900-1990", Graduate School of Public Policy, University of California, 1992, figura 2. Para 1929: Daniel B. Radner e John C. Hinricks, "Size Distribution of Income in 1964, 1970, and 1971", *Survey of Current Business*, v. 54, p. 27, Tabela 10, 1974. Para 1935, 1941 e 1946: Selma Goldsmith, George Jaszi, Hyman Kaitz e Maurice Liebenberg, "Size Distribution of Income since the Mid-thirties". *Review of Economics and Statistics*, v. 36, n. 1, p. 7, nota 4, 1954. Para 1944 a 1945 e 1947 a 2019: US Census Bureau, *Income, Poverty and Health Insurance in the United States: 2009*, set. 2010, pp. 40-3, Tabela A.2. Para os anos mais recentes, publicações equivalentes subsequentes do US Census Bureau de 1947 a 1988: Arthur F. Jones Jr. E Daniel H. Weinberg, "Change in the Income Inequality for Families: 1947-1998", em *The Changing Shape of the Nation's Income Distribution: 1947-1998*, US Census Report Number P60-204, jun. 2000.

Nessa atmosfera, talvez fosse natural acreditar que a experiência americana pressagiava o que poderia ser a experiência geral de países capitalistas avançados: maior mobilidade social, o fim das sociedades baseadas em classes, menor desigualdade de renda e riqueza, e taxas de crescimento permanentemente altas. Para entender Kuznets e sua visão em geral otimista sobre o futuro da distribuição de renda, é importante colocá-lo no contexto histórico correto, que é totalmente diferente do vivenciado por Marx e Pareto. O pessimismo de médio prazo de Marx foi cultivado em meio aos salários reais estagnados ou que aumentavam lentamente na Inglaterra de meados do século XIX (uma condição prevalecente revertida na época em que Marx publicou o primeiro volume de *O capital*).[13] Pareto escreveu na atmosfera febril de greves, agitação anarquista e uma revolução socialista europeia aparentemente iminente. Para ambos os autores, o quadro parecia sombrio, mesmo que Marx pudesse se alegrar com essa desolação, uma vez que tornava a possibilidade da derrubada do capitalismo mais real. Em contraste com eles, Kuznets, trabalhando em meio à prosperidade dos Estados Unidos e a uma desigualdade significativamente menor do que uma geração antes, podia realisticamente, e não apenas como um projeto milenar, vislumbrar uma sociedade muito mais rica e igualitária.

A hipótese de Kuznets definida

À medida que a renda aumenta, a desigualdade inicialmente sobe e depois diminui. Essa poderia ser a exposição mais breve da hipótese de Kuznets que foi timidamente enunciada em 1955, com base em apenas um punhado de observações. Essa hipótese viria a ter vida própria, que continua hoje, quase setenta anos após sua formulação. Kuznets a definiu no início da seguinte maneira:

> Pode-se [...] presumir uma longa oscilação na desigualdade que caracteriza a estrutura de renda secular: ampliou-se nas fases iniciais do crescimento econômico, quando a transição da civilização pré-industrial para a industrial foi mais rápida; estabilizou-se por um tempo; e depois estreitou nas fases posteriores.[14]

Em uma publicação posterior, ele reiterou o padrão, com explicação adicional:

> Parece plausível presumir que no processo de crescimento, os primeiros períodos se caracterizam por [...] forças que podem ter ampliado a desigualdade [...] por um tempo devido ao crescimento rápido do setor não-A [não agrícola] e da desigualdade maior dentro dele. É ainda mais plausível argumentar que a recente diminuição da desigualdade de renda observada nos países desenvolvidos deveu-se a uma combinação da diminuição das desigualdades intersetoriais no produto por trabalhador [entre agricultura e manufatura], o declínio na participação das rendas de propriedade nas rendas totais das famílias e as mudanças institucionais que refletem decisões relativas à previdência social e ao pleno emprego.[15]

A ideia era simples, mas ninguém a havia expressado antes. Kuznets partiu da posição de que as rendas em sociedades pré-industriais eram relativamente iguais. Essa proposição pode não ser verdadeira, e certamente não era verdadeira para sociedades com grande desigualdade em propriedades de terra, porém, podemos pressupor (embora isso nunca seja explicitado nos escritos de Kuznets) que ele tinha em mente uma sociedade agrícola que se aproximasse da Nova Inglaterra, composta de camponeses proprietários de terras.[16] Que Kuznets tinha principalmente os Estados Unidos em mente pode ser adivinhado a partir de duas declarações que ele faz em rápida sucessão. Primeiro, escreve que "pode-se pressupor que as desigualdades de renda urbana são muito maiores do que aquelas da população agrícola que era organizada em *empresas individuais relativamente pequenas*". Segundo, argumenta que essa alta desigualdade urbana "seria particularmente assim durante os períodos em que a industrialização e a urbanização estavam ocorrendo rapidamente e a população urbana estava aumentando com muita rapidez graças aos imigrantes, fossem de áreas agrícolas do país ou *do exterior*. Nessas condições, a população urbana percorreria toda a gama, desde posições de baixa renda de recém-chegados até os picos econômicos dos grupos de renda mais alta estabelecidos".[17] Ambas as declarações representam uma versão estilizada da história econômica americana na última parte do século XIX e nas duas primeiras décadas do século XX. Mas o objetivo de Kuznets era muito mais amplo do que dar uma versão resumida da história econômica dos Estados Unidos. Ele achava que as regularidades que observou tinham um campo de aplicação bem mais amplo.

A partir da premissa de uma sociedade rural com desigualdade limitada, os impactos da industrialização e da urbanização seriam duplos. Primeiro, maior produtividade no setor não agrícola faria com que os trabalhadores da agricultura emigrassem para as cidades. Lá, eles receberiam salários mais altos do que suas rendas anteriores nas áreas rurais. Essa seria a primeira fonte de desigualdade crescente: a diferença das rendas médias entre a cidade e o campo. Em segundo lugar, à medida que a industrialização prosseguia, ela criaria novos empregos que eram muito mais diversos, tanto em sua produtividade quanto nos salários que pagavam, do que os empregos que existiam nas aldeias. Portanto, as áreas urbanas exibiriam desigualdade crescente e, como estavam se tornando mais populosas (sempre recorrendo à mão de obra rural), esse setor mais desigual da economia se expandiria e aumentaria a desigualdade geral. Em suma, a sociedade passaria da homogeneidade inicial na renda para a heterogeneidade, devido às diferenças nas rendas médias entre áreas urbanas e rurais e à expansão da parte mais heterogênea (não agrícola e urbanizada) da economia.

Peter Lindert e Jeffrey Williamson publicaram o primeiro estudo abrangente sobre a desigualdade nos Estados Unidos, acompanhando-a desde a época da independência até a virada do século XXI. Eles examinam três mecanismos kuznetsianos: o aumento da diferença salarial real entre trabalhadores urbanos e rurais; o aumento da diferença entre a renda geral urbana e rural; e o efeito da crescente urbanização (com sua suposta maior desigualdade de rendas nas cidades) na desigualdade geral. Nas palavras desses autores, "a transição urbana foi certamente forte o suficiente para dar à hipótese de Kuznets uma chance de brilhar. E ela brilha em todos os três aspectos".[18] Entre 1800 e 1860, a diferença entre salários urbanos e rurais aumentou nos Estados Unidos de um praticamente inexistente 1% para 27%; no Sul, a diferença aumentou de 8% para 28%. Em termos de renda geral, as rendas urbanas do país em 1860 eram 35% maiores do que as rendas rurais. Por fim, em 1860 (ano para o qual, como Lindert e Williamson observam, os dados de desigualdade são os melhores), o Gini urbano dos Estados Unidos era de 58,5 pontos e o Gini rural de 48 pontos.

A Tabela 6.1 resume as estimativas de Lindert e Williamson sobre a desigualdade e o crescimento dos Estados Unidos de 1774 a 1929. Durante esse período, a renda média do país quintuplicou, com taxas de crescimento na maioria dos anos excedendo a própria exigência de Kuznets para a configuração do crescimento econômico moderno (pelo menos 1% per capita anualmente). A desigualdade atingiu o pico por volta da década de 1860 e permaneceu perto desse alto patamar até a década de 1930. Depois disso, começou seu longo declínio (esse foi "o grande nivelamento"). Se olharmos para ela em termos da participação do 1% do topo, então o aumento da desigualdade continuou até a Primeira Guerra Mundial, após a qual se estabilizou. Por qualquer indicador, portanto, a desigualdade se comportou como Kuznets afirmou. A única questão é se a desigualdade nos Estados Unidos atingiu o pico nas últimas décadas do século XIX ou na primeira década do século XX.

Tabela 6.1. Desigualdade e renda média nos Estados Unidos, 1774-1929

	Desigualdade		
	Gini	Participação do 1% mais rico	Renda PIB per capita (Maddison Project)
1774	44,1		2419
1800	~40		2545
1850	48,7		3632
1860	51,1		4402
1870	51,1	9,8	4803
1910		17,8	9637
1913		18,0	10 108
1920		14,5	10 153
1929	49,0	18,4	11 954

FONTES: Para Gini e participação do 1% mais rico: Lindert e Williamson, *Unequal Gains*, pp. 18, 115-6, 154, 173. A estimativa de desigualdade inclui todas as famílias (inclusive escravizados antes de 1870). A desigualdade em 1800 baseia-se aproximadamente na declaração de Lindert e Williamson de que era menor do que em 1774 (p. 95). Para PIB per capita: Maddison Project, versão 2020.

O mecanismo mapeado por Kuznets é simples e magistral. Com pouco mais do que um esboço em miniatura, já podemos ver as semelhanças entre seu modelo e a experiência de muitas sociedades, e compreender uma hipótese sobre a evolução da desigualdade à medida que a sociedade se desenvolve. Está claro que, na concepção de Kuznets, a desigualdade responde à mudança estrutural na economia, embora, em estudos empíricos posteriores, a mudança estrutural tenha sido substituída, por razões de conveniência econométrica, por um aumento no PIB per capita. O modelo também deixa claro que o aumento da desigualdade tem um limite natural. A disparidade rural-urbana está no seu máximo quando a sociedade é dividida em dois grupos de tamanho igual (supondo-se taxas salariais dadas nos dois setores), mas uma vez que a maior parte do país se tornou urbanizada, a contribuição da disparidade será pequena. Podemos ver isso muito claramente em quase todos os países totalmente urbanizados. Nos Estados Unidos, por exemplo, por maior que seja a disparidade, a pequena parcela da população rural (menos de 2%) garante que ela em si não possa afetar muito a desigualdade geral americana. A situação é diferente na China, devido ao seu grau ainda relativamente baixo de urbanização; ela seguiu o curso traçado por Kuznets e o surgimento de uma disparidade rural-urbana tem sido um fator-chave para o crescimento da desigualdade geral.

Essa primeira porção (crescente) da curva de Kuznets é associada com frequência ao modelo de crescimento de Arthur Lewis de 1954, com suprimentos ilimitados de mão de obra.[19] O modelo de Kuznets também pode ser visto como sendo um de áreas urbanas (ou o setor manufatureiro) que "sugam" a mão de obra rural, a uma taxa salarial inalterada, até que o suprimento de nova mão de obra simplesmente acabe. Nesse ponto, toda a ação se move para as cidades, onde os capitalistas, enfrentando uma restrição de oferta, são obrigados a operar sob condições de aumento dos salários reais. Assim, o modelo de Kuznets pode ser visto como uma versão do de Lewis. Mas este não viu uma divergência crescente entre salários urbanos e rurais (um dos principais requisitos para o movimento do tipo de Kuznets). Sua crença era de que o "exército de reserva de trabalho" de Marx sempre cuidaria para que tal divergência não acontecesse.[20]

O que ocorre depois que a desigualdade atinge um nível muito alto? De acordo com Kuznets (como fica claro em seus comentários citados anteriormente), quando a renda total da economia se torna relativamente alta, três novas forças são postas em movimento. Em primeiro lugar, a diferença de produtividade entre os setores agrícola e não agrícola diminui, reduzindo assim a diferença salarial urbano-rural. Em segundo, uma vez que a sociedade, sendo mais rica, tem mais capital, a maior abundância de capital reduz a taxa de retorno do capital e, portanto, diminui as rendas relativas dos ricos. E em terceiro, a maior riqueza social permite que a sociedade introduza pensões de velhice, seguro-desemprego e seguro contra acidentes, e outros programas sociais que atenuam ainda mais as forças da desigualdade.

Assim, a porção descendente da curva de Kuznets também parece muito razoável. Observe-se que, na verdade, a principal força atuando neste lado da curva é a maior riqueza acumulada durante o período anterior de aumento da desigualdade. Além de permitir gastos sociais mais generosos, essa riqueza maior reduz a taxa de retorno do capital, o que reduz a renda dos ricos. De fato, maiores gastos sociais e legislação trabalhistas têm sido a experiência das economias da Europa Ocidental, não apenas na época de Kuznets, mas também antes. Colocaram-se limites em dias e horas de trabalho, uma legislação fabril foi aprovada na segunda metade do século XIX na Inglaterra, e o seguro social foi promulgado na Alemanha de Bismarck. Quanto aos retornos mais baixos do capital, a previsão de Kuznets ecoou as anteriores de Smith e Marx, que, como vimos, esperavam reduções graduais na taxa de lucro e, por implicação, reduções na desigualdade.

O modelo de Kuznets é intuitivo e facilmente compreendido, mas mais complexo do que parece à primeira vista. Ele apresenta cinco variáveis que mudam ao longo do tempo: a participação da população urbana, o nível de desigualdade rural, o nível de desigualdade urbana, a renda rural média e a renda urbana média. A interação dessas variáveis gera duas principais variáveis no nível de país — renda média e desigualdade — que também se alteram ao longo do tempo. Mas a mudança que ocorre nessas variáveis não é tudo o que determina o tipo de curva de Kuznets que elas produzem; seus níveis (por exemplo, o nível inicial de desigualdade rural, e assim por diante) também importam. Obviamente, a velocidade da transição urbana também importa, assim como o tamanho da disparidade entre as rendas urbana e rural. Em seu artigo de 1955, Kuznets dedica um esforço considerável para apresentar vários exemplos numéricos do processo e discutir sob quais suposições a inclinação do aumento da desigualdade (na primeira parte da curva) pode ser maior, ou com que rapidez a desigualdade pode diminuir. É claro que as possibilidades são quase infinitas. O ponto essencial é que, com base nas três suposições de Kuznets — urbanização crescente, renda média mais alta em áreas urbanas e maior desigualdade em áreas urbanas (mas com um pico, após o qual diminui) —, podemos gerar ao longo do tempo um movimento parabólico nas medidas de desigualdade e aumento da renda média geral.[21] Assim, vinculamos a urbanização e a transformação estrutural ao crescimento moderno e podemos, adicionalmente, derivar uma estimativa de como os frutos desse crescimento moderno serão distribuídos entre os cidadãos. É difícil pensar em outro modelo econômico que responda a questões tão importantes assim, digamos, *economicamente*.

A Figura 6.2 representa um exemplo, usando-se o índice de Theil em vez de Gini porque Theil é exatamente decomponível em seu componente "entre" (desigualdade devido à disparidade urbano-rural) e seu componente "dentro" (desigualdade devido à soma das desigualdades rurais e urbanas). Aqui, assumimos que a disparidade de renda urbano-rural e a desigualdade urbana aumentam até que 70% da população tenha se transferido para as áreas urbanas, após o que ambas diminuem. Para simplificar, mantemos a desigualdade rural constante (e menor do que a desigualdade urbana em todo o processo, é claro). São suposições simples, razoáveis e não particularmente exigentes. Elas geram prontamente uma curva de desigualdade em forma de U invertido e produzem uma renda média geral que está aumentando muito rápido e depois desacelera. Esse exemplo, que levei cerca de meia hora para criar, destaca a flexibilidade da abordagem de Kuznets, bem como seu poder: ao alterar os números em uma planilha (muito mais fácil de fazer hoje do que nos dias de Kuznets, quando os resultados para cada iteração tinham que ser calculados manualmente), podemos variar os resultados, mas, desde que nos atenhamos às três suposições principais, o formato da curva será o mesmo.

Figura 6.2. Renda média e desigualdade num modelo simples de Kuznets

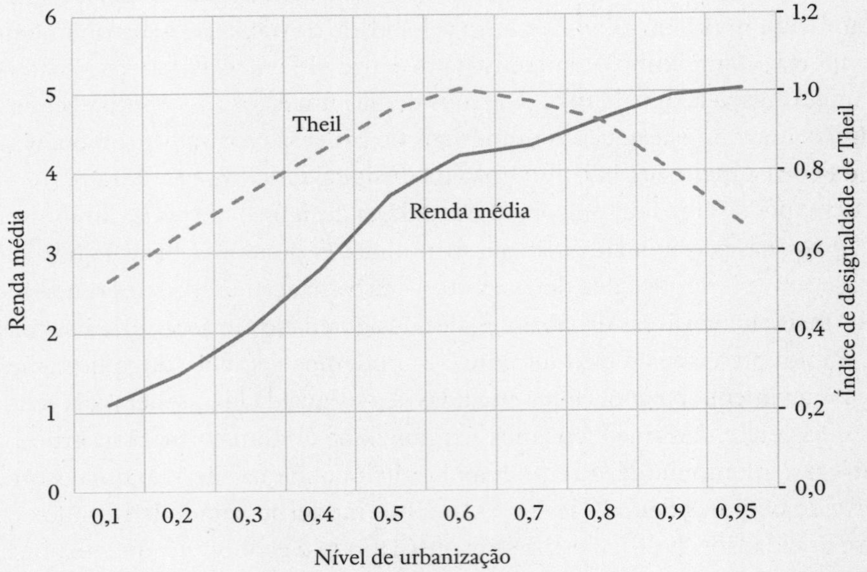

Cálculos baseados em várias pressuposições consistentes com a hipótese de Kuznets.

A hipótese de Kuznets dava uma imagem muito estilizada da evolução da desigualdade de renda; era uma mistura de, como ele disse, "talvez 5% de informação empírica e 95% de especulação, parte dela possivelmente contaminada por pensamento positivo".[22] Em sua formulação original, Kuznets citou a experiência de apoio de apenas seis países: o Reino Unido, os Estados Unidos e a Alemanha, com seus dados fragmentários de longo prazo que remontam ao século XIX, e Índia, Sri Lanka e Filipinas, com uma observação cada do início da década de 1950. No entanto, a hipótese tinha múltiplos atrativos: proporcionava uma história empiricamente testável sobre a evolução da distribuição de renda à medida que as economias se desenvolviam; mantinha a "conversa" com escritores clássicos ao permitir uma "tendência de queda da taxa de lucro"; e se ajustava amplamente aos padrões observados nas potências industriais em ascensão. Além disso, parecia que esse padrão poderia ser repetido entre os países em desenvolvimento, como Japão, Turquia, Brasil e Coreia do Sul, à medida que seguiam o caminho traçado por países ocidentais mais avançados. Era uma explicação da história econômica e uma previsão do movimento da desigualdade no futuro. Seu ponto mais fraco era sua suposição de distribuição relativamente igualitária anterior à decolagem industrial. Mas, como vimos, em alguns casos até mesmo essa suposição poderia ser defendida.

A hipótese teve um precursor, embora não da economia. Quando Alexis de Tocqueville publicou *Mémoire sur le paupérisme* em 1835, 120 anos antes de Kuznets anunciar sua hipótese, ele disse a mesma coisa:

> Se olharmos atentamente para o que aconteceu com o mundo desde o início das sociedades, é fácil ver que a igualdade prevalece apenas nos polos históricos da civilização. Os selvagens são iguais porque são igualmente fracos e ignorantes. Homens muito civilizados podem se tornar iguais porque todos têm à disposição meios semelhantes de obter conforto e felicidade. Entre esses dois extremos, encontra-se a desigualdade de condições, riqueza, conhecimento — o poder de poucos, a pobreza, ignorância e fraqueza de todos os demais.[23]

É muito improvável que Kuznets conhecesse o *Mémoire*, que não foi incluído nas obras reunidas de Tocqueville publicadas em francês na década de 1860.[24] Sua primeira tradução para o inglês foi lançada somente em 1968. Mas podemos não estar errados em pensar na hipótese de Kuznets como a hipótese de Tocqueville-Kuznets. Não obstante, continuarei a seguir a abordagem convencional neste capítulo e me referirei à hipótese, à curva e à curva em U invertida discutidas aqui como de Kuznets.

A curva que foi definida cedo demais?

A hipótese de Kuznets atraiu enorme atenção não apenas pelos motivos explicados, mas também porque sua formulação coincidiu com o período em que dados mais detalhados sobre distribuição de renda estavam disponíveis pela primeira vez a partir de fontes fiscais e, cada vez mais, das pesquisas domiciliares que começaram a ser realizadas na década de 1960. O próprio Kuznets, como mencionado, abriu novos caminhos com seu trabalho sobre distribuição de renda nos Estados Unidos no fim da década de 1940 e início da década de 1950; numa publicação de 1953, ele mostrou uma redução significativa da desigualdade americana nos anos que antecederam e durante a Segunda Guerra Mundial.[25] Isso levou o economista Arthur Burns a proclamar uma "revolução da desigualdade" americana. Desde o final da década de 1920, sustentava Burns, os Estados Unidos haviam feito uma rápida transformação de um alto nível de desigualdade de renda e estavam progredindo em direção ao que constituiria igualdade total:

> Se agora compararmos 1929 e 1946, descobrimos que a parcela da renda que vai para o grupo dos 5% mais ricos caiu 16 pontos. Se a igualdade perfeita de rendas houvesse sido alcançada em 1946, a parcela teria caído de 34 para 5%, ou seja, 29 pontos. Em outras palavras, a participação na renda do estrato dos 5% mais ricos caiu 16 pontos de uma queda máxima possível de 29 pontos; de modo que, com base nesse critério, podemos dizer que percorremos em apenas duas décadas mais de metade da distância que separa a distribuição de 1929 de uma distribuição perfeitamente igualitária.[26]

Mudando o foco para o 1% mais rico, Burns acrescentou que os resultados eram ainda mais impressionantes: os Estados Unidos haviam viajado dois terços da distância da situação de 1929 para a igualdade absoluta de renda. Entre esses desdobramentos americanos e, conforme a década de 1950 se desenrolava, movimentos semelhantes na Europa Ocidental, quase parecia haver uma lei econômica pela qual a menor desigualdade vinha com maiores rendas. Para aqueles que trabalhavam na nova área da economia do desenvolvimento, a implicação era de que se poderia esperar que os países em desenvolvimento percorressem o mesmo caminho que os desenvolvidos, de modo que, após uma fase em que o crescimento empurrasse a desigualdade para cima, haveria um ponto de virada, e a desigualdade começaria a diminuir. Duas observações interessantes podem ser feitas sobre essa abordagem da hipótese de Kuznets: primeiro, de uma nova maneira, ela repetia o argumento marxista de que os países mais desenvolvidos, mais à frente no caminho para o desenvolvimento, revelam esse caminho para aqueles que os seguem; e segundo, estimulava uma forma de complacência entre os economistas do desenvolvimento, levando muitos a pensar que era suficiente tender ao crescimento, porque o crescimento (isto é, maior nível de renda) cuidaria da desigualdade. A última visão se consolidou fortemente entre os economistas, quer seu foco fosse em países desenvolvidos ou em desenvolvimento, e pode ter contribuído para a negligência dos estudos sobre distribuição de renda entre a década de 1960 e o final do século. O capítulo 7 explorará essa possibilidade.

Tornou-se enormemente popular nas décadas de 1970 e 1980 testar a hipótese de Kuznets com dados disponíveis.[27] Mas enquanto a hipótese, como formulada de início, tinha claramente a ver com a mudança na desigualdade em um determinado país à medida que ele prosseguia no caminho do subdesenvolvimento para se tornar desenvolvido, os dados de longo prazo necessários para testar a teoria não estavam disponíveis na década de 1970. Portanto, aqueles que trabalharam na hipótese de Kuznets confiaram numa mistura de séries temporais agrupadas e dados transversais, ou inteiramente em dados transversais.[28] A implicação estrita de usar tais dados para colocá-los na moldura de Kuznets era que cada país teria que exibir a curva de Kuznets exatamente da mesma maneira. Isso obviamente exigia demasiada credulidade. Suponha-se que tanto o Brasil quanto a Suécia sigam a curva de Kuznets. Em um dado momento na década de 1970, eles estariam em diferentes posições de renda (com a Suécia mais à direita num gráfico como a Figura 6.2), e as curvas subjacentes nas quais o Brasil e a Suécia estavam "viajando" poderiam ser bem diferentes em suas alturas (coeficientes de Gini, plotados no eixo vertical), ainda que ambas se parecessem com um U invertido. Portanto, colocar todos os números de Gini juntos poderia resultar em algo que se assemelhasse à relação de Kuznets, pois de fato a maioria das regressões encontrou os sinais necessários nos coeficientes de renda per capita e renda per capita ao quadrado, mas a qualidade do ajuste seria provavelmente muito baixa. Uma dessas relações, em que nenhuma variável de controle adicional é usada, é exibida na Figura 6.3. Usando-se dados que abrangem quase meio século, ela mostra que, embora a relação quadrática entre nível de renda e desigualdade possa ser discernida, o R-quadrado é muito baixo (aqui apenas 0,12) — tão baixo que os pontos de dados parecem mais um borrão aleatório do que uma distribuição pertencente a uma relação específica.

Muitos tentaram resolver esse problema introduzindo controles cuja função era ajustar para as idiossincrasias dos países, mantendo o teste da hipótese de um U invertido. Nessas regressões, seria de esperar que os coeficientes em renda logarítmica e renda logarítmica ao quadrado tivessem o sinal correto (o primeiro positivo, o segundo negativo), enquanto outras variáveis de controle tornariam o modelo mais realista e melhorariam o R-quadrado.* Por exemplo, Williamson e Higgins introduziram a abertura ao comércio e a estrutura etária da população; Milanović introduziu a extensão da sindicalização e a parcela de emprego no setor estatal; Ahluwalia e, mais tarde, Kaelble e Thomas introduziram a variável simulada socialista (esperava-se que os países socialistas apresentassem menor desigualdade).[29] Anand e Kanbur argumentaram que a forma funcional quadrática padrão usada para testar a hipótese estava errada.[30] Numa tentativa semelhante a uma busca pelo Santo Graal, os economistas buscaram descobrir o ponto de virada da curva de Kuznets — o nível de renda no qual a desigualdade começa a diminuir. Isso se mostrou ilusório e impossível de estabelecer. Muitos desses ajustes faziam sentido pelo motivo que acabamos de explicar: eram maneiras de distinguir entre as características subjacentes dos países, permitindo que cada um seguisse seu próprio U invertido. Por outro lado, alguns eram apenas o tipo de ajuste ao qual os cientistas recorrem quando tentam sustentar um "programa degenerativo" de pesquisa, para usar o termo de Imre Lakatos — novas suposições acrescentadas para estender a vida de uma hipótese cada vez mais duvidosa.[31]

---

* Essa era a formulação "fraca" da hipótese de Kuznets; a formulação "forte" seria aquela em que somente a renda importa. Note-se, no entanto, que a formulação estrita de Kuznets não via a desigualdade mudando com a renda, mas com a estrutura da economia (industrialização e urbanização). A estrutura da economia era mais difícil de aproximar com uma única variável, e menos disponível internacionalmente, e foi substituída (na minha opinião, de modo razoável) pela renda per capita real.

Figura 6.3. Relação entre PIB per capita e desigualdade, 1970--2014 (dados transversais e de séries temporais agrupados)

Cada ponto representa um país/ano com seu PIB per capita em dólares internacionais de 2011 (em logs) e coeficiente de Gini de renda disponível (expresso em porcentagens). A linha grossa baseia-se na regressão de Gini sobre a renda logarítmica. As duas linhas pontilhadas horizontais mostram os limites inferior e superior aproximados do coeficiente de Gini. FONTE: "All the Ginis" data set, World Bank, World Development Indicators, Washington, DC.

Também foi dito que o pico de desigualdade encontrado em estudos transversais em torno do nível médio de renda era um artefato dos dados. Acontecia de países latino-americanos mais desiguais também estarem no nível médio de renda.[32] Mas suponha-se que a América Latina fosse tão rica quanto o Ocidente. Uma vez que sua desigualdade "original" ou subjacente era maior (por razões relacionadas à história), isso não moveria o pico da curva em U invertido muito para a direita para coincidir com os países mais desenvolvidos? Nesse caso, não haveria curva em forma de U invertido.

Mas o golpe de misericórdia para a hipótese de Kuznets veio de uma direção diferente. No início da década de 1980, as economias avançadas dos Estados Unidos e da Europa Ocidental entraram numa ascensão de desigualdade de décadas — uma tendência que não poderia ser conciliada com a formulação original de Kuznets. Ele havia definido sua hipótese de uma forma que não deixava dúvidas: os países ricos tinham de permanecer em um ponto de desigualdade relativamente baixo. Seus níveis de desigualdade não poderiam aumentar. De fato, não havia nada nos escritos de Kuznets que permitisse que a desigualdade aumentasse após a maturidade econômica suficiente ter sido alcançada. Já avançando com dificuldades como paradigma "degenerado", a hipótese de Kuznets, com esses aumentos incompatíveis, parecia para muitos sem salvação. No entanto, as declarações de sua morte podem ter sido prematuras.

Um possível renascimento

Ironicamente, ao mesmo tempo que as inconsistências do mundo real com a hipótese de Kuznets se tornavam óbvias, um novo suporte veio na forma inesperada de dados melhores. Kuznets sempre apresentara sua história como uma que se aplica a determinado país ao longo do tempo, mas como estudos de longo prazo não estavam disponíveis, aqueles que tentavam testar a hipótese usavam dados transversais. No início dos anos 2000, muitas outras estimativas de longo prazo da desigualdade (como a dos Estados Unidos mostrada na Figura 6.1) tornaram-se disponíveis. Ao longo desses longos períodos de tempo, os contornos essenciais da curva de Kuznets, quer se olhasse para dados americanos ou alemães (como mostrado na Figura 4.3) ou dados britânicos ou chineses (mostrado nas Figuras 6.4 e 6.5), pareciam se manter.

Mas em vez de uma curva de Kuznets, pode haver duas, sucessivas no tempo. Os dados britânicos, assim como os dados americanos, mostram uma segunda ascensão que começa no início da década de 1980, e até mesmo a sugestão de uma segunda porção descendente a partir de aproximadamente 2015. A China, cuja industrialização fica atrás do Ocidente e inclui, além da transformação usual do tipo Kuznets, a transformação de uma economia socialista para uma economia majoritariamente capitalista, exibe uma porção ascendente muito acentuada da curva de Kuznets. Essa porção chega ao fim por volta de 2010, à medida que a oferta de mão de obra rural barata diminui, o prêmio de habilidades diminui e programas sociais mais extensos se espalham para áreas rurais. Na última década, parece que a China está claramente envolvida numa porção descendente de uma curva de Kuznets. Sua população envelhecida e, portanto, a demanda crescente

Figura 6.4. Curva de Kuznets de longo prazo para Inglaterra/ Reino Unido 1688-2018

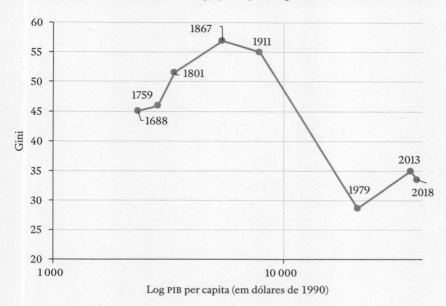

FONTES: De 1759 a 1911: calculado a partir de tabelas sociais produzidas por Gregory King (1688), Joseph Massie (1759), Patrick Colquhoun (1801), Dudley Baxter (1867) e Arthur L. Bowley (1911), tal como retrabalhadas por Peter H. Lindert e Jeffrey G. Williamson, "Revising England's Social Tables 1688-1812". *Explorations in Economic History*, v. 19, n. 4, pp. 385--408, 1982. De 1979: LIS Cross-National Data Center; Maddison Project Database em dólares internacionais de 1990.

por transferências sociais, outro elemento mencionado por Kuznets, também desempenham um papel.

Evidências históricas fortes adicionais em favor da curva vieram com dados sobre nações da Europa Ocidental antes e durante a Revolução Industrial. Jan Luiten van Zanden, por exemplo, foi capaz de descrever uma "supercurva de Kuznets" que começou no início da Europa moderna por volta de 1500; ele traçou o formato de U invertido que ela assumiu ao longo dos dois séculos seguintes.[33] Em meu próprio trabalho, argumentei anteriormente que tais mudanças históricas, semelhantes a ondas, são parecidas com os ciclos malthusianos (embora mais amplos em seus fatores causais, uma vez que podem ser desencadeados por eventos como influxos de ouro, epidemias e guerras).[34] Mas como ocorreram contra o pano de fundo de uma renda média histórica inalterada, as ondas de Kuznets só poderiam ser vistas se plotadas contra o tempo, e não contra o PIB per capita. No último

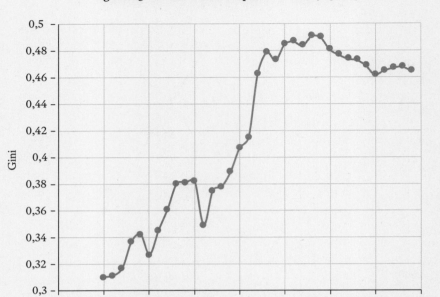

Figura 6.5. Curva de Kuznets para a China, 1985-2019

FONTES: De 1985 a 2002: Ximing Wu e Jeffrey Perloff, "China's Distribution and Inequality". *Review of Economics and Statistics*, v. 87, n. 4, pp. 763-75, 2005. De 2003 a 2019: National Bureau of Statistics.

caso, os pontos de dados apareceriam apenas como um borrão de pontos contra um PIB per capita mais ou menos fixo no eixo horizontal.

Também argumentei em outro lugar que a curva de Kuznets poderia ser logicamente estendida a todos os períodos de rápida mudança tecnológica em que um setor em crescimento e seu impacto na composição da força de trabalho aumentariam a desigualdade.[35] Assim, o aumento da desigualdade nos países ocidentais nas décadas de 1980 e 1990 poderia ser visto como apenas mais uma onda de Kuznets, não muito diferente daquela que ele descreveu em meados do século. Substitua-se o emprego no setor de serviços pelo emprego na indústria, e o emprego na indústria pelo emprego agrícola, e obtém-se uma nova versão de como a transferência de mão de obra para um setor inerentemente mais produtivo e diverso, oferecendo uma maior variedade de taxas salariais (nesse caso, o setor de serviços), explica o aumento da desigualdade. As forças que derrubariam esse desenvolvimento não são tão claras quanto no caso original, mas é possível argumentar que, com o passar do tempo e o aumento da competição, pode haver uma dissipação das altas rendas acumuladas para as empresas e proprietários de empresas que lideram a mudança tecnológica. Isso colocaria um amortecedor em novos aumentos na desigualdade. Como na própria apresentação de Kuznets, as demandas políticas por maiores transferências sociais e impostos mais altos para financiá-las impediriam o aumento da desigualdade. Ou até mesmo a reduziriam.

Desse modo, a hipótese de Kuznets foi mantida viva pela chegada oportuna de evidências de longo prazo para apoiá-la, e pela substituição de uma única curva de Kuznets por um número potencialmente ilimitado de ondas de Kuznets impulsionadas por revoluções tecnológicas. Apesar de seus altos e baixos, a hipótese de Kuznets ainda está conosco.

Contribuições de Kuznets

Simon Kuznets deu várias contribuições muito importantes. Pela primeira vez na história da economia, sua hipótese vinculou claramente movimentos na desigualdade de renda a transformações estruturais de economias (ou ao aumento da renda média como um proxy). Isso marcou uma ruptura com a ideia de Pareto de que a desigualdade de renda permanecia num nível fixo em todos os sistemas socioeconômicos e, portanto, não seria afetada pela transformação estrutural.

Como vimos, todos os autores clássicos — e, em particular, Smith e Marx — perceberam que a desigualdade de renda evoluía em reação a mudanças estruturais, mas nenhum deles havia definido a ligação com clareza. É preciso consolidar suas ideias sobre o tema a partir de menções dispersas. Contudo, tanto para Smith quanto para Marx, a taxa de retorno sobre o capital investido diminuiria provavelmente à medida que o capital se tornasse mais abundante e os capitalistas competissem cada vez mais entre si. Quanto aos salários, Smith acreditava que eles tenderiam a aumentar, enquanto Marx era mais circunspecto. Escrevendo um século depois de Marx, Kuznets pôde ver claramente que os salários reais aumentam no processo de desenvolvimento e, diferentemente de Marx, ele acreditava que a participação do capital diminuiria. Na verdade, é notável que Smith, Marx e Kuznets concordem sobre a provável evolução dos pagamentos fatoriais: salários aumentando, taxa de lucro diminuindo.

As grandes contribuições da hipótese de Kuznets foram sua declaração mais explícita de quais alterações na desigualdade poderiam ser esperadas em tempos de mudança estrutural e sua identificação bastante plausível do mecanismo envolvido — um mecanismo que não é tão simples quanto variações nas rendas dos fatores (salários versus lucros), mas também envolve mudanças na urbanização, na estrutura etária da população, na demanda por proteção social e muito mais. A introdução desses elementos adicionais pode, à primeira vista, parecer uma abordagem que "joga tudo no mesmo saco", reunindo todos os fatores plausíveis — e isso foi um problema em alguns testes iniciais da hipótese de Kuznets. É possível, no entanto, limitar o número de elementos adicionais àqueles que são consistentes com o espírito original e minimalista de Kuznets (por exemplo, o declínio na participação do capital e uma população envelhecida, com sua maior demanda por transferências sociais), para que a hipótese permaneça bem definida e suficientemente específica.

A maior especificidade do vínculo que Kuznets descreveu entre mudança estrutural e nível de desigualdade permitiu o teste empírico da hipótese e a deixou sujeita à falseabilidade. Como vimos, seu sucesso não foi sempre garantido, e a hipótese de Kuznets gerou uma boa quantidade de controvérsia e até rejeição, sobretudo porque a desigualdade na maioria dos países desenvolvidos se moveu, a partir da década de 1980, inequivocamente para cima. Nem esse movimento poderia ser facilmente descartado como não representativo, uma vez que envolveu quase todos os países da OCDE e durou pelo menos três e talvez até quatro décadas. A crescente insatisfação com o poder explicativo da curva de Kuznets levou a um ceticismo mais amplo de que qualquer teoria que vinculasse a desigualdade a mudanças estruturais na economia pudesse ser desenvolvida. Observe-se, por exemplo, que Tony Atkinson, escrevendo em 1997, e Peter Lindert, em 2000, referem-se apenas a "episódios" de desigualdade crescente e decrescente, sem atribuí-los a leis gerais.[36] Trata-se de um ponto de vista ainda compartilhado por muitos economistas. Mas, como argumentarei no Epílogo, um modelo pode permanecer útil mesmo que as mudanças medidas nem sempre obedeçam às suas previsões. Ao reformular a hipótese de Kuznets, dedicando mais atenção às previsões de Marx e fazendo uso da nova abordagem de Piketty em *O capital no século XXI*, ganhamos novas e poderosas lentes para examinar a desigualdade — todos esses três paradigmas fornecem uma estrutura útil ao nosso pensamento.

Embora a abordagem de Kuznets tenha diferido decisivamente da de Pareto, há semelhanças nos destinos de suas teorias. As concepções dos dois não saíram ilesas dos testes empíricos, e nenhuma delas pode ser aceita totalmente em sua forma original. Mas ambas ainda estão muito presentes no trabalho atual sobre desigualdade. A contribuição de Pareto é mais óbvia nos métodos usados no trabalho sobre distribuição de renda. A contribuição de Kuznets perdura em nossa compreensão da evolução da desigualdade em países como Brasil e China, e até mesmo nas economias avançadas (embora nem todos compartilhem esse ponto de vista). Suas contribuições permanecem, em suas diferentes formas, e continuarão existindo, embora possivelmente de mais uma forma modificada.

Localidade e universalidade em todos os autores estudados aqui

Ao concluirmos nossas considerações sobre Kuznets e nos prepararmos para seguir em frente depois dos "gigantes", vale a pena enfatizar de novo que essas figuras imponentes foram profundamente influenciadas por seus contextos sociais. As obras deles refletiram as condições não só de suas épocas, mas dos lugares onde nasceram, viveram, viajaram e trabalharam. Quesnay estava interessado quase exclusivamente na riqueza da França. Sua estrutura de classes e a distribuição de renda que a acompanhava são uma cópia embelezada da situação francesa na segunda metade do século XVIII. *A riqueza das nações* de Smith é, em muitas partes, um resumo dos desenvolvimentos econômicos britânicos (ou mesmo escoceses). O caso de Ricardo é o mais extremo: todo o seu livro foi escrito como um tratado sobre as leis britânicas de sua época. Marx tomou a Grã-Bretanha explicitamente como seu "modelo capitalista", mesmo que às vezes ele se arrependesse de não ter escolhido os Estados Unidos, ou pelo menos de não os ter levado mais a sério. Para Pareto, eram a França e a Itália que importavam acima de tudo. E a teoria de Kuznets, especialmente porque postula baixa desigualdade em sociedades pré-industriais, foi fortemente modelada na experiência americana.

Ao mesmo tempo, no entanto, cada um deles tinha em mente o mundo mais amplo e buscava desenvolver teorias com validade universal. Quesnay queria estabelecer as regras de como, em geral, as nações se tornam ricas; sua aspiração ao universalismo é demonstrada por sua prontidão em propor soluções chinesas (ou o que ele pensava serem chinesas) para um país tão histórica e geograficamente diferente da China quanto a França. Smith chamou sua obra-prima de *A riqueza das nações*, também apresentando as forças que, em sua opinião, fariam as *nações* prosperarem; ele não a chamou de "Como a Grã-Bretanha se tornou rica". Os objetivos universais de Marx eram bastante óbvios, principalmente porque ele era um ativista social igualmente à vontade na França e na Bélgica, assim como na Alemanha e na Inglaterra, e foi o fundador da "Internacional" (título que também não foi escolhido aleatoriamente). Seu trabalho enfrentou, como o de Smith antes dele, o problema da aplicabilidade ao resto do mundo. Isso foi sobretudo evidente no caso de Marx porque suas teorias foram aceitas por seguidores dedicados em todos os cantos do mundo e tiveram que ser modificadas para se adequar às condições locais. A universalidade de Pareto aparece, paradoxalmente, em sua negação de que diferenças na história ou sistemas sociais poderiam produzir diferenças na distribuição de renda. Por fim, a abordagem de Kuznets, concebida com os países ricos em mente, perdurou porque foi transplantada para a economia do desenvolvimento, onde foi capaz de sobreviver a um período prolongado de congelamento profundo dos estudos de desigualdade na economia neoclássica e, mais geralmente, em economias capitalistas desenvolvidas. (Esse período, que começaria logo após as principais contribuições de Kuznets, é o tema do capítulo 7.) Todos os nossos autores combinaram, portanto, seu foco nacional, e até mesmo interesses bastante locais, com pretensões muito mais amplas — e, de fato, suas reivindicações mais amplas ressoaram muito e lhes renderam milhões de leitores e seguidores ao redor do mundo.

O célebre ensaio de Kuznets, apresentado em 1955 como seu discurso ao assumir a presidência da Associação Econômica Americana, termina com a seguinte injunção:

> Se quisermos lidar adequadamente com processos de crescimento econômico, processos de mudança de longo prazo nos quais as próprias estruturas tecnológicas, demográficas e sociais também estão mudando — e de maneiras que afetam decididamente o funcionamento das forças econômicas propriamente ditas —, é inevitável que nos aventuremos em campos além daqueles reconhecidos nas últimas décadas como província da economia propriamente dita. Para o estudo do crescimento econômico das nações, é imperativo que nos familiarizemos mais com as descobertas nessas disciplinas sociais relacionadas que podem nos

ajudar a entender os padrões de crescimento populacional, a natureza e as forças na mudança tecnológica, os fatores que determinam as características e tendências nas instituições políticas e, em geral, os padrões de comportamento dos seres humanos, em parte como uma espécie biológica, em parte como animais sociais. O trabalho eficaz neste campo exige necessariamente uma mudança da economia de mercado para a economia política e social.[37]

Como veremos no capítulo 7, essa recomendação não foi atendida. Os cinquenta anos seguintes não produziram economistas que tivessem a amplitude de visão dos seis que estudamos até agora. Ao contrário, podemos dizer que a economia como um campo estagnou ou até regrediu, pelo menos em sua compreensão da distribuição de renda sob o capitalismo moderno. Que isso tenha acontecido apesar do progresso notável na disponibilidade de dados, em novas técnicas de manipulação de dados e no maior poder computacional é bastante impressionante e requer uma explicação. Para encontrá-la, podemos olhar em três direções: a geopolítica da era da Guerra Fria, a mudança da economia em direção ao abstrato e o financiamento da pesquisa pelos ricos (que, seguindo seus próprios interesses, não estavam particularmente inclinados a apoiar estudos sobre desigualdade de renda).

7.
O longo eclipse dos estudos sobre desigualdade durante a Guerra Fria

Para que uma linha de trabalho sobre desigualdade seja significativa e atenda ao padrão declarado no prólogo deste livro de ser um estudo integrativo da distribuição de renda, necessita ter três características. Primeiro, precisa de uma narrativa do que impulsiona a desigualdade e quais são (na concepção de seu autor) os fatores ou forças mais importantes por trás dela. Em outras palavras, precisa começar com uma história política ou economicamente motivadora. Em todas as obras clássicas revisadas neste livro, encontramos essas histórias motivadoras. Em segundo lugar, em consonância com essa história, o autor deve desenvolver uma teoria, que não precisa ser expressa em termos matemáticos, e muitas vezes não é — nem mesmo por autores mais contemporâneos como Kuznets —, mas necessita ter um esboço das relações entre variáveis relevantes. Em terceiro lugar, precisa haver "verificação" empírica das alegações teóricas e narrativas. Com frequência, faltava empiria em trabalhos de autores clássicos simplesmente porque eles não tinham os dados necessários. Porém, hoje esses dados são uma parte indispensável de uma abordagem bem-sucedida à desigualdade. É com esses três elementos em mente que tratarei agora de como a distribuição de renda foi estudada em economias socialistas e capitalistas no período que vai (aproximadamente) de meados da década de 1960 a 1990.

Tenho de começar com algum contexto histórico. O desenvolvimento de estudos de distribuição de renda entre as duas guerras mundiais seguiu principalmente as vicissitudes da política e foi influenciado apenas secundariamente pelas da economia. A política da época era extraordinariamente tumultuosa, com revoluções bem-sucedidas na Rússia e na China, revoluções fracassadas na Alemanha e na Hungria, dissolução de cinco impérios, o início de lutas anticoloniais em China, Índia, Vietnã e Indonésia e a ascensão do fascismo na Europa e no Japão. Embora a destruição de propriedades e vidas entre os beligerantes durante a Grande Guerra tenha aumentado a pobreza e criado novas desigualdades, nenhum estudo sistemático de distribuição de renda foi produzido. De fato, houve um declínio acentuado do interesse por esse tema. Para o observador de hoje, parece que tudo entre 1918 e 1937-9 aconteceu muito rápido, com uma crise sendo sucedida por outra. A hiperinflação foi seguida pela Depressão, a Depressão por políticas nativistas, as políticas nativistas pela guerra, e houve pouco tempo para trabalhar muito em qualquer coisa relacionada a novas desigualdades, exceto na Rússia soviética, onde as questões de classe e, portanto, de desigualdade foram estudadas mais profundamente e, no devido tempo, tiveram consequências políticas importantes e violentas.

Em outros lugares, até mesmo Keynes, cujos famosos parágrafos introdutórios em *As consequências econômicas da paz* mostraram claramente que ele não ignorava a importância da desigualdade de renda para a sustentabilidade das sociedades, atribuiu quase nenhum papel à desigualdade em sua *Teoria geral* de 1936.[1] Como lugar mais óbvio para ela no sistema keynesiano, poderia ter havido uma discussão sobre como afeta a propensão marginal agregada a consumir e, portanto, determina o multiplicador e o efeito de um dado aumento nos gastos do governo, mas, mesmo assim, a desigualdade foi ignorada. Com efeito, Keynes supôs uma distribuição de renda inalterada por toda parte — por conveniência, tratando a desigualdade e a propensão agregada a consumir como fixas ou pelo menos como parâmetros. Coube a Hans Staehle apontar um ano após a *Teoria geral*, num excelente artigo que usava dados alemães, o quanto a distribuição de salários varia e como isso, por sua vez, afeta a propensão marginal ao consumo.[2] Em retrospecto, uma das justificativas para ignorar a distribuição de renda vinha (e continuou a vir após a Segunda Guerra Mundial) de uma aceitação geral do que havia sido denominado Lei de Bowley, uma conclusão imensa e exageradamente generalizada com base em um único estudo empírico de um país. Arthur Bowley havia calculado as participações de fatores na Grã-Bretanha durante os primeiros anos do século XX e as encontrou aproximadamente estáveis.[3] Essa pesquisa deu origem a uma suposição de que as participações de fatores não variavam a longo prazo.* E se a distribuição

---

* Vimos no capítulo 4 que, de fato, as participações dos fatores variaram significativamente na Inglaterra durante o século XIX, e Marx considerou uma participação decrescente do trabalho como uma característica central do capitalismo desenvolvido.

de renda fatorial não muda, continuou a história, então a distribuição de renda pessoal também deve ser próxima de constante.[4]

Vemos aqui o início de uma explicação do eclipse dos estudos sobre distribuição de renda após a Segunda Guerra Mundial, e o ponto mais amplo no qual este capítulo insistirá: sempre que a divisão de classes é supostamente fixa ou não importa, os estudos de distribuição de renda interpessoal caem em desuso. Não há razão lógica para que seja assim; a distribuição de renda fatorial pode ser estável enquanto ocorrem mudanças nas distribuições de rendas salariais e rendas de propriedade (e formação familiar, ligando as duas). No entanto, embora isso seja formalmente verdadeiro, veremos que o efeito de minimizar a importância da classe, ou o pensamento positivo de que as classes deixaram de existir, foi paralisar, marginalizar e tornar supérfluos os estudos sobre distribuição de renda. Encontramos essa atitude entre os autores do século XIX e início do século XX e a encontraremos novamente entre os da segunda metade do século XX. Quando a análise de classe e o papel das rendas de capital são ignorados, os estudos de distribuição de renda também o são.

Foi exatamente isso que aconteceu depois da Segunda Guerra Mundial, quando a competição entre comunismo e capitalismo empurrou a economia, de ambos os lados, para servir aos fins políticos das ideologias dominantes. Ambos os campos compartilhavam a crença de que, dentro de seus próprios sistemas, as classes eram coisa do passado, as divisões de classe não existiam mais e o trabalho sobre distribuição de renda era praticamente irrelevante. Não havia, achavam eles, muito o que estudar.

Em uma tabela simples, reproduzida a seguir, Martin Bronfenbrenner resume bem três posições importantes sobre problemas de distribuição. Tanto os capitalistas (ou neoclássicos) quanto os marxistas acreditam que, uma vez em vigor as instituições de base corretas (no caso do capitalismo, o livre mercado e a inviolabilidade da propriedade, e no caso dos marxistas, a abolição da propriedade privada), não há razão para se preocupar com a alta diferenciação salarial ou para considerar a distribuição de renda uma questão importante.[5] O desaparecimento de trabalhos sobre esses temas foi exatamente o que aconteceu durante a Guerra Fria em ambos os sistemas.

Tabela 7.1. Três posições importantes sobre problemas distribucionais

	Importância da distribuição	Participação desejável da propriedade	Diferenciação desejável do salário
Capitalista [neoclássico]	Menor	Finita	Grande
Social-democrata	Importante	Infinitesimal [pequena]	Pequena
Comunista [marxista]	Menor	Infinitesimal	Grande

FONTE: Martin Bronfenbrenner, *Income Distribution Theory* (Chicago: Aldine-Atherton, 1971), p. 6, Tabela 1.1, com modificações de Milanović entre colchetes.

Na próxima seção, exploraremos como essa crença foi impulsionada em países socialistas por uma eliminação efetiva da classe capitalista tradicional ricardiana ou marxista, que derivava sua renda da propriedade. Isso significava que todas as rendas eram o produto do trabalho e, uma vez que (de acordo com essa visão) as instituições de fundo tornavam agora a exploração impossível, as rendas de trabalho tal como existiam eram justificadas. Além disso, as diferenças entre as rendas eram pequenas e não mereciam investigação.

Desse modo, a eliminação da análise baseada em classe eliminou a preocupação com a distribuição de renda. É verdade que, no lugar das antigas classes, se ergueu uma nova estrutura de classe, como será argumentado adiante, mas a discussão dessa realidade não era algo que as autoridades comunistas estivessem dispostas a endossar ou mesmo tolerar. Assim, uma combinação de fatores tanto "objetivos" (a eliminação da classe proprietária tradicional) quanto "subjetivos" (uma ditadura política comprometida com a ideia de uma sociedade sem classes que via estudos de desigualdade como uma possível arma ideológica contra ela) pôs fim a qualquer pesquisa séria sobre desigualdade de renda em economias socialistas.

A situação no Ocidente não era muito diferente. Ali, fatores "objetivos" também exerceram influência sobre o objeto da pesquisa econômica e minimizaram a importância da distribuição de renda. A economia como disciplina viu seu centro de gravidade mudar da Europa dividida em classes para os Estados Unidos, muito mais fluidos em classes, e os economistas americanos mais influentes não viam a estrutura de classes da mesma forma como era vista na Europa pelos economistas clássicos, ou como aparecia em sociedades mais antigas como China, Índia, Oriente Médio e a historicamente desigual América Latina. O Sonho Americano, em que todos podiam sonhar com riqueza independentemente de sua origem, fazia parte da ideologia do país desde sua fundação. No entanto, ganhou mais força durante a Guerra Fria para diminuir a atração do marxismo, para tornar irrelevante a alegação soviética de ter eliminado classes e para refutar a caracterização das sociedades capitalistas como irremediavelmente divididas em classes e desiguais. Em outras palavras, enquanto o campo socialista alegava ter abolido as divisões de classe, o campo americano tinha que alegar a mesma coisa — que as classes não importavam em seus países. Aqui, também, os economistas foram desencorajados a empreender estudos de distribuição de renda pela combinação de um fator "objetivo" (divisão de classe menos saliente nos Estados Unidos) e um "subjetivo" (uma ideologia não receptiva à evidência de tais divisões, mesmo onde elas existiam, como na discriminação racial).

A disciplina da economia, na medida em que sua evolução pode ser considerada independente das influências políticas observadas anteriormente, também se tornou inimiga do estudo da desigualdade. A abordagem dominante da análise do equilíbrio geral se preocupava com a determinação dos preços relativos dos produtos finais e fatores de produção. As rendas dos participantes de uma economia são, de acordo com os neoclássicos, por definição iguais ao produto dos preços dos fatores (iguais aos seus produtos marginais) e às quantidades de dotações de capital e trabalho com as quais eles entram no processo econômico. Mas essas quantidades de dotações em si estão fora do âmbito da análise de equilíbrio geral. Se as dotações, e principalmente a propriedade, foram adquiridas por meio de transações de mercado anteriores, pilhagem, exploração, herança, monopólio ou quaisquer outros meios não era o assunto da economia como a ciência dos preços relativos. O ótimo de Pareto, que é simplesmente uma validação da posse atual de ativos por quem os detém, é um complemento perfeito para essa teoria.[6] Os neoclássicos não tinham quase nada a dizer sobre o que Marx chamou de "acumulação primitiva" e o que Smith via como propriedade adquirida por meio de influência política, monopólio e pilhagem (ver capítulo 2). Na economia, os vínculos com os clássicos foram rompidos.

Essa preferência metodológica puxou o tapete da análise de classe, uma vez que os donos da força de trabalho e os donos do capital eram formalmente vistos como agentes equivalentes que apenas diferiam nos fatores de produção que possuíam. A economia se tornou a ciência do presente, ligeiramente relacionada ao futuro por meio de decisões de poupança e investimento, mas totalmente desconectada do passado. Essa tentativa de introduzir equivalência formal entre os dois fatores de produção — um exigindo esforço de trabalho constante para gerar renda, e o outro não exigindo trabalho de seu dono para gerar retorno — foi bem captada pelo gracejo de Milton e Rose Friedman, "a cada um de acordo com o que ele e os instrumentos que possui produzem".[7] Ela virou de cabeça para baixo a distinção clássica (e especialmente marxista) entre os dois fatores de produção e classes. Usando a mesma linguagem, de forma semizombeteira, alegava que as classes não existiam de nenhuma forma significativa e o fato era apenas que as pessoas possuíam ativos diferentes. Essa abordagem não via mais a distribuição como ocorrendo entre indivíduos; em vez disso, era entre indivíduos e objetos (capital). Não reconhecia que a produtividade marginal do capital é uma questão técnica e que o capital produz uma renda para seu proprietário somente quando há um "contrato social" ou sistema econômico em vigor que permite aos proprietários de ferramentas (inclusive capital) coletar os produtos das ferramentas que possuem. Certamente, a dotação de trabalho não produzia nenhuma renda para o escravo, porque o sistema não reconhecia a autoapropriação dos frutos produzidos por essa dotação. As relações sociais que sustentavam o capitalismo eram totalmente ignoradas.

A abordagem neoclássica buscava "naturalizar" as relações de produção. Ou seja, tratava as relações de produção não como específicas de uma certa maneira de organizar a produção e certo estágio de desenvolvimento, mas como a única ordem possível e "natural" das coisas. Não havia também, estritamente falando, capitalismo. O efeito dessa naturalização, que negava a relevância das relações sociais em que as pessoas entram nos processos de produção e distribuição, era apagar a estrutura de classes e tornar o estudo da distribuição de renda supérfluo.

Assim, pesquisadores em países comunistas e capitalistas viveram e trabalharam similarmente no que podemos chamar de período econômico da Guerra Fria. Imperativos políticos se cruzaram com a visibilidade "objetivamente" diminuída das classes tradicionais para negar relevância a qualquer trabalho integrativo sobre distribuição de renda.

Sistemas de propriedade não privada do capital: Desigualdade na economia de mercado socialista

Uma das ideias mais importantes de Marx diz respeito ao caráter histórico do preço "normal" (ou equilíbrio de longo prazo). Na literatura marxista, isso é geralmente tratado sob o título do problema da transformação, em que os preços normais (valor-trabalho) numa economia de mercado baseada na produção de commodities em pequena escala são, à medida que a economia evolui, transformados em novos preços normais (capitalistas), os "preços de produção". Os preços de produção diferem dos preços baseados apenas em insumos de trabalho devido à capacidade do capital de se mover de um setor para outro, o que leva à equalização das taxas de lucro entre os setores. Isso é diferente da formação de valor na produção de pequenas commodities, em que o capital é amplamente imóvel e onde as taxas de retorno, mesmo em equilíbrio, variam entre os setores. Sob as últimas condições, o preço de equilíbrio de longo prazo é igual à quantidade de trabalho "socialmente necessária". Mas no capitalismo, o preço normal deve incluir a mesma taxa de retorno em setores intensivos em capital e intensivos em trabalho. Como o total de insumos de trabalho em setores intensivos em capital é, por definição, relativamente pequeno, os preços de produção em tais setores serão maiores do que seus valores de trabalho; o oposto, é claro, vale para setores intensivos em trabalho.

Um problema de transformação semelhante existe quando uma economia se transforma de capitalista em socialista, supondo-se que o socialismo continue sendo um sistema produtor de commodities, ou seja, um sistema em que os produtos são "mercadorias" e não apenas "valores de uso". Como o melhor exemplo dessa transformação, consideremos a economia administrada pelos trabalhadores que existia na Iugoslávia. A função objetiva de uma empresa gerenciada por mão de obra é a *maximização da produção por trabalhador*, em oposição à maximização do lucro de uma empresa capitalista. Supondo-se que uma empresa pague uma taxa de usuário sobre o capital que é de propriedade "social" (ou, para simplificar, de propriedade do Estado e sendo usado pela empresa), o salário médio por unidade de trabalho do tipo i empregado na empresa j torna-se

$$W_{ij} = p_j q_j - rK_j$$

em que p_j e q_j são, respectivamente, o preço e a quantidade de produção pela empresa j, r é uma taxa de retorno de toda a economia ou taxa de usuário sobre o capital, e K_j é a quantidade de capital controlada pela empresa. Deve-se notar que numa empresa de propriedade dos trabalhadores, o salário tem que ser subscrito tanto pelo tipo de trabalho quanto pelo tipo de empresa, porque os trabalhadores dentro de cada empresa recebem um retorno maior ou menor devido às características específicas dela. A renda adicional pode se dever a produtividade extra de uma empresa, situação de monopólio ou outros poderes semelhantes a aluguel que ela desfruta que não são eliminados por uma taxa de usuário de capital (e, alternativamente, uma empresa veria impacto negativo nos salários se não tivesse tais vantagens). Assim, trabalhadores idênticos serão pagos de forma diferente dependendo dos setores e das empresas que os empregam. Era bem conhecido na Iugoslávia socialista, e documentado na volumosa literatura sobre socialismo de mercado, que trabalhadores em setores de produção mais intensivos em capital eram mais bem pagos do que trabalhadores em setores intensivos em mão de obra.[8] Evidentemente, nem todas as vantagens da maior intensidade de capital eram "absorvidas" pela taxa de usuário de capital. Trabalhar em um setor ou empresa que tinha algum poder de monopólio era ainda melhor. O ponto principal é que, diferentemente do capitalismo, em que renda extra de, digamos, poder de monopólio se traduziria em lucros extras, aqui isso aumentava os salários dos trabalhadores. Portanto, trabalhadores idênticos em setores diferentes, ou mesmo em empresas diferentes dentro do mesmo setor, recebiam salários diferentes. Isso porque os requerentes de renda residual sob o socialismo de mercado são trabalhadores, enquanto, no capitalismo, eles são os donos do capital.*

Para distribuição de renda, a implicação da diferença no requerente residual é dupla. Primeiro, todo o resto sendo o mesmo, os salários para um determinado tipo de trabalho serão mais diversificados no socialismo

---

* Alguém poderia racionalizar essa diferença em salários para o mesmo trabalho argumentando que a taxa salarial numa economia de mercado socialista é composta de dois elementos: salário propriamente dito e um bônus de gestão que é maior em empresas mais bem administradas. E como os trabalhadores são gerentes, eles devem recebê-lo. O argumento é enfraquecido, no entanto, pelo fato de que o componente extra varia não só em função da qualidade da gestão, mas também em função do poder de monopólio e da intensidade de capital da produção.

de mercado do que no capitalismo. Segundo, como não há apropriação privada do retorno do capital, essa fonte de desigualdade desaparecerá. Como a propriedade do capital em sociedades capitalistas é sempre muito distorcida, a ausência de apropriação privada do retorno do capital é um elemento de importância significativa para a redução da desigualdade. Com efeito, uma parte do retorno do capital ou da gestão que não foi totalmente assumida pelo Estado por meio da taxa de usuário surgiria, no socialismo de mercado, na forma de renda do trabalho — e isso seria recebido por muitas pessoas — ao passo que no capitalismo seria incluído na renda do capital e recebido por poucas pessoas (ricas).

Esse exemplo destaca o fato de que, em distintos sistemas socioeconômicos, a diferença em onde está o locus do empreendedorismo, se o capital é móvel entre setores ou não, ou se o retorno do capital é recebido pelos capitalistas ou pelo Estado, impulsiona diferenças nos preços de equilíbrio "normais" ou de longo prazo e nas distribuições de renda interpessoal. É por isso que, mesmo no nível mais abstrato, esperamos que a distribuição de renda no socialismo de mercado não seja a mesma que no capitalismo, não só medida por um indicador geral como o coeficiente de Gini, mas também em relação aos indivíduos que recebem rendas altas, médias ou baixas. Os salários dos trabalhadores para um determinado tipo de trabalho deveria ser distribuído de forma mais desigual no socialismo de mercado do que no capitalismo, enquanto a desigualdade geral, graças à apropriação não privada da renda do capital, poderia ser menor. E, obviamente, algumas classes sociais (como os capitalistas) podem ser muito pequenas ou nem existir.

Sistemas de propriedade estatal do capital: Desigualdade na economia planejada

A distribuição de renda em economias planejadas também era conduzida por regras simples que refletiam a natureza do sistema. Às vezes, argumenta-se que a distribuição de renda num sistema planejado é moldada por elementos "voluntaristas" ou ideológicos. Em um nível muito geral, isso é verdade. Não se deve, no entanto, enfatizar tais elementos a ponto de ignorar causas sistêmicas mais importantes. A distribuição de renda em economias planejadas não era simplesmente um reflexo da ideologia comunista, mas objetivamente determinada pelas principais características do sistema (propriedade estatal do capital) e requisitos para seu funcionamento — ou, para colocar em termos marxistas, para sua "reprodução expandida".

Como já foi mencionado, a marginalização (ou quase eliminação) da propriedade privada do capital é uma força redutora da desigualdade, uma vez que em economias capitalistas a riqueza produtiva (e, portanto, o retorno do capital) é distribuída de forma muito desigual. Por outro lado, numa sociedade socialista com capital estatal, podemos imaginar uma situação em que todos recebem a mesma quantidade de renda de capital. Na realidade, porém, as economias planejadas eram sociedades hierárquicas ou mesmo baseadas em classes, nas quais o retorno do capital estatal não era igualmente compartilhado; a renda de uma pessoa aumentava à medida que ela subia na hierarquia do Estado e do Partido. Essa hierarquia desempenhava, de fato, um papel semelhante ao de uma hierarquia capitalista (esta última, é claro, determinada pela quantidade de capital que uma pessoa possuía). Em princípio, uma economia planejada difere de uma economia de mercado socialista no sentido de que os trabalhadores que realizam determinado tipo de trabalho são pagos igualmente, independente de quais empresas ou setores específicos os empregam. Claro, essa é uma descrição num nível muito alto de abstração. Havia, de fato, diferenças salariais significativas entre setores e repúblicas na URSS e em outras economias planejadas.[9] Porém, as diferenças intersetoriais resultavam de decisões políticas determinadas para estimular setores específicos da economia (por exemplo, no caso bem conhecido do setor de mineração na Polônia) ou para encorajar uma certa distribuição geográfica da produção. A URSS perseguiu o último objetivo quando, a fim de atrair mão de obra para a Sibéria árida e escassamente povoada, pagou aos trabalhadores do mesmo nível de qualificação salários mais altos do que em qualquer outro lugar da república. Mas a questão é que, diferentemente do socialismo de mercado, não há razões sistêmicas numa economia planejada para que os salários variem dentro do mesmo tipo de trabalho.

Havia, no entanto, uma preferência ideológica para eliminar a distinção entre trabalho intelectual e manual e, assim, reduzir a disparidade entre os salários dos trabalhadores manuais e não manuais. Isso era verdade em ambos os tipos de economias socialistas. Os retornos da qualificação ou educação eram menores do que no capitalismo.[10] Uma vez que esse tema foi exaustivamente estudado, será suficiente oferecer apenas duas ilustrações aqui. A Tabela 7.2 compara os salários de trabalhadores qualificados e não qualificados em um único país (Iugoslávia) no capitalismo e no socialismo inicial. A Tabela 7.3 mostra uma comparação semelhante colocando várias economias capitalistas europeias contra três países socialistas da Europa Central e da URSS. É notável que, na última comparação, o país socialista com a *maior* desigualdade de salários não manuais para manuais ainda era menos desigual do que o país capitalista com a *menor* desigualdade de não manuais para manuais. Os dois sistemas não se sobrepunham de forma alguma. A Tabela 7.3 também mostra a proporção dos salários médios dos gerentes em relação aos salários médios de todas as pessoas empregadas e, de novo, a proporção é geralmente menor no socialismo.

Quando comparamos salários qualificados e não qualificados em economias capitalistas e socialistas, não devemos esquecer que a educação pública gratuita no socialismo significava que, mesmo sem uma preferência ideológica para melhorar a posição relativa de trabalhadores pouco qualificados, o diferencial compensatório entre trabalhadores altamente qualificados e pouco qualificados tinha de ser menor.[11] Em outras palavras, o menor prêmio de qualificação observado no socialismo não deve ser totalmente atribuído a preferências ideológicas.[12]

Por fim, com relação à redistribuição governamental, é verdade que a tributação direta e as transferências sociais eram relativamente altas nas economias socialistas planejadas (Tabela 7.4), mas duas questões devem ser levantadas. Primeiro, as transferências sociais eram determinadas pela demografia familiar e não muito por avaliações de contribuições ou necessidades. E em segundo lugar, a tributação direta era proporcional, isto é, era um imposto fixo cobrado quase exclusivamente sobre as rendas do trabalho. (Como as rendas de capital eram mínimas, não faria grande diferença tributá-las muito ou não.)

Isso tornou as transferências sociais menos redistributivas do que no capitalismo maduro, com desembolsos baseados em necessidades — por exemplo, benefícios de desemprego, pensão social, pagamentos de assistência social (ver Figura 7.1). O elemento redistributivo dos impostos diretos era muito menos importante no socialismo porque os impostos eram geralmente proporcionais à renda. Com efeito, impressiona como era pequeno o papel que os impostos diretos desempenhavam na equalização de rendas e, da mesma forma, quão pouco eles figuravam no imaginário

Tabela 7.2. Salários relativos na Iugoslávia sob o capitalismo e o socialismo inicial

Ano	1938	1951
Trabalhadores de baixa qualificação	1	1
Trabalhadores qualificados	3,30	1,35
Administração estatal (todos os funcionários)	1,66	1,03
Empregados de colarinho-branco	2	1,10

Salário de baixa qualificação = 1. FONTE: Branko Horvat, *Ekonomska Teorija Planske Privrede* [Teoria econômica de uma economia planejada]. Belgrado: Kultura, 1961, p. 162.

Tabela 7.3. Salários relativos nas economias capitalistas e socialistas europeias

	Proporção do salário médio não manual para salário médio manual na indústria	Proporção do salário médio de gerente para salário médio de todos os empregados
Economias capitalistas		
Bélgica	1,49	1,84
Dinamarca	1,30	
França	1,70	2,36
Alemanha Ocidental	1,38	1,42
Reino Unido	1,18	1,64
Variação	*1,18-1,70*	*1,42-2,36*
Economias socialistas		
Hungria	1,13	1,50
Polônia	1,05	1,30
Alemanha Oriental	1,05	
URSS	1,05	
Variação	*1,05-1,13*	*1,3-1,5*

Os dados para as economias capitalistas são de 1978; os dados para as economias socialistas são de 1980. FONTES: Combina dados de Dominique Redor, *Wage Inequalities in East and West*. Trad. de Rosemarie Bourgault (Cambridge: Cambridge University Press, 1992), pp. 61, Tabela 3.4, e 71, Tabela 3.10.

Tabela 7.4. Composição da renda bruta em economias socialistas, capitalistas e em desenvolvimento, década de 1980 (média não ponderada; renda bruta = 100)

	Economias socialistas	Economias capitalistas	Economias em desenvolvimento
Renda primária	77	85	90
Renda do trabalho	63	64	35
Renda do trabalho autônomo	13	14	48
Renda da propriedade	1	5	6
Pensões ocupacionais (privadas)	0	2	0
Transferências sociais	19	14	3
Pensões	13	12	2
Benefícios para crianças	4	1	1
Outras transferências de dinheiro	2	1	0
Outras rendas	5	1	7
Renda bruta	100	100	100
Impostos totais	34	38	n.d.
Impostos diretos	3	20	n.d.
Imposto sobre a folha de pagamento (empregado)	7	5	n.d.
Imposto sobre a folha de pagamento (empregador)	24	13	n.d.
PIB per capita em milhares de $PPC (por volta de 1988)	5,5	14,0	1,8

Ver a fonte para citações de dados subjacentes. Todas as médias não são ponderadas. As economias socialistas são Tchecoslováquia, URSS, Bulgária, Hungria, Iugoslávia e Polônia. As economias capitalistas são Austrália, Canadá, França, Alemanha Ocidental, Israel, Nova Zelândia, Noruega, Espanha, Suécia, Reino Unido e Estados Unidos. As economias em desenvolvimento são Costa do Marfim, Gana, Jordânia, Peru, Madagascar e Vietnã. FONTE: Milanović, *Income, Inequality, and Poverty during the Transition from Planned to Market Economy*. Washington, DC: World Bank, 1998, p. 14, Tabela 2.3.

público (ver Tabela 7.4). Isso também ocorria porque eles eram recolhidos na fonte (a contribuição pelas empresas era automática quando pagavam salários) e, portanto, "escondidos" dos contribuintes que pensavam principalmente em salários e rendas em termos líquidos.[13]

Agora podemos escrever uma equação simplificada para a renda per capita disponível y_i em economias socialistas planejadas da seguinte forma:

$$y_i = w_{is} + \alpha_i \bar{k} + b_i(d_i) - \bar{t}w_{is}$$

em que w_{is} é o salário da pessoa i no nível de qualificação s (que, para simplificar, pode se presumir que tem apenas dois valores, para mão de obra qualificada e não qualificada); α_i é um coeficiente hierárquico que aumenta com a posição de alguém num Estado e estrutura partidária; $\bar{k}$ é o retorno médio no país do capital estatal (que podemos considerar igual à renda total não trabalhista menos o valor usado para investimento bruto, dividido pelo tamanho da população); b_i é a quantidade de transferências sociais, que depende das características demográficas da pessoa ou família (d_i); e $\bar{t}w_{is}$ é uma determinada taxa de imposto (fixa) aplicada somente à renda do trabalho. Fica evidente que a desigualdade de renda variará em grande medida em função do coeficiente hierárquico α_i, que desempenha aqui o mesmo papel que a propriedade de capital desempenha no capitalismo. Todas as outras condições sendo as mesmas, quanto mais hierárquica for a economia planejada, maior a desigualdade interpessoal geral; o melhor exemplo disso é provavelmente a economia stalinista da década de 1930. Há, com efeito, somente um elemento adicional a α_i que pode desempenhar um papel significativo na distribuição de renda: o prêmio de qualificação. Mas, como já indicado, o prêmio de qualificação tende a ser pequeno em economias socialistas. E, como mostra a Figura 7.1, as transferências sociais de dinheiro também não poderiam influenciar muito a distribuição, porque eram determinadas demograficamente e, portanto, bastante planas em toda a distribuição de renda. Elas podem ter tido um papel equalizador em economias socialistas menos desenvolvidas, como na Ásia Central, onde famílias grandes e pobres (per capita) se beneficiavam de subsídios para crianças, mas em economias mais desenvolvidas com famílias menores seu papel redistributivo era pequeno. Por fim, os impostos dependiam da renda salarial e, sendo proporcionais, não afetavam a desigualdade geral.

Figura 7.1. Distribuição das transferências sociais de dinheiro por decil de renda

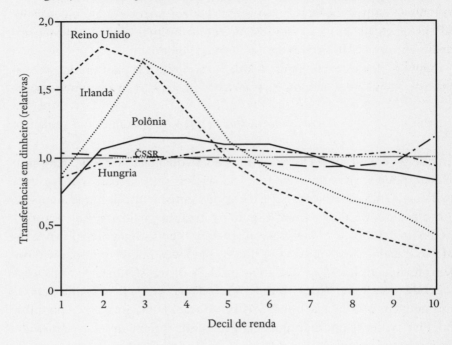

O gráfico mostra a quantidade de transferências sociais per capita nos dez decis de distribuição de renda. Distribuição per capita igual = 1. ČSSR = República Socialista Tchecoslovaca. Reformulado a partir de Branko Milanović, *Income, Inequality, and Poverty during the Transition from Planned to Market Economy* (Washington, DC: World Bank, 1998), p. 17, Figura 2.1.

A equação cobre somente rendas monetizadas; assim, três importantes fontes de renda que ela desconsidera devem ser acrescentadas: produção própria não monetizada, que era importante para as famílias rurais e que em algumas partes do mundo socialista era considerável; subsídios ao consumo, que eram igualitários, pois custeavam fortemente alimentos, energia e outros bens essenciais; e vantagens específicas não mercantis, que eram desfrutadas pelo topo da hierarquia do Estado e do partido (a *nomenklatura*). Estas últimas significavam acesso a bens escassos, apartamentos e casas fornecidos pelo Estado, férias subsidiadas e coisas similares, e podem ser incluídas em nosso coeficiente hierárquico α_i, tornando-o maior.[14]

É difícil, com base numa abordagem tão generalizada, dizer se necessariamente haveria menos desigualdade no socialismo do que no capitalismo maduro, tendo em vista as transferências sociais baseadas nas necessidades e a tributação progressiva deste último. O socialismo, mesmo teoricamente, tinha uma atitude ambivalente em relação à igualdade econômica. O objetivo do socialismo era a abolição das classes e, portanto, do trabalho assalariado contratado, em vez da abolição da desigualdade de renda. (E esse também não era o objetivo do comunismo, embora por razões diferentes.) Como Engels escreveu, "o conteúdo real da demanda proletária por igualdade é a demanda pela abolição das classes. Qualquer demanda por igualdade que vá além disso necessariamente passa para o absurdo".[15] E como ele explicou em outro lugar, de modo ainda mais enfático:

> "A eliminação de toda desigualdade social e política", em vez de "a abolição de todas as distinções de classe", é similarmente uma expressão muito duvidosa. Entre um país, uma província e até mesmo um lugar e outro, as condições de vida sempre evidenciarão *certa* desigualdade que pode ser reduzida ao mínimo, porém, nunca totalmente eliminada. As condições de vida dos moradores dos Alpes sempre serão diferentes daquelas dos homens das planícies. O conceito de uma sociedade socialista como um reino de *igualdade* é um conceito francês unilateral derivado do antigo "liberdade, igualdade, fraternidade", um conceito que era justificado porque, em seu próprio tempo e lugar, significava uma *fase de desenvolvimento*, mas que, como todas as ideias unilaterais das escolas socialistas anteriores, deveria agora ser substituído, uma vez que elas não produzem nada além de confusão mental, e descobrirem-se maneiras mais precisas de apresentar a questão.[16]

Portanto, altos diferenciais de renda não eram algo com que se preocupar muito depois que as instituições "justas" (que compõem uma sociedade sem classes) fossem alcançadas. A lógica aí é idêntica à dos libertários ou fundamentalistas de mercado: para os libertários, uma vez que exista um sistema totalmente baseado no mercado, a renda pode ser adquirida apenas fornecendo bens e serviços valiosos aos outros, e, portanto, a desigualdade é imaterial.*

---

* A desigualdade de renda no socialismo é teoricamente complexa. Depois que as classes e a propriedade privada do capital são abolidas, todas as diferenças derivam do trabalho e, portanto, não são condenadas, pois refletem habilidades e esforços variados. Contudo, os mecanismos postos em movimento pela revolução comunista (educação e assistência médica gratuitas e uma desigualdade reduzida entre salários qualificados e não qualificados) reduzem as diferenças. Então, mesmo teoricamente, os marxistas poderiam esperar menos diferença salarial no socialismo, embora não fossem, em princípio, contra ela.

Ou, como Hayek pensava, com o sistema baseado em regras, falar de distribuição "justa" não tem sentido: "Numa sociedade livre na qual a posição dos diferentes indivíduos e grupos não é o resultado do projeto de ninguém — ou poderia, dentro de tal sociedade, ser alterada de acordo com um princípio geralmente aplicável —, as diferenças na recompensa simplesmente não podem ser descritas de modo significativo como justas ou injustas".[17] Porém, nem os comunistas nem os libertários perguntam se a desigualdade pode, por sua vez, minar as instituições que cada lado preza.[18]

A desigualdade no socialismo costumava ser menor do que no capitalismo, tanto que, nas décadas de 1970 e 1980, muitos estudos aplicaram uma "variável socialista" para ajustar suas análises de regressão (enquanto controlavam os níveis de renda e outras características).[19] A menor desigualdade do socialismo devia-se aos seus menores prêmios de qualificação, rendas bem menores de propriedade e subsídios de consumo de base ampla. É duvidoso que o coeficiente hierárquico α_i implicasse uma desigualdade tão alta quanto a resultante da distribuição desigual de propriedade do capitalismo, mas em alguns períodos (como a década de 1930 do stalinismo na URSS) foi indubitavelmente elevada por vantagens em espécie desfrutadas pela elite e "pagamentos em envelopes" feitos às pessoas em várias circunstâncias.[20] O problema é que, para esse período, temos poucas provas empíricas. No entanto, algumas evidências de consumo notavelmente desigual disponíveis para diferentes estratos e coletadas de fontes oficiais são relatadas por R. W. Davies; por exemplo, em setembro de 1932, quinhentos delegados à plenária do Partido Comunista receberam, para as duas semanas do evento, 1,33 quilos de carne por pessoa diariamente, enquanto a maior ração individual de carne para cidadãos comuns era de três quilos por *mês*.[21] A desigualdade na distribuição salarial, conforme as estatísticas oficiais, aumentou entre 1928 e 1934 (embora ainda fosse menor do que em 1914, antes da guerra).[22]

O nivelamento, que sob o termo russo de *uravnilovka* se tornou sinônimo de igualitarismo excessivo, foi criticado por prejudicar os incentivos e tornar os trabalhadores preguiçosos e desinteressados em melhorar suas qualificações.[23] Em 1931, Stálin se dirigiu a um grupo de gerentes industriais e abordou a questão do que estava causando alta rotatividade em suas forças de trabalho. Segundo ele, a questão era importante porque muita mobilidade dos trabalhadores prejudicava a produtividade e a adoção de novas tecnologias. Segundo ele, as razões disso eram várias:

A causa é a estrutura errada dos salários, as escalas salariais erradas, a prática "esquerdista" de equalização salarial. Em várias fábricas, as escalas salariais são elaboradas de modo a praticamente eliminar a diferença entre trabalho qualificado e não qualificado, entre trabalho pesado e leve. A consequência da equalização salarial é que o trabalhador não qualificado não tem incentivo para se tornar um trabalhador qualificado e, portanto, é privado da perspectiva de avanço; em consequência, ele se sente um "visitante" na fábrica, trabalhando apenas temporariamente para "ganhar um pouco de dinheiro" e depois ir "tentar a sorte" em algum outro lugar. A consequência [...] é que o trabalhador qualificado é obrigado a ir de fábrica em fábrica até encontrar uma onde sua qualificação seja devidamente apreciada.[24]

A desigualdade tornou-se muito menor na União Soviética após o período do "alto stalinismo" e sempre foi bastante baixa em outros países socialistas.[25] No entanto, o fato é que a filiação a uma hierarquia burocrática estatal e partidária desempenhava o mesmo papel nos sistemas socialistas (em termos de distribuição de renda) que a propriedade do capital desempenhava em sistemas capitalistas.[26]

A partir dessa constatação, é apenas um passo adiante argumentar que, funcionalmente, as sociedades socialistas eram baseadas em classes, mesmo que a classe dominante fosse selecionada e governada de forma diferente e, mais importante, fosse incapaz de transferir a maioria de suas vantagens adquiridas entre gerações.* Miloslav Janićijević relatou em 1977 uma descoberta que não foi surpreendente. Quanto mais alta a posição de alguém na hierarquia do Estado — como membro do Partido Comunista e em termos de nível de renda —, mais provável era acreditar que a sociedade não tinha classes (ver Tabela 7.5, coluna 3). Apenas 27% dos que estavam no grupo de renda mais alta acreditavam que o sistema era baseado em classes, contra 44% daqueles no grupo mais pobre. As ideias que justificavam o sistema existente eram mais populares entre aqueles que se beneficiavam dele.

---

* É óbvio que houve exceções, como a Coreia do Norte, que criou a primeira monarquia comunista. Mesmo na China, a importância dos "pequenos príncipes" e da herança de conexões (se não de riqueza) dos pais era importante. Isso não existiu nas economias socialistas europeias.

Tabela 7.5. Percepções da natureza de classe do sistema socialista

Nível de renda (per capita)	O sistema social é: (1) Baseado em classes (%)	(2) Não baseado em classes (%)	(3) Razão (1)/(2)
Abaixo de 500 dinares	44	32	1,38
501-1000	39	32	1,22
1001-1500	39	39	1
1501-2000	40	40	1
Acima de 2000	27	52	0,52
Membros do LCI	32	51	0,63
Não membros	40	28	1,43

Foi perguntado aos entrevistados: "Nossa sociedade [iugoslava] contém diferentes classes sociais?". O número dos que responderam "não sei" não é mostrado aqui. Observe-se que apenas moradores urbanos foram pesquisados. LCI é a Liga dos Comunistas da Iugoslávia. FONTES: Miloslav Janićijević, "Klasna svest i društvena struktura" [Consciência de classe e estrutura social], em *Društveni slojevi i društvena svest* [Grupos sociais e consciência de classe]. Org. de Mihailo Popović, Silvano Bolčić, Vesna Pešić, Milosav Janićijević e Dragomir Pantić. Belgrado: Centar za sociološka istraživanja, 1977, pp. 214-5.

Olhar para a formação de renda e distribuição de renda nos permite contornar estudos ideológicos laboriosos que no passado tentaram definir a natureza exata de classe das economias socialistas e distinguir entre classes sociais (indesejáveis) e camadas sociais ou estratos sociais (aceitáveis).[27] Isso ainda continua sendo uma tarefa para sociólogos, mas economistas podem tratar hierarquias burocráticas de renda como semelhantes a hierarquias capitalistas. Como disse Branko Horvat, "enquanto o capitalista participa da distribuição do mais-valor social em proporção ao seu capital, o burocrata participa em proporção ao seu status na hierarquia de poder".[28]

Uma nota sobre a China. A situação na China durante seu período socialista era diferente das situações na URSS e nos países do Leste Europeu. Nestes, o resultado "procurado" da revolução era a abolição das classes e o tratamento de todos como trabalhadores estatais, e os afastamentos desse tipo "ideal" (por exemplo, agricultura de propriedade privada) eram tratados como anomalias temporárias, ao passo que a revolução chinesa manteve formalmente a existência de classes sociais claras. Elas eram os trabalhadores, os camponeses e, significativamente, a pequena burguesia (pequenos proprietários) e os "capitalistas patriotas". Essas quatro classes foram definidas no discurso de Mao Zedong de 1949 "Sobre a ditadura democrática popular".[29] Elas estão representadas na bandeira chinesa pelas quatro estrelas menores que circundam a estrela grande (que representa o Partido Comunista). Até o início da década de 1960, antigos proprietários capitalistas que não eram considerados contrarrevolucionários e cuja propriedade não fora confiscada tinham direito a um pagamento anual de um dividendo, variando de 1% a 6% do valor estimado dos ativos nacionalizados.[30] Essa permissão, pelo menos formalmente, para a existência de uma estrutura de classe significava que estudos de distribuição de renda poderiam, em princípio, conectar distribuições de renda funcionais e interpessoais.[31] Mas essa pesquisa realizou-se na China de forma muito tímida; as fontes de dados necessárias para esse trabalho se desenvolveram somente com a criação de um sistema estatístico centralizado na década de 1950, e também era provavelmente verdade que as pressões políticas o desencorajavam.[32] As estatísticas chinesas, como os dados soviéticos, estavam focadas nas diferenças entre dados rurais e urbanos; na China, até mesmo as rendas familiares eram pesquisadas separadamente para as duas áreas e foram unificadas numa única pesquisa nacional apenas em 2013.

Por outro lado, especialmente durante o período da Revolução Cultural, o país ofereceu um dos exemplos mais igualitários de todos os tempos: os ganhos de seus trabalhadores manuais e não manuais eram em geral iguais e, em muitos casos, os ganhos dos trabalhadores manuais excediam os dos trabalhadores não manuais. Como Henry Phelps Brown documentou, a tentativa de "criar um novo homem", que trabalharia independentemente de incentivos, resultou em esquemas de pagamento incomuns.[33] Um esquema de recompensas aplicado em Beijing em meados da década de 1960, na época da Revolução Cultural, incluía uma característica pela qual todos os homens eram pagos de acordo com o número médio de unidades produzidas por homens, e todas as mulheres eram pagas de acordo com o número médio de bens produzidos por mulheres. Assim, uma diferença de gênero na remuneração foi intencionalmente introduzida. Mas como todos os indivíduos de um determinado gênero recebiam o mesmo, não havia incentivo material para que alguém trabalhasse mais e produzisse mais. Phelps Brown explica o raciocínio:

Essa história revela o que para observadores ocidentais pode parecer uma contradição na estrutura salarial chinesa: se é certo e apropriado pagar mais a um homem do que a uma mulher porque o homem sendo mais forte produz mais, por que um homem que se esforça e produz mais do que outro homem não deveria receber mais? Para os chineses, a resposta é simplesmente que o último diferencial apela ao interesse próprio, enquanto o primeiro não pode. É estranho, mas inteligível, que os chineses tratem o pagamento em proporção à quantidade de trabalho feito como um princípio autoevidente de justiça natural, quando as diferenças nessa quantidade não estão sob o controle do próprio trabalhador, mas como nocivo quando estão.[34]

A estrutura salarial anti-incentivo era, portanto, o oposto do taylorismo da estrutura de recompensa por peça stalinista, em que os salários eram proporcionais à produção individual e o incentivo óbvio era produzir mais. A abordagem anti-incentivo estava em consonância com a concepção de Marx sobre a distribuição de renda no comunismo, onde o trabalho seria realizado por interesse pessoal e por prazer ("autorrealização") em vez de pagamento, e onde os ganhos seriam distribuídos de acordo com as "necessidades". Embora no exemplo chinês os ganhos não fossem determinados pelas necessidades (dentro dos grupos, homens ou mulheres, deve ter havido alguns cujas necessidades eram maiores do que a média), a primeira parte do desiderato de Marx, ou seja, que o trabalho não fosse realizado em reação a incentivos materiais, era satisfeita.

Desse modo, a China em sua fase socialista oferece uma combinação incomum de extremismo igualitário e preservação formal da sociedade de classes.

Três igualdades socialistas. Tendo acabado de descrever a formação de salários sob as condições da Revolução Cultural chinesa, um dos experimentos igualitários mais radicais da história, podemos ver isso como um momento adequado para entrar em questões de ideologia e, especificamente, contrastar os três conceitos (em termos gerais) de igualdade promovidos por diferentes variedades de socialismo: social-democracia, marxismo tradicional e marxismo com características maoistas.

A igualdade social-democrata é a mais conhecida e a mais fácil de explicar. A maioria de seus autores estava embebida de utilitarismo britânico, de fabianismo e de atividades sindicais. Esse conceito de igualdade começa com a aceitação das relações capitalistas de produção e de uma divisão de classes da sociedade. Trata-se de um ponto de contraste muito importante com a abordagem marxista tradicional. Dentro de uma sociedade capitalista, a social-democracia tenta reduzir a importância do que John Roemer chama de "circunstâncias" (por exemplo, riqueza e herança dos pais, gênero e raça) para a renda de alguém e tolerar apenas as desigualdades que decorrem de diferenças de esforço, "sorte episódica" e desempenho de investimento (e, em relação a este último, apenas se os fundos investidos foram adquiridos por meio de poupança, não por herança).[35] Nessa concepção, são desejáveis quaisquer intervenções que tenham os efeitos de tornar a educação mais acessível a todos, aumentando o poder de barganha do trabalho em relação ao capital, ou promovendo impostos progressivos e, assim, reduzindo a desigualdade. Essas intervenções, como sabemos, foram essenciais para as atividades políticas e sociais de sindicatos, partidos de esquerda e várias associações fraternais por mais de um século em economias capitalistas desenvolvidas.

Porém esse não é o conceito marxista de igualdade. Para Marx e seus seguidores, a igualdade mais importante é aquela que abole as classes sociais e acaba com a propriedade privada do capital. Na visão dele, a desigualdade fundamental está embutida na própria essência das relações capitalistas de produção: os donos do capital contratam trabalhadores e se apropriam da mais-valia. Se, da mais-valia, uma parcela maior fosse acumulada para os trabalhadores, os marxistas acolheriam isso, mas não a considerariam seu objetivo político, ou mesmo algo de grande importância. Como sustentou Shlomo Avineri (ver capítulo 4), os tipos de atividades em que os sindicatos se envolvem são vistos por Marx apenas como campos de treinamento, a fim de preparar as pessoas para um futuro em que as relações de cooperação entre os trabalhadores se estenderão a toda a sociedade. Na concepção de Marx, a igualdade é a condição normal num mundo em que as classes sociais foram abolidas. Mas, no primeiro estágio desse futuro sistema socialista, não é fundamentalmente errado permitir diferenças significativas nos salários se elas resultarem de diferenças no esforço e, portanto, de escolha individual. Na verdade, nenhum marxista acreditava que essas diferenças de renda pudessem ser tão grandes quanto as diferenças sob o capitalismo, porque outras ferramentas postas em movimento pela revolução (saúde e educação gratuitas e prêmios baixos de qualificação) tenderiam naturalmente a reduzi-las. Com efeito, como vimos empiricamente, as diferenças não eram grandes. Não havia propriedade privada do capital, que em todas as sociedades capitalistas (inclusive nas atuais democracias sociais) era extremamente concentrada; não havia herança significativa; e a educação era gratuita e acessível a todos. No entanto — e este é um ponto em que se deve insistir —, a equalização dos resultados econômicos não era um objetivo em si. Era algo que naturalmente surgiria de uma sociedade sem uma classe capitalista, não uma coisa que precisaria de esforço especial depois que as classes fossem abolidas. Assim, em teoria, o socialismo era consistente com uma desigualdade de renda relativamente alta.

O terceiro conceito socialista de igualdade é aquele exemplificado pela Revolução Cultural. Enquanto os conceitos marxista e social-democrata aceitam o papel dos incentivos — isto é, das variações salariais que motivam os trabalhadores e criam desigualdade —, a abordagem maoísta era exatamente o inverso. Nessa concepção, o socialismo é um sistema em que o trabalho deve ser realizado por obrigações sociais, o desejo de ajudar os outros, altruísmo, amor ao país e assim por diante, e não em resposta a incentivos materiais. Consequentemente, durante a Revolução Cultural, todas as rendas tiveram de ser equalizadas. O fato de os chineses aceitarem a desigualdade salarial baseada em gênero nessa época também destaca a singularidade da abordagem. Ao recompensar uma circunstância associada à maior produtividade (gênero, favorecendo homens em detrimento de mulheres) em vez de reconhecer variações no esforço individual, ela contrastava diretamente com o princípio de igualdade de oportunidades de John Roemer.

Vemos, portanto, três visões muito diferentes sobre o que constitui igualdade real, defendidas pelas três ideologias de esquerda (em termos gerais). É importante destacar isso no ambiente de esquerda atual, com sua convergência predominante, quase inquestionável, em apenas uma abordagem: aceitar a propriedade privada dos meios de produção e trabalhar para reduzir as desigualdades de renda que se devem a "circunstâncias". Essa talvez seja a abordagem mais eficiente e mais comum, mas não é ideologicamente a única válida.

Escassez de estudos sobre desigualdade de renda no socialismo

Os estudos sobre desigualdade de renda no socialismo estavam cercados por uma infinidade de problemas e, no final das contas, produziram muito pouco de valor. Para os acadêmicos de hoje, esses esforços despertam apenas um interesse de antiquário, semelhante ao interesse agora voltado aos estudos históricos sobre desigualdade. Na verdade, trabalhar com dados soviéticos sobre distribuição de renda, mesmo durante o auge do socialismo (ou seja, em tempo real), era um pouco como trabalhar com dados históricos romanos ou bizantinos. Só se tinha acesso a alguns poucos dados separados e anedóticos. Com pouca informação sistematizada sendo publicada por escritórios ou pesquisadores governamentais, os estudiosos tinham de traçar conexões entre pontos de dados díspares. Podia-se chegar a conclusões aparentemente razoáveis, mas conclusões bem diferentes e igualmente razoáveis também podiam ser imaginadas. Trabalhava-se sempre numa "névoa" estatística.

Por conveniência, podemos agrupar os muitos fatores que dificultavam o estudo da desigualdade de renda no socialismo em quatro grandes categorias: pressões ideológicas; obsessões pelo sigilo de dados em regimes autoritários (e, antes de 1953, totalitários), que também não estavam acima da falsificação de dados; a falta de boas estruturas metodológicas para estudar a distribuição de renda; e a ausência de narrativas políticas convincentes sobre desigualdade. Vou examiná-las uma de cada vez.

Pressões ideológicas. Como vimos nos capítulos anteriores, a maior parte do trabalho histórico sobre desigualdade estruturou-se em torno de classes sociais. Mesmo que se estudasse a desigualdade interpessoal sem referência a classes sociais, como Pareto fez, as elites estavam muito presentes em seu trabalho sociológico. Foi somente com Kuznets e o domínio da escola americana em economia que tanto as classes quanto as elites desapareceram. Demorou até o início do século XXI para que a elite, remodelada como o 1% do topo, reaparecesse.

Entrementes, o socialismo, como a antecâmara da sociedade sem classes, havia abolido a estrutura de classes tradicional. A nacionalização da terra em 19-7 e, depois, das empresas industriais mais importantes em 1918, pôs fim à classe capitalista na União Soviética: não se podia ser capitalista se não se tivesse propriedade.[36] Na URSS, a estrutura de classes permaneceu somente no campo. As tomadas espontâneas de grandes propriedades criaram pequenas propriedades generalizadas, essencialmente como aconteceu na França após a revolução de 1789. Havia, no entanto, camponeses em melhor situação que já possuíam parcelas maiores de terra (a "modernização" ou "capitalização" da propriedade de terras na Rússia havia começado com as reformas de Stolypin em 1906) ou compraram terras de outros camponeses após a revolução. Eram os chamados cúlaques. É, portanto, compreensível que, já na década de 1920, a estrutura de classes da sociedade soviética parecesse muito simples: de um lado, havia os trabalhadores do setor estatal, onde estavam praticamente todos nas áreas urbanas (inclusive os burocratas do governo e do partido) e, do outro, havia áreas rurais onde havia alguma diferenciação de classe. Foi para essas áreas que os bolcheviques direcionaram sua atenção. Em 1928, na véspera da coletivização, Stálin apresentou dados sobre a estrutura de classe no campo com base na participação na produção de grãos (Figura 7.2). A participação dos camponeses pobres e médios era muito maior do que antes da revolução, refletindo a "parcelização" da terra em várias pequenas propriedades. A participação do Estado era mínima, muito menor do que a participação dos proprietários de terras antes da Primeira Guerra Mundial.[37]

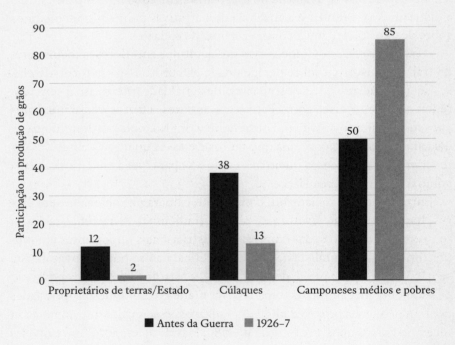

Figura 7.2. Estrutura de classes na agricultura soviética antes da Primeira Guerra Mundial e antes da coletivização

FONTE: Joseph V. Stalin, "On the Grain Front: Talk to Students of the Institute of Red Professors, the Communist Academy, and the Sverdlov University, 28 May 1928". *Voprosy Leninizma*. Moscou: Partiinoe izdatel'stvo, 1933. Disponível em inglês em: <www.marxists.org/reference/archive/stalin/works/1928/may/28.htm>.

Em 1928, quando a coletivização começou, seu objetivo explícito era transformar tanto os camponeses comuns quanto os pobres em trabalhadores estatais e desapropriar os cúlaques (que em muitos casos eram apenas chamados de cúlaques, mas não de fato ricos). A coletivização acabou completamente com qualquer distinção de classe. Com efeito, podia se alegar, como fez a constituição de Stálin em 1936, que classes antagônicas haviam deixado de existir na União Soviética.[38] Havia apenas uma classe, a classe trabalhadora. Fossem empregados em manufatura, serviços, governo, transporte ou agricultura, todos trabalhavam para o Estado; formalmente, a posição social de todos era a mesma.

Porém, permanecia a desigualdade entre as rendas urbanas e rurais. As primeiras pesquisas domiciliares soviéticas (quase todas perdidas desde então) se concentraram nisso, e dentro das áreas urbanas essas pesquisas distinguiam entre trabalhadores manuais e não manuais. Mas entendia-se que se tratava de classificações de conveniência que não refletiam relações reais de classe (ou antagônicas). Assim, o fato de a ideologia não reconhecer a possibilidade de classes sob o socialismo (exceto por alguns resíduos capitalistas), e o fato de que as mudanças que foram realizadas na União Soviética no final da década de 1930 estivessem de modo geral de acordo com o que a ideologia marxista implicava, limitavam a capacidade de estudar a desigualdade na sociedade soviética com as ferramentas que existiam. Isso é verdade independentemente dos controles totalitários que foram impostos a tais estudos (aos quais nos voltaremos a seguir).

Na Europa Oriental, após a morte de Stálin, a situação era diferente. Na Polônia e na Iugoslávia, a maior parte da agricultura permaneceu em mãos privadas, e em todos os países um pequeno setor privado existia em serviços e atividades auxiliares (muito raramente na indústria). Embora o setor privado fosse prejudicado tanto pela lista restrita de atividades nas quais poderia se envolver quanto pelo número de empregados que poderia contratar — e nunca produziu mais do que 20% do valor agregado do país —, alguns resquícios da estrutura de classe tradicional foram preservados.[39] Isso, e também o degelo após o "discurso secreto" de Khruschóv em 1956, tornou o estudo da distribuição de renda possível e mais significativo. Na Europa Oriental, introduziram-se pesquisas domiciliares no início da década de 1960 (aproximadamente ao mesmo tempo que no Ocidente) e, quando as autoridades permitiram, elas foram usadas como fontes essenciais para pesquisas sobre desigualdade de renda. Cientistas sociais como Ivan Szelény e Branko Horvat começaram a escrever mais seriamente sobre a estrutura de classes das sociedades socialistas (ou, como Horvat as chamava, sociedades "estatísticas"), nas quais a burocracia assumiu o papel da classe capitalista derrubada.[40] E desse modo as ideias de Pareto — ainda que aqueles que participaram do debate nunca tenham demonstrado muito interesse ou simpatia por ele — foram justificadas.[41]

Obsessão autoritária pelo sigilo de dados. Os sistemas políticos autoritários e, até 1953, totalitários, tornaram a pesquisa sobre desigualdade de renda e riqueza muito difícil e, em alguns casos, impossível. Até certo ponto, as condições "objetivas" tornaram desafiador o uso das ferramentas comuns dos estudos de desigualdade, mas as restrições decisivas eram políticas. Muitas vezes, os dados relevantes não eram coletados e, quando o eram, eram tratados como confidenciais ou secretos e não divulgados aos pesquisadores ou ao público.[42] Mesmo que migalhas desses dados chegassem às mãos dos pesquisadores, era perigoso publicar qualquer descoberta que contradissesse a ideologia oficial ou desagradasse a um líder importante. As informações sobre a estagnação das rendas rurais na União Soviética sempre foram consideradas não só uma crítica velada à coletivização, mas uma crítica aos responsáveis pela agricultura (que, aliás, era o portfólio menos desejável no governo soviético ou no politburo). Assim, o possível uso de informações em lutas políticas internas limitava ainda mais o que era seguro publicar.

As restrições políticas funcionavam em todo o sistema: não eram apenas os pesquisadores que tinham que temer como seu trabalho poderia ser interpretado; seus chefes também temiam que sua publicação pudesse lançar luz negativa sobre as unidades que eles gerenciavam e fazer com que fossem rebaixados. Era muito mais seguro para os produtores de dados (trabalhando em escritórios de estatística) não divulgar nenhum dado, ou nem mesmo coletá-los. Em toda a estrutura necessária para que o trabalho fosse feito sobre desigualdade, havia um forte incentivo inerente para liberar, publicar e discutir o mínimo possível. Raramente acontecia — e em muitos países nunca acontecia — que alguém fosse rebaixado ou preso por inação. O mesmo não poderia ser dito sobre ação. Qualquer pessoa familiarizada com os primeiros princípios da economia pode adivinhar que, em países onde a informação é escassa ou intencionalmente tornada escassa, o valor político de qualquer pedaço de informação é alto. Seu uso nesses sistemas autoritários era, portanto, muito mais politizado do que em democracias.

No fim das contas, nos perguntamos por que exercícios de coleta de dados, como pesquisas domiciliares que mal viram a luz do dia, eram realizados. Uma resposta comum é que eles forneceram uma melhor percepção à liderança, ou a indivíduos politicamente confiáveis, sobre o que de fato estava acontecendo. Mas isso não podia ser verdade para pesquisas domiciliares, já que, até onde sei, elas nunca foram usadas seriamente por nenhum governo comunista. Uma explicação melhor pode ser que havia algum desejo de parecer ter informações em meio à inércia típica e à tendência burocrática de tratar tudo como segredo. Dois impulsos contraditórios fizeram com que, por um lado, as informações fossem coletadas e, por outro lado, essas informações fossem escondidas como confidenciais e nunca usadas por autoridades ou pesquisadores. O resultado líquido foi um desperdício de tempo e energia.[43]

A mesma atitude secreta em relação aos dados foi essencialmente mantida na URSS quase até o fim do regime e a dissolução do país. Mas as pesquisas continuaram ao longo dos anos. Os dados eram coletados em cada república e enviados a Moscou para o Comitê Estatal de Estatísticas (Goskomstat), que era o único "processador" e usuário autorizado dos dados combinados. Resumos de dados para repúblicas específicas eram então devolvidos a essas repúblicas, sob a etiqueta de "ultrassecreto", mostrando algumas dezenas de fractis da população com suas rendas médias, mas num formato de exibição que tornava os dados totalmente inutilizáveis. Era difícil ver o que exatamente era tão secreto naquela informação.[44] (Claro, se alguém conseguisse ter os dados, por exemplo, por dez anos, poderia ter mapeado a evolução da renda real e sua distribuição, e tais gráficos poderiam ter sido embaraçosos para as autoridades.)

Havia um problema adicional na União Soviética que permaneceu até o fim, e que também estava presente até certo ponto na Europa Oriental, que tinha a ver com a origem histórica das pesquisas domiciliares.[45] A princípio, elas deveriam monitorar as condições de vida do trabalhador industrial "padrão" ou médio em relação às do agricultor médio (ou condições nas cidades em relação às do campo) e as condições de vida médias dos trabalhadores manuais em relação aos trabalhadores não manuais ou aposentados. As pesquisas se concentravam no que era representativo ou médio para um determinado grupo (digamos, para os trabalhadores industriais urbanos, com foco nas condições de vida de uma família composta de um casal, ambos empregados no setor estatal, com dois filhos, morando num apartamento de tamanho médio), em vez de considerar as condições em toda a distribuição do grupo, o que também incluiria os extremos. Na medida em que estudar qualquer tipo de desigualdade fosse um objetivo, era apenas esse tipo de desigualdade média contra a média (que é tecnicamente chamada de desigualdade horizontal, para distingui-la da desigualdade vertical que inclui toda a distribuição). Ao truncar os extremos, as pesquisas deturparam a situação, subestimando a desigualdade. Enfatizar a família ou um indivíduo representativo é a mesma abordagem usada pela economia neoclássica e é, apesar de sua aparência mais sofisticada no último caso, similarmente inadequada para o estudo da desigualdade (como será discutido mais adiante).

Falta de boas estruturas metodológicas. Já está óbvio que as dificuldades de compreender a estrutura social das novas sociedades socialistas, a falta de dados, o sigilo e o claro desencorajamento (ou pior) de empreender esses estudos produziram um vazio intelectual no qual nenhuma estrutura metodológica para estudar a desigualdade poderia se desenvolver. Estudar sociedades socialistas como sociedades de classes era difícil do ponto de vista marxista e extremamente perigoso para o bem-estar de alguém. Estudos puramente empíricos (como os que estão sendo feitos, como veremos, no Ocidente) eram frequentemente impossíveis de empreender devido à falta de dados. As coisas evoluíram do final da década de 1950 em diante; na Polônia, Hungria, Iugoslávia e Tchecoslováquia, realizaram-se trabalhos empíricos sobre distribuição de renda, publicaram-se artigos e, em alguns casos, foi possível até mesmo obter microdados. Mas esse trabalho, nas melhores circunstâncias, não superou o empirismo estéril (que também caracterizou os estudos de distribuição de renda em países capitalistas), não estava ancorado em nenhuma estrutura metodológica, foi incapaz de estudar (ou não estava interessado em estudar) os impulsionadores da desigualdade sistemicamente, não se manifestou sobre a evolução da desigualdade que pode ser esperada no futuro e teve medo de mencionar classes sociais. Em suma, ele apenas produziu linhas de números e proporções. Isso era o melhor que os estudantes da desigualdade em países socialistas durante a era da Guerra Fria podiam esperar alcançar.

Ausência de narrativa política convincente. Conforme observado no prólogo deste livro, um bom estudo sobre distribuição de renda precisa ter uma narrativa convincente, uma base teórica sólida e dados empíricos abundantes. Já vimos que, na maioria das vezes, o acesso a dados era difícil sob o socialismo, e os estudos empíricos eram limitados a alguns países e períodos de tempo. A base teórica ou metodológica era quase inexistente porque a estrutura social era nova e difícil de analisar "objetivamente". A ausência de oportunidades para trocar livremente opiniões e escritos sobre o tema também inibiu o desenvolvimento dessa estrutura teórica. Quando os pesquisadores não têm permissão para escrever o que pensam, ou criticar, ou trocar seus escritos com outros, nesta área como em qualquer outra, o desenvolvimento é atrofiado. Tudo isso contribuiu para uma situação em que nenhuma narrativa convincente sobre distribuição de renda no socialismo tenha se desenvolvido.

Em contraste, narrativas políticas convincentes foram criadas sobre o tema do autoritarismo, por vozes dissidentes na Europa Oriental e na União Soviética, e por cientistas políticos em países capitalistas. As questões políticas talvez tenham sido vistas por muitas pessoas como mais importantes, ou acadêmicos dissidentes estivessem mais interessados em desenvolver essa área do que economistas em se debruçar sobre distribuição de renda, ou a análise de questões políticas fosse menos dependente de dados. Pode ser que estudar distribuição de renda tenha sofrido de uma desvantagem peculiar: para aqueles que se opunham ao sistema, o tema era muito menos atraente do que partes da economia que lidavam com incentivos e eficiência (e onde se poderia demonstrar facilmente que o socialismo era inferior ao capitalismo), enquanto para os defensores do sistema, o tema era "não confiável", pois os dados poderiam mostrar verdades diferentes do que se supunha que estava acontecendo. Assim, nem o lado contra nem o lado a favor achavam que havia muito a ganhar com o estudo da distribuição de renda.

Na última década de existência dos regimes comunistas, trabalhos empíricos sobre distribuição de renda se tornaram bem mais comuns.[46] Os dados se tornaram disponíveis com mais facilidade, os pesquisadores ficaram mais livres para escrever o que quisessem e a discussão ganhou força. O envolvimento de eminentes pesquisadores ocidentais com muito mais experiência em trabalho empírico ajudou. Anthony Atkinson e John Micklewright publicaram uma revisão quase enciclopédica das distribuições de renda na Polônia, Tchecoslováquia, Hungria e URSS.[47] O estudo continha resultados de inúmeras pesquisas domiciliares e de renda que remontavam a meados da década de 1950 e dedicava uma discussão ampla a desigualdade de renda, redistribuição por meio de impostos e transferências sociais, rendas informais e similares. Em cada etapa da análise, os resultados eram comparados com os do Reino Unido, um país no qual Atkinson se concentrou particularmente, e isso produziu conhecimentos adicionais sobre semelhanças e diferenças entre as distribuições de renda no comunismo e no capitalismo. Especialmente importante, uma vez que muitas pesquisas domiciliares soviéticas se perderam por negligência, era o anexo de dados do livro, que tem quase 150 páginas e apresenta em forma tabulada as distribuições de renda e ganhos dos quatro países, bem como várias estatísticas de desigualdade. No entanto, a obra exibia a fraqueza já mencionada de contornar por completo os eventos políticos e sociais que produziram as distribuições tão habilmente pesquisadas. Tratava-se de sociedades que haviam experimentado a desestalinização, oscilações entre reformas a favor do mercado e aperto econômico, a Primavera de Praga, as greves de 1970 e 1980 na Polônia e muito mais, mas tudo isso não era mencionado no livro, e suas relações com a desigualdade de renda não foram exploradas. A mesma ausência de narrativa política e estrutura metodológica caracteriza meu próprio livro de 1998 que documentava mudanças de renda durante o processo de transição.[48] Para ser claro, o tema dele não era a distribuição no socialismo (exceto em um capítulo), mas no início do período pós-socialista, porém, ainda assim sua abordagem era idêntica à usada por Atkinson e Micklewright, e anteriormente por Harold Lydall: puro empirismo e nada mais.[49]

Assim, as análises sociológicas e políticas dos regimes comunistas nunca conseguiram ser integradas ao trabalho empírico sobre distribuição de renda. Elas continuaram a existir em duas esferas distintas. Provavelmente, era necessário mais tempo (durante o qual uma discussão aberta seria possível) para uni-las. Mas a decadência dos regimes ocorreu mais rápido do que qualquer um esperava e ultrapassou a capacidade dos pesquisadores de fornecer uma visão mais abrangente das sociedades socialistas. Assim, acabamos na situação um tanto paradoxal de que, hoje, as sociedades socialistas — que são praticamente sociedades contemporâneas — têm que ser estudadas com técnicas pertencentes à história econômica. A discrepância é tão grande entre os determinantes da distribuição de renda atual nos países antes socialistas e os determinantes de suas distribuições de renda durante o socialismo, que o passado muito recente tem de ser abordado quase como uma era diferente. Isso também afeta a atenção dada a esses estudos, porque eles são vistos quase como interpretações da "antiguidade" sem muita relevância para as economias capitalistas de hoje. Pesquisadores que estudaram economias socialistas tenderam a mudar para estudar as distribuições de renda "transicionais" e capitalistas desses países — ou simplesmente envelheceram e morreram.

Uma série de restrições fez com que o trabalho original sobre desigualdade no socialismo fosse muito difícil. Quando essas restrições desapareceram, todo o sistema havia desmoronado. E estudá-lo deixou de ser importante para a política e a ideologia, passando a ser uma questão de registro histórico. Se algum dia alcançaremos uma compreensão satisfatória de como a política e a economia interagiram no socialismo e qual impacto tiveram na distribuição de renda entre os cidadãos, isso dependerá da disposição dos jovens pesquisadores para fazer trabalho de arquivo e estudar um tema que não parece muito promissor para suas carreiras.[50]

Estudos de desigualdade de renda no capitalismo avançado

É uma tarefa que provoca inveja escrever sobre estudos de desigualdade durante o auge do paradigma neoclássico no Ocidente, de meados de 1960 a 1990. Isso é verdade por dois motivos. Primeiro, é enorme a quantidade de textos, cuja maioria se refere apenas tangencialmente à desigualdade, e nenhum indivíduo pode ler tudo, absorver e fazer justiça. O que se segue não é uma revisão de literatura, mas uma discussão de algumas obras que, na minha opinião, refletem o espírito da época ou foram importantes para o desenvolvimento futuro dos estudos da distribuição de renda. Há um forte elemento subjetivo nas escolhas.

Em segundo lugar, a maioria dos escritos, com exceção de alguns que mantiveram tênues vínculos com a economia clássica, não tem muita importância para a história intelectual da disciplina. É uma área árida a que estamos tentando pesquisar aqui e que lembra o julgamento de Kolakowski sobre a enorme produção de literatura marxista quase filosófica na União Soviética, cuja maior parte poderia ser facilmente descartada.[51] Assim como aqueles livros filosóficos soviéticos foram escritos por picaretas do partido, muito do que é considerado literatura neoclássica sobre desigualdade foi escrito pelo que Marx chamou de "boxeadores contratados".[52]

Para muitos, inclusive estudantes, foram anos perdidos.

Razões para a desintegração

Existem várias razões para a desintegração dos estudos sobre desigualdade no Ocidente no período que cobrimos aqui. Mas em cada área temos que distinguir os desdobramentos negativos dos positivos — as obras que mantiveram a conversa com a economia clássica e possibilitaram o florescimento dos estudos sobre distribuição de renda na virada do século e nas primeiras décadas do século XXI. Sem elas, nenhuma ponte teria sido construída e a descontinuidade teria sido muito maior.

Fatores "objetivos". O período posterior à Segunda Guerra Mundial até meados da década de 1970 caracterizou-se no Ocidente por taxas de crescimento anormalmente altas, o surgimento do estado de bem-estar social, maior mobilidade social, uma diminuição da participação do capital na renda e uma redução da desigualdade de renda interpessoal. Todos os cinco fatores, mas em especial os dois últimos, reduziram "objetivamente" o interesse por estudos sobre distribuição de renda porque sugeriram que as distinções de classe eram uma coisa do passado, que o poder do capital estava diminuindo e que as sociedades ocidentais continuariam sua jornada em direção a um futuro rico, de alto crescimento e sem classes. Havia um pouco de ilusão nessa visão; o mundo real, repleto de greves, desemprego e inflação, não era tão róseo. Mesmo assim, a nova situação era uma grande melhoria em relação aos conflitos de classe anteriores à guerra, que haviam se transformado em batalhas de rua (na Alemanha de Weimar), levado à ascensão do fascismo na Itália e à guerra civil na Espanha. Esse cenário político bem mais plácido, com suas altas taxas de crescimento, embalou muitos economistas numa crença confortável de que "uma maré alta levanta todos os barcos". Com efeito, é notável ver, na literatura econômica dominante do período, como essas crenças estavam difundidas. Os dissidentes eram poucos e eram postos de lado.

Teoria econômica. A segunda razão para a desintegração dos estudos sobre desigualdade tem a ver com o tipo de teoria econômica que se tornou dominante no Ocidente após a Segunda Guerra Mundial e, mais especificamente, a análise do equilíbrio geral. Com seu foco principal, ou mesmo único, na formação de preços, ela deixou de fora a estrutura de classes e as dotações de capital ou habilidades com as quais os indivíduos chegam ao mercado. A aquisição de riqueza ocorre fora do palco. O uso de um agente representativo pela economia neoclássica elimina ainda mais as considerações de desigualdade; ele o faz por definição, já que para falar de distribuição de renda e desigualdade devemos ter "agentes" múltiplos e diversos. Assim, os modelos matematicamente complexos de equilíbrio geral eram apenas relações muito distantes de fenômenos do mundo real. É irônico que essa região árida da teoria tenha se tornado, por um tempo, a principal tendência em economia. Seu fundador, Léon Walras, pensava na economia *pura* como um auxílio teórico para entender a economia política e escreveu dois tratados sobre economia social e economia política aplicada.[53] Ambos foram praticamente ignorados em favor de sua abordagem mais abstrata e matemática.

O que salvou as teorias de distribuição de renda do desaparecimento completo foram partes da economia, algumas expressas em trajes neoclássicos, que mantiveram a relação com o trabalho anterior em economia política. A economia keynesiana desempenhou um papel importante nisso, principalmente por meio do uso da propensão marginal a consumir. Isso talvez tenha sido inesperado, porque o próprio Keynes não fez uma ligação explícita entre mudanças na distribuição de renda e mudanças na propensão agregada a consumir. O motivo pelo qual Keynes não fez isso, quando parecia óbvio que as políticas governamentais, como as defendidas por ele, afetariam a distribuição de renda e, por sua vez, a propensão agregada a consumir, talvez possa ser explicado por seu cuidado em não tomar o lado dos subconsumistas. Ele com frequência se aproximava da posição deles, mas parecia temeroso de que, por esse "pecado", pudesse ser relegado, junto com eles, ao "submundo da economia". Por sua vez, Kalecki vinculou distribuição de renda e consumo, mas apenas de passagem, no final de um artigo preocupado sobretudo com a competição monopolística e a crescente participação do capital associada a ela.[54] Mas quando admitimos que a distribuição afeta a propensão agregada ao consumo, e quando se propõe (como Kaldor fez em 1956) uma função de poupança clássica em que os trabalhadores consomem tudo o que ganham e apenas os capitalistas poupam, a estrutura de classes da sociedade ressurge.[55]

Esse tipo de trabalho, feito muitas vezes como parte da economia do crescimento popular nas décadas de 1960 e 1970, levou naturalmente a múltiplas diferenciações de classe e às primeiras visões de agentes heterogêneos (famílias que se distinguem em termos de sua propriedade de capital e trabalho e podem, em consequência, exibir comportamentos diferentes e enfrentar diferentes gamas de opções possíveis).[56] Embora fosse melhor do que aquilo que o precedeu, o defeito desse tipo de trabalho era que, como regra, evitava lidar com instituições, poder e política. Por essa razão, como será discutido adiante, não criou estudos integrativos de distribuição de renda.[57]

Existem dois tipos de supostos estudos sobre desigualdade de renda que, em minha opinião, deram contribuições mínimas. O primeiro foram os modelos estocásticos de distribuição de renda que presumiram certas relações (digamos, a razão entre salários em diferentes níveis burocráticos: o salário no nível n seria n^2 vezes maior que o salário no nível 1, e assim por diante) e descreveram certos comportamentos de indivíduos sem fornecer nenhuma evidência convincente para as alegações. Tendo feito isso, esses estudos, pela manipulação de parâmetros, simularam então uma distribuição de renda que imitava a lognormal observável ou, no topo, a distribuição de Pareto.[58] Os autores fingiram que, ao fazer isso, explicavam a distribuição de renda, mas não fizeram nada desse tipo. Eles simplesmente pegaram uma caixa-preta de comportamento individual e social, dotaram-na de algumas constantes e parâmetros, e ofereceram uma imitação de distribuições reais — sem saber que o número de caixas-pretas e parâmetros fracamente motivados que também poderiam produzir distribuições lognormais ou de Pareto é infinito. Esses estudos teriam sido totalmente descartados como exercícios juvenis se não fosse por sua atratividade para algumas partes da profissão econômica inclinadas a acreditar que eles forneciam visões mais profundas sobre as forças que moldavam as distribuições de renda, ou até mesmo que enraizavam a desigualdade na natureza humana.

O segundo tipo de estudo sobre desigualdade de renda que fez contribuições mínimas são os estudos neorricardianos que com frequência têm "distribuição" em seus títulos, mas parecem determinados em seu uso de metodologias abstratas extraordinárias a superar o próprio Ricardo.[59] A única contribuição deles para o estudo das distribuições de renda real é destacar os fatos importantes, mas já bem conhecidos, de que há um perde-ganha entre salários e lucro, e a posição exata sobre esse *trade-off* pode ser determinada exogenamente pelo poder relativo dos trabalhadores versus empregadores. Além dessa observação geral sobre as participações dos fatores, não há nada que um estudante de distribuição de renda possa encontrar nessas obras.

Subcampos. A divisão da economia em muitos subcampos, em que a desigualdade é um fenômeno derivado, também ajudou a pavimentar o caminho para a dissolução dos estudos sobre desigualdade. O comércio internacional, por exemplo, lida com a desigualdade, mas apenas com a desigualdade de salários e apenas salários em indústrias afetadas pelo comércio. O debate sobre o papel que o comércio com a China desempenhou na evolução salarial dos Estados Unidos e o debate sobre o aumento do prêmio de qualificação são os exemplos recentes mais conhecidos. Questões de discriminação racial e de gênero também envolvem frequentemente desigualdades salariais. Mas aí também o foco recai somente sobre um aspecto da desigualdade, e com frequência um aspecto um tanto enganoso, já que tais estudos quase sempre assimilam a desigualdade à diferença inexplicável em ganhos médios entre as raças ou gêneros em questão, enquanto ignoram a distribuição de ganhos — ou seja, a desigualdade — dentro de cada grupo de beneficiários. Em muitos desses estudos, a desigualdade de um tipo ou outro é discutida, mas seria muito errado confundir uma coleção de estudos incidentais de desigualdade com uma teoria da distribuição de renda.

Política e financiamento de pesquisa pela direita. Outra razão para a dissolução pode ser encontrada nas pressões políticas implícitas e às vezes diretas que tornaram o tema da desigualdade "indesejável" — e inútil para autores que esperavam subir escadas normais em suas carreiras acadêmicas ou ter influência social ou política. Essa pressão foi mais intensa nos Estados Unidos durante o breve período do macarthismo, que levou ao expurgo de economistas marxistas das principais universidades na década de 1950. A pressão continuou depois em formas mais suaves e sofisticadas. A análise baseada em classes (ou "guerra de classes", como era chamada pelos oponentes) não era geralmente bem-vinda. Muitas dessas pressões não eram "espontâneas", nem surgiam apenas da esfera política. Os interesses comerciais alimentavam constantemente, por meio de contribuições financeiras para instituições e indivíduos, os tipos de análise que minimizavam ou deixavam de lado as preocupações distributivas. Há uma longa história dessa "interferência", que começa com as Câmaras de Comércio que generosamente financiaram a Sociedade Mont Pèlerin, fundada em 1947.[60] Em 1968, o Banco Central sueco subvencionou o Prêmio Nobel de Economia e ganhou influência na seleção dos laureados.[61] "Dinheiro obscuro" foi infamemente usado por bilionários para transformar departamentos econômicos e *think tanks* do modo como eles consideram desejável.[62] O libertário Cato Institute foi fundado em 1977 em Washington, DC. No início dos anos 1980, assisti a várias palestras em seus modestos escritórios numa casa perto do Dupont Circle. Menos de uma década depois, esse instituto ostentaria um dos edifícios maiores e mais cintilantes de Washington, não muito longe do Congresso, tendo-se beneficiado do generoso financiamento dos irmãos Koch.

As contribuições de indivíduos ricos e fundações para *think tanks* e departamentos econômicos neoclássicos ou conservadores se tornaram ainda mais frequentes nas décadas pós-Reagan, à medida que proliferavam bilionários. Uma linha direta pode ser traçada do controle sobre o desenvolvimento da economia como ciência para opiniões públicas "geradas" sobre questões econômicas e para decisões políticas que atendem aos interesses dos ricos. Essa tendência só se acelerou nos últimos anos, mas como elas se estendem além do escopo deste livro, não a discutirei mais. A intenção é destacar uma cadeia que foi forjada com sucesso, cujo primeiro elo é o financiamento de departamentos econômicos e pesquisadores individuais (ou seja, os produtores de conhecimento), conforme bem ilustrado no filme *Inside Job*.[63] O segundo elo é o financiamento dos *think tanks* que desempenham um papel fundamental na tradução de pesquisas obscuras em formas mais amplamente compreensíveis. E o terceiro elo é a mídia que "alimenta" o público com esse conhecimento e é de propriedade das mesmas pessoas que fornecem o financiamento da pesquisa (por exemplo, Jeff Bezos e o *Washington Post*; Mike Bloomberg e a *Bloomberg News*; e Laurene Powell Jobs, a viúva de Steve Jobs, e *The Atlantic*). Desse modo, os financiadores de direita construíram um sistema integrado de criação de conhecimento, divulgação e influência política.

Dispostas contra toda essa pressão política ideológica e dinheiro bilionário estavam as várias forças compensatórias que existem numa democracia (e estão ausentes em sistemas autoritários). Havia indivíduos que conseguiram resistir a pressões políticas ou à atração do dinheiro; outros que eram suficientemente ricos para prosseguir seu trabalho preferido; havia departamentos universitários dotados de integridade acadêmica; por fim, indivíduos e organizações (como partidos social-democratas e outros partidos de esquerda e suas fundações, e sindicatos) que tentavam contrabalançar a pressão das elites empresariais ricas. É inevitável que, no capitalismo, essas forças compensatórias sejam mais fracas. A alta desigualdade de renda — ou seja, o maior poder econômico dos ricos — garante uma influência maior para as políticas que são pró-desigualdade, pró-negócios ou que visam marginalizar questões de distribuição de renda. Isso ocorre simplesmente porque os ricos têm (por definição) mais dinheiro e mais a perder com políticas que restringiriam sua riqueza. Assim, têm mais recursos e mais incentivos para lutar pelo que é bom para eles. A "hegemonia intelectual" em sociedades capitalistas desiguais sempre será exercida pelos ricos. É ingênuo esperar uma mudança nesse sentido, a menos que, contra todas as probabilidades, o igualitarismo radical consiga avançar. Na maioria dos casos, esses avanços ocorreram somente por meio de revoluções políticas.

Esse tipo específico de economia neoclássica, apoiada por exigências políticas e subscrita pelo dinheiro de bilionários, pode ser rotulada de "economia da Guerra Fria". É um termo que revela a verdadeira natureza e os objetivos do empreendimento com mais precisão do que os rótulos convencionais de economia "neoclássica" e "mainstream". Uma versão da economia neoclássica pode ter estado em seu núcleo intelectual, mas seu sucesso se deveu às pressões extra-acadêmicas de dinheiro e política.

Empirismo. A quarta razão para a importância diminuída da distribuição de renda, o empirismo, não é em si um fenômeno negativo; combinado com uma boa teoria e uma narrativa política, é indispensável para estudos integrativos sobre a distribuição de renda. Mas o empirismo sozinho, desprovido de suporte de análise política, apresenta uma imagem muito limitada e, às vezes, tendenciosa da realidade. Os estudos pura e unicamente empíricos (dos quais havia vários) não fizeram avançar muito nossa compreensão do capitalismo moderno. O trabalho de base neoclássica que, no entanto, também estava aberto a distinções de classe e renda (como o artigo de Joseph Stiglitz de 1969 e o trabalho empírico realizado por Anthony Atkinson, Harold Lydall, Lee Soltow, Henry Phelps Brown, Jan Pen e vários outros) forneceu os ingredientes necessários para a síntese teoria-empírica-política que traria os estudos de distribuição de renda de volta do ostracismo. O empirismo combinado com uma boa teoria pode fazer maravilhas, mas o empirismo sozinho nunca resulta em grande economia ou grande ciência social.[64]

Crítica da abordagem neoclássica à distribuição de renda

Para entender a economia da Guerra Fria refletida em estudos sobre desigualdade nas décadas de 1970 e 1980, talvez seja melhor começar com uma reminiscência pessoal sobre a abordagem metodológica adotada por dois livros publicados em inglês quase ao mesmo tempo, em 1974 e 1975. A década de 1970 foi o período de minha maior excitação pelo trabalho sobre desigualdade — e também de minha maior decepção com ele.

Samir Amin abriu meus olhos para o enorme abismo de renda entre os países ricos e o "Terceiro Mundo", e para as origens históricas dessa disparidade.[65] Seu trabalho inicial (sobre o qual falarei mais adiante) é notável por seu holismo, tão ausente da economia neoclássica. Não é suficiente apresentar provas empíricas (que Amin apresentou em abundância para o Egito, o Magrebe e vários países da África subsaariana); essas evidências devem ser situadas em seu contexto histórico, como Amin e os teóricos da dependência fizeram. O próximo passo é estudar, com base nessa visão do mundo, se e por que a desigualdade persistiria, e como ela evoluiria. Amin pensava que a recuperação capitalista era impossível porque o sistema que governa as relações entre a metrópole e a periferia era estruturado de forma a discriminar permanentemente a periferia. Embora essa parte do raciocínio de Amin e dos teóricos da dependência não fosse confirmada pelos fatos (pode-se, agora, listar vários países que se moveram da periferia para o centro), a grande lição que aprendi na década de 1970 foi que era importante olhar para a desigualdade de renda empírica e historicamente, e não só como um conjunto de números ou uma série de equações.

Minha maior decepção intelectual, por outro lado, veio por cortesia da economia neoclássica, que carecia dos dois elementos que eu achava tão atraentes em Amin. Foi com grande expectativa que fui a uma biblioteca para pegar *Towards an Economic Theory of Income Distribution* [Para uma teoria econômica da distribuição de renda], de Alan Blinder, publicado em 1975, cujo título prometia tanto.[66] É possível que eu esperasse demais, talvez uma revelação ou uma explicação de como diferentes teorias se interligam. O que encontrei no livro de Blinder foi um tratado teórico cheio de equações sem sentido, no qual todos eram agentes otimizando em um horizonte de tempo infinito com pleno conhecimento do que o futuro traria, inclusive sua própria renda. Gian Singh Sahota, em uma revisão das teorias de distribuição de renda publicada em 1977, parece ter compartilhado essa decepção. Com um toque de ironia, ele cuidadosamente lista as suposições de Blinder:

> Todas as seguintes variáveis do modelo são exógenas e são *conhecidas* pelo indivíduo com *certeza* no início de sua vida econômica: a taxa de

juros; a duração da vida econômica; a riqueza material herdada e a educação até cerca de dezoito anos de idade, implicando um salário dado exogenamente nessa idade; a taxa de tendência de crescimento do salário real; e gostos que não estão relacionados nem à riqueza nem à renda. Existem sete parâmetros de gosto assumidos como "dados": desconto de tempo subjetivo, pesos relativos atribuídos ao consumo, lazer e legados; e a velocidade do declínio das utilidades marginais de consumo, lazer e legados.[67]

É frequentemente dito, em defesa deles, que os métodos muito abstratos usados pelos neoclássicos não devem ser criticados por suas suposições irrealistas, porque métodos abstratos são apenas parábolas: contam a história extraindo os elementos mais salientes e importantes. Há alguma verdade nisso — mas não muita. O problema com a abordagem de Blinder, e com obras neoclássicas semelhantes, não é apenas que as suposições são irrealistas e certamente não têm nada a ver com a experiência de vida de 99% da população mundial. Muito pior é que, ao ver o mundo como povoado por "agentes" intercambiáveis, a análise neoclássica ignora as diferenças reais nas dotações das pessoas e seus escopos de ação possível. A gama de decisões enfrentadas por trabalhadores assalariados diaristas, que não sabem se terão um emprego no dia seguinte ou na semana seguinte, não é apenas muito mais limitada do que a gama de decisões que um capitalista rico tem, mas o próprio processo de otimização é diferente: o risco aceitável é diferente, o desconto de ganhos futuros é diferente, o horizonte de tempo é mais curto. Praticamente todos os parâmetros que Blinder usa para "homogeneizar" as pessoas são, na verdade, heterogêneos entre distintas classes de indivíduos. E dentro das classes, também, eles mudam com circunstâncias individuais que mudam de maneiras (obviamente) imprevisíveis.

Além disso, esse tipo de abordagem ignora a essência da desigualdade de renda: estruturas de poder. A relação entre um empregador e um empregado não é meramente uma relação numérica expressa pela disparidade entre suas rendas; é também a diferença de poder que está tão claramente presente nas análises de Smith e Marx sobre a produção capitalista. Um comanda as pessoas, outro é comandado. Um faz mudanças políticas, outro aprende sobre elas. Como Sebastian Conrad bem observa, a falha em observar as estruturas de poder enganosamente "confere agência a todos que estão envolvidos em trocas e interações [econômicas]".[68] Para evitar esse erro, o trabalho sobre desigualdade deve situar a análise teórica e empírica em seu contexto histórico. Mas isso é algo que Blinder nem sequer tenta fazer: seu mundo é um mundo alienígena e abstrato que se relaciona com a vida na Terra tanto quanto as teorias que os astrobiólogos desenvolveram sobre a vida em Marte.

O trabalho de Blinder fracassou em todas as três dimensões do que constitui um bom estudo de distribuição de renda: não continha nenhuma narrativa histórica ou de outra natureza, não possuía nenhuma teoria que correspondesse à realidade e não continha números úteis. A vacuidade do trabalho de Blinder (que é representativo da economia neoclássica da Guerra Fria de forma mais geral) é igual àquelas descrições soviéticas vazias da desigualdade de renda sob o socialismo: nenhuma delas tinha nada de útil para nos dizer sobre determinantes históricos da desigualdade, estrutura de classe, discriminação, disparidades de renda ou qualquer outra coisa da vida real.

Outros exemplos. *Economia* de Paul Samuelson foi um livro didático imensamente influente no mundo todo.[69] Ele é também uma prova dessa incapacidade de integrar estudos de distribuição de renda dentro do paradigma neoclássico. Embora questões de participação de fatores — determinações de salários e lucros — recebam muito espaço, mais de cem páginas abrangendo seis capítulos, elas nunca são "unificadas" numa distribuição de renda. Assim, aprendemos em detalhes como os salários são determinados, vemos a relação entre empreendedorismo e lucro e coisas do tipo, mas nunca colocamos esses retornos de fatores juntos, combinando salários, juros, lucros, aluguel, e assim por diante, para descobrir como eles formam a renda total da família, ou como essa renda total é distribuída, ou para ver quais forças políticas e sociais a influenciam, ou entender como essa distribuição influencia a sociedade e sua política. A desigualdade é estudada em duas páginas de um livro que tem mais de novecentas, em um dos últimos capítulos que, reveladoramente, começa com a frase "A humanidade não vive apenas do PIB".[70] De acordo com Samuelson, a desigualdade deve ser considerada um desses adendos à economia que, embora não seja totalmente irrelevante, só precisa ser mencionado no final — da mesma maneira que, nos noticiários da TV americana, os âncoras se voltam nos últimos minutos de sua transmissão para alguma história de interesse comum sobre a qual comentam de forma falsamente relaxada.

Em um livro influente, Charles F. Ferguson dedica *uma* das mais de quatrocentas páginas ao tema da distribuição, após paradoxalmente destacá-lo no título do livro. Isso é feito numa seção curta que, ademais, estabelece que as participações de fatores são constantes sob um dado tipo de progresso tecnológico.[71] Outra ilustração dessa tendência é que, até a década de 1990, o principal sistema de classificação de artigos e livros econômicos de acordo com seu assunto, mantido pelo *Journal of Economic Literature*, nem mesmo fornecia um código para desigualdade econômica. Em consonância com isso, o ganhador do prêmio Nobel Robert Lucas, presidente da Associação Americana de Economia, declarou que "das tendências que são prejudiciais à economia sólida, a mais sedutora e [...] a mais venenosa é focar em questões de distribuição". Ele conseguiu implementar suas prioridades: muito poucos estudantes de economia aprendiam alguma coisa sobre distribuição de renda.[72]

A pressão política e ideológica para não ver a existência de desigualdade em países desenvolvidos, especialmente nos Estados Unidos, relegou todo o tema dos estudos sobre desigualdade ao campo da economia do desenvolvimento. "Se alguém digitar as palavras-chave 'distribuição de renda' no banco de dados EconLit 1969/1995", observou Tony Atkinson em 1997, "encontrará 4549 itens. (Em contraste, 'comércio internacional' gera o dobro de itens.) Mas se alguém as examinar, descobrirá que uma grande proporção lida com economia do desenvolvimento."[73] É aqui, de fato, que um estudante de economia teria descoberto que havia um tema como desigualdade, e que havia ferramentas para estudá-la. (A curva de Lorenz e o coeficiente de Gini eram tipicamente introduzidos apenas em livros didáticos focados em desenvolvimento.) É aqui também que a teoria de Kuznets era ensinada. Parecia que, se a evolução da desigualdade fosse mapeada ao longo do tempo (pari passu com o desenvolvimento econômico), a hipótese de Kuznets realmente se aplicava apenas a economias em desenvolvimento. Portanto, Thomas Piketty está correto ao argumentar que a hipótese de Kuznets foi usada durante a Guerra Fria como uma justificativa para ignorar as desigualdades (tanto em países desenvolvidos quanto em desenvolvimento) porque permitia que todos fingissem que o crescimento sozinho cuidaria delas.[74] Ainda mais importante é notar que a própria preocupação com a desigualdade foi aplicada apenas às nações em desenvolvimento. Muitos proponentes da economia da Guerra Fria pensavam que a desigualdade não importava no mundo rico.

Havia felizmente estudos melhores e mais sérios que tentaram apresentar uma visão mais ampla e menos tendenciosa da distribuição de renda, mesmo que usassem uma estrutura marginalista neoclássica como seu principal cavalo de batalha teórico. Tenho em mente aqui *Income Distribution Theory* de Bronfenbrenner e *Income Distribution* de Jan Pen, ambos publicados no início da década de 1970.[75] Nesses livros, salários e lucros são determinados por meio da precificação marginal de insumos. No entanto, em suas considerações sobre rendas dos fatores, ambos os autores observam outras forças em ação: os retornos do capital são afetados pelo monopólio e pela concentração do poder econômico; as rendas do trabalho são afetadas por sindicatos, negociação coletiva, inflação, monopsônios e até mesmo preços injustos de matérias-primas do mundo em desenvolvimento. Ambos discutem as abordagens de Ricardo e Marx, e Bronfenbrenner também considera os subconsumistas (Sismondi, Hobson e até Marx) e o elo que eles propuseram entre desigualdade de renda e ciclos macroeconômicos. Ele também reclama da falta de interesse pela distribuição de renda e da "dormência" do tema na academia americana contemporânea. Tanto Bronfenbrenner quanto Pen introduzem políticas de renda (populares no início dos anos 1970 como uma forma de combater a inflação), tributação e o estado de bem-estar social. Embora não de forma totalmente convincente, cada um tenta passar da precificação neoclássica de fatores para a distribuição de renda pessoal. Ambos os livros apontam para os aumentos nas participações do trabalho na Europa Ocidental do pós-guerra e nos Estados Unidos como uma refutação de Marx (cuja análise, como visto no capítulo 4, previu que a participação do trabalho cairia), e ambos dedicam espaço substancial às teorias macroeconômicas keynesianas e kaleckianas de distribuição de renda fatorial. Mesmo que as teorias macroeconômicas de distribuição de renda fatorial estivessem operando num nível muito alto de abstração (com a abordagem de Kaldor, fazendo a participação do trabalho diretamente dependente das decisões de poupança dos capitalistas, talvez ilustrando melhor seu afastamento da realidade), elas ainda mantinham relações com a economia clássica e as diferenças de classe.

Bronfenbrenner e Pen eram ambos escritores muito bons. Seus livros são imbuídos de um leve senso de ironia e especialmente divertidos em seus ataques mordazes a economistas que eles desaprovam. Para Pen, isso inclui Kaldor e Kalecki, que são criticados várias vezes, ainda que de forma bastante injusta (embora pelo menos alguns dos artigos menos conhecidos de Kalecki sejam trazidos à atenção dos leitores). Pen também, de forma um tanto bizarra, mira Marcuse e a Nova Esquerda. O desprezo que ele expressa pelos pronunciamentos de Marcuse sobre escolhas de trabalho e lazer, "tolerância repressiva", o papel da propaganda e assim por diante é talvez justificável; o erro aqui é dar muita atenção aos autores da Nova Esquerda, cujo trabalho tem pouca relevância para estudos de distribuição de renda.

Uma obra importante daquele período — não escrita de forma tão envolvente ou muito citada hoje, mas um livro que levantou questões que permaneceram conosco por décadas — foi *The Just Economy*, de James Meade.[76] Ele lida com a desigualdade de renda de forma estática e dinâmica e, portanto, introduz os tópicos da transmissão intergeracional de vantagens (e desvantagens), dotações e acasalamento seletivo. Meade também tenta preencher a lacuna (metodológica) entre as distribuições de renda funcional e pessoal e enfatiza, muito mais do que outros autores, a contribuição das rendas de capital para a desigualdade total. Isso o leva a defender a propriedade dos trabalhadores como uma forma de ampliar a propriedade de ativos financeiros e, assim, quebrar a relação quase automática entre o aumento da participação de capital e a maior desigualdade interpessoal.

Bronfenbrenner, Pen e Meade marcam as poucas exceções que conheço à abordagem neoclássica convencional da distribuição de renda. De outro modo, como podemos caracterizar o trabalho feito naquela época? Talvez dizendo que, durante um século marcado por duas guerras mundiais, revoluções comunistas pelo globo, imensa destruição de propriedade e "capital humano", confiscos, nacionalizações, hiperinflação, desemprego e trabalho forçado, os economistas neoclássicos escolheram focar em modelos de agentes de vida infinita, com regras de legado garantidas, com pleno conhecimento de todos os estados futuros do mundo, inclusive decisões futuras de todos os outros "agentes" — em suma, eles postularam um mundo que, de agora até um futuro indefinido, era totalmente certo e conhecido como tal por todos os participantes. Era quase como se eles quisessem que seu mundo modelar parecesse o mais diferente possível do mundo onde as pessoas viviam.

Três tipos de estudos de desigualdade sob o capitalismo

Refletindo sobre os três elementos de estudos significativos sobre desigualdade — narrativa política ou social, mais teoria, mais empiria —, chegamos agora à questão de como o trabalho sobre desigualdade feito nas economias ocidentais durante a Guerra Fria está à altura disso. Em suma, nenhum desses três requisitos foi satisfeito.

Houve três tipos de trabalho sobre desigualdade em países ocidentais durante o período que consideramos aqui, aproximadamente de meados da década de 1960 a 1990: puramente empírico, puramente teórico e incidental (ou acidental).

Estudos puramente empíricos. Conforme explicado no prólogo deste livro, estudos empíricos não são de nosso interesse se não representam ou não são conduzidos por algum quadro teórico subjacente. Quase todos os trabalhos empíricos feitos durante o período da Guerra Fria careciam disso e, portanto, podemos ignorá-los. Este livro *não é* uma revisão da empiria.

Porém, é útil ilustrar brevemente esses estudos usando a obra de seu praticante mais importante, Tony Atkinson, que era um professor de inglês e um estudante de matemática que mais tarde se interessou por economia e, mais especificamente, por distribuição de renda, área onde fez contribuições importantes. Era um seguidor da tradição utilitária inglesa muito rigorosa. Isso fica claro no conhecido artigo de 1970 em que ele introduziu uma nova medida de desigualdade, inteiramente baseada na ideia de perda de utilidade causada pela distribuição desigual.[77] A perda de utilidade decorre do fato de que pessoas com rendas mais altas desfrutam de menor utilidade de um dólar marginal do que pessoas com rendas mais baixas. Portanto, qualquer desvio da igualdade perfeita deve implicar perda de utilidade geral, supondo-se que todos os indivíduos têm as mesmas funções de utilidade côncavas — o que significa que, para todos eles, a utilidade marginal do consumo ou da renda diminui do mesmo modo que o consumo ou a renda aumentam. (A similaridade das funções de utilidade é uma suposição enorme e não verificável.) O artigo de Atkinson é uma extensão do trabalho de Hugh Dalton de 1920, que basicamente abriu todas as vias que Atkinson explorou mais tarde.[78] Para ser claro, Atkinson nunca negou a importância do trabalho de Dalton; com efeito, ele escreveu (com Andrea Brandolini) um prefácio muito importante para a republicação do artigo de Dalton em 2015.[79] Essa parte do trabalho de Atkinson é metodológica, lida com os métodos de medição da desigualdade e não é de interesse primário para este livro.

A maior parte do trabalho de Atkinson foi sobre os dados empíricos da desigualdade e, como ele esteve a princípio e por muito tempo interessado apenas no Reino Unido, seu trabalho inicial dá uma sensação de insularidade e paroquialismo. Mais tarde, ele começou a trabalhar com François

Bourguignon na França e, por fim, escreveu um volume muito importante sobre a Europa Oriental com John Micklewright.[80] Perto do fim da vida, ele trabalhou sobre dados de distribuição de renda produzidos por autoridades coloniais britânicas, relacionados a muitas colônias africanas na primeira metade do século XX.

A característica distintiva do trabalho de Atkinson é seu empirismo implacável, sem intrusão da política. Seu trabalho é extremamente valioso para melhorar nosso conhecimento sobre as mudanças nas distribuições de renda e riqueza ao longo do tempo, muitas vezes em períodos bastante longos, mas não lida com política, economia política ou forças estruturais que impulsionaram essas mudanças. Mesmo quando mudanças importantes nas taxas de impostos são mencionadas e discutidas como fatores que têm um impacto óbvio na distribuição de renda, essas mudanças tributárias em si são tratadas inteiramente como eventos exógenos. Não há discussão ou análise histórica ou política: nenhuma greve, nenhum partido político, nenhum interesse de classe. Exemplos desses estudos são os artigos impressionantes de Atkinson sobre a desigualdade de riqueza britânica (citados no capítulo 4) e sobre o topo da distribuição de renda do Reino Unido de 1799 até a década de 2010.[81] O último artigo cobre, em detalhes minuciosos, várias tabelas de impostos, taxas de impostos e números publicados de unidades tributárias, mas não contém uma única frase sobre o contexto político ou social em que essas mudanças ocorreram.[82] Imaginamos certamente que as mudanças tributárias responderam a alguns eventos políticos: mudanças no governo, direito de voto expandido, guerras, partidos de trabalhadores, várias leis fabris, greves, agitação das sufragistas, revogação das Leis dos Cereais, o poder da aristocracia. Nada disso é sequer mencionado. Parece que as políticas públicas ocorrem num vácuo político.

É importante, no entanto, dar crédito a Atkinson pela percepção de que os estudos sobre desigualdade ganhariam muito com uma incorporação muito melhor da desigualdade nas rendas de capital. Essa área foi quase totalmente negligenciada pela economia da Guerra Fria com sua ênfase, sobretudo nos Estados Unidos, na desigualdade salarial e no prêmio de qualificação. Os dois artigos de revisão de Atkinson (publicados em 1994 e 1997) são muito importantes a esse respeito e podem até ser considerados eventos divisores de águas que separam a economia da Guerra Fria dos novos estudos sobre desigualdade muito menos politicamente inibidos que se seguiram.[83] Não sabemos se Atkinson pretendia enviar essa mensagem ou não, mas uma vez que a desigualdade de capital e renda é considerada e totalmente integrada num estudo de desigualdade, as dimensões políticas se tornam inevitáveis.

Trabalho semelhante, exclusivamente empírico, foi feito para vários países. Seria tedioso e desnecessário listar exemplos; o maior número deles se concentraria nos Estados Unidos. Mas alguém poderia continuar citando literalmente centenas de artigos semelhantes para países da Europa Ocidental e América Latina, e (um pouco menos) para países da Europa Oriental. Meu próprio trabalho das décadas de 1980 e 1990 pertence a essa categoria. A Ásia, com exceção da Índia, foi muito menos estudada. Até o Japão atraiu pouca atenção (significativamente menos do que muitos países pequenos da Europa Ocidental), em parte devido à política de longa data do governo japonês de restringir o acesso a microdados. Não surpreende que a África tenha sido quase totalmente ignorada, tanto por pesquisadores ocidentais quanto africanos. Para os países africanos, muitas vezes os únicos estudos que existiam eram feitos como parte do trabalho econômico normal do Banco Mundial. Havia uma gritante falta de estudos para o Oriente Médio, que paradoxalmente coexistia com o desenvolvimento das habilidades dos países do Oriente Médio e do Magrebe de coletar dados. A desconexão entre coleta de dados e análise de dados era semelhante à desconexão em países socialistas, discutida anteriormente.

Qual é o valor geral desses trabalhos empíricos? Eles são valiosos para revelar tendências na desigualdade de renda e talvez até para nos ajudar a entendê-las melhor. Mas seu maior valor potencial está no poder de avaliar empiricamente a validade de teorias ou, mais amplamente, a validade de diferentes abordagens para estudar a desigualdade.* Se eles falharam, é devido ao seu empirismo exagerado e à ausência de conexão com teorias. Atkinson, por exemplo, podia falar (como mencionado no capítulo 6) somente de "episódios" de mudanças na distribuição de renda, cada um deles aparentemente obedecendo às suas próprias regras. Isso significava, em última análise, desistir de qualquer compreensão mais geral das forças que moldam a distribuição de renda, fossem elas estruturais, políticas ou demográficas.

---

* Uso o termo "abordagem" para indicar que nem todo estudo abrangente de distribuição de renda deve ter uma *teoria* estritamente microbaseada. No entanto, ele deve ter algumas hipóteses prévias para as quais usa a empiria para comprová-las ou para verificá-las. Ele não pode executar números cegamente.

Por outro lado, na área do crescimento econômico, estudos empíricos de longo prazo que se estendem por várias décadas ou, em alguns casos, por alguns séculos foram cruciais para estimular discussões de tópicos essenciais como a origem e as causas da Revolução Industrial, a "grande divergência" entre o noroeste da Europa e a China, o declínio do crescimento soviético e muito mais. Nesses casos, o trabalho empírico deu um ímpeto inteiramente novo à história econômica. Esse não foi o caso na área de distribuição de renda.

Estudos puramente teóricos. A segunda vertente do trabalho sobre distribuição de renda compunha-se de estudos puramente teóricos.* Já discuti os obstáculos que a economia teórica neoclássica apresenta a qualquer trabalho sério sobre distribuição de renda, e não há necessidade de repeti-los. Mas há outro ângulo do qual o trabalho neoclássico também pode ser considerado. Ele pode ser defendido recorrendo-se às simplificações e abstrações de Ricardo. E de certa forma, com sua modelagem austera, a economia neoclássica representa uma continuação da abordagem abstrata iniciada por Ricardo. Mas as diferenças entre as abstrações de Ricardo e as da economia neoclássica são maiores do que suas semelhanças. O modelo de Ricardo é, no mínimo, muito concreto, no sentido de que foi projetado para uma circunstância histórica específica. Os principais atores ou classes nesse modelo são facilmente reconhecíveis: proprietários de terras que se beneficiam de impostos sobre os cereais, industriais que perdem por terem que

---

* Numa excelente pesquisa, Sahota examina sete tipos de teorias da distribuição de renda: teorias de capacidade, teorias estocásticas, teorias de escolha individual, teorias de capital humano, teorias de desigualdade educacional, teoria da herança e teoria do ciclo de vida. Gian Singh Sahota, "Theories of Personal Income Distribution: A Survey". *Journal of Economic Literature*, v. 16, n. 1, pp. 1-55, 1978. Já mencionei a significativa inadequação das teorias estocásticas. As teorias de capacidade e as teorias de escolha individual minimizam ou ignoram o papel da sociedade em influenciar as desigualdades e são claramente escusatórias (além de terem baixo poder explicativo). As chamadas teorias de desigualdade educacional dificilmente se qualificam como teoria da distribuição de renda; elas são meras observações de que as desigualdades educacionais, que se devem a desigualdades sociais (que permanecem inexploradas), explicam uma parte da desigualdade geral de renda. As mais desenvolvidas, na minha opinião, são as teorias do capital humano, herdeiras óbvias da abordagem clássica (Smith e Marx) para explicar diferenças salariais. A desvantagem delas, no entanto, é que lidam com apenas uma parte da renda total, e seus autores não demonstraram muito interesse em construir uma teoria mais abrangente que fosse além da determinação salarial. Combinar a teoria do capital humano com a teoria da herança faria muito sentido. Mas a teoria da herança permaneceu lamentavelmente subdesenvolvida.

pagar mais aos trabalhadores e trabalhadores cujo salário real é mais ou menos o mesmo de qualquer maneira. Mas o mundo apresentado pela economia neoclássica não é o mundo das classes, ou de quaisquer grupos de pessoas reconhecíveis confrontando-se como grupos; é um mundo de indivíduos em que cada um, como tantas linhas paralelas, existe simultaneamente, mas nunca se confronta. É um mundo simulado que conscientemente evita todos os emaranhados políticos e sociais.

Desse modo, o mundo-modelo neoclássico se afasta do mundo ricardiano em pelo menos três aspectos: ignora conflitos e contradições entre classes, não mapeia nenhum episódio historicamente reconhecível e finge ser universal. A desigualdade desce de seu papel onde influenciou ou foi influenciada pelo crescimento para um papel onde ela não importa porque não muda, ou onde é estudada de forma periférica, em conexão com diferentes subtópicos ("os estudos incidentais da desigualdade", revisados adiante).

Tanto os estudos empíricos quanto os teóricos careciam do que pode ser chamado de elemento dinâmico. Eles cobriam longos períodos de tempo (em especial os estudos empíricos), mas como não captavam os elementos políticos ou estruturais que impulsionavam as distribuições de renda, os estudos empíricos da desigualdade permaneceram exatamente isso — estudos empíricos de episódios passados. Essa ausência de estrutura política subjacente também dificultou os estudos teóricos, porque suas ideias sobre o futuro eram apenas desdobramentos teleológicos de suas premissas. Tratava-se de exercícios puramente matemáticos, em que as conclusões já estavam contidas na maneira como o problema era postulado. Como Atkinson comentou, de forma cautelosa, sobre um desses artigos (o artigo de Stiglitz discutido logo a seguir), o "resultado depende das suposições".[84]

Podemos, portanto, ver que, dos três componentes que os estudos sobre desigualdade deveriam idealmente ter, os estudos puramente empíricos e puramente teóricos oferecem apenas um. O trabalho teórico raramente buscava verificação empírica, e o trabalho empírico não tinha respaldo teórico. E nenhuma das vertentes tinha qualquer visão política ou social do mundo. A ausência de política, que é na realidade a ausência da ideia de como a sociedade é organizada, implicava a ausência de um elemento dinâmico: incapacidade de dizer qualquer coisa sobre a evolução futura da distribuição de renda.

Mas conforme observado anteriormente, uma conexão com a tradição clássica e, portanto, com a relevância da distribuição de renda foi mantida.

Isso aconteceu por meio de uma ferramenta improvável introduzida por Keynes: propensão marginal a consumir. Essa teoria afirma que a propensão marginal a consumir varia com a renda — e alguns sustentaram que ela varia até mesmo com a riqueza.[85] E uma vez aceita essa ideia, ela deixa aberta uma porta dos fundos pela qual podemos introduzir a diferenciação de renda por classe, o papel da desigualdade na demanda agregada e no ciclo de negócios e, por fim, uma estrutura de classe, no que é essencialmente um modelo macro.

Portanto, não surpreende que uma das tentativas da Escola de Chicago de minar a relevância da redistribuição de renda tenha sido alegar que a propensão marginal a consumir (fora da renda de longo prazo ou "permanente") é constante em toda a distribuição de renda. O construto da renda "permanente" e o conjunto de parâmetros contidos na constante que vincula o consumo à renda permanente[86] podem ser variados à vontade para que o consumo sempre permaneça proporcional à renda "permanente". Portanto, é infalsificável. (Esse é especialmente o caso da variável "*portmanteau*", que não é observável e pode variar no tempo para o mesmo indivíduo.) O problema da hipótese da renda permanente ser infalsificável não nos interessa aqui como tal; a questão é sinalizá-la como uma reação de economistas conservadores contra uma intrusão de desigualdade na esfera macro.

Desse modo, uma conjunção de economia keynesiana e economia neoclássica deixou uma porta entreaberta para estudos sobre desigualdade. Isso fica claro no influente artigo de Joseph Stiglitz de 1969 que usou economia neoclássica perfeitamente "respeitável", inclusive referências explícitas à teoria da produtividade marginal e ao "capital humano", e ainda assim abriu caminho para estudos mais sérios sobre desigualdade de renda.[87] Stiglitz começou com uma definição simples de renda pessoal (y_i) que consiste no mesmo salário (w) para todos e na mesma taxa de retorno (r) aplicada a diferentes quantidades de capital ou riqueza que os indivíduos possuem (c_i).

$$y_i = w + rc_i$$

Curiosamente, a única diferença entre as pessoas é a quantidade de ativos que elas possuem — uma clara distinção de classe — e não seus diferentes salários (pelo menos não no primeiro esboço do modelo). Stiglitz então pressupôs uma taxa de poupança marginal constante m (igual a *1 menos* a propensão marginal a consumir).

$$s_i = b + m(w + rc_i)$$

A mudança na riqueza é, por definição, poupança sobre a riqueza original (s/c), que então se torna

$$\frac{\dot{c}_i}{c_i} = \frac{b + m(w + rc_i)}{c_i} = \frac{b + mw}{c_i} + mr$$

em que o primeiro termo denota poupança de salários e o segundo termo denota poupança de renda de capital (com b sendo uma quantia mínima de poupança, uma constante de poupança). Para chegar à mudança na desigualdade de riqueza entre dois indivíduos (ou classes) tal que $y_j > y_i$, olhamos para a diferença nas taxas de crescimento de sua riqueza. É igual a

$$\frac{\dot{c}_j}{c_j} - \frac{\dot{c}_i}{c_i} = (b + mw)\left(\frac{1}{c_j} - \frac{1}{c_i}\right) < 0$$

e, portanto, a desigualdade na riqueza sob tais condições simples tem de diminuir. Não estamos muito interessados aqui no resultado que obviamente deriva da suposição de que os salários das duas classes e as poupanças dos salários são os mesmos; em consequência, as poupanças dos pobres e dos ricos diferem menos do que suas dotações de capital, e assim a riqueza dos pobres aumenta mais rápido do que a riqueza dos ricos.[88] O que é importante no modelo de Stiglitz não é a conclusão (que não tem muito a ver com o mundo real), mas que esse modelo simples (re)introduziu as classes por meio da diferença nas dotações de capital, e depois acrescentou diferenças salariais (Stiglitz fez isso na segunda parte de seu artigo), e então diferenças nas propensões de poupança entre indivíduos e, finalmente, diferenças nas poupanças de rendas de capital e trabalho.

Uma situação simples de duas classes (rico versus pobre; renda do trabalho versus renda do capital) já nos dá quatro propensões marginais para poupar (e consumir). Além disso, pode-se introduzir a diferenciação entre as taxas de retorno, admitindo, por exemplo, que a pessoa ou classe mais rica desfrute de uma taxa de retorno sobre os ativos maior do que a mais pobre.[89] Além disso, nada nos limita a olhar para apenas dois indivíduos ou classes: podemos introduzir muitos, e também podemos, para tornar as coisas mais realistas, ter muitos indivíduos com ativos zero (ou mesmo negativos).[90] Em outras palavras, tudo na equação original pode ser específico para cada pessoa: salário, propensão média e marginal a poupar, taxa de retorno sobre os ativos e dotação de ativos. Assim, introduzimos a distribuição de renda, uma realidade, pela porta neoclássica que foi aberta. Mas essa abertura foi deixada por muito tempo inexplorada por falta de ampliação do aparato conceitual de Stiglitz e de preenchimento com dados. E mesmo com isso feito, a fim de realizar algo mais, eram necessárias análises institucionais e políticas para introduzir impostos e transferências sociais e refletir melhor as sociedades ocidentais profundamente polarizadas em relação à propriedade do capital.

Teoria versus realidade. Em contraste com o mundo imaginário de indivíduos não diferenciados dos artigos neoclássicos, os Estados Unidos e todas as outras economias capitalistas avançadas continuavam profundamente divididas por classes, mesmo durante um período de rápido crescimento econômico e redução da desigualdade. A parcela de ativos financeiros de propriedade dos 10% mais ricos era, para cada classe de ativos individual, em torno de 90%, mesmo em anos como 1983, quando as desigualdades de renda e riqueza nos Estados Unidos eram historicamente baixas (Figura 7.3). Se somarmos todos os ativos financeiros, veremos que o nível de concentração era ainda maior. Para ações de propriedade direta e indireta (ou seja, ações de propriedade de fundos mútuos e de pensão), a parcela do decil superior estava acima de 90%. Portanto, não é exagero dizer que os Estados Unidos (em termos de riqueza financeira) eram propriedade de um décimo dos seus cidadãos.[91] E mesmo esses números são provavelmente subestimados, porque as participações do capital privado tendem a ser subvalorizadas em tais estudos (as ações de empresas não constituídas em sociedade possuídas por investidores são geralmente subvalorizadas em relação à avaliação de mercado determinada quando as empresas se tornam públicas), e tais participações são altamente concentradas entre os ricos.[92]

As rendas anuais do capital, que são obviamente o produto dessas participações desiguais em ativos, continuaram tão concentradas que o coeficiente de Gini da renda do capital estava na maioria dos países ocidentais em torno de 0,9 no início da década de 1980, primeiro período

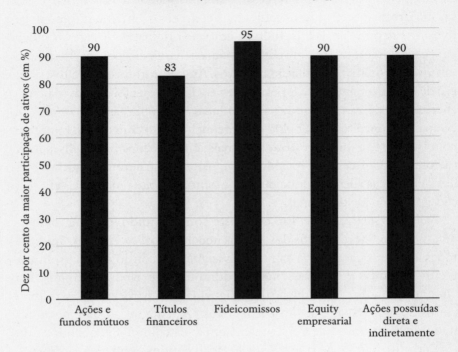

Figura 7.3. Participação do decil superior em vários ativos financeiros (Estados Unidos, ano 1983)

As ações possuídas direta e indiretamente incluem ações individuais e ações possuídas por meio de fundos mútuos, fundos fiduciários, IRAs, planos Keogh, planos 401(k) e outras contas de aposentadoria. FONTE: Edward N. Wolff, "Household Wealth Trends in the United States, 1962 to 2016: Has Middle Class Wealth Recovered?". NBER Working Paper 24085, nov. 2017, Tabela 10.

para o qual temos dados consistentes e comparáveis entre países. Isso é cerca do dobro da desigualdade das rendas do trabalho (ver Figura 7.4). Esses números ficaram ainda mais extremos após o fim do período que estudamos aqui, na preparação para a crise financeira mundial de 2008. Um Gini de 0,9 é equivalente à desigualdade que seria obtida se 90% da população tivesse renda de capital zero, e toda a renda do capital fosse igualmente compartilhada entre aqueles no decil superior. No mundo real, é óbvio que os 90% inferiores tinham alguma renda de capital, e a renda dentro do decil superior era fortemente distorcida em direção aos mais ricos entre eles. Mas a aproximação de 90-10 não está muito longe da realidade, e essa extrema desigualdade em riqueza (e renda da riqueza)

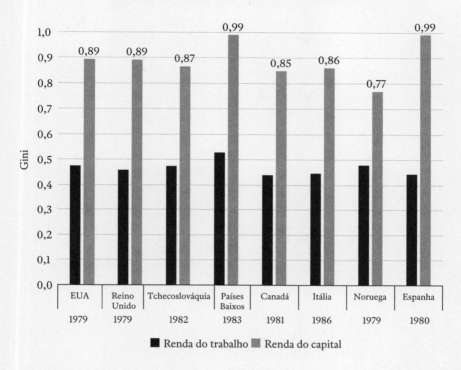

Figura 7.4. Coeficientes de Gini dos rendimentos do capital e do trabalho nos países ocidentais, por volta de 1980

FONTE: Calculado a partir do LIS Cross-National Data Center.

é claramente incompatível com a visão dos economistas neoclássicos de uma sociedade quase sem classes.

Se incluirmos também a riqueza imobiliária, que é o principal tipo de riqueza possuída pela classe média, a concentração de riqueza diminuiu de fato depois da Segunda Guerra Mundial e nunca chegou perto dos valores extravagantes do início do século XX.[93] Não obstante, permaneceu extremamente elevada: nos Estados Unidos, a participação do 1% mais rico oscilou em torno dos 30%, e a do decil superior em torno dos 70%. Não houve mudança significativa nessas participações de 1950 a 1990.[94] Enquanto isso, entre um quinto e um terço das populações ocidentais tinham riqueza líquida zero ou negativa, mesmo usando a definição abrangente de riqueza.[95]

Tabela 7.6. Percepções americanas sobre três chaves para o sucesso pessoal

	\"Por favor, mostre para cada um desses fatores o quão importante você acha que é para progredir na vida...\" (% que respondeu \"essencial/muito importante\" para esses fatores)		
	Ter pais com boa instrução	Vir de uma família rica	Conhecer as pessoas certas
Média (público americano)	50	31	46
1% mais rico	24	1	21
Diferença na percepção (pontos percentuais)	+26	+30	+25

FONTE: Cálculos do autor baseados em dados de Leslie McCall, "Political and Policy Responses to Problems of Inequality and Opportunity: Past, Present, and Future", em *The Dynamics of Opportunity in America: Evidence and Perspectives*. Org. de Irwin Kirsch e Henry Braun (Nova York: Springer, 2016), pp. 415-42, Figura 12.3. A fonte de McCall para a média foi o US General Social Survey de 2010; sua fonte para o 1% mais rico foi "Survey of Economically Successful Americans" de 2011 (inédito), realizado por Fay Lomax Cook, Benjamin I. Page e Rachel Moskowitz, Northwestern University. (Note-se a amostra limitada deste último, um estudo piloto que coletou dados de 104 indivíduos bem-sucedidos que vivem em quatro bairros selecionados na área de Chicago.)

Assim como vimos nas economias socialistas, os ricos tendem a acreditar muito mais nos mitos da ausência de classes que o resto da população. Como mostra a Tabela 7.6, há enormes distâncias entre o 1% mais rico dos Estados Unidos e os americanos médios em suas percepções da importância da educação dos pais, da riqueza da família e do contato com as pessoas certas para progredir. As respostas dos ricos implicam uma convicção de que seu próprio sucesso foi totalmente merecido e que a sociedade oferece a todos a mesma chance de prosperar. Não surpreende que estudos que adotam uma postura crítica em relação a essa crença raramente sejam bem recebidos entre os ricos e poderosos.

Irrealidade obstinada. Contrastado a fatos tão elementares e bem conhecidos, o tipo de modelo teórico de uma economia em que todos os participantes possuem capital humano e financeiro, economizam parte de sua renda, otimizam suas estratégias de investimento e legam seus ativos a seus descendentes parece puramente imaginário. A distância entre a realidade e o que está implícito em tais modelos fica logo aparente. É verdade que a gama de opções enfrentadas pelos pobres e pelos ricos não difere fundamentalmente, que o processo de otimização é o mesmo para ambos, que

Bill Gates e um sem-teto se comportam economicamente da mesma maneira e são como quaisquer dois agentes otimizando dentro de restrições, e que os economistas não precisam reconhecer suas diferenças em poder, capacidade de sobreviver sem uma renda positiva e influência econômica sobre os outros? Nesse caso, uma sociedade de classes como normalmente entendemos esse termo não existe.

É importante perceber que a crítica aqui não é a comum que julga a economia neoclássica (da Guerra Fria) principalmente pela falta de realismo de suas suposições. Essa crítica é simples e branda demais. Essa crítica não lida com a simplificação da realidade, mas com sua falsificação. A crítica não é que as suposições sejam irrealistas, mas que sejam projetadas para ofuscar a realidade. Como escreveu Keynes: "[a] nossa crítica à teoria clássica aceita da economia não consistiu tanto em encontrar falhas lógicas em sua análise, quanto em apontar que suas suposições tácitas raramente ou nunca são satisfeitas, com o resultado de que não podem resolver os problemas econômicos do mundo real".[96] Não é uma crítica à indiferença perante a realidade; é uma afirmação de que os modelos foram escolhidos para apresentar a realidade de uma forma que concordasse com os postulados ideológicos dos autores. A economia neoclássica combinava, portanto, dois vícios opostos: suposições simplistas e modelos matemáticos extremamente complexos.

A coisa mais positiva que pode ser dita sobre esses estudos teóricos é que eles aproximaram o comportamento e as escolhas enfrentadas pelos 5% ou 10% da população nos países capitalistas mais ricos — em outras palavras, cerca de 1% da população mundial. Marx observou que as ciências sociais em sociedades de classes tendem a refletir as visões e os interesses da classe dominante, e é sob essa luz que a incompatibilidade entre o trabalho teórico e a realidade é compreensível.[97]

Estudos incidentais da desigualdade. A última linha de trabalho consiste em estudos incidentais da desigualdade. Aqui, o objetivo não é estudar a desigualdade como tal, mas como mudanças variadas na vida econômica afetam alguns tipos de desigualdade. A abordagem mais popular era estudar o prêmio de qualificação e se seu aumento era impulsionado pelo progresso tecnológico ou pelo comércio internacional. Muitas dessas análises foram feitas para os Estados Unidos. Os estudos incidentais possuíam uma estrutura (na função de produção ou na teoria do comércio internacional) e os dados. Então, tinham dois dos três elementos especificados anteriormente como necessários para um bom trabalho sobre distribuição de renda.

Eles tinham até uma base política devido à diferenciação social entre trabalhadores altamente qualificados e pouco qualificados.

Seu principal problema era que se concentravam em apenas uma fonte de renda: o trabalho. Com certeza, o trabalho é quantitativamente a maior fonte, mas focar apenas nele deixa de fora as fontes mais importantes de renda tanto para o topo quanto para a base da distribuição de renda: rendas de propriedade e transferências sociais, respectivamente. Portanto, pode-se dizer que esses estudos lidam somente com o meio da distribuição de renda. Porém, mesmo isso é generoso demais. Em estudos salariais, os assalariados são, por definição, as unidades de análise. Mas esses assalariados não estão se acasalando aleatoriamente, e a família é a unidade primária por meio da qual a desigualdade de renda impacta o modo de vida dos indivíduos e suas chances de mobilidade social. Essa falha inevitável afetou a capacidade dos estudos salariais de abordar de fato a distribuição de renda.[98]

Além disso, os estudos sobre salários deixam de fora grandes pedaços do que constitui a desigualdade: a "renda sem trabalho" que vem da propriedade (dividendos, juros, aluguéis), ganhos e perdas de capital e todo o sistema de redistribuição por meio de impostos diretos e transferências governamentais em dinheiro e em espécie (por exemplo, benefícios da Previdência Social e SNAP [Programa de Assistência Nutricional Suplementar], anteriormente conhecido como cupons de alimentação nos Estados Unidos). Eles também deixam de fora a renda do trabalho autônomo, o consumo doméstico (ou seja, bens e serviços produzidos e consumidos pessoalmente) e a renda imputada da moradia — todos itens de importância crucial em países de renda média. Os estudos sobre desigualdade salarial são de relevância ainda menor para países pobres, onde os salários formais representam geralmente apenas um terço (ou menos) da renda total (ver Tabela 7.4).

Os salários muito altos no topo da pirâmide salarial que são recebidos por membros dos conselhos das empresas, CEOs, trabalhadores de fundos de gestão de patrimônio e assim por diante não podem ser integrados ou explicados pela estrutura orientada por qualificações. Eles são produtos de diferentes formas de poder monopolista. E embora a incapacidade dos estudos salariais de lidar com o topo da distribuição possa não ter sido tão óbvia na década de 1980 (simplesmente porque tais salários não eram tão altos naquela época quanto se tornaram desde então), o problema já era evidente.[99]

Em outras palavras, os estudos sobre desigualdade salarial lidam com a distribuição de renda de um fator de produção (trabalho) entre os assalariados — o que é realmente importante —, mas ignoram todo o resto: os outros fatores de produção, capital e terra, que devido à sua concentração entre os ricos são frequentemente o determinante mais importante da desigualdade; todo o sistema de redistribuição governamental; renda do trabalho autônomo e consumo doméstico; formação familiar; e, por fim (e ironicamente, em termos de seu tema de estudo), os salários mais altos.

Mas o principal problema é que eles não percebem por que nos importamos antes de mais nada com a desigualdade. Ela é criada e reproduzida no nível da família, não no nível do assalariado individual. É a renda familiar total, ajustada para o número de indivíduos, que torna as famílias ricas, pobres ou de classe média, e faz com que elas adotem valores sociais correspondentes. A socialização é feita dentro das famílias, não dentro dos assalariados individuais (o que quer que isso possa significar). É por meio dos processos de acasalamento, formação familiar e pela combinação de múltiplas fontes de renda que se criam famílias ricas e pobres, e classes sociais, e que, mais importante, as oportunidades são diferenciadas no nascimento, permitindo a reprodução de desigualdades sociais.

Estudamos a desigualdade porque nos importamos com as classes sociais e sua capacidade de transmitir vantagens entre gerações e criar "aristocracias" autossustentáveis. A preocupação com os retornos da escolaridade é certamente uma das questões, mas está longe de ser a mais importante. Pessoas que se importam com a desigualdade estão preocupadas com os fatores sociais que tornam o acesso à educação desigual tanto quanto com o fato de que os retornos da escolaridade possam aumentar.

Os estudos sobre desigualdade salarial pertencem à área da economia do trabalho, que é um campo importante, mas subsidiário, para os estudos sobre desigualdade. Sua posição é semelhante à dos estudos sobre salários afetados pelo comércio. Os últimos pertencem à economia comercial, não aos estudos sobre desigualdade.

A maioria dos economistas que trabalham com distribuição de renda concorda com isso. Lindert e Williamson escrevem: "Preocupar-se com a desigualdade econômica significa se importar com a desigualdade com que as pessoas consomem recursos ao longo de suas vidas. Mesmo que as restrições de dados nos obriguem a estudar rendas anuais em vez de rendas do ciclo de vida, Kuznets defendeu a medição por *membro da família*".[100]

Tony Atkinson, em seu livro de 1975 *The Economics of Inequality*, não incluiu o trabalho de desigualdade salarial de Tinbergen.[101] Ele simplesmente o ignorou. Mais tarde, escreveu: "É de fato impressionante o quanto a discussão recente se concentrou exclusivamente em diferenciais salariais e não perguntou se tais diferenças estão associadas à desigualdade [de renda]".[102] Rawls também pensava que, embora a desigualdade tenha de ser limitada em termos de renda de capital e trabalho, a principal preocupação deveria ser com a desigualdade da renda geral e a reprodução dessa desigualdade conduzida pelas famílias.

Em suma, confundir estudos sobre salários, seja de uma perspectiva de economia do trabalho ou do comércio, com estudos sobre desigualdade não é somente impreciso, mas exibe uma profunda incompreensão do motivo de nos importarmos com a desigualdade e qual é o objetivo real desse trabalho: descobrir os determinantes fundamentais da estrutura de classe e seus efeitos na política, comportamento e valores, e a transmissão de tais características através das gerações.[103]

Outros estudos de desigualdade incidental foram ainda mais limitados em importância e nunca chegaram perto de estudos sobre desigualdade salarial. Eles lidaram com tópicos como efeitos de remessas na distribuição de renda, os efeitos de várias transferências sociais e impostos, desigualdades observáveis no emprego feminino e muito mais. Não são temas sem importância por si sós, mas não oferecem nada parecido com a abrangência desejada dos estudos sobre distribuição de renda. Esses estudos sempre analisaram mudanças marginais na distribuição causadas por mudanças em alguns tipos de renda ou parâmetros externos. Eles foram, por sua própria construção, incapazes de dizer qualquer coisa sobre a distribuição geral, muito menos sobre as forças que a moldaram e sobre sua evolução futura.

Portanto, todas as três vertentes do trabalho sobre desigualdade que se desenvolveram entre meados da década de 1960 e a década de 1990 nos países ocidentais ficaram aquém do que estudos desejáveis e úteis sobre distribuição de renda deveriam ter feito. Eles foram vítimas da Guerra Fria, de uma infeliz reviravolta abstrata na economia, do desejo de apresentar uma imagem embelezada da realidade e, não menos importante, do financiamento de pesquisas pelos ricos.

A conexão das desigualdades entre e dentro das nações

São apenas as abordagens neomarxistas ou heterodoxas que abriram novos caminhos no trabalho sobre desigualdade no período da Guerra Fria.[104] Elas fizeram isso por meio de um programa de pesquisa que tinha a desigualdade Norte-Sul, em vez da desigualdade dentro das nações, como sua principal preocupação. A preocupação era com a "troca desigual" (transferência do excedente do Sul para o Norte) e o desenvolvimento interrompido do Sul devido ao domínio econômico ou imperialismo dos países ricos. À primeira vista, nenhum desses tópicos parecia ter muito a ver com a desigualdade como tal. Um exame mais profundo revela que isso não é verdade. Ao olhar para o mundo como um todo e ao traçar uma distinção importante — na visão dos autores, crucial — entre o centro (ou o Norte) e a periferia (ou o Sul), essas abordagens abriram a agenda de pesquisa sobre desigualdade entre países, um tema que até então estava adormecido ou inexistente. Todos os autores revisados até agora neste livro (com exceção de Kuznets) trataram somente das desigualdades dentro das nações nos países capitalistas mais desenvolvidos. Toda a área de desigualdades entre nações era inexplorada.

A falta de interesse nas desigualdades internacionais pode ser explicada pelo fato de que, até o início do século XIX, essas disparidades eram relativamente pequenas. Porém, não eram inexistentes. Como mostrado no capítulo 2, elas não passaram despercebidas por Adam Smith.

A teoria dos estágios do desenvolvimento de Smith pode ser interpretada como uma forma de explicar a disparidade. No entanto, as diferenças de renda entre os países ocidentais (europeus e norte-americanos) e o resto do mundo tornaram-se mais óbvias e mais estudadas com a expansão do colonialismo e do imperialismo europeus. Os dados de 2020 do Projeto Maddison mostram que a disparidade per capita entre o país mais rico e o mais pobre do mundo aumentou constantemente ao longo do século XIX, de cerca de 4 para 1 no início do século para 12 para 1 pouco antes da Primeira Guerra Mundial. Na Figura 7.5, alguns dos picos em determinados anos devem-se à mudança da amostra de países, mas a tendência mostrada pela linha grossa é inconfundível.

Na época em que Marx escreveu suas obras, essa diferença era tão óbvia que começou a afetar a economia conforme estudada na metrópole. Marx era, como vimos, ambivalente em relação ao imperialismo britânico na Índia: ele o via tanto como uma força progressista no rompimento da

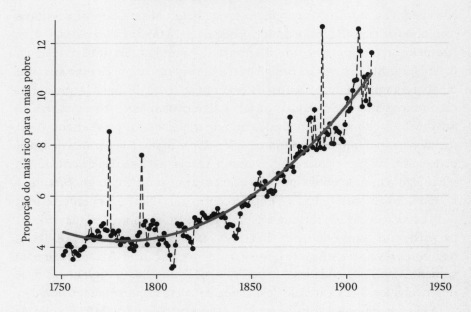

Figura 7.5. Proporção do PIB per capita do país mais rico para o mais pobre do mundo, 1750-1914

Nem todos os dados dos países para todos os anos estão disponíveis, o que explica alguns dos picos (por exemplo, se um país muito pobre foi introduzido na amostra). A linha tracejada é a proporção máximo/mínimo real; a linha grossa é baseada em uma regressão contra o tempo. FONTE: Calculado a partir do Maddison Project Database 2020.

estrutura tradicional e atrasada da região, quanto como um sinal do capitalismo global agressivo. Além disso, os marxistas logo se depararam com a questão (mesmo antes da Revolução Russa) de se os países menos desenvolvidos poderiam se mover para o socialismo sem serem "condenados" a sofrer a acumulação primitiva de capital, a expropriação do campesinato e as divisões de classe que acompanharam a ascensão do capitalismo na Grã--Bretanha e no norte da Europa.[105]

Portanto, não é surpreendente que as questões das desigualdades globais ou, mais exatamente, internacionais, fossem estudadas muito mais por economistas que tinham interesse ou afinidade com Marx do que pelos outros.*

---

* Uso o termo "global" para diferenças de renda entre todos os cidadãos do mundo (ou seja, a unidade de análise é o indivíduo) e o termo "internacional" ou "internacional" para diferenças em rendas médias entre países.

Quando os economistas neoclássicos durante a era do "eclipse" se importaram em olhar para as enormes desigualdades que se abriram no mundo, eles as viram somente pelo prisma da vantagem comparativa e do comércio, ou, mais tarde, quando os modelos de crescimento se tornaram mais populares, pela tendência das rendas médias dos países convergirem. Em ambos os aspectos, eles esperavam que taxas de crescimento mais altas em países pobres eventualmente anulassem a disparidade. Nunca mostraram qualquer inclinação para olhar para as desigualdades entre países ricos e pobres de forma sistemática ou dentro de uma estrutura global. Como Peer Vries escreve, sendo por outro lado crítico deles, foram apenas os economistas da teoria da dependência ou do sistema que obrigaram o resto da profissão econômica a se concentrar na divergência de rendas entre o Ocidente e o resto:

> Seja qual for sua exata sustentabilidade, a abordagem da dependência em qualquer caso forçou os economistas tradicionais e outros a pensar sobre o fenômeno impressionante de que nos séculos XIX e XX um aumento geral na *divergência* econômica surgiu na economia global, acompanhada por um aumento geral nos contatos comerciais.[106]

Os marxistas, é óbvio, fizeram exatamente isso, a começar por Lênin, Bukhárin, Rosa Luxemburgo e M. N. Roy no início do século XX. Mas o trabalho deles estava preocupado com o capitalismo como uma formação socioeconômica em seu estágio "tardio". Eles não examinaram a desigualdade entre países, mas a pressupuseram, e, no caso de Luxemburgo, argumentaram (como visto no capítulo 4) que essa desigualdade era uma maneira do capitalismo metropolitano superar suas próprias dificuldades e escapar da queda da taxa de lucro internamente.

Após a Segunda Guerra Mundial e a independência da maioria das nações africanas e asiáticas, a desigualdade Norte-Sul se tornou um tema importante. Os neomarxistas (tenho em mente principalmente os teóricos da dependência) olharam para isso, de maneira não muito diferente de como os economistas neoclássicos fizeram, primeiro através das lentes do comércio. Arghiri Emmanuel argumentou em 1972 que o comércio entre países ricos e pobres implicava uma transferência de valor (isto é, de trabalho não pago) dos pobres para os ricos. Países pobres com salários historicamente mais baixos e maiores taxas de mais-valia transferem parte do trabalho para os países ricos de graça.[107] Em outras palavras, os preços de produção dos produtos dos países pobres são menores do que seus valores de trabalho, e os preços de produção dos produtos dos países ricos são maiores do que seus valores de trabalho. A obra de Emmanuel foi formulada em termos marxistas (transformação de valores em preços de produção) e transpôs a análise de Marx do nível nacional para o nível mundial. A abordagem de Emmanuel foi expandida, alterada e criticada. Na mesma época, Samir Amin publicou *L'accumulation à l'échelle mondiale* [A acumulação em escala mundial], que também começa com a teoria do comércio internacional, mas depois aprofunda a discussão sobre dependência ao tratar da transformação das relações de produção e distribuição de renda na periferia, para torná-las compatíveis com as relações estruturais desiguais entre o Norte e o Sul.[108] Assim, a desigualdade estrutural Norte-Sul influenciou a desigualdade de classe nos países da periferia (e talvez até a tenha determinado, numa possível leitura de Amin). Era, se podemos chamá-la assim, uma teoria "política global" da distribuição de renda nacional:

> É a natureza das relações políticas entre o capital estrangeiro, a burguesia empresarial local, as camadas privilegiadas da classe assalariada e a burocracia administrativa que, em última instância, determina a distribuição de rendas.[109]

Portanto, o interesse de Amin pela desigualdade interna procedeu de sua preocupação com a desigualdade internacional. Ele ofereceu uma série de tabelas sociais para o Egito e os países do Magrebe da segunda metade do século XIX até por volta de 1960, e análises notavelmente detalhadas (para a época) de distribuições de renda em vários países da África subsaariana. Uma dessas tabelas sociais para o Egito, no ano de 1950, é mostrada na Figura 7.6. (Para comparação, ver a tabela social para a Inglaterra em 1759, no capítulo 2, e para a França em 1831, no capítulo 4.) As diferenças de classe são enormes. Camponeses sem-terra são mais da metade da população total, e sua renda per capita média é apenas um décimo da renda média; na outra ponta da distribuição está a burguesia urbana, representando menos de 1% da população total, mas com uma renda per capita média que é cerca de 25 vezes a média.[110] Em figuras como essa, em que as classes sociais são ordenadas no eixo horizontal de acordo com seu nível de renda, estamos

Figura 7.6. Participação populacional e rendimentos relativos por classe social no Egito, por volta de 1950

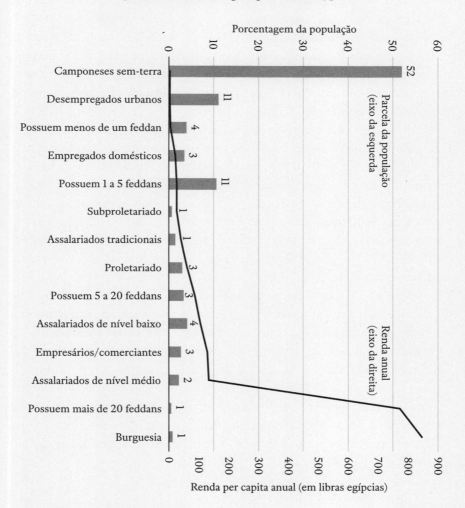

As classes são ordenadas da mais pobre para a mais rica. As participações da população em porcentagem são mostradas pelas barras. A renda anual per capita é mostrada pela linha. "Feddan" é uma medida de área de terra igual a 0,42 hectare.
FONTES: Samir Amin, *L'accumulation à l'échelle mondiale*. v. 1. Paris: Antrhopos, 1970, p. 445; Hassan Riad, *L'Égypte nassérienne*. Paris: Minuit, 1964.

acostumados a ver uma forte relação negativa: à medida que a classe social se torna menor, sua renda relativa é maior. O exemplo do Egito é apenas um caso extremo dessa regularidade: seu coeficiente de Gini, mesmo sem levar em conta a desigualdade intraclasse, é extraordinariamente alto, em quase 77 pontos. Essa desigualdade excessiva, liderada por uma pequena e rica burguesia "compradora", era, de acordo com a doutrina da dependência, tanto uma consequência das desigualdades mundiais quanto uma condição para sua manutenção.

Se qualquer versão dada de comércio desigual ou dependência era verdadeira ou não, isso não é de grande interesse para nós.[111] O que importa aqui é que as obras dos teóricos da dependência abordaram duas questões que ampliaram o escopo dos estudos sobre desigualdade. Primeiro, eles destacaram o desenvolvimento desigual no mundo e, portanto, trouxeram o tema da desigualdade internacional. Em segundo lugar, argumentaram que essa desigualdade internacional era estrutural por natureza ("as regras do jogo" sendo distorcidas em favor dos países ricos) e criou internamente, em países pobres, uma distribuição de renda que garantiu a continuação de um papel subalterno para o Sul. Há dois aspectos da desigualdade que foram assim vinculados: a desigualdade entre nações, que produziu um tipo específico de estrutura de classe interna, e a desigualdade interna, que, por sua vez, perpetuou a disparidade entre países ricos e pobres. Era do interesse das classes dominantes no Sul que o Sul permanecesse subdesenvolvido. Desse modo, os teóricos da dependência introduziram um ponto de vista inteiramente novo, vendo as desigualdades nacionais e internacionais como interdependentes. Como Anthony Brewer resumiu isso (usando uma expressão popularizada por André Gunder Frank):

> O "desenvolvimento do subdesenvolvimento" ocorre porque o sistema capitalista mundial se caracteriza por uma estrutura de metrópole-satélite. A metrópole explora o satélite, o excedente é concentrado na metrópole e o satélite é cortado de potenciais fundos de investimento, então seu crescimento é desacelerado. Mais importante, o satélite é reduzido a um estado de dependência que cria uma classe dominante local com interesse em perpetuar o subdesenvolvimento, uma "lumpem-burguesia" que segue uma "política de subdesenvolvimento".[112]

Trata-se de um elo que não era visto anteriormente, embora se possa argumentar que *qualquer* teoria do comércio estabelece um elo implícito entre comércio e estrutura de classe interna (como vimos, por exemplo, com Ricardo no capítulo 3). Ao fazer isso no nível global, os neomarxistas criaram um campo inteiramente novo. Esse campo levaria naturalmente aos estudos de desigualdade global, onde o nível global seria considerado um novo nível "normal" para olhar as desigualdades.

Por essa razão, os estudos neomarxistas durante a Guerra Fria forneceram o único avanço metodológico importante daquele período na maneira como visualizamos ou estudamos a desigualdade. Como já mencionado, eles fizeram isso não enquanto estavam focados na desigualdade como o tema principal, mas sim enquanto discutiam dificuldades de desenvolvimento no Sul global, comércio e imperialismo moderno.

Em termos de nossos três componentes, a teoria da dependência certamente tinha uma narrativa política muito clara e uma estrutura teórica desenvolvida. Sua empiria era seu ponto mais fraco. Ela tendia a lidar com amplas generalizações históricas, fazendo uso muito seletivo de dados (alguém poderia facilmente acusar os principais teóricos da dependência de os selecionarem a dedo), e, em última análise, deixou de levar em conta o fato de que alguns países subdesenvolvidos — embora poucos até agora — foram capazes de romper a barreira do relacionamento desigual Norte-Sul e atingir níveis mais altos de desenvolvimento. Com efeito, seu calcanhar de aquiles era sua base empírica fraca, apesar de uma aparente infinidade de referências a muitas partes do mundo e desenvolvimentos históricos. Mas olhando mais de perto para eles, descobre-se que esses exemplos são com frequência usados de forma puramente retórica e raramente são baseados em trabalho sério de dados. Esse é decerto o caso nas obras posteriores de Samir Amin e André Gunder Frank, com suas discussões históricas de amplas pinceladas, em contraste com as obras anteriores de ambos, que levavam a parte empírica muito mais a sério. (Como mencionado, Amin contribuíra com um importante trabalho original sobre o Egito, o Magrebe e a África subsaariana.) As teorias neomarxistas fracassaram justo na área em que pareciam superficialmente fortes: na parte empírica que, em princípio, eles destacaram, porém, na realidade trataram de forma bastante superficial, sobretudo quando contrastada com o trabalho feito na mesma época pela história econômica. Isso é lamentável, porque um esforço mais sustentado para fazer um trabalho empírico sobre distribuições de renda nos países do Terceiro Mundo estava muito atrasado. Esses países foram quase ignorados pelos economistas neoclássicos metropolitanos, e as contribuições dos economistas dos países menos desenvolvidos foram, devido à falta de interesse e treinamento, esparsas. As abordagens neomarxistas, portanto, possuíam uma vantagem "natural", mas não conseguiram capitalizá-la.

Epílogo
O novo começo

Os estudos sobre desigualdade explodiram nas primeiras décadas do século XXI, e houve várias razões objetivas, ou externas, para isso. Rasgou-se a camisa de força da ausência de classes e dos "agentes racionais" imposta pela economia da Guerra Fria. A pesquisa estava se tornando mais livre, assim como a desigualdade de renda, que vinha crescendo havia trinta anos, estava se tornando mais óbvia. O mundo saía de uma época em que os ricos banqueiros de Wall Street celebravam o "Grande Moderador" Alan Greenspan — que foi por quase uma década presidente do Fed (1987-96), durante três governos, Reagan, Bush Sênior e Clinton — até o ponto de gastar milhares de dólares em retratos dele para adornar suas casas em Martha's Vineyard e Cape Cod.[1] Mas, ao mesmo tempo, a classe média americana estava batalhando e o salário mínimo havia caído abaixo (numa base ajustada do preço) de seu nível de 1968. A estagnação da renda da classe média foi encoberta pela facilidade de empréstimos (porque os ricos tinham quantidades crescentes de capital financeiro livre em busca de "colocações") e pela facilidade de comprar uma casa — o eterno sonho de vida da classe média — mesmo para aqueles que não tinham empregos estáveis ou muito dinheiro para dar entrada. Desse modo, o consumo da classe média americana aumentou, sugerindo uma prosperidade moderada, enquanto as rendas reais subjacentes estagnavam.

A crise financeira de 2007-8 revelou essa disparidade entre os movimentos de renda e consumo. Os empréstimos tinham de ser pagos e as hipotecas quitadas, e simplesmente não havia renda para fazer isso. Muitas pessoas perderam suas casas para a retomada de posse pelos bancos.[2] Os juros do cartão de crédito e outras dívidas não podiam ser rolados infinitamente. Em suma, as classes médias nos Estados Unidos e em outros lugares do mundo rico perceberam que o que haviam tomado por prosperidade nos últimos trinta anos tinha sido uma miragem. Mas a prosperidade dos que mais ganhavam (especialmente o "1%" destacado pelos protestos) não era uma miragem. Essa fração da população de fato se saiu bem. A Figura E.1 mostra a curva de incidência de crescimento nos Estados Unidos, exibindo ganhos de renda real cumulativos em diferentes pontos da distribuição de renda do país entre 1986 e 2007. As rendas de 85% da população aumentaram a uma taxa quase idêntica de 20% ao longo de vinte anos (representando uma taxa média de crescimento de menos de 1% ao ano). Mas, olhando para os 15% mais ricos da população durante o mesmo período, vemos que cada percentil mais rico desfrutou de uma taxa de crescimento maior do que a anterior. Para o 1% mais rico, o crescimento cumulativo real foi de 90%, ou 4,5 vezes maior do que para a maioria dos americanos. Além disso, parecia a muitos membros das classes média e pobre "enganadas" que eram os ricos, os principais beneficiários do crescimento dos Estados Unidos, que haviam causado a crise com seus empréstimos imprudentes. E no final, não só as rendas dos que mais ganhavam aumentaram bem mais rápido durante as duas décadas, e não só eles haviam alimentado a crise, como também foram poupados de suas consequências graças aos tributos dos contribuintes para os resgates dos bancos.

Tudo foi repentinamente reconhecido como injusto. E foi essa percepção na época da crise, acho eu, que trouxe o tema da desigualdade — que estava somente pairando em segundo plano — para o primeiro plano da consciência das pessoas. A crise legitimou o tema. Até mesmo o termo "desigualdade", antes invocado apenas com alguma reticência e trepidação, começou a ser usado ampla e abertamente.

Esse ressurgimento da preocupação popular com a distribuição de renda — estimulado, como acabamos de ver, por eventos "objetivos" — foi ainda mais reforçado pela notável pesquisa sobre desigualdade de renda publicada na mesma época. A verdadeira relação entre esses estudos e o interesse repentino pela distribuição de renda é difícil de avaliar, mas é provável que tenham se reforçado mutuamente. Se o interesse geral pela desigualdade tivesse permanecido em seu nível anterior (baixo), essa nova onda de estudos sobre desigualdade poderia ter definhado na obscuridade. Em vez disso, se tornaram best-sellers internacionais.

Há três desdobramentos notáveis no trabalho sobre desigualdade que, creio eu, provavelmente terão impacto duradouro na profissão econômica

Figura E.1. Aumento percentual da renda real per capita após impostos em diferentes pontos da distribuição de renda dos Estados Unidos (crescimento acumulado de 1986 a 2007)

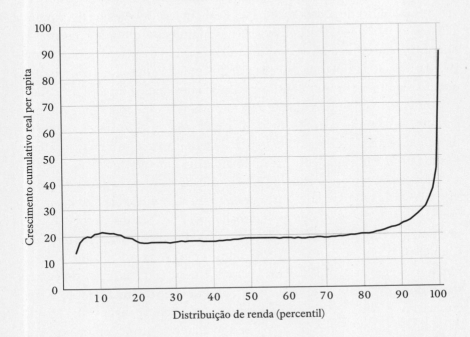

FONTE: Calculado a partir do LIS Cross-National Data em Luxemburgo; Current Population Survey (CPS), US Census Bureau.

e nos cientistas sociais, pelo menos por mais meio século. Todos os três se originaram durante o período inebriante do início dos anos 2000. São eles: primeiro, a obra de Thomas Piketty sobre tendências de longo prazo da desigualdade em países ricos, apropriadamente resumida em sua fórmula $r > g$ (afirmando que a taxa de lucro numa economia é maior do que sua taxa de crescimento); em segundo lugar, a criação de tabelas sociais dinâmicas, que ampliam o conhecimento da distribuição de renda para épocas para as quais não existem dados fiscais nem pesquisas de renda familiar; e em terceiro, a introdução de estudos *globais* de desigualdade como uma nova área de pesquisa. Essas tendências estão agora apenas no início do que espero que sejam muitos desdobramentos tumultuados e bem-sucedidos nas próximas décadas. Cada uma merece, à medida que este livro chega ao fim, alguns parágrafos de explicação.

A contribuição de Piketty. Em 2014, a versão em inglês de *O capital no século XXI*, de Thomas Piketty, tornou-se um grande best-seller internacional.[3] É provável que tenha tido as maiores vendas de primeiro ano de qualquer livro de economia de todos os tempos. Embora isso seja notável, não conta a história completa. Muitos livros se tornaram best-sellers apenas para serem logo esquecidos. Mas é improvável que seja o caso aqui, tanto porque Piketty expandiu a agenda de seu trabalho em várias direções promissoras, quanto porque ele propôs uma nova maneira de olhar para a desigualdade — uma nova teoria da desigualdade cuja importância é independente do apelo do livro a um público amplo. Por ambas as razões, os futuros economistas provavelmente considerarão *O capital no século XXI* o livro mais influente desde que *Teoria geral* de Keynes foi publicado em 1936.[4]

Piketty estudou originalmente a desigualdade na França a partir do século XIX (o foco de seu livro anterior, *Top Incomes in France in the Twentieth Century*), e mais tarde estendeu esse trabalho para os Estados Unidos, Alemanha e Reino Unido. Ele desenvolveu o que pode ser chamado de "teoria política da distribuição de renda".[5] De acordo com ela, o capitalismo, deixado por si só, gera desigualdade cada vez maior porque os retornos do capital, recebidos principalmente pelos ricos, excedem consistentemente o crescimento da renda média — uma tendência que Piketty resume na fórmula $r > g$. Esse aumento inexorável na desigualdade é interrompido ou revertido apenas por eventos externos, como crises econômicas, guerras, períodos de hiperinflação e decisões políticas (por exemplo, aumentos de impostos). Não repetirei as vantagens e desvantagens dessa teoria que discuti em outro lugar.[6] O importante aqui é reconhecer que a obra de Piketty representou uma nova visão, prenhe de muitas implicações e que, portanto, não surpreende que tenha gerado uma enorme literatura empírica e teórica.

Além disso, Piketty tentou, como poucos antes dele, integrar teorias de produção e distribuição. À medida que o retorno do capital (que ele acredita ter sido historicamente estável, em torno de 5% ao ano) excede a taxa de crescimento da economia, que serve como um substituto para o crescimento da renda de uma pessoa média, a desigualdade aumenta: com efeito, os capitalistas que estão no topo da distribuição de renda recebem um aumento na renda de r por cento, que é maior do que a taxa de crescimento da renda da pessoa média (g), e a disparidade entre os ricos e a classe média aumenta. Os capitalistas também usam parte de (ou toda) sua renda de capital para investir e, portanto, a proporção do estoque de capital para o PIB (β de Piketty) aumenta.

Mas, à medida que β se torna maior e a produção mais intensiva em capital, a parcela da renda de capital no PIB total (α de Piketty) também aumenta, o que, dado que o capital pertence principalmente aos ricos, exacerba ainda mais a desigualdade de renda. Há, portanto, um círculo vicioso de desigualdade cada vez maior. Claro, se uma maior intensidade de capital fosse associada à redução da taxa de retorno (isto é, se r estivesse em tendência de queda), a participação do capital α não aumentaria. Porém, Piketty rejeita isso ao apontar para a relativa fixidez do retorno do capital ao longo da história.*

Desse modo, reencontramos em Piketty algumas das ideias de Marx, mas em embalagens muito diferentes. Como Marx, Piketty pensa que a participação do capital tenderá a aumentar, mas rejeita a previsão dele de um declínio na taxa de retorno do capital. Fica claro então que, se a intensidade de capital da produção aumentar para sempre e r não diminuir, o sistema acabará se movendo para uma situação insustentável em que toda a renda será recebida pelos proprietários do capital. No entanto, isso não acontece, porque os "controles preventivos" — guerras e períodos de hiperinflação — destroem o capital, seja fisicamente, seja por espoliação dos credores. Uma vez que o estoque de capital é reduzido por esse tipo de controle, os capitalistas retornam à sua tarefa de Sísifo de reconquistar sua posição dominante. Sem guerras e outras calamidades, eles teriam sucesso, mas a tributação da riqueza e das altas rendas também pode retardá-los.

Ao delinear essa dinâmica, Piketty propôs um argumento inteiramente novo e convincente de que o desenvolvimento pacífico do capitalismo leva ao colapso do sistema — não porque a taxa de lucro cai para zero e os capitalistas desistem de investir (como Marx diria), mas pela razão exatamente oposta, que os capitalistas tendem a acabar na posse de toda a produção de uma sociedade e essa é uma situação socialmente insustentável. Na visão de Marx, os capitalistas (como classe) fracassam porque não são muito bem-sucedidos; na visão de Piketty, eles fracassam porque são muito bem-sucedidos. Na visão de Marx, os capitalistas, por meio da competição entre si, diminuem o custo de produção e reduzem os lucros. Para usar a expressão de Keynes, acabam

---

* Em termos da função de produção, uma quase fixidez de r apesar de um aumento na razão K/L requer alta elasticidade de substituição (maior que a unidade) entre capital e trabalho. Ou seja, a quantidade crescente de capital não deprime suficientemente (ou no caso extremo de Piketty não deprime de forma alguma) a taxa de retorno e a participação dos capitalistas na renda total aumenta.

causando a eutanásia do rentista. Na visão contrária de Piketty, os capitalistas são extraordinariamente bem-sucedidos. Eles continuam acumulando cada vez mais capital, mas a taxa de retorno desse capital mais abundante de alguma forma não diminui. No final, possuiriam tudo. No entanto, isso deve provocar uma revolução, seja por forcados ou por impostos extraordinários.

O sucesso de Piketty deve-se ao fato de que, pela primeira vez desde Kuznets, os economistas foram apresentados a uma teoria alternativa das forças que determinam a distribuição de renda. Se examinarmos o cenário hoje, temos em oferta três teorias da distribuição de renda no capitalismo. Primeiro, há a teoria de Marx, pela qual o aumento da concentração de propriedade de capital e a diminuição da taxa de lucro levam, em última análise, à morte do capitalismo por meio da ausência de investimentos. Segundo, temos a hipótese de Kuznets de uma onda de desigualdade crescente e depois decrescente — ou, como argumentei, ondas sucessivas.[7] Essas ondas consistem numa primeira fase impulsionada por revoluções tecnológicas (a ascensão), seguida por uma segunda fase (o declínio) de dissipação de rendas tecnológicas, uma maior abundância de capital reduzindo a taxa de retorno e maior demanda por transferências sociais e, portanto, maior tributação. E a terceira é agora a teoria de Piketty sobre o capitalismo irrestrito que, deixado por conta própria, mantém uma taxa de retorno inalterada e vê a parcela dos maiores ganhadores da renda do capital aumentar a ponto de ameaçar engolir toda a produção da sociedade, e somente uma reação política pode evitar esse resultado. Portanto, não surpreende que Piketty coloque tanta ênfase na política de redistribuição e (como em seu livro subsequente, *Capital e ideologia*) em ideologias que justificam a alta desigualdade ou tentam limitá-la.[8]

Estamos hoje, portanto, na notável posição de ter acesso a uma quantidade infinitamente maior de dados sobre desigualdade e a três teorias relativamente claras de mudança da desigualdade sob o capitalismo que podem ser testadas empiricamente.

Tabelas sociais. O segundo evento notável das duas primeiras décadas do século XXI é a exploração de fontes históricas e de arquivo que já existiam havia muito tempo, mas foram trazidas à luz graças à nova capacidade de digitalizar e processar grandes quantidades de dados usando computadores. Isso deflagrou a investigação de estruturas sociais e, portanto, desigualdades, em muitos países onde os dados sobre rendas ocupacionais e estimativas de rendas de várias classes sociais foram preservados e puderam ser localizados.

Esse trabalho está se expandindo rapidamente. Embora o trabalho de Piketty (com base em dados fiscais) tenha lançado luz sobre os desdobramentos no século XX — ou seja, desde que os países avançados introduziram a tributação pessoal —, as tabelas sociais nos permitem cavar muito mais fundo, de volta à revolução comercial, à Idade Média e até mesmo antes.

Para apreciar a importância das tabelas sociais, é preciso saber que muitos países ainda não têm dados fiscais ou tributários e, quando têm, os dados se referem apenas ao topo da distribuição de renda, já que os ricos são as únicas pessoas sujeitas à tributação direta. Esses dados são os únicos exibidos nas informações padrão sobre pagamentos de impostos. Para todas as outras pessoas, os impostos diretos são retidos na fonte (isto é, automaticamente deduzidos dos salários), ou, como acontece para muitas pessoas em países pobres, não são avaliados. Por exemplo, apenas 7% das famílias na Índia pagam impostos diretos que são listados em tabulações fiscais, e menos de 1% o faz na Rússia e na China. Para esses países hoje, os únicos dados completos vêm de pesquisas domiciliares e, no passado, de tabelas sociais — se estas puderem ser construídas.

Há vários desenvolvimentos notáveis no uso de tabelas sociais dinâmicas. (Eu aplico o termo "dinâmicas" a tabelas sociais que são igual ou similarmente estruturadas em termos de classes ou categorias ocupacionais, cada uma para um determinado ano, e que são então ligadas pela inclusão de informações adicionais sobre a evolução de salários, rendas de capital e similares.) Peter Lindert e Jeffrey Williamson foram os pioneiros no uso e na harmonização de tabelas sociais inglesas/britânicas, começando com a famosa tabela de 1688 de Gregory King. Eles também criaram as primeiras tabelas sociais para os Estados Unidos (1774-1870), mencionadas no capítulo 7. Desse modo, produziram o primeiro estudo integrado e de longo prazo sobre a distribuição de renda nos Estados Unidos.[9] Mais recentemente, Robert Allen padronizou as tabelas sociais inglesas/britânicas e comprimiu suas múltiplas e variadas classes sociais em apenas algumas classes essenciais.[10] (Eu as usei, junto com a reformulação das tabelas sociais inglesas de Lindert e Williamson, nos capítulos 2 a 4.) Tabelas sociais semelhantes foram criadas para a França (ver a tabela de Morrisson e Snyder no capítulo 4).[11] E os trabalhos recentes de Javier Rodríguez Weber (para o Chile, 1850-2009), Diego Castañeda e Erik Bengtsson (para o México, 1895-1940) e Maria Gómez León e Herman de Jong (para a Alemanha e o Reino Unido, 1900-50) produziram distribuições de renda de longo prazo extremamente valiosas para esses países.[12]

Filip Novokmet fez o mesmo para Tchecoslováquia, Polônia e Bulgária.[13] E da mesma maneira, Mikołaj Malinowski e Jan Luiten van Zanden levaram nosso conhecimento da desigualdade pré-capitalista na Polônia muito mais longe do que há apenas uma década.[14] Philipp Erfurth contribuiu com conhecimento semelhante para a Prússia pré-unificação e para a Baviera pouco antes da Revolução de 1848.[15] Essas pesquisas abrem as histórias econômicas e sociais dos países que estudam e fornecem fontes inestimáveis de hipóteses e dados para outros economistas, sociólogos e cientistas políticos.

Na minha opinião, não há dúvida de que mais dessas tabelas sociais dinâmicas, produzidas em intervalos de tempo cada vez menores e cobrindo um número crescente de países, transformarão nosso conhecimento das economias pré-capitalistas e capitalistas iniciais e nos permitirão ver estruturas sociais em tais sociedades de maneiras que não eram possíveis antes. Particularmente promissor nessa área é o trabalho adicional sobre China (com suas fontes de arquivo abundantes e não utilizadas), Japão, Império Otomano e Rússia.

Esse trabalho combina pesquisa empírica com horizontes de tempo estendidos e também introduz componentes políticos e sociais. Ele mostra como podemos integrar estudos sobre desigualdade, política e economia política; em outras palavras, trata a desigualdade como incorporada na sociedade.

Desigualdade global. A terceira área de trabalho muito promissor é a da desigualdade global. Fazer esse tipo de investigação empiricamente é impossível enquanto a maioria dos países não realizar pesquisas domiciliares periódicas (que são a melhor, ou única, fonte detalhada de informações para distribuições nacionais inteiras) e se os níveis de preços em diferentes países não puderem ser comparados. Porém, ambos os obstáculos empíricos foram superados nos últimos trinta anos. O primeiro problema foi resolvido quando a China e a União Soviética, e depois os países pós-soviéticos, começaram a compartilhar dados de pesquisas domiciliares, e muitos países africanos começaram a realizá-las regularmente. Hoje, há pesquisas domiciliares nacionalmente representativas que cobrem mais de 90% da população mundial e cerca de 95% da produção econômica mundial.*

---

* Deve-se mencionar, no entanto, que os países que não realizam ou não publicam pesquisas de renda familiar tendem a ser pobres ou estão em meio a guerras civis. Assim, aproximadamente os 10% mais pobres da população mundial não estão incluídos em nossas estatísticas. Isso obviamente confere um viés descendente às estimativas da desigualdade global e da pobreza global.

Nem todos os países as produzem anualmente, mas os pesquisadores podem trabalhar com anos de referência relativamente próximos (digamos, um ano de referência a cada três ou cinco anos) e usar todas as pesquisas disponíveis que se enquadram nessas janelas de tempo. Isso é totalmente diferente da situação na década de 1980, quando dados da China, das repúblicas soviéticas e de grande parte da África eram inexistentes ou não estavam disponíveis.

Ao mesmo tempo, o segundo obstáculo foi grandemente superado pelo escopo cada vez mais amplo e informações mais precisas fornecidas pelo International Comparison Program, que nos permite comparar os níveis de preços dos países e, assim, avaliar os padrões de vida reais em todo o mundo.[16] Isso será ainda mais aprimorado quando mais informações sobre preços dentro do país estiverem disponíveis, de modo que (por exemplo) os pesquisadores consigam distinguir os níveis de preços em diferentes partes da China (e, assim, estabelecer estimativas mais precisas do bem-estar real). Atualmente, os níveis de preços chineses e indianos distinguem apenas entre áreas rurais e urbanas, e para todos os outros países, apenas um único nível médio de preços em todo o país é usado para ajustar as rendas nominais.

O trabalho empírico, por mais importante que seja, é apenas o primeiro passo necessário em direção ao que se espera que se torne uma história global, conforme vista e refletida na distribuição global de renda. Pois está claro que os dados globais de renda contêm neles todas as narrativas da Grande Divergência, colonização, escravidão, descolonização, de episódios de crescimento bem-sucedidos e fracassados, e ascensão e queda econômica e política das nações. Por razões óbvias, todas essas histórias se refletem nas rendas que as pessoas em diferentes partes do mundo recebem. Examinar os dados de grandes países nos permite ver, por exemplo, como o declínio nas rendas per capita chinesas durante o Grande Salto para a Frente e a Revolução Cultural aumentou a contribuição da China para a desigualdade global (ao tornar a população chinesa mais pobre) e aumentou o Gini global em quase dois pontos, uma quantidade enorme. Ou como, desde o início dos anos 1980, o rápido crescimento da China reduziu a desigualdade global, sobretudo — para uma determinada taxa de crescimento per capita — quando a China era um país relativamente pobre.[17] Com esse período chegando ao fim, agora que a renda média chinesa é maior que a renda média global, outros motores da redução da desigualdade global, talvez a Índia e a África, possam assumir o controle.

A narrativa da desigualdade global, da reorganização das posições de renda entre diferentes nações e classes, ainda precisa ser extraída dos dados. Mas os dados e algumas primeiras tentativas de elaborar essa narrativa global já existem. É encorajador ver novos livros destacando a narrativa da distribuição global de renda como parte das ciências sociais de forma mais ampla e não apenas da economia.[18] Idealmente, o trabalho empírico sobre distribuição global de renda será combinado com as amplas narrativas globais que caracterizaram a escola dos Annales e o trabalho de Fernand Braudel e Paul Bairoch em particular, e com efeito, dos teóricos de sistemas mundiais.[19] É por isso que, no capítulo anterior, enfatizei a ligação vital e neomarxista entre a desigualdade (sistêmica) entre países e as desigualdades dentro do país.

No trabalho que tenho em mente aqui, prevejo uma integração completa de três níveis de compreensão: primeiro, a *desigualdade entre países*, que influencia as relações de poder deles (incluindo dominação política e econômica, colonização e similares); segundo, a desigualdade *dentro de cada país*, que pode, por sua vez, ser vista, como os teóricos da dependência a viam, como determinada por e facilitadora da manutenção de relações de poder internacionais desiguais (embora também responda às classes internas e outras clivagens); e terceiro, a *desigualdade global* entre cidadãos do mundo, onde todas essas perspectivas são refratadas.

Devemos também admitir a possibilidade de que as forças da globalização criem uma elite global e que o deslocamento de, digamos, alguns americanos ricos por alguns chineses ricos de suas posições mais altas na distribuição de renda global possa não ter muito efeito político na desigualdade entre países ou dentro deles, porque a camada superior global pode operar em um nível diferente dos Estados-nações. Se prevermos, como deveríamos, que a globalização atual produzirá a primeira elite global, então os cientistas sociais devem se preparar para enfrentar novas questões. O que o advento dessa elite global (ou mesmo de uma classe média global, se fosse criada) implicaria para as relações internacionais? Para a democracia? Para a corrupção e a tributação? Seriam questões inteiramente novas que a ciência social tradicional, que sempre tomou o Estado-nação como a unidade na qual a maioria da competição e dos eventos políticos e sociais ocorreram, não estudou. Nem previu — e tampouco imaginou.

Agradecimentos

Este livro esteve em "preparação" durante muitos anos, talvez, de certa forma, até desde meus primeiros estudos universitários, quando li Marx pela primeira vez. A preparação continuou ao longo dos anos com Ricardo e Smith, e depois, quando me interessei mais pela distribuição de renda, com Pareto e Kuznets. Foi por volta dessa época que li os brilhantes estudos de Schumpeter sobre economia clássica, primeiro em seu pequeno livro *Economic Doctrine and Method: An Historical Sketch*, publicado originalmente em 1912, e depois em sua inacabada e monumental *History of Economic Analysis*. As discussões de Wesley Mitchell sobre Smith e Ricardo também foram textos dos quais gostei e com os quais aprendi muito. Quesnay veio um pouco mais tarde e, como fez para vários leitores, proporcionou horas de frustração e prazer.

A história do pensamento econômico não é muito estudada hoje em dia e, infelizmente, é raro que os estudantes leiam os autores clássicos na íntegra. No máximo, são oferecidas a eles partes selecionadas das obras mais importantes, e mesmo estas estão sendo espremidas cada vez mais. Foi talvez para melhorar esse triste estado de coisas que tive a ideia de analisar como, desde antes da Revolução Francesa até o fim da Guerra Fria, os economistas mais influentes da história estudaram a distribuição de renda e o que pensaram sobre as forças que criam e mantêm a desigualdade econômica entre as pessoas.

Essas questões são discutidas ao longo do livro. Não há necessidade de dizer mais sobre elas aqui, exceto possivelmente para explicar minha escolha do período de tempo analisado. A data de início foi relativamente fácil: François Quesnay é, em muitos aspectos, o fundador da economia política. Ele influenciou Smith diretamente e, por extensão, Marx. Além disso, sua análise da distribuição de renda na França pré-revolucionária nos permite ver como a desigualdade era vista por economistas que trabalhavam numa sociedade em que a classe social não era somente uma categoria econômica, mas também legal. O período final também não é arbitrário. Os anos 1990 foram uma década tremendamente importante que testemunhou a queda do comunismo e o fim da Guerra Fria. Como afirmo no livro, o eclipse dos estudos sobre distribuição de renda na segunda metade do século XX, tanto em países socialistas quanto capitalistas, deveu-se a elementos políticos — sobretudo, à própria Guerra Fria. Foi somente depois do fim da competição ideológica dos dois sistemas que os estudos sobre desigualdade reviveram, revigorados não só pelo fim da "proibição" ideológica de olhar para classes sociais e desigualdade, mas também pela crescente desigualdade na maioria dos países do mundo. Desse modo, penso que o trabalho sobre distribuição de renda tem um futuro brilhante — tema do Epílogo do livro.

Escrevi estes capítulos durante o primeiro ano e meio da pandemia de covid-19, de início, praticamente isolado em minha casa em Washington, DC, e depois, quando estava "livre" para me mover, mas não totalmente. Os comentários que recebi enquanto escrevia refletem essa situação incomum. Por um lado, pude apresentar meu trabalho em andamento de modo remoto para públicos em muitas partes do mundo, em sessões que certamente teriam sido mais difíceis e mais caras de organizar em pessoa. Por outro lado, o fato de cada discussão e troca de comentários terminar com a sessão do Zoom significou que perdi alguma exposição a opiniões e críticas que poderiam ter sido compartilhadas com mais facilidade pessoalmente num jantar ou tomando uma cerveja.

Durante a concepção e o desenvolvimento do livro, beneficiei-me dos conselhos sempre sábios de Ian Malcolm, o editor dos meus dois anteriores na Harvard University Press e o editor original deste. Ian fez comentários muito úteis sobre a primeira versão. Ele deixou a Press quando o livro se aproximava da data de entrega, mas foi habilmente substituído por Grigory Tovbis, cujos muitos comentários foram bem valiosos. Sou grato a Julia Kirby por sua excelente e muito completa edição que melhorou a qualidade do livro, e a Anne McGuire por me pressionar muito para documentar, em notas finais e de rodapé, muitas das minhas afirmações.

Gostaria de agradecer especialmente a dois leitores por suas críticas muito cuidadosas. Os comentários que eles fizeram são o sonho de todo escritor: cuidadosos e substantivos, mas também possíveis de implementar sem grandes ajustes estruturais.

Vários capítulos foram gentilmente lidos por muitos amigos e colegas. Recebi comentários escritos perspicazes de todos eles, e alguns dos leitores mais comprometidos até comentaram três ou quatro capítulos. Aqueles que contribuíram para o livro dessa maneira estão aqui listados em ordem alfabética: Kevin Anderson, Mihail Arandarenko, Charlotte Bartels, Ingrid Bleynat, Pepijn Brandon, Christian Christiansen, Pascal Combemale, Simon Commander, Angus Deaton, Cédric Durand, Juan Grana, Karen Hoffmaester, Anton Jäger, Max Krahe, Rishabh Kumar, Michael Landesmann, Peter Lindert, Ulysse Lojkine, Boško Mijatović, Filip Novokmet, Avner Offer, Leandro Prados de la Escosura, Marco Ranaldi, Gérard Roland, Mike Savage, Paul Segal, Bas van Bavel, Jans van t'Klooster, Mattias Vernengo, Isabella Weber, David Wootton e Stefano Zamagni.

Gostaria também de agradecer aos organizadores e participantes dos seminários onde o capítulo sobre Marx foi apresentado (em ordem cronológica de apresentação): Universidade de Massachusetts em Boston, Universidade de Genebra, Universidade de Greenwich, Universidade de Utrecht, Universidade Livre de Bruxelas, Universidade Nacional de San Martin, Indian Economy Lab, Universidade de Uppsala e Universidade Bucknell. Além de gerar muitos comentários valiosos, essas sessões me apresentaram fontes que eu desconhecia e diferentes interpretações de Marx. Tudo isso melhorou significativamente o capítulo sobre ele, que foi provavelmente o mais exigente do livro.

Trabalhar no Graduate Center, City University de Nova York, e no Stone Center on Socio-Economic Inequality me ajudou a acessar muitas fontes de que precisava. Também me beneficiei da atmosfera agradável para trabalho e da pesquisa criada por meus colegas no Stone Center e, especialmente, por sua diretora, Janet Gornick.

Notas

Prólogo [pp. 7-34]

1. Heinz D. Kurz, "Will the MEGA 2 Edition Be a Watershed in Interpreting Marx?". *European Journal of the History of Economic Thought*, v. 25, n. 5, pp. 783-807, 2018.
2. Joseph A. Schumpeter, *History of Economic Analysis*. Org. de Elizabeth Boody Schumpeter. Oxford: Oxford University Press, 1954 [reimpr. 1980]; Mark Blaug, *Economic Theory in Retrospect*. Homewood, IL: R. D. Irwin, 1962.
3. Leszek Kolakowski, *Main Currents of Marxism*. 3 v. Trad. de P. S. Falla. Oxford: Clarendon, 1978. [Ed. bras.: *Principais correntes do marxismo*. 3 v. Campinas: Vide, 2022.]
4. Robert Heilbroner, *The Worldly Philosophers: The Lives, Times, and Ideas of the Great Economic Thinkers*. 7. ed. Nova York: Touchstone, 1999. [Ed. port.: *Os filósofos deste mundo: As vidas, as épocas e as ideias dos grandes economistas*. Parede, Portugal: Principia, 2018.]
5. Ver John Rawls, *A Theory of Justice* (Cambridge, MA: Belknap Press of Harvard University Press, 1971), pp. 53-9. [Ed. bras.: *Uma teoria da justiça*. Trad. de Almiro Pisetta e Lenita M. R. Esteves. São Paulo: Martins Fontes, 1997.]
6. Ver, por exemplo, Amartya Sen, *On Economic Inequality* (Oxford: Clarendon, 1973).
7. Shlomo Avineri, *The Social and Political Thought of Karl Marx*. Cambridge: The University Press, 1968. Avineri escreve que Marx "nunca acreditou que a atividade sindical como tal pudesse refazer o mundo, uma vez que não poderia mudar a estrutura da sociedade ou a qualidade do trabalho humano sob as condições do capital" (p. 121). Ele também explica que o conceito de associação de trabalhadores "não tem um significado estritamente político, nem sindical: é um esforço construtivo real para criar a textura social das futuras relações humanas" (p. 142).
8. Karl Marx, "Postface to the Second Edition", em id., *Capital*. v. 1. Trad. de Ben Fowkes. Intr. de Ernest Mandel (Londres: Penguin, 1976), p. 99.
9. Para comparações de desigualdades de riqueza europeias, ver World Wealth and Income Database. Disponível em: <wid.world>; e Daniel Waldenström, "Wealth and History: An Update". IFN Working Paper 1411, Research Institute of Industrial Economics, Estocolmo, 14 out. 2021. Disponível em: <www.ifn.se/media/442pkvuk/wp1411.pdf>.
10. "Não obstante essas vantagens superiores, não é provável que a escravidão seja abolida, e foi devido a algumas circunstâncias peculiares que ela foi abolida no pequeno canto do mundo em que vivemos. No governo democrático, dificilmente será possível que ela seja [abolida], pois os legisladores aqui são pessoas donas de escravos; portanto, nunca se inclinarão a abrir mão de uma parte tão valiosa de sua propriedade." Adam Smith, "Report

of 1762-63", em id., *Lectures on Jurisprudence*. Org. de R. L. Meek, D. D. Raphael e P. G. Stein (Oxford: Clarendon, 1978 [reimpr. Indianapolis: Liberty Classics, 1982]), p. 186.
11. "Uma luta pela continuidade da União é uma luta contra a continuidade da escravocracia — que nesta disputa a mais alta forma de autogoverno popular até agora realizada está dando batalha à forma mais vil e desavergonhada de escravidão do homem nos anais da história. [...] Tal guerra [é] tão distinta pela vastidão de suas dimensões e pela grandeza de seus fins, das guerras infundadas, gratuitas e diminutas pelas quais a Europa passou desde 1849." Karl Marx, "The London *Times* and Lord Palmerston". *New York Tribune*, 7 nov. 1861, em id., *Dispatches for the New York Tribune: Selected Journalism of Karl Marx* (Londres: Penguin, 2007).
12. Em relação à expansão da linha de pesquisa de Marx para além dos limites ocidentais, Anderson argumenta, contra a visão dominante, que a última década de Marx não foi estéril, mas sim muito ativa, com seu trabalho direcionado precisamente naquela nova direção que a erudição dominante sobre Marx tende a subestimar. Keith B. Anderson, *Marx at the Margins: On Nationalism, Ethnicity and Non-Western Societies*. Ed. ampl. Chicago: University of Chicago Press, 2016.
13. Até onde sabemos, Quesnay e Smith nunca se sentaram juntos para discutir suas ideias tête-à-tête.
14. Vilfredo Pareto, *Les systèmes socialistes*. Paris: V. Giard e E. Brière, 1902.
15. Georges Weulersse, *Le mouvement physiocratique en France (de 1750 à 1770)*. 2 v. Paris: F. Alcan, 1910, p. 85. Tradução minha.
16. Adam Smith, *The Wealth of Nations*, Livros I-IV. Org., notas e marginália de Edwin Cannan. Pref. de Alan B. Krueger (Nova York: Bantam Classics, 2003), baseado na quinta edição tal como editada e anotada por Edwin Cannan em 1904. [Ed. bras.: *A riqueza das nações*. 3. ed. 2 v. Trad. de Eunice Ostrensky e Alexandre Amaral Rodrigues. São Paulo: Martins Fontes, 2016.] Sobre arrendamento: "Devo concluir este capítulo muito longo", Livro I, p. 335; sobre manipulações financeiras: Livro II; sobre regras alfandegárias: Livro IV.
17. Id., *The Theory of Moral Sentiments* [1759]. Londres: Alex. Murray, 1872. [Ed. bras.: *A teoria dos sentimentos morais*. 2. ed. Trad. de Lya Luft. São Paulo: Martins Fontes, 2015.]
18. Vale a pena citar com mais detalhes a reclamação de Schumpeter sobre Ricardo: "A visão abrangente da interdependência universal de todos os elementos do sistema econômico que assombrava [Johann Heinrich von] Thünen provavelmente nunca custou a Ricardo nem uma hora de sono. Seu interesse estava no resultado claro de significância direta e prática. Para conseguir isso, cortou esse sistema geral em pedaços, juntou o máximo possível de partes dele e as colocou em armazenamento refrigerado — para que o máximo de coisas possível fosse congelado e 'dado'. Empilhou então uma suposição simplificadora sobre a outra até que, tendo realmente resolvido tudo por essas suposições, ficou com apenas algumas variáveis agregativas, entre as quais, dadas essas suposições, ele estabeleceu relações unidirecionais simples para que, no final, os resultados desejados emergissem quase como tautologias. [...] Chamaremos o hábito de aplicar resultados desse caráter à solução de problemas práticos de Vício Ricardiano". Schumpeter, *History of Economic Analysis*, pp. 472-3.
19. David Ricardo, *The Principles of Political Economy and Taxation*. Intr. de F. W. Kolthammer. Londres: J. M. Dent and Sons, 1911 [reimpr. Nova York: Dover, 2004]. [Ed. bras.:

Princípios de economia política e tributação. Trad. de Paulo Henrique Ribeiro Sandroni. São Paulo: Nova Cultural, 1996.]
20. David Ricardo a James Mill, 29 set. 1818, em *The Works of David Ricardo*. v. 7: *Letters 1816--1818*. Org. de Piero Sraffa (Cambridge: University Press for the Royal Economic Society, 1952), p. 305. Também David Ricardo a James Mill, 8 nov. 1818: "Não posso ser cego à minha total incapacidade de colocar meus pensamentos no papel com qualquer grau de ordem, clareza ou precisão. Estou surpreso com minha própria deficiência, pois trata-se de um talento que todos ao meu redor possuem em um grau superior ao meu" (Ibid., p. 327).
21. Ao comentar o ensaio de Ricardo "Sobre as máquinas", Marx escreve: "Esta seção que Ricardo acrescentou à sua terceira edição dá testemunho de sua *bonne foi* que tão essencialmente o distingue dos economistas vulgares". Karl Marx, *Theories of Surplus Value*, em Karl Marx e Frederick Engels, *Collected Works*. v. 32: *Karl Marx Economic Works, 1861-1863*. Nova York: International Publishers, 1989, p. 181.
22. Martin Milligan, "Translator's Note on Terminology", em Karl Marx, *The Economic and Philosophic Manuscripts of 1844* (Nova York: Prometheus, 1988).
23. Karl Marx, *The Eighteenth Brumaire of Louis Napoleon*. Trad. de Daniel De Leon. Nova York: International Publishing, 1897, p. 47. [Ed. bras.: *O 18 de Brumário de Luís Bonaparte*. Trad. de Nélio Schneider. São Paulo: Boitempo, 2011.]
24. Id., "The Elections in England — Tories and Whigs". *New York Tribune*, 21 ago. 1852, em id., *Dispatches for the New York Tribune*, p. 103.
25. Benedetto Croce, *Historical Materialism and the Economics of Karl Marx*. Trad. de C. M. Meredith. Nova York: Macmillan, 1914, p. 49.
26. Kurz, "Will the MEGA 2 Edition Be a Watershed?", op. cit.
27. Isso nos faz pensar em quantos escritos importantes podem estar abandonados em arquivos ou bibliotecas pessoais, com pouca probabilidade de serem publicados e amplamente lidos.
28. Em um ensaio-obituário sobre seu mentor Alfred Marshall, Keynes escreveu: "O mestre-economista deve possuir uma rara combinação de dons. [...] Ele deve ser matemático, historiador, estadista, filósofo — em algum grau. Deve entender símbolos e falar em palavras. Deve contemplar o particular, em termos do geral, e tocar o abstrato e o concreto no mesmo voo de pensamento. Deve estudar o presente à luz do passado para os propósitos do futuro. Nenhuma parte da natureza do homem ou de suas instituições deve estar inteiramente fora de sua consideração. Deve ser proposital e desinteressado num estado de ânimo simultâneo, tão distante e incorruptível quanto um artista, mas às vezes tão próximo da terra quanto um político". John Maynard Keynes, "Alfred Marshall" [1924], em *The Collected Writings of John Maynard Keynes*. v. 10: *Essays in Biography* (Londres: Macmillan for the Royal Economic Society, 1972 [reimpr. Cambridge: Cambridge University Press, 2013]), pp. 173-4.

1. François Quesnay: Classes sociais em um "reino agrícola rico" [pp. 35-48]

1. Segundo Weulersse, é provável que Quesnay tenha inventado o termo devido ao seu amor pelo grego e pelas palavras compostas. Georges Weulersse, *Le mouvement physiocratique en France (de 1750 à 1770)*. 2 v. Paris: F. Alcan, 1910, v. 1, p. 128. François Quesnay, *Physiocratie, ou Constitution naturelle du gouvernement le plus avantageux au genre humain*. 6 v. Org. de Pierre-Samuel Dupont de Nemours. Yverdon: [s.n.], 1768.

2. Como Quesnay escreve: "Essa ciência [economia política] não se confunde [...] com a ciência trivial e especiosa das operações financeiras cujo assunto é somente o estoque de dinheiro da nação e os movimentos monetários resultantes do tráfego de dinheiro, em que o crédito, a taxa de juros e assim por diante, como no caso do jogo, não produzem nada além de uma circulação estéril que apenas em circunstâncias excepcionais pode ser de algum benefício. É no conhecimento das verdadeiras fontes de riqueza e dos meios de aumentá-las e perpetuá-las que consiste a ciência da administração econômica de um reino". *Tableau économique*, Maxime 24, excerto das *Royal Economic Maximes of M. de Sully, Third Edition of Tableau économique*, em François Quesnay, *Quesnay's Tableau économique*. Ed. com conteúdo adicional, traduções e notas de Marguerite Kuczynski e Ronald L. Meek. Londres: MacMillan for the Royal Economic Society and the American Economic Association, 1972.
3. Romuald Dupuy, Pierre Le Masne e Philippe Roman, "From the Accounts of *Philosophie rurale* to the Physiocratic Tableau: François Quesnay as Precursor of National Accounting". *Journal of the History of Economic Thought*, v. 42, n. 4, pp. 457-81, 2020.
4. Gianni Vaggi escreve: "O fato de a análise fisiocrática enfatizar interesses de classe opostos e os aspectos contrastantes das estruturas econômicas e políticas deve ser considerado um de seus principais méritos". Mais tarde, no entanto, isso se tornaria um embaraço político para os fisiocratas, quando a aristocracia se recusou a ver nisso um simples exercício intelectual. Gianni Vaggi, *The Economics of François Quesnay*. Durham, NC: Duke University Press, 1987, p. 187.
5. Para estimativas de desigualdade e renda média francesa, ver Branko Milanović, "The Level and Distribution of Income in Mid-18th Century France, According to François Quesnay". *Journal of the History of Economic Thought*, v. 37, n. 1, pp. 17-37, tabela 4, 2015. As estimativas vêm de François Quesnay, "Les rapports des dépenses entre elles" [1763], em Quesnay, *Physiocratie*. Org. de Jean Cartelier (Paris: Flammarion, 2008), pp. 149-207; Achille-Nicolas Isnard, *Traité des richesses* (Lausanne: F. Grasset, 1871); Jean-Claude Toutain, *Le produit intérieur brut de la France de 1789 a 1982* (Paris: Institut de Sciences Mathématiques et Économiques Appliquées, 1987); e Christian Morrisson e Wayne Snyder, "The Income Inequality of France in Historical Perspective". *European Review of Economic History*, v. 4, n. 1, pp. 59-83, 2000. A estimativa para Inglaterra e País de Gales baseia-se na tabela social de Joseph Massies de 1759, tal como revisada em Peter H. Lindert e Jeffrey G. Williamson, "Revising England's Social Tables, 1688-1812". *Explorations in Economic History*, v. 19, n. 4, pp. 385-408, 1982.
6. Morrisson e Snyder, "Income Inequality of France in Historical Perspective", op. cit. Na França atual, a parcela do decil superior é cerca de 32% a 33%. Ver Thomas Piketty, *Le capital au XXIe siècle* (Paris: Seuil, 2013), p. 429.
7. No auge da desigualdade de riqueza britânica, por volta de 1900, estimou-se que o decil mais alto possuía cerca de 70% da riqueza nacional. Facundo Alvaredo, Anthony B. Atkinson e Salvatore Morelli, "Top Wealth Shares in the UK over More Than a Century". INET Oxford Working Paper 2017-01, 2016; Peter Lindert, "Unequal British Wealth since 1867". *Journal of Political Economy*, v. 94, n. 6, pp. 1127-62, 1986.
8. Branko Milanović, Peter Lindert e Jeffrey Williamson, "Pre-Industrial Inequality". *Economic Journal*, v. 121, n. 1, pp. 255-72, 2011.
9. Milanović, "Level and Distribution of Income", op. cit., Tabela 4.

10. Id., "Towards an Explanation of Inequality in Pre-Modern Societies: The Role of Colonies, Urbanization, and High Population Density". *Economic History Review*, v. 71, n. 4, pp. 1029-47, Figura 3, 2018.
11. Id., "Level and Distribution of Income", op. cit., Tabela 4.
12. Cálculo baseado na tabela social de Massie para a Inglaterra, ano 1759, em Milanović, "Level and Distribution of Income", op. cit., p. 33.
13. Maddison Project Database, versão 2020. Disponível em: <www.rug.nl/ggdc/historicaldevelopment/maddison/releases/maddison-project-database-2020?lang=en>.
14. Quesnay, "Les rapports des dépenses entre elles" [1763], op. cit.
15. François-René de Chateaubriand, *Mémoires d'outre-tombe*. v. 2: *Livres 13-24*. Paris: Garnier Frères, 1898 [reimpr. Garnier, 2011 (Livre de Poche)], Livro 13, pp. 32-3. Tradução minha.
16. Arthur Young, *Arthur Young's Travels in France during the Years 1787, 1788, and 1789*. Org., intr. e notas de Miss Betham-Edwards. Londres: G. Bell and Sons, 1900, anotação de 19 set. 1788.
17. Para uma excelente análise, ver a "Introdução" de Gertrude Himmelfarb, em Alexis de Tocqueville, *Memoir on Pauperism*. Trad. de Seymour Drescher (Chicago: Ivan R. Dee, 1997). A tradução de Drescher foi publicada originalmente em Nova York: Harper and Row, 1968.
18. Esse aspecto aparece ainda mais fortemente em Tocqueville, *Second mémoire sur le paupérisme* (1837): "Homens que são assim violentamente forçados a sair do cultivo da terra buscam refúgio na manufatura. A classe industrial não se expande simplesmente de forma natural e gradual seguindo as necessidades da indústria, mas o faz repentina e artificialmente impulsionada pela pobreza da classe agrícola". Disponível através da coleção Les Classiques des Sciences Sociales, Université de Québec à Chicoutimi, em: <classiques.uqac.ca/classiques/Detocquevillealexis/memoirepauperisme2/memoirepauperisme2.html>. Tradução minha.
19. Friedrich Engels, *The Condition of the Working Class in England*. Londres: Penguin Classics, 2009. [Ed. bras.: *A situação da classe trabalhadora na Inglaterra*. Trad. de B. A. Schumann. São Paulo: Boitempo, 2010.]
20. De acordo com Mirabeau, "a ciência da economia é o estudo e a demonstração das leis da natureza relacionadas a sustentação e multiplicação da raça humana. O conhecimento universal [...] dessas leis é, portanto, a base indispensável e o meio necessário para a felicidade de todos". Honoré Gabriel Riqueti Mirabeau, "Suite de la seizième lettre de M. B. A M***". *Éphémérides du Citoyen*, n. 2, pp. 1-67, 1769 (esp. p. 13). Tradução minha.
21. François Quesnay, "Maximes générales du gouvernement économique d'un royaume agricole" [1767], em Quesnay, *Physiocratie*, op. cit., p. 243.
22. Para uma excelente análise dessa instituição do governo imperial, ver Charles Hucker, *The Censorial System of Ming China* (Stanford: Stanford University Press, 1966). A dinastia Ming acabou em 1636, mas o sistema continuou inalterado sob os Qing, que governavam a China na época de Quesnay.
23. Toynbee compara a China com a França e alega que a França desempenhou um papel na Europa semelhante ao papel da China na Ásia, no sentido de que foi culturalmente o país mais influente na Europa, enquanto os outros países a imitavam ou admiravam. Arnold Toynbee, "Looking Back Fifty Years", em id., *The Impact of the Russian Revolution* (Oxford: Oxford University Press, 1967), p. 14.

24. Charles Montesquieu, *The Spirit of Laws*. Cambridge: Cambridge University Press, 1989, Livro VIII, p. 21. Quesnay dedica um capítulo inteiro, intitulado "Defeitos atribuídos ao governo da China", para refutar, ponto por ponto, as alegações de Montesquieu sobre despotismo arbitrário. Sua salva de abertura é que "M. de Montesquieu aventurou acima de tudo muitas conjecturas, que ele apresentou com tanta habilidade que alguém poderia considerá-las, como tantos outros, sofismas especiosos contra este governo". François Quesnay, *Le despotisme de la Chine* [1767], em id., *Oeuvres économiques et philosophiques de F. Quesnay* (Paris: Peelman, 1888), pp. 563-660. Disponível em: <www.chineancienne.fr/17e-18e-s/quesnay-despotisme-de-la-chine>. Tradução minha.
25. Alexis de Tocqueville, *The Old Régime and the French Revolution*. Trad. de Stuart Gilbert. Garden City, NY: Doubleday Anchor, 1955, p. 162. [Ed. bras.: *O Antigo Regime e a Revolução*. Trad. de José Miguel Nanni Soares. São Paulo: Edipro, 2017.]
26. Ibid., pp. 163-4.
27. François Quesnay, "Du commerce" [1766], em Quesnay, *Physiocratie*, op. cit., pp. 304-5n. Tradução minha.
28. Id., "Les rapports des dépenses entre elles" [1763], op. cit. O trabalho de Quesnay aparece também em V. R. de Mirabeau, *Philosophie rurale*. 3 v. (Amsterdam: Chez les Libraires Associés, 1763).
29. Weulersse, *Le mouvement physiocratique en France (de 1750 à 1770)*. 2 v. Paris: F. Alcan, 1910, v. 1, p. 85. Tradução minha.
30. A expressão vem de Friedrich Melchior Grimm, citado em Weulersse, *Le mouvement physiocratique*, op. cit., v. 1, p. 85.
31. Quesnay, "Les rapports des dépenses entre elles" [1763], op. cit.
32. Vaggi, *Economics of François Quesnay*, op. cit., pp. 140-3.
33. "Maximes générales", citado em Vaggi, *Economics of François Quesnay*, op. cit., p. 141.
34. Mirabeau, que era mais franco em seu apoio aos arrendatários do que Quesnay, acabou preso por uma semana e banido para sua propriedade por dois meses. Vaggi, *Economics of François Quesnay*, p. 143, baseado em Weulersse, *Le mouvement physiocratique*.
35. Weulersse, *Le mouvement physiocratique*, p. 540.
36. Uma questão interessante (embora não nos diga respeito diretamente aqui) é se Quesnay acreditava que somente a agricultura era suficientemente produtiva para gerar um excedente, ou se seu modelo é "ajustado" de tal maneira (devido às relações de troca assumidas entre os setores) que apenas a agricultura *parece* produtiva. Jean Cartelier, num excelente prefácio, defende esta última hipótese. Cartelier, "Preface", em Quesnay, *Physiocratie*, op. cit. Mas essa explicação parece anacrônica. Quesnay não pensava em termos de modelos multissetoriais ou sraffianos, mas simplesmente observou que a maioria, ou mesmo todas as rendas dos proprietários, vinha de avaliações de impostos sobre a produção agrícola. Na verdade, não importa se ele pensava que a agricultura era intrinsecamente mais produtiva ou tomava as relações sociais como ele as experimentava por dadas.
37. Marx escreveu: "Os capitalistas [no sistema fisiocrático] são capitalistas apenas no interesse do proprietário de terras, assim como a economia política em seu desenvolvimento posterior os faria ser capitalistas apenas no interesse da classe trabalhadora". Karl Marx, *Theories of Surplus Value*, em Karl Marx e Frederick Engels, *Collected Works*. v. 32: *Karl Marx Economic Works, 1861-1863* (Nova York: International Publishers, 1989), p. 53.

38. Isaac Ilyich Rubin, *A History of Economic Thought*. Trad. de Donald Filtzer e Miloš Samardžija. Londres: Ink Links, 1979. Publicado originalmente em russo em 1929.
39. Quesnay, "Maximes générales du gouvernement économique d'un royaume agricole" [1767], op. cit., p. 265. Tradução minha.

2. Adam Smith: "Progresso da opulência" e uma teoria implícita da distribuição de renda [pp. 49-80]

1. É impossível estabelecer a precedência: Adam Ferguson, John Millar e Anne Robert Jacques Turgot propuseram teorias semelhantes quase na mesma época.
2. Smith nunca discutiu como os estados em avanço, estacionários ou em declínio da sociedade estariam relacionados à teoria dos estágios da história. Pode ser que, dentro de cada estágio de desenvolvimento, algumas sociedades avançassem e outras não. As sociedades em avanço no estágio feudal se tornariam sociedades comerciais? Simplesmente não sabemos, e Smith não nos diz.
3. As referências de páginas dos Livros I-IV são a Adam Smith, *The Wealth of Nations*. Org., notas e marginalia de Edwin Cannan. Pref. de Alan B. Krueger (Nova York: Bantam Classics, 2003), baseado na quinta edição tal como editada e anotada por Edwin Cannan em 1904. As referências de páginas do Livro V são a Adam Smith, *Of the Revenue of the Sovereign or Commonwealth* (*Book V of The Wealth of Nations, 1776*). Org. de D. N. Deluna (Altoona, AL: Owlworks; Archangul Foundation, 2009).
4. Smith, *Wealth of Nations*, Livro II, cap. 3, p. 436.
5. Por exemplo, em relação à regulamentação financeira, Smith escreve: "Mas aqueles esforços de liberdade natural de alguns indivíduos [criadores de esquemas financeiros do tipo Ponzi], que podem pôr em risco a segurança de toda a sociedade, são, e devem ser, restringidos pelas leis de todos os governos; tanto dos mais livres quanto dos mais despóticos". Smith, *Wealth of Nations*, Livro II, cap. 2, p. 414.
6. O trecho chega até nós por intermédio de Dugald Stewart, um contemporâneo de Smith que mais tarde citou trechos de "um pequeno manuscrito elaborado pelo sr. Smith no ano de 1755 e apresentado por ele a uma sociedade da qual era membro". Dugald Stewart, "Account of the Life and Writings of Adam Smith, LLD, from the Transactions of the Royal Society of Edinburgh, Read by Mr. Stewart, January 21 and March 18, 1793", em Adam Smith, *The Glasgow Edition of the Works and Correspondence of Adam Smith*. v. 3: *Essays on Philosophical Subjects*. Org. de W. P. D. Wightman, J. C. Bryce e I. S. Ross (Londres: Cadell, 1811 [reimpr. Oxford: Oxford University Press, 1980]), pp. 269-332.
7. Smith, *Wealth of Nations*, Livro II, cap. 3, p. 442.
8. A impressão de retrocesso econômico, que Smith atribui a muitos na França, não era, em sua opinião, correta para aquele país, mas era especialmente uma opinião "que ninguém pode ter em relação à Escócia que vê agora, e que viu vinte ou trinta anos atrás". Smith, *Wealth of Nations*, Livro I, cap. 9, p. 127.
9. Smith, *Of the Revenue of the Sovereign or Commonwealth* (*Book V of The Wealth of Nations*), cap. 7, pp. 813-4.
10. Marvin Brown sustenta que Smith aceitava a escravidão na vida econômica ao mesmo tempo que a rejeitava enquanto filósofo moral. Marvin T. Brown, "Free Enterprise and Economics of Slavery". *Real-World Economics Review*, n. 52, pp. 28-39, 2010. Disponível em: <www.paecon.net/PAEReview/issue52/Brown52.pdf>. Isso é consistente com

minha opinião de que *A teoria dos sentimentos morais* e *A riqueza das nações* foram escritas para explicar dois aspectos diferentes de nossas vidas: a vida dentro de uma comunidade orgânica e a vida comercial.

11. Smith, *Of the Revenue of the Sovereign or Commonwealth* (Book V of *The Wealth of Nations*), cap. 3, p. 243.
12. Id., *Wealth of Nations*, Livro I, cap. 11, p. 276.
13. Ibid., Livro I, cap. 8, p. 102.
14. Maddison Project Database, versão 2020 de Jutta Bolt e Jan Luiten van Zanden. Groningen Growth and Development Center, Faculty of Economics and Business, University of Groningen. Disponível em: <www.rug.nl/ggdc/historicaldevelopment/maddison/releases/maddison-project-database-2020?lang=en>.
15. É também possível que eu tenha colocado a Polônia numa categoria mais alta do que Smith faria. Embora ela seja sempre usada (assim como Portugal) como exemplo de país europeu menos desenvolvido, pareceu-me que estava implicitamente posta acima dos países asiáticos. Mas Smith não faz a comparação diretamente.
16. Karl Marx, *A Contribution to the Critique of Political Economy*. Trad. de S. W. Ryazanskaya (Moscou: Progress), escrito originalmente em 1859. Nota C: Teorias do meio de circulação e do dinheiro. [Ed. bras.: *Contribuição à crítica da economia política*. 2. ed. Trad. e intr. de Florestan Fernandes. São Paulo: Expressão Popular, 2008.]
17. Mesmo com base em Dennis C. Rasmussen, *The Infidel and the Professor: David Hume, Adam Smith, and the Friendship That Shaped Modern Thought* (Princeton, NJ: Princeton University Press, 2017), em que a amizade hipotética entre Hume e Smith é o motivo do título e amplamente explorada no texto, pode-se pensar que a amizade não foi totalmente retribuída por Smith. Sem entrar numa disputa mais especializada sobre a relação deles, eu arriscaria a impressão de que Smith costumava evitar Hume e escrevia para ele principalmente quando precisava de uma recomendação para si mesmo ou para um de seus alunos. A falta de aceitação de Smith dos convites incessantes de Hume também pode ser interpretada de uma forma que Rasmussen não menciona: Smith talvez achasse seu amigo um tanto irritante e, em vez de oferecer desculpas após desculpas para não se encontrarem, simplesmente tenha escolhido ficar quieto.
18. "Eles" aqui refere-se a um grupo que Smith acabara de chamar de uma "seita de homens de letras", obviamente os fisiocratas. Smith, *Of the Revenue of the Sovereign or Commonwealth* (Book V of *The Wealth of Nations*), cap. 2, p. 113.
19. Segundo Cannan, "é evidente que Smith adquiriu a ideia da necessidade de um esquema de distribuição dos fisiocratas". Edwin Cannan, "Introduction", em Adam Smith, *Lectures on Justice, Police, Revenues, and Arms, Delivered in the University of Glasgow by Adam Smith; Reported by a Student in 1763*. Org. de Edwin Cannan (Oxford: Clarendon, 1896), p. xxxi, citado em Maurice Dobb, *Theories of Value and Distribution since Adam Smith: Ideology and Economic Theory* (Cambridge: Cambridge University Press, 1973), p. 56n. Porém, um rascunho das palestras feitas por Smith em Edimburgo nos anos 1750, descoberto apenas na década de 1930, implica, se generosamente interpretado, que a influência dos fisiocratas pode ter sido menor. Schumpeter, embora observando o tratamento pouco generoso de Smith a outros autores, incluindo Mandeville e Quesnay (p. 184), escreve que ele "quase decerto não compreendeu completamente a importância do *Tableau économique*". Joseph A. Schumpeter, *History of Economic Analysis*. Org. de Elizabeth Boody Schumpeter. Oxford: Oxford University Press, 1954 [reimpr. 1980], p. 232.

20. Stewart, "Account of the Life and Writings of Adam Smith", op. cit., pp. 329-30.
21. Johnson é citado nos papéis privados de seu biógrafo: James Boswell, *Boswell: The Ominous Years, 1774-1776*. Org. de Charles Ryskamp e Frederick A. Pottle (Nova York: McGraw-Hill, 1963). A expressão "cão mais chato" está na anotação no diário de Boswell de 13 abr. 1776, na p. 337; "sujeito muito desagradável" está no diário de Boswell, anotação de 17 mar. 1776, na p. 264.
22. Wesley Mitchell, *Types of Economic Theory: From Mercantilism to Institutionalism*. v. 1. Org. e intr. de Joseph Dorfman. Nova York: Augustus M. Kelley, 1967, p. 136.
23. Como o próprio Smith nos teria ordenado a fazer: "e ele [uma pessoa] deve ser rico ou pobre de acordo com a quantidade de trabalho que pode exigir". Smith, *Wealth of Nations*, Livro I, cap. 5, p. 133.
24. Sou grato a David Wootton pela orientação sobre o inventário e o patrimônio de Adam Smith.
25. Stewart, "Account of the Life and Writings of Adam Smith", op. cit., p. 326.
26. Na verdade, a biblioteca não era pequena, e isso pode explicar parte da lacuna. De acordo com o inventário mais recente, Adam Smith possuía cerca de 2 mil livros. Daniel B. Klein e Andrew G. Humphries, "Foreword and Supplement to 'Adam Smith's Library: General Check-List and Index'". *Econ Journal Watch*, v. 16, n. 2, pp. 374-83, 2019. Cerca de 1800 livros foram listados num inventário anterior. Hiroshi Mizuta, *Adam Smith's Library*. Londres: Cambridge University Press, 1967. Os livros foram adicionados por Klein e Humphries com base no fato de serem de propriedade da Universidade de Edimburgo e ostentarem o ex-líbris de Adam Smith.
27. As tabelas sociais históricas inglesas e britânicas de Massie e outras foram recentemente reformuladas para criar uma série de tabelas sociais consistentes em termos de classes (ou seja, com as mesmas classes mantidas do começo ao fim). Robert C. Allen, "Class Structure and Inequality during the Industrial Revolution: Lessons from England's Social Tables, 1688-1867". *Economic History Review*, v. 72, n. 1, pp. 88-125, 2019. Neste livro, utilizo principalmente a versão de Allen das tabelas. A original de Massie é muito mais detalhada do que a reformulação de Allen: ela contém perto de sessenta agrupamentos, da classe n. 1 de título mais alto (há doze dessas classes de alto título) até os vagabundos, estimando a renda média de cada classe. Joseph Massie, *A Computation of the Money That Hath Been Exorbitantly Raised Upon the People of Great Britain by the Sugar-Planters, in One Year, from January 1759 to January 1760*, panfleto, 10 jan. 1760, Londres, Kress Collection n. 9612.12, Baker Library Special Collections, Harvard Business School.
28. Allen, "Class Structure and Inequality", op. cit. "Trabalhadores" são definidos como "a força de trabalho da indústria, os trabalhadores da construção civil, os mineiros, os peões e criados em serviço externo, os soldados, os marinheiros, os empregados domésticos e os empregados agrícolas" (p. 98).
29. Peter Lindert e Jeffrey Williamson, "Reinterpreting Britain's Social Tables 1688-1911". *Explorations in Economic History*, v. 20, n. 1, pp. 94-109, 1983; Branko Milanović, Peter Lindert e Jeffrey Williamson, "Pre-industrial Inequality". *Economic Journal*, v. 121, n. 1, pp. 255-72, 2011; Allen, "Class Structure and Inequality", op. cit.
30. Mitchell, *Types of Economic Theory*, p. 287.
31. Smith escreve: "Em cada sociedade, o preço de cada mercadoria se resolve finalmente em uma ou outra, ou em todas essas três partes [salários, lucro e aluguel] e em cada

sociedade melhorada, todas as três entram [...], como partes componentes, no preço da maior parte das mercadorias". Smith, *Wealth of Nations*, Livro I, cap. 6, p. 71.

32. A primeira citação é de um rascunho inicial de *A riqueza das nações*, escrito antes da viagem de Smith à França. Jerry Evensky, *Adam Smith's* Wealth of Nations: *A Reader's Guide*. Cambridge: Cambridge University Press, 2013, p. 33; Tony Aspromourgos, "'Universal Opulence': Adam Smith on Technical Progress and Real Wages". *European Journal of the History of Economic Thought*, v. 17, n. 5, pp. 1169-82, 2010 (esp. p. 1176). A segunda citação é de Smith, *Wealth of Nations*, Livro I, cap. 8, p. 111.

33. Para a mesma interpretação, ver David Wootton, *Power, Pleasure, and Profit: Insatiable Appetites from Machiavelli to Madison* (Cambridge, MA: Harvard University Press, 2018), p. 174: "Outra visão admite que as duas obras [*A teoria dos sentimentos morais* e *A riqueza das nações*] não se encaixam tão bem, pois uma é sobre como devemos nos comportar em relação a nossa família, amigos e vizinhos (que evocam nossos sentimentos benevolentes), e a outra sobre como devemos interagir com estranhos que encontramos no mercado (a quem não devemos nenhum dever particular de cuidado — *caveat emptor* [o risco é do comprador] é uma atitude que podemos adotar legitimamente em relação a estranhos, mas não em relação a família, amigos e vizinhos)".

34. Amartya Sen, "Adam Smith and the Contemporary World". *Erasmus Journal of Philosophy and Economics*, v. 3, n. 1, pp. 50-67, 2010; Id., *The Idea of Justice*. Cambridge, MA: Belknap Press of Harvard University Press, 2009; Id., "Uses and Abuses of Adam Smith". *History of Political Economy*, v. 43, n. 2, pp. 257-71, 2011; George J. Stigler, "Smith's Travels on the Ship of State". *History of Political Economy*, v. 3, n. 2, pp. 265-77, 1971.

35. Sen, "Uses and Abuses of Adam Smith", op. cit., p. 267. Sen cita Adam Smith, *Lectures on Jurisprudence*. Org. de R. L. Meek, D. D. Raphael e P. G. Stein (Oxford: Clarendon Press, 1978 [reimpr. Indianapolis: Liberty Classics, 1982]), p. 104.

36. Há uma menção anterior à mão invisível no tratado de Smith sobre astronomia, mas isso não nos interessa aqui.

37. Adam Smith, *The Theory of Moral Sentiments* [1759]. Londres: Alex. Murray, 1872, Parte IV.i.10.

38. Consideremos duas posições diferentes. Em uma delas, cada uma das dez pessoas possui terras de tamanho igual, e cada pessoa ganha dez unidades. Na outra posição, uma pessoa tem todas as terras e toda a renda, deixando todos os outros sem nada, mas então essa pessoa rica gasta noventa unidades contratando os outros a fim de lhe fornecer bens e serviços para que as rendas deles se tornem dez. As duas posições não são equivalentes. Na segunda, para atingir a suposta igualdade, comparamos as rendas dos pobres (10) com as economias líquidas dos ricos (100 menos 90). Para ver o absurdo total dessa "igualdade", suponhamos que o homem rico gastasse *toda* a sua renda em bens e serviços, de modo que seu lucro líquido após essas compras fosse zero. Faria sentido então alegar que ele era realmente pobre?

39. Smith, *Theory of Moral Sentiments*, Parte IV.i.10.

40. Embora reconheça que Deus (por qualquer denominação) desempenha um papel muito mais importante em *A teoria dos sentimentos morais* do que em *A riqueza das nações*, Rasmussen tende a minimizar o elemento deísta no primeiro ao insistir que as várias revisões modestas de Smith feitas na última edição "temperaram algumas de suas alegações em nome da religião". No geral, Rasmussen considera Smith um "deísta de algum tipo" e um "deísta cético". Rasmussen, *The Infidel and the Professor*, pp. 233, 15-6.

41. O elemento deísta aparece também na forte rejeição de Smith do "sistema pernicioso" de Mandeville. Smith, *Theory of Moral Sentiments*, Parte VII.ii.98, p. 273.
42. Nirad C. Chaudhuri, *Thy Hand, Great Anarch! India: 1921-1952*. Nova Delhi: Vintage; Ebury div. Random House, 1987, p. 130.
43. Para esclarecer, essa dualidade não surge, na minha opinião, por causa dos diferentes momentos em que os dois livros foram escritos. (Como já foi apontado muitas vezes, *A teoria dos sentimentos morais* foi revisada por Smith depois que *A riqueza das nações* já fora publicada, então não pode haver um "Jovem Smith" e um "Velho Smith" do mesmo modo que há um "Jovem Marx" e um "Velho Marx".) Em vez disso, ela surge porque os dois livros lidam com temas diferentes e refletem as diferentes posições sociais que temos em nossas vidas.
44. Thorstein Veblen, *The Theory of the Leisure Class: An Economic Study of Institutions*. Intr. de C. Wright Mills. Nova York: Macmillan, Mentor Book, 1953.
45. Smith, *Wealth of Nations*, Livro III, cap. 2.
46. Ibid.
47. Ibid., Livro IV, cap. 5, pp. 682-3.
48. Ibid., Livro I, cap. 10.
49. Ibid., Livro IV, cap. 7, p. 807.
50. Ibid., p. 722.
51. Ibid., Livro III, cap. 3, p. 513.
52. Ibid., Livro IV, cap. 2, p. 592.
53. Ibid., Livro III, cap. 2.
54. Smith pergunta: "Os lucros exorbitantes dos mercadores de Cádiz e Lisboa aumentaram o capital da Espanha e de Portugal? Eles aliviaram a pobreza, promoveram a indústria desses dois países miseráveis?". Smith, *Wealth of Nations*, Livro IV, cap. 7, p. 779.
55. Ibid., Livro I, cap. 11, p. 109.
56. Ibid., Livro I, cap. 9.
57. Id., *Lectures on Jurisprudence*, A, pp. vi, 33-4.
58. J. Cunningham, *An Essay on Trade and Commerce*. Londres: S. Hooper, 1770, pp. 266-7, citado em Mitchell, *Types of Economic Theory*, p. 115.
59. Smith, *Of the Revenue of the Sovereign or Commonwealth (Book V of The Wealth of Nations)*, cap. 2, p. 157.
60. "O valor real da parte do senhorio, o seu comando real do trabalho de outras pessoas, não só aumenta com o valor real do produto, como a proporção da sua parte em relação ao produto total aumenta com ele." Smith, *Wealth of Nations*, Livro I, cap II, p. 335.
61. Ibid., Livro I, cap. 11.
62. A taxa de juros simplesmente imita o que acontece com a taxa de lucro porque depende dela: "como a taxa de juros usual do mercado varia em qualquer país, podemos ter certeza de que os lucros ordinários das ações devem variar com ela, devem cair à medida que ela cai e subir à medida que ela sobe". Smith, *Wealth of Nations*, Livro I, cap. 9, p. 123.
63. Ibid., Livro IV, cap. 3, p. 624.
64. Ibid., Livro I, cap. 11.
65. Ibid., Livro I, cap. 9.
66. Smith escreve: "Não é a grandeza real da riqueza nacional, mas seu aumento contínuo que ocasiona um aumento nos salários do trabalho. Portanto, não é nos países mais ricos, mas nos mais prósperos ou naqueles que estão enriquecendo mais rápido que os

salários do trabalho são mais altos". Smith, *Wealth of Nations*, Livro I, cap. 8, p. 99. Também: "Deve-se lembrar que a proporção entre a recompensa real do trabalho em diferentes países não é naturalmente regulada por sua riqueza ou pobreza real, mas por sua condição de avanço, estacionária ou em declínio". Ibid., Livro I, cap. 11, p. 258.
67. Smith, *Of the Revenue of the Sovereign or Commonwealth* (Book V of The Wealth of Nations), cap. 3, p. 234. As pessoas comuns nas colônias norte-americanas têm, segundo Smith, salários mais altos do que na Inglaterra, enquanto os escravos "estão em pior condição do que as pessoas mais pobres na Escócia ou na Irlanda". Essa visão é confirmada por Peter Lindert e Jeffrey Williamson, *Unequal Gains: American Growth and Inequality since 1700* (Princeton, NJ: Princeton University Press, 2016), Figura 2.2 e a análise dela, p. 40.
68. Smith escreve: "O mais detestável de todos os empregos, o de carrasco público, é, em proporção à quantidade de trabalho realizado, mais bem pago do que qualquer outro ofício comum". Smith, *Wealth of Nations*, Livro I, cap. 10, p. 140.
69. Smith escreve que "na mesma sociedade ou vizinhança, as taxas médias ou ordinárias de lucro nos diferentes empregos de ações devem estar mais próximas do mesmo nível do que os salários pecuniários dos diferentes tipos de trabalho". Ibid., Livro I, cap. 10, p. 154.
70. Ibid., Livro I, cap. 10, pp. 196-7.
71. Smith escreve que, "embora o interesse do trabalhador esteja estritamente ligado ao da sociedade, ele é incapaz de compreender esse interesse ou de entender sua conexão com o seu próprio interesse". Ibid., Livro I, cap. 11, p. 337.
72. Ibid., Livro I, cap. 11, p. 339.
73. Ibid.
74. Ibid., Livro I, cap. 7, p. 176.
75. Ibid., Livro IV, cap. 3, p. 621.

3. O benefício inesperado ricardiano: David Ricardo e a ausência de perde-ganha entre equidade e eficiência [pp. 81-103]

1. O uso que De Quincey faz da frase familiar (de João 19,5: "Eis o homem") é descrito num breve esboço biográfico de Baudelaire: "*Heureusement, l'économie politique lui restait, comme un amusement. Bien qu'elle doive être considerée comme une science, c'est-à-dire comme un tout organique, cependant quelques-unes de ses parties integrantes en peuvent être detachées et considerées isolement. Sa femme lui lisait de temps à autre les debats du parlement ou les nouveautes de la librairie en la matière d'économie politique; mais pour un littérateur profond et érudit, c'était là une triste nourriture; pour quiconque a manié la logique, ce sont les rogations de l'ésprit humain. Un ami d'Edimbourg cependant lui envoya en 1819 un livre de Ricardo, et avant d'avoir achever le premier chapitre, il s'écriait, 'voilà l'homme'*" [Felizmente, a economia política continuou a ser uma diversão para ele. Embora deva ser considerada uma ciência, isto é, um todo orgânico, algumas das suas partes integrantes podem ser destacadas e consideradas isoladamente. Sua mulher lia para ele de vez em quando os debates no Parlamento ou as novidades da livraria em matéria de economia política; mas para um escritor profundo e erudito, isso era um alimento triste; para quem já lidou com a lógica, essas são as rogações da mente humana. Porém, um amigo de Edimburgo enviou-lhe um livro de Ricardo em 1819 e, antes de terminar o primeiro capítulo, ele exclamou: 'Eis o homem!'."]. Charles Baudelaire, *Les paradis artificiels*. Paris: Poulet-Malassis et de Broise, 1860 [reimpr. Paris: Gallimard, 1964. (Livre de Poche)], p. 193.

David Ricardo, *The Principles of Political Economy and Taxation*. Intr. de F. W. Kolthammer. Londres: J. M. Dent and Sons, 1911. (Everyman's Library) [1. ed. Londres: John Murray, 1817; 3. ed. Londres: John Murray, 1821; reimpr. Nova York: Dover, 2004].
2. Jean-Baptiste Say, *A Treatise On Political Economy; or the Production, Distribution, and Consumption of Wealth*. 5. ed. americana, trad. da 4. ed. francesa de C. R. Prinsep. Filadélfia: Grigg and Elliott, 1832, p. xlvii.
3. Joseph A. Schumpeter, *History of Economic Analysis*. Org. de Elizabeth Boody Schumpeter. Nova York: Oxford University Press, 1954 [reimpr. 1980], pp. 472-3.
4. Ver Arnold Heertje, "The Dutch and Portuguese-Jewish Background of David Ricardo". *European Journal of the History of Economic Thought*, v. 11, n. 2, pp. 281-94, 2004.
5. Isso fica claro na correspondência de Ricardo: "Quanto a mim, tenho todo o meu [...] dinheiro investido em ações; e essa é uma vantagem tão grande quanto qualquer outra que espero ou desejo obter com um aumento. Tenho sido um ganhador considerável com o empréstimo; [...] e tenho todos os motivos para estar bem contente". David Ricardo para Thomas Malthus, 27 jun. 1815, em Ricardo, *The Works and Correspondence of David Ricardo*. v. 6: *Letters, 1810-1815*. Org. de Pierro Sraffa com a colaboração de M. H. Dobb. Cambridge: University Press for the Royal Economic Society, 1952, p. 233 (doravante *Works and Correspondence of David Ricardo*). Ricardo também era acionista do Banco da Inglaterra.
6. As palavras de Ricardo são parafraseadas como uma anedota relembrada, em Henry Vethake, "The Distinctive Provinces of the Political Philosopher and the Statesman". *Merchants' Magazine and Commercial Review*, pp. 109-10, jan. 1840, citado em Wesley Mitchell, *Types of Economic Theory: From Mercantilism to Institutionalism*. v. 1. Org. e intr. de Joseph Dorfman (Nova York: Augustus M. Kelley, 1967), p. 265.
7. George Soros, "Fallibility, Reflexivity, and the Human Uncertainty Principle". *Journal of Economic Methodology*, v. 20, n. 4, pp. 309-29, 2013.
8. Os salários dos trabalhadores qualificados de Londres em 1806 variavam entre três e quatro xelins por dia. Robert C. Allen, "Real Wages Once More: A Response to Judy Stephenson". *Economic History Review*, v. 72, n. 2, pp. 738-54, 2013 (esp. p. 743). Se usarmos a média (três xelins e seis pence), que também era o salário de um pedreiro, e supormos 250 dias de trabalho, isso renderia quase 44 libras anuais. Uma alternativa seria usar a tabela social de Colquhoun para 1801, que dá a renda familiar média do trabalhador como sendo de 55 libras. Peter Lindert e Jeffrey Williamson, "Revising England's Social Tables 1688-1812". *Explorations in Economic History*, v. 19, n. 4, pp. 385-408, 1982 (esp. p. 400). Supondo que existam algumas famílias (mais exatamente, um quinto) com dois assalariados, isso produz uma renda anual por trabalhador também de cerca de 44 libras. Portanto, a riqueza de Ricardo de 615 mil libras esterlinas equivale aos salários anuais de cerca de 14 mil trabalhadores qualificados.
9. Podemos comparar a riqueza de Ricardo com a riqueza de um personagem fictício: o sr. Darcy de *Orgulho e preconceito*, cuja riqueza Jane Austen expressou judiciosamente em termos realistas. Mesmo que a história se passe cerca de uma década antes da morte de Ricardo, os valores nominais dos dois períodos são bastante comparáveis. A riqueza do sr. Darcy, que o colocaria também com segurança entre o 1% superior na tabela social inglesa de Colquhoun de 1801, era de 200 mil libras e, portanto, menos da metade da riqueza de Ricardo.
10. Mitchell, *Types of Economic Theory*, pp. 313-4.

11. Schumpeter escreveu: "Ricardo é o único economista que Marx tratou como um mestre [...] ele aprendeu sua teoria com Ricardo. Mas muito mais importante é o fato objetivo de que Marx usou o aparato ricardiano; [...] os problemas se apresentavam a ele nas formas que Ricardo havia lhes dado". Schumpeter, *History of Economic Analysis*, p. 390.
12. Sobre os socialistas ricardianos, o comentário de Marx é muito apropriado: "Desde que o [...] desenvolvimento real [...] se desdobrou [...] entre a contradição entre a crescente riqueza da 'nação' inglesa e a crescente miséria dos trabalhadores, e uma vez que, além disso, essas contradições recebem uma expressão *teoricamente* convincente [...] na teoria ricardiana [...] era natural que aqueles pensadores que ficaram ao lado do proletariado se apoderassem dessa contradição, para a qual encontraram o terreno teórico já preparado". Karl Marx, *Theories of Surplus Value*, em Karl Marx e Frederick Engels, *Collected Works*, v. 32: *Karl Marx Economic Works, 1861-1863*. Nova York: International Publishers, 1989, p. 395. Ênfase do original.
13. Maddison Project. Dados de Stephen Broadberry, Bruce M. S. Campbell, Alexander Klein, Mark Overton e Bas van Leeuwen. *British Economic Growth 1270-1870: An Output-Based Approach*. Cambridge: Cambridge University Press, 2015.
14. O crescimento moderno, de acordo com Simon Kuznets, implica uma taxa de crescimento per capita de 2% ao ano. Simon Kuznets, *Economic Growth of Nations: Total Output and Production Structure*. Cambridge, MA: Belknap Press of Harvard University Press, 1971, pp. 10-27. A taxa de crescimento tradicional era inferior a 0,2% ao ano. Portanto, o crescimento inglês na segunda metade do século XIX foi pelo menos duas vezes maior que o crescimento tradicional.
15. Essa porcentagem foi obtida a partir de uma estimativa de que viviam na Inglaterra 6 milhões de pessoas em 1750, e 8,3 milhões de pessoas de acordo com o censo de 1801. Censo da Grã-Bretanha, 1801, *Abstract of the Answers and Returns: Enumeration: Part I: England*. Lake Hanlard: Greater Turnstile, 1802. A taxa de crescimento implícita é de 0,7% ao ano.
16. Os *Princípios de economia política e tributação* (1817) de Ricardo foram precedidos por dois anos por seu *An Essay on the Influence of a Low Price of Corn on the Profits of Stock, Shewing the Inexpediency of Restrictions on Importation* (Londres: John Murray, 1815) [Ed. bras.: *Ensaio acerca da influência do baixo preço do cereal sobre os lucros do capital*, em Cláudio Napoleoni, *Smith, Ricardo, Marx: Considerações sobre a história do pensamento econômico*. Rio de Janeiro: Graal, 1978, pp. 195-225], que apresenta argumentos muito semelhantes aos dos *Princípios*, mas muito menos desenvolvidos. Os dois pontos talvez mais importantes dos *Princípios* — que a distribuição de renda e a taxa de crescimento são determinadas pelo custo de produção da unidade marginal de alimento e que, para evitar a estagnação econômica, as importações de alimentos têm de ser geralmente gratuitas — estão já contidos na obra anterior, como mostra o título do *Ensaio sobre a influência de um preço baixo*.
17. Peter Lindert, "Unequal British Wealth since 1867". *Journal of Political Economy*, v. 94, n. 6, pp. 1127-62, 1986 (esp. p. 1154).
18. Ricardo, *Principles of Political Economy and Taxation*, cap. V, p. 57.
19. Marx, *Theories of Surplus Value*, em Karl Marx e Frederick Engels, *Collected Works*, v. 32, pp. 243-4. Ênfase do original.
20. Ibid., v. 32, p. 348. Ênfase do original.
21. Ricardo, *Principles of Political Economy and Taxation*, cap. XXXII, p. 276, n. 1.
22. Ibid., cap. VII, p. 77.

23. David Ricardo a Thomas Malthus, 11 out. 1816, em *Works and Correspondence of David Ricardo*, v. 7: *Letters, 1816-1818*, p. 78.
24. Id., "An Essay on Profits (and the Rent of Land)", em id., *Works and Correspondence of David Ricardo*, v. 4: *Pamphlets and Papers, 1809-1811*, p. 18, citado em Maurice Dobb, *Theories of Value and Distribution since Adam Smith: Ideology and Economic Theory* (Cambridge: Cambridge University Press, 1973), p. 72.
25. Id., *Principles of Political Economy and Taxation*, cap. XXI, pp. 197 (ênfase minha) e 193.
26. Kenneth Pomeranz, *The Great Divergence: China, Europe, and the Making of the Modern World Economy*. Princeton: Princeton University Press, 2000. "A área "fantasma", a terra adicional de que o país necessitaria para produzir os alimentos que obtém de fontes fora das suas fronteiras, foi introduzida em Georg Borgstrom, *The Hungry Planet: The Modern World at the Edge of Famine*. Ed. rev. Nova York: Collier, 1967. Ver também Peer Vries, *Escaping Poverty: The Origins of Modern Economic Growth*. Viena: V&R Unipress, 2013, pp. 290-8.
27. Como diz Offer: "A proteção agrícola foi sacrificada em 1846 para baratear os alimentos, mas isso implicava a obrigação de tornar os oceanos seguros [para a Grã-Bretanha]". Avner Offer, *The First World War: An Agrarian Interpretation*. Oxford: Clarendon, 1989, p. 218.
28. No capítulo sobre salários, Ricardo aceita a possibilidade de uma diferença nos salários reais entre os países, e também reconhece que o que é considerado subsistência pode ser determinado socialmente; "hábitos e costumes" desempenham um papel: "Não se deve entender que o preço natural do trabalho, estimado até mesmo em alimentos e necessidades, é absolutamente fixo e constante. Ele varia em momentos diferentes no mesmo país, e difere muito materialmente em diferentes países. [...] Um trabalhador inglês consideraria seus salários abaixo de sua taxa natural, e muito escassos para sustentar uma família, se eles o capacitassem a comprar apenas alimentos, batatas, e a viver em nenhuma habitação melhor do que uma cabana de barro; no entanto, essas demandas moderadas da natureza são frequentemente consideradas suficientes em países onde 'a vida do homem é barata' e suas necessidades são facilmente satisfeitas". Ricardo, *Principles of Political Economy and Taxation*, cap. V, pp. 54-5. A visão de que os salários são diferenciados temporal (dentro de um determinado país) e geograficamente (entre países) foi sustentada por Smith, Ricardo e Marx. Mas, muitas vezes, em suas análises de curto e médio prazo, eles presumiam que os salários, fosse qual fosse seu nível real, eram fixos.
29. Ricardo, *Principles of Political Economy and Taxation*, cap. XVI, pp. 146-8.
30. Como costuma ser o caso com Ricardo, as coisas ficam mais complicadas do que o ponto inicial fortemente declarado sugere. O capítulo XVI começa com a declaração de que o empregador arca inteiramente com o custo de um imposto sobre salários. Ricardo então continua escrevendo que os impostos, em geral, e não menos os impostos sobre salários, são frequentemente usados de forma perdulária. Assim, menos do poder de compra transferido para o governo retornará ao fabricante, e a renda e o investimento do fabricante diminuirão. Como a demanda por trabalho depende do estoque de capital (ou de sua taxa de aumento), a demanda por trabalho diminuirá, e os trabalhadores podem, no final, perder parte de sua renda, mesmo que não tenham pago originalmente o imposto. Ibid., cap. XVI, p. 145.
31. Ver especialmente ibid., cap. V. "É uma verdade que não admite dúvidas de que o conforto e o bem-estar dos pobres não podem ser permanentemente garantidos sem alguma consideração da parte deles, ou algum esforço por parte do legislativo, para regular o

aumento do número deles, e para tornar menos frequentes entre eles os casamentos precoces e improvisados" (p. 61).
32. A questão é bem ilustrada em Dobb, *Theories of Value and Distribution*, p. 87n.
33. Ricardo, *An Essay on the Influence of a Low Price*, p. 5.
34. Id., *Principles of Political Economy and Taxation*, cap. XXI, p. 193, n. 1.
35. Durante suas viagens aos Países Baixos em 1822, e comparando o estado do país então com o que ele se lembrava de sua juventude, Ricardo ficou fortemente impressionado com o progresso e a prosperidade econômica do país: "As cidades de Flandres e, particularmente, da Holanda dão certas indicações de grande opulência. Os portos estão lotados de navios — os armazéns parecem estar cheios de mercadorias, e as casas são de primeira ordem, e além disso mantidas tão limpas e arrumadas que não deixam dúvidas sobre a opulência de seus habitantes". Ricardo, "Journal of a Tour of a Continent", em id., *The Works and Correspondence of David Ricardo*, v. 10: *Biographical Miscellany*, p. 197.
36. Robert C. Allen, "Class Structure and Inequality during the Industrial Revolution: Lessons from England's Social Tables, 1688-1867". *Economic History Review*, v. 72, n. 1, pp. 88-125, 2019.
37. Ricardo, *Principles of Political Economy and Taxation*, cap. VI, p. 68, n. 1.
38. No exemplo numérico de Ricardo, os salários nominais mudam em cerca de 3% (para cima quando o preço do trigo aumenta, para baixo quando diminui), o que é menor do que a mudança nominal no preço do trigo em cada direção (6% a 7 %). A suposição é de que os salários são regulados não só pelo preço do trigo, mas também por outros bens cujos preços são considerados fixos. Isso é dito em uma das longas cartas de Ricardo a Hutches Trower em 1820, escrita três anos após a publicação dos *Princípios*: "O [preço] do trigo sobe porque é mais difícil produzi-lo. Em consequência do aumento dessa necessidade primária, [o preço do] trabalho também sobe, mas não no mesmo grau em que o trigo sobe". David Ricardo a Hutches Trower, 15 set. 1820, em *Letters of David Ricardo to Hutches Trower and Others, 1811-1823*. Org. de James Bonar e J. H. Hollander (Oxford: Clarendon, 1899 [reimpr. Elibron Classics, 2006]), p. 120.
39. Arthur Okun, *Equality and Efficiency: The Big Trade-off*. Ed. rev. e ampl. Pref. de Lawrence Summers. Washington, DC: Brookings Institution, 2015.
40. O efeito da revogação das Leis dos Cereais foi consistente com o que Ricardo esperava: trabalhadores e capitalistas ganharam em termos reais, proprietários perderam e a desigualdade geral de renda diminuiu. Douglas A. Irwin e Maksym G. Chepeliev, "The Economic Consequences of Sir Robert Peel: A Quantitative Assessment of the Repeal of the Corn Laws". Working Paper 28142, National Bureau of Economic Research, Cambridge MA, nov. 2020, rev. jan. 2021.

4. Karl Marx: Taxa decrescente de lucro, mas pressão constante sobre a renda do trabalho [pp. 104-57]

1. Leszek Kolakowski, *Main Currents of Marxism*. 3 v. Trad. de P. S. Falla. Oxford: Clarendon, 1978.
2. Michael Heinrich, *Karl Marx and the Birth of Modern Society*. Trad. de Alexander Locasio. Nova York: Monthly Review Press, 2019.
3. Ibid., p. 144.
4. Ibid., p. 56.

5. Essa estimativa foi feita por Gerd Callesen, historiador e editor da Marx-Engels-Gesamtausgabe (MEGA), em "A Scholarly MEGA Enterprise". *Brood & Rozen [Bread & Roses: Journal for the History of Social Movements]*, v. 7, n. 4, p. 79, 2002, citado em Keith B. Anderson, *Marx at the Margins: On Nationalism, Ethnicity and Non-Western Societies*. Ed. ampl. (Chicago: University of Chicago Press, 2016), p. 255, n. 9. Ver ainda pp. 277, n. 8, e 279, n. 25.
6. Michael Heinrich é mais específico. Ele acredita que a conversão de Heinrich e Henriette Marx ocorreu em algum momento entre 3 abr. 1819 e 31 dez. 1819. Heinrich, *Karl Marx and the Birth of Modern Society*, p. 64.
7. Há dois documentos legais remanescentes escritos por Heinrich Marx. Um deles, escrito em 1815 e enviado ao governador-geral da Prússia, era a favor da revogação da legislação antijudaica francesa de 1808. Nenhuma resposta foi preservada, e a legislação foi mantida. Ibid., pp. 59-61.
8. A data do batismo de Karl Marx, juntamente com outros filhos, não é contestada: foi em 1824.
9. "Com efeito, não há uma única indicação de que feriados judaicos fossem celebrados na família de Karl Marx ou que as crianças tenham tido uma educação judaica. [...] É igualmente improvável que o cristianismo protestante, ao qual a família se converteu, tenha desempenhado um papel especialmente grande na educação de Karl Marx." Heinrich, *Karl Marx and the Birth of Modern Society*, p. 112.
10. Esse ponto é enfatizado em ibid., p. 288.
11. Ibid., p. 78.
12. Ibid.
13. Moritz Kuhn, Moritz Schularick e Ulrike Steins, "Income, Wealth and Inequality in America, 1949-2013". *Journal of Political Economy*, v. 128, n. 9, pp. 3469-519, Figuras 5, 18, 2020.
14. Dudley R. Baxter, *National Income: The United Kingdom*. Londres: MacMillan and Co., 1868; Robert Allen, "Class Structure and Inequality during the Industrial Revolution: Lessons from England's Social Tables 1688-1867". *Economic History Review*, v. 72, n. 1, pp. 88-125, Tabelas 1 e 3, 2019.
15. Gregory Clark, "The Condition of the Working Class in England, 1209-2004". *Journal of Political Economy*, v. 113, n. 6, pp. 1307-40, 2005; e Charles Feinstein, "Pessimism Perpetuated: Real Wages and the Standard of Living in Britain during and after the Industrial Revolution". *Journal of Economic History*, v. 58, n. 3, pp. 625-58, 1998.
16. Friedrich Engels a Karl Marx, 7 out. 1858, citado em Roman Rosdolsky, *The Making of Marx's "Capital"*. Trad. de Pete Burgess (Londres: Pluto Press, 1977), p. 312n. Para a carta completa, ver Friedrich Engels a Karl Marx, 7 out. 1858, em Karl Marx e Friedrich Engels, *Collected Works*. v. 40: *Marx and Engels, 1856-1859* (Nova York: International Publishers, 1975), p. 381. A ideia de que o elevado padrão de vida dos trabalhadores britânicos é alcançado à custa de baixos salários e de uma elevada taxa de exploração na Índia surgiu já em *Poverty of Philosophy*, de Marx, publicado em 1847. Ver Shlomo Avineri, *The Social and Political Thought of Karl Marx* (Cambridge: The University Press, 1968), p. 168.
17. Engels escreve: "A verdade é esta: durante o período do monopólio industrial da Inglaterra, a classe trabalhadora inglesa compartilhou, até certo ponto, os benefícios do monopólio. Esses benefícios foram muito desigualmente divididos entre eles; a minoria privilegiada embolsou a maior parte, mas mesmo a grande massa teve, pelo menos, uma

parte temporária de vez em quando". Friedrich Engels, "England in 1845 and in 1885". *Commonweal*, mar. 1885, pp. 12-4.
18. Karl Marx, *Capital*. Trad. de Ben Fowkes. Intr. de Ernest Mandel. Londres: Penguin, 1976, v. I, cap. 25, pp. 803-7. [Ed. bras.: *O capital*. v. 1. Trad. de Rubens Enderle, Celso Naoto Kashiura Jr. e Márcio Bilharinho Naves. São Paulo: Boitempo, 2023.]
19. Com efeito, os preços relativos dos bens básicos tenderam a subir mais rápido do que os preços dos artigos de luxo. Philippe T. Hoffman, David Jacks, Patricia A. Levin e Peter H. Lindert, "Real Inequality in Europe since 1500". *Journal of Economic History*, v. 62, n. 2, pp. 322-55, 2002.
20. Robert Allen, "Capital Accumulation, Technological Change and the Distribution of Income during the British Industrial Revolution". Discussion Paper 239, Department of Economics, University of Oxford, jun. 2005. Disponível em: <ora.ox.ac.uk/objects/uuid:ee5e13de-74db-44ce-adca-9f760e5fe266>.
21. Karl Marx, *The Class Struggles in France (1848-50)*. Org. de C. P. Dutt. Intr. de F. Engels. Londres: Martin Lawrence, 1895. [Ed. bras.: *As lutas de classes na França de 1848 a 1850*. Trad. de Nélio Schneider. São Paulo: Boitempo, 2012.]
22. Charlotte Bartels, Felix Kersting e Nikolaus Wolf, "Testing Marx: Income Inequality, Concentration, and Socialism in Late 19th Century Germany". Working Paper 32, Stone Center on Socio-Economic Inequality, Graduate Center, City University of New York, mar. 2021. Disponível em: <stonecenter.gc.cuny.edu/research/testing-marx-income--inequality-concentration-and-socialism-in-late-19th-century-germany>.
23. John Stuart Mill escreve: "As leis e condições da produção de riqueza compartilham do caráter de verdades físicas. Não há nada opcional ou arbitrário nelas. O que quer que a humanidade produza, deve ser produzido nos modos e sob as condições impostas pela constituição de coisas externas e pelas propriedades inerentes de sua própria estrutura corporal e mental. [...] Não é assim com a distribuição de riqueza. Essa é uma questão somente de instituição humana. As coisas, uma vez lá, a humanidade, individual ou coletivamente, pode fazer com elas o que quiser. [...] Portanto, a distribuição de riqueza depende das leis e dos costumes da sociedade. As regras pelas quais ela é determinada são o que as opiniões e os sentimentos da parcela governante da comunidade fazem delas, e são muito diferentes em diferentes épocas e países; e podem ser ainda mais diferentes, se a humanidade assim escolher". John Stuart Mill, *Principles of Political Economy*, Livro II, cap. 1, "Of Property. [Ed. bras.: *Princípios de economia política: Com algumas de suas aplicações à filosofia social*. Trad. de Luiz João Baraúna. São Paulo: Nova Cultural, 1996.].
24. Karl Marx, *Capital*. Trad. de David Fernbach. Intr. de Ernest Mandel. Londres: Penguin: 1978, v. III, cap. 51, p. 1018.
25. Ibid., cap. 51, pp. 1018 e 1022.
26. Karl Marx, "Critique of the Gotha Program", Parte I [1875], em Karl Marx e Friedrich Engels, *Selected Works in Three Volumes* (Moscou: Progress, 1970), v. 3, pp. 13-3. [Ed. bras.: *Crítica do Programa de Gotha*. Trad. de Rubens Enderle. São Paulo: Boitempo, 2012.].
27. Eli Cook, "Historicizing Piketty: The Fall and Rise of Inequality Economics". *Histories of Global Inequalities: New Perspectives*. Org. de Christian Olaf Christiansen e Steven Jensen (Cham, Suíça: Palgrave McMillan, 2019), pp. 35-57, 46-7, 55.
28. Conforme discutido no próximo capítulo, essa era também a opinião de Pareto, refletida em sua distinção entre o "ótimo para uma comunidade" (comumente chamado de ótimo de Pareto) e o "ótimo de uma comunidade". Este último permite que a deterioração nas

posições de alguns indivíduos possa ser aceitável para a obtenção de algum "bem" social. Mas a decisão sobre isso cabe aos políticos, não aos economistas.
29. Karl Marx, *Grundrisse*. Trad. e pref. de Martin Nicolaus. Londres: Pelican, 1973, pp. 81-110. [Ed. bras.: *Grundrisse: Manuscritos econômicos de 1857-1858: Esboços da crítica da economia política*. Trad. de Mario Duayer e Nélio Schneider, com colaboração de Alice Helga Werner e Rudiger Hoffman. São Paulo: Boitempo; Rio de Janeiro: Ed. UFRJ, 2011.]
30. Marx, "Critique of the Gotha Program", op. cit., Parte I.
31. A questão é bem discutida em Engels, "Supplement and Addendum to Volume 3 of *Capital*", em Marx, *Capital*, v. III, pp. 1027-47.
32. Marx, *Value, Price and Profit*, citado em Allen W. Wood, "Marx on Equality", em Wood, *The Free Development of Each: Studies on Freedom, Right, and Ethics in Classical German Philosophy* (Oxford: Oxford University Press, 2014), p. 255.
33. Ibid.
34. Friedrich Engels a August Bebel, 18-28 mar. 1875, em Marx, "Critique of the Gotha Program", op. cit., Parte I. [Ed. bras.: "Friedrich Engels a August Bebel (março de 1875)", em *Crítica do Programa de Gotha*, op. cit., pp. 51-9.].
35. Sob o socialismo, observou Marx com raiva, os trabalhadores também não receberão o valor total de seu produto ("rendimentos do trabalho") porque deduções terão de ser feitas para depreciação de capital, investimentos, administração governamental, seguro dos trabalhadores contra acidentes e calamidades naturais, e outras mais. Essas deduções, no entanto, e as decisões sobre sua imposição serão feitas pelo governo controlado pelos trabalhadores, não pelos capitalistas. Marx, "Critique of the Gotha Program", op. cit., Parte I.
36. Como vimos anteriormente, este é o ponto em que o Estado *estacionário* de Ricardo entra em ação. O termo aparece em David Ricardo, *The Principles of Political Economy and Taxation*. Intr. de F. W. Kolthammer. Londres: J. M. Dent and Sons, 1911. (Everyman's Library) [1. ed. Londres: John Murray, 1817; 3. ed. Londres: John Murray, 1821; reimpr. Nova York: Dover, 2004], cap. V, p. 63.
37. Creio que um dos melhores exemplos da taxa de mais-valia vem da história econômica chinesa. Como mostrado no exemplo, todos os pagamentos eram feitos in natura, e não havia "interferência" da contribuição do capital para o valor adicionado. Jacques Gernet dá o seguinte exemplo: trabalhadores temporariamente escravizados em Hongzhou, em meados do século XIII, recebiam oito alqueires de trigo por mês, ou cerca de 0,3 alqueire por dia (supondo-se que trabalhavam seis em cada sete dias). Mas qualquer trabalhador que não trabalhasse por um dia, deveria compensar o proprietário com 1,5 alqueire de trigo (e mais na alta temporada). Jacques Gernet, *Daily Life in China: On the Eve of Mongol Invasion, 1250-1276*. Trad. de H. M. Wright. Palo Alto, CA: Stanford University Press, 1962. Desse modo, o valor da compensação dá o ganho líquido ao proprietário do trabalho do trabalhador. A taxa de mais-valia pode ser facilmente calculada como 1,5 (excedente) dividido por 0,3 (salário) = 5.
38. Karl Marx, *The Eighteenth Brumaire of Louis Napoleon*. Trad. de Daniel De Leon. Nova York: International Publishing, 1897, p. 119.
39. Essas questões, e especialmente a duração da jornada de trabalho, são discutidas por extenso em Marx, *Capital*, v. I, cap. 10. Elas também podem ser filosoficamente relacionadas à visão de Marx de que a riqueza real consiste em tempo livre: "mas o tempo livre,

o tempo disponível, é a própria riqueza, em parte para o desfrute do produto, em parte para a atividade livre que — diferentemente do trabalho — não é determinada por um propósito estranho e persuasivo que deve ser cumprido". Karl Marx, *Theories of Surplus Value*, em Karl Marx e Frederick Engels, *Collected Works*. v. 32: *Marx: 1861-1863* (Nova York: International Publishers, 1989), p. 391.

40. Marx, *Capital*, v. I, cap. 23, p. 716. Mesmo que a fonte original da alienação esteja na divisão do trabalho, e especialmente na divisão entre trabalho manual e mental. Como Adam Smith e Adam Ferguson, com cujas ideias Marx estava familiarizado, este acreditava que a divisão do trabalho fomenta o interesse unidimensional e a ignorância nos trabalhadores e tem efeitos sociológicos negativos. Sobre Smith e Ferguson, ver Ronald Hamowy, "Adam Smith, Adam Ferguson, and the Division of Labor". *Economica*, v. 35, n. 139, pp. 249-59, 1968.
41. Marx, *Capital*, v. III, cap. 48, p. 953.
42. Kolakowski, *Main Currents of Marxism*, v. 1: *The Founders*, p. 356.
43. Marx, *Class Struggles in France*, p. 113. A burguesia financeira investe em títulos de empresas e do governo. Sua renda, portanto, vem dos lucros — no primeiro caso (títulos de empresas) diretamente, e no segundo caso (títulos do governo) indiretamente, pois os impostos arrecadados para pagar juros sobre títulos são estimados sobre os lucros.
44. Id., *The Eighteenth Brumaire*, p. 26.
45. Id., *Class Struggles in France*.
46. Karl Marx a Pável Vassilyevich Annenkov, 28 dez. 1846, em Karl Marx, *The Letters of Karl Marx*. Sel., trad. e notas de Saul K. Padover (Englewood Cliffs, NJ: Prentice-Hall, 1979), p. 53.
47. Ou, mais precisamente, seu próprio interesse de classe particular é ao mesmo tempo universal.
48. Chateaubriand escreve que os franceses *"n'aiment point la liberté; l'égalité seule est leur idole"* [não amam de forma alguma a liberdade; a igualdade é o único ídolo deles]. Chateaubriand, *Mémoires d'outre-tombe*. v. 2: *Livres 13-24*. Paris: Garnier Frères, 1898 [reimpr. Garnier, 2011 (Livre de Poche)], p. 727. Tocqueville pergunta de forma semelhante, com a propriedade desigual "permanecendo o único obstáculo à igualdade entre os homens, e aparentemente seu único sinal óbvio, não seria necessário [...] que ela fosse abolida por sua vez, ou pelo menos que a ideia de a abolir viesse à mente daqueles que não a desfrutavam?". Alexis de Tocqueville, *Souvenirs*. Pref. de Fernand Braudel. Posf. de J. P. Meyer. Paris: Gallimard, 1978, p. 130. Tradução minha.
49. A primeira citação é de Marx, *Class Struggles in France*, p. 71. A segunda citação é de id., *Capital*, v. III, cap. 47, p. 949.
50. Id., *The Eighteenth Brumaire*, p. 78.
51. Michał Kalecki, "Political Aspects of Full Employment". *Political Quarterly*, v. 14, n. 4, pp. 322-30, 1943. Axel Leijonhufvud, "Capitalism and the Factory System", em *Economic as a Process: Essays in the New Institutional Economics*. Org. de R. N. Langlois (Nova York: Cambridge University Press, 1986), pp. 203-23.
52. Marx, *Class Struggles in France*, p. 50.
53. Id., *The Eighteenth Brumaire*, p. 45.
54. Christian Morrisson e Wayne Snyder, "The Income Inequality of France in Historical Perspective". *European Review of Economic History*, v. 4, n. 1, pp. 59-83, 2000.
55. Tocqueville, *Souvenirs*, p. 146. Tradução minha.

56. Croce escreve que "*Das Kapital* é sem dúvida uma investigação abstrata; a sociedade capitalista estudada por Marx não é esta ou aquela sociedade, historicamente existente, na França ou na Inglaterra, nem a sociedade moderna das nações mais civilizadas, a da Europa Ocidental e da América. É uma sociedade ideal e formal, deduzida de certas hipóteses". Benedetto Croce, *Historical Materialism and the Economics of Karl Marx*. Trad. de C. M. Meredith. Nova York: Macmillan, 1914, p. 50.
57. Marx expressou isso numa palestra de 1847 da seguinte forma: "Qual é, então, o custo de produção da força de trabalho? É o custo necessário para a manutenção do trabalhador como trabalhador, e para sua educação e treinamento como trabalhador [...] quanto menor o tempo necessário para o treinamento de um tipo particular de trabalho, menor é o custo de produção do trabalhador, menor é o preço de sua força de trabalho, seus salários". Karl Marx, *Wage Labor and Capital*. Trad. de J. L. Joynes. Intr. de Frederick Engels. Chicago: C. H. Kerr, 1891, cap. 3. [Ed. bras.: *Trabalho assalariado e capital & salário, preço e lucro*. São Paulo: Expressão Popular, 2006.]
58. Ferdinand Lassalle, "a lei férrea dos salários". Marx, embora talvez (como era seu hábito) irritado com Lassalle, escreve: "é bem sabido que nada da 'lei férrea dos salários' pertence a Lassalle, exceto a palavra 'férrea', que é tomada emprestada das 'grandes e eternas leis férreas' de Goethe". Marx, "Critique of the Gotha Program", op. cit., Seção 2.
59. Rosdolsky, *The Making of Marx's "Capital"*. Ernest Mandel, *Traité d'économie marxiste*. v. I: *Collection 10/18*. Paris: Julliard, 1962. Segundo Rosdolsky, a única referência que poderia ser interpretada nesse sentido está no *Manifesto Comunista*, um documento programático e político escrito por Marx e Engels quando Marx tinha menos de trinta anos, antes mesmo de estudar economia política (p. 300). A mesma opinião é compartilhada por Avineri, *Social and Political Thought of Karl Marx*, p. 121.
60. Ver Ernest Mandel, "Introduction", em Marx, *Capital*, v. I, p. 73.
61. Esse ponto, no entanto, não é incontestável. O trabalho mais caro talvez seja emparelhado a empregos mais produtivos precisamente porque é mais caro de produzir. Observe-se também a seguinte diferença em relação à economia neoclássica. No paradigma neoclássico, o progresso tecnológico tende a aumentar a produtividade do trabalho altamente qualificado, o que por sua vez aumenta seu salário. Reagindo ao aumento salarial, os trabalhadores em potencial aumentam sua demanda pelos tipos de educação conducentes a empregos de alta qualificação. Isso torna essa educação mais cara. Na estrutura marxista, a educação pode ser considerada um monopólio dos ricos, que erguem barreiras à entrada na forma de altos custos da educação. Para recuperar esses custos, os salários qualificados precisam ser altos. Esses trabalhadores são então usados somente em empregos de alta produtividade. Em outras palavras, não é que a alta produtividade dos trabalhadores qualificados comande o processo, mas sim que a educação mais cara é emparelhada a empregos altamente produtivos.
62. Marx, *Capital*, v. I, cap. 7, p. 305.
63. "A destreza aprimorada de um trabalhador pode ser considerada da mesma forma que uma máquina ou instrumento de trabalho que facilita e abrevia o trabalho e que, embora custe certa despesa, substitui essa despesa por um lucro." Adam Smith, *The Wealth of Nations*, Livros I-IV. Org., notas e marginalia de Edwin Cannan. Pref. de Alan B. Krueger (Nova York: Bantam Classics, 2003), baseado na quinta edição tal como editada e anotada por Edwin Cannan em 1904, Livro II, cap. 1, p. 358.

64. Jacob Mincer, "Investment in Human Capital and Personal Income Distribution". *Journal of Political Economy*, v. 66, n. 4, pp. 281-302, 1958.
65. Marx, *Theories of Surplus Value*, Parte II, citado em Mandel, "Introduction", em Marx, *Capital*, v. I, 67n.
66. Id., *Capital*, v. I, cap. 22, pp. 702-3.
67. Ver id., *Grundrisse*, pp. 398 ss.
68. Ibid., p. 398. Ênfase do original.
69. Isso é verdade mesmo que o tempo de trabalho necessário não aumente. Ocorre simplesmente que uma maior produtividade dentro do mesmo tempo de trabalho aumentará o número de bens e serviços que os trabalhadores podem comprar com seus salários.
70. Marx, *Capital*, v. I, cap. 7, p. 275.
71. Ibid., v. III, cap. 50, p. 999.
72. Ibid., v. I, cap. 22.
73. Allen, "Capital Accumulation, Technological Change and the Distribution of Income during the British Industrial Revolution", op. cit.
74. Marx, *Wage Labor and Capital*, cap. 5.
75. Ibid.
76. Avineri, *Social and Political Thought of Karl Marx*, p. 79.
77. Ver Rosdolsky, *The Making of Marx's "Capital"*, p. 294.
78. Note-se que na função de produção neoclássica, K não é um estoque, mas um fluxo de serviços de capital, de novo definido convencionalmente ao longo de um ano. Joan Robinson insistiu que o c de Marx deveria ser escrito como C para o estoque de máquinas e matérias-primas, e c para a despesa anual de ambos. Obviamente, pode-se fazer isso, mas o problema desaparece se pressupormos o giro anual do capital. Joan Robinson, *An Essay on Marxian Economics*. Nova York: St Martin's Press, 1942.
79. A rigor, Marx distingue entre a composição técnica do capital (quantas máquinas reais existem por trabalhador) da composição de valor do capital (quanto c por unidade de v). A discrepância entre os dois surge quando o aumento da composição técnica melhora a produtividade na produção de bens salariais e pode, portanto, reduzir v (enquanto mantém obviamente o salário real expresso em termos de bens salariais físicos inalterado). As mudanças de preço também podem reduzir o valor das máquinas usadas e reduzir c. Mas na definição da composição orgânica do capital, Marx assume que os preços são dados de modo que a composição orgânica se mova para cima ou para baixo da mesma forma que a composição técnica do capital. Isso nos permite falar da crescente composição orgânica do capital como equivalente à maior intensidade de capital (máquina) da produção. Ver também uma boa discussão disso em Guillermo Escudé, *Karl Marx's Theory of Capitalism: Exposition, Critique, and Appraisal* (Moldova: Lambert Academic Publishing, 2021), pp. 400-2.
80. A definição de capital de Marx que inclui salários adiantados segue a de Quesnay (conforme analisado no cap. 1).
81. O "tempo necessário" para produzir bens salariais pode ser reduzido graças à maior produtividade no setor de bens salariais, deixando o salário real (expresso em termos de bens que um trabalhador pode comprar) inalterado enquanto a taxa de mais-valia aumenta. Podemos, portanto, ter simultaneamente um aumento no salário real e uma diminuição na participação do trabalho.

82. Esse mecanismo em particular estava por trás do bem conhecido $r > g$ de Piketty. Se processos de produção mais intensivos em capital não afetam a taxa de retorno (isto é, r permanece mais ou menos constante), então a participação do capital deve aumentar. Isso, por sua vez, implica elasticidade de substituição entre capital e trabalho maior que a unidade.
83. Marx, *Capital*, v. III, caps. 13-5.
84. Os termos "queda tendencial na taxa de lucro" e "tendência de queda da taxa de lucro" serão usados indistintamente, como de fato o são na literatura marxista de língua inglesa.
85. Marx, *Theories of Surplus Value*, p. 73.
86. Uma função de produção de elasticidade de substituição constante (CES), com elasticidade de substituição maior que 1, produzirá, no caso de uma proporção capital-trabalho aumentada (isto é, a maior composição orgânica de capital de Marx), exatamente os resultados "desejados": um declínio na produtividade marginal do capital e uma crescente participação do capital. Mesmo uma função de produção Cobb-Douglas produzirá um produto marginal de capital diminuído — ou seja, a versão estreita da "lei" de Marx.
87. Michael Heinrich, "Crisis Theory, the Law of the Tendency of the Profit Rate to Fall, and Marx's Studies in the 1870s". *Monthly Review*, v. 64, n. 11, pp. 15-31, 2013.
88. Paul Sweezy, *Theory of Capitalist Development*. Londres: D. Dobson, 1946, citado em Rosdolsky, *The Making of Marx's "Capital"*, p. 495. As últimas palavras do original são "diminuição na proporção de capital variável para capital total". Para simplicidade e coerência com o restante da análise feita aqui, elas podem ser rescritas como um aumento na composição orgânica do capital.
89. Nas palavras de Heinrich, "o aumento da taxa de mais-valia como resultado de um aumento da produtividade não é um dos 'fatores neutralizantes', mas sim uma das condições sob as quais a lei como tal deve ser derivada". Heinrich, "Crisis Theory, the Law of the Profit Rate to Fall, and Marx's Studies in the 1870s", op. cit.
90. Com efeito, na Alemanha, que é talvez um exemplo extremo, o número anual de horas de trabalho foi reduzido de 2400 em 1950 para menos de 1400 em 2014. Dados de "Average Annual Work Hours, 1950-2014", Clockify, Palo Alto, CA. Disponível em: <clockify.me/working-hours>.
91. Para uma discussão mais detalhada e o resumo das contribuições anteriores, ver Samuel Hollander, *The Economics of Karl Marx: Analysis and Application* (Nova York: Cambridge University Press, 2008), cap. 4. Hollander mostra com bastante cuidado que as relações de valor em (1) podem se mover de forma muito diferente das relações técnicas dependendo de onde o progresso tecnológico é mais rápido. Se for mais rápido na produção de bens de salário e o salário real for considerado fixo, s/v pode aumentar ainda mais do que c/v, e assim reverter a tendência da taxa de lucro de cair. No longo prazo, no entanto, s/v não pode se aproximar do infinito, enquanto c/v pode. Essa era também a visão de Marx, explica Hollander.
92. William Stanley Jevons, *The Theory of Political Economy* [1871]. Org. de R. D. Colison Black. Londres: Pelican, 1970, pp. 245-6.
93. Supomos que a renda do salário seja consumida por inteiro.
94. Por "aleatória", quero dizer que as taxas reais de lucro terão uma distribuição em torno da taxa média de lucro (que nesse caso se supõe como sendo próxima de zero). Então, algumas taxas de lucro serão positivas, e outras podem até ser muito altas.

95. Esse é um argumento apresentado, com sua clareza habitual, por Ricardo: "pois ninguém acumula senão com a visão de tornar sua acumulação produtiva, e é somente quando assim empregada que ela opera com lucros. [...] O [arrendatário-]fazendeiro e o fabricante não podem viver sem lucro, assim como o trabalhador sem salários. Seu motivo para acumulação diminuirá com cada diminuição do lucro, e cessará completamente quando seus lucros forem tão baixos a ponto de não lhes proporcionar uma compensação adequada por seus problemas, e o risco que eles necessariamente devem encontrar ao empregar seu capital produtivamente". Ricardo, *Principles of Political Economy and Taxation*, p. 73.
96. Note-se, incidentalmente, que se a taxa de lucro for zero, os valores e preços de produção de Marx coincidem. Além disso, no sistema sraffiano, em que a relação fundamental é $\frac{1}{w} = \frac{R'}{R' - \pi}$, em que R' = taxa máxima de lucro tal que salário = 0, o fato de que $\pi = 0$ resulta em todo o produto sendo comprado pelos salários gastos. Em outras palavras, o "trabalho comandado" é igual ao trabalho gasto.
97. Marx, *Capital*, v. III, cap. 14.
98. Engels tinha uma visão semelhante. Assim, em 1850, ele escreve: "Tivemos muitas dessas repulsas [crises] felizmente superadas até agora pela abertura de novos mercados (China 1842), ou pela melhor exploração dos antigos. [...] Mas há um limite para isso também. Não há novos mercados para serem abertos agora". Friedrich Engels, "Social Revolution and Proletarian Ascendance, Say We". *Democratic Review*, mar. 1850, citado em Kolakowski, *Main Currents of Marxism*, v. 1, p. 300.
99. Há uma diferença entre concentração e centralização de capital. Concentração é o aumento da desigualdade no processo de reprodução expandida e acumulação de capital; centralização é o aumento da desigualdade sob a renda ou riqueza total dada. Assim, escreve Marx, é graças à centralização do capital por meio de sociedades anônimas que se criou capital grande o suficiente para construir ferrovias: "o mundo ainda estaria sem ferrovias se tivesse de esperar até que a acumulação tivesse levado alguns capitais individuais longe o suficiente para serem adequados para a construção de uma ferrovia". Marx, *Capital*, v. I, cap. 25, p. 780.
100. Ibid., v. I, cap. 25, p. 777.
101. Por exemplo: "Junto com o número cada vez menor de magnatas do capital, que usurpam e monopolizam todas as vantagens deste processo de transformação, cresce a massa de miséria, opressão, escravidão, degradação e exploração". Ibid., v. I, cap. 32, p. 929.
102. O tema da concentração de propriedade e da monopolização foi posteriormente muito utilizado na literatura marxista, a começar por Karl Kautsky, *The Economic Doctrines of Karl Marx*. Trad. de H. J. Stenning (Londres: A. and C. Black, 1925), publicado originalmente em 1886; Rudolf Hilferding, *Finance Capital*. Org. e intr. de Tom Bottomore. Trad. de Morris Watnick e Sam Gordon (Londres: Routledge and Kegan Paul, 1981), publicado originalmente em 1910; e Paul A. Baran e Paul Sweezy, *Monopoly Capital* (Nova York: Monthly Review Press, 1966).
103. Branko Milanović, *Capitalism, Alone*. Cambridge, MA: Belknap Press of Harvard University Press, 2019; Yonatan Berman e Branko Milanović, "Homoploutia: Top Labor and Capital Incomes in the United States, 1950-2020". Working Paper 28, Stone Center on Socio-Economic Inequality, Graduate Center, City University of New York, dez. 2020. Disponível em: <stonecenter.gc.cuny.edu/research/

homoploutia-top-labor-and-capital-incomes-inthe-united-states-1950-2020/ >; Marco Ranaldi e Branko Milanović, "Capitalist Systems and Income Inequality". *Journal of Comparative Economics*, v. 50, n. 1, pp. 20-32, 2022.
104. Marx, *Capital*, v. III, cap. 30, p. 615.
105. Ibid., v. II, trad. de David Fernbach, pp. 486-7. Ênfase do original.
106. Ernest Mandel, "Introduction", em Marx, *Capital*, v. II.
107. Como mostrou Rosdolsky, *The Making of Marx's "Capital"*, pp. 464 ss., 492. Serguei Bulgakov e Henryk Grosman chegaram à mesma conclusão há mais de um século.
108. A rigor, a renda de um capitalista é $\pi (c + v)$, em que $c + v$ é a quantidade de capital possuído. É possível, e até provável, que à medida que o capital total aumente, os lucros totais aumentem, enquanto a taxa de lucro diminua. Para simplificar, no entanto, tomamos π como representativo das rendas dos capitalistas (pois representa tanto a capacidade do capital de se reproduzir quanto o poder relativo da classe capitalista). Da mesma forma, tomamos o salário médio por unidade de trabalho como representativo da renda dos trabalhadores. Este último também é uma simplificação porque o número de horas de trabalho pode variar.
109. Robinson, *An Essay on Marxian Economics*, pp. 42-3.
110. Marx, *Capital*. Trad. de Samuel Moore e Edward Aveling. Moscou: Progress Publishers, 1887, cap. 15, Seção 9. A tradução de Ben Fowkes de *Capital*, v. I, pp. 617-8, é um pouco diferente. ("Vimos também como essa contradição [entre a base técnica da indústria em larga escala e as relações sociais] irrompe sem restrições nos incessantes sacrifícios humanos exigidos da classe trabalhadora, no desperdício irresponsável das forças de trabalho.")
111. Marx, *Capital*, v. I, cap. 25, p. 790.
112. Ibid., v. I, cap. 25, p. 818.
113. Ibid., v. I, cap. 32, p. 929.
114. "Segue-se, portanto, que na proporção em que o capital se acumula, a situação do trabalhador, *seja seu pagamento alto ou baixo*, deve piorar. [...] A acumulação de riqueza em um polo é [...] ao mesmo tempo acumulação de miséria, tormento do trabalho, escravidão, ignorância, brutalização e degradação moral no polo oposto." Ibid., v. I, cap. 25, p. 799; ênfase acrescentada. Note-se, no entanto, que mesmo nessa declaração sombria, Marx admite o aumento do salário real; a posição deteriorada dos trabalhadores pode se dever à diminuição da participação do trabalho na riqueza.
115. Diferentes cenários são (não intencionalmente) apresentados por Friedrich Engels, "Appendix", em Marx, *Wage Labour and Capital* [1891]. Trad. de J. L. Joynes (Vancouver, BC: George Whitehead, 1991). O panfleto de 1891 é uma revisão de Engels da palestra de Marx de 1847 para o Clube dos Trabalhadores Alemães. Depois de abrir a possibilidade de que as rendas per capita dos trabalhadores aumentem, observando que "a parcela que cabe à classe trabalhadora (calculada per capita) ou sobe lenta e inconsistentemente [...] e às vezes pode até cair" (pp. 58-9), Engels então prossegue afirmando em um parágrafo muito mais potente em termos políticos que "a clivagem da sociedade em uma classe pequena e extremamente rica e uma grande classe não possuidora de trabalhadores assalariados faz com que essa sociedade sufoque com sua própria superabundância, enquanto a grande maioria de seus membros dificilmente, ou de forma alguma, está protegida contra a extrema carência" (p. 59). Temos, portanto, em dois parágrafos adjacentes, duas visões muito diferentes da renda e da desigualdade de renda dos futuros trabalhadores.

116. Sou grato a Pepijn Brandon, Anton Jäger e Jan Luiten van Zanden por comentários muito úteis sobre as implicações de mais de um único cenário em Marx.
117. Há também dados semelhantes da Inglaterra e do País de Gales para 1864, bem como conjuntos de dados da Irlanda para os mesmos dois anos. Marx, *Capital*, v. I, cap. 25.
118. Vilfredo Pareto, "La courbe de la répartition de la richesse", Université de Lausanne. Coletânea publicada pela Faculdade de Direito por ocasião da Exposição Nacional Suíça, Genebra, 1896.
119. Marx, *Capital*, v. I, cap. 25, p. 805.
120. Ibid., v. I, cap. 25, p. 806.
121. Carta de Marx publicada em *Volksstaat*, 1 jun. 1872, citada em Frederick Engels, "Editor's Preface", em Marx, *Capital*, v. I, org. de Frederick Engels, trad. de S. Moore e E. Aveling, rev. por Ernest Untermann de acordo com a 4. ed. alemã de 1890 (Nova York: Charles H. Kerr, Modern Library, 1906).
122. Lujo Brentano (anonimamente), "How Karl Marx Quote". *Concordia*, n. 10, 7 mar. 1872. *Concordia* era o órgão da Associação dos Fabricantes Alemães.

5. Vilfredo Pareto: Das classes aos indivíduos [pp. 158-81]

1. Michael McLure, "Editor's Notes", em Vilfredo Pareto, *Manual of Political Economy: A Critical and Variorum Edition*. Org. de Aldo Montesano, Alberto Zanni, Luigino Bruni, John S. Chipman e Michael McLure (Oxford: Oxford University Press, 2014), p. 615. [Ed. orig. it.: *Manuale di economia politica*. Milão: Societa Editrice Libraria, 1906. Ed. bras.: *Manual de economia política*. Trad. de João Guilherme Vargas Netto. São Paulo: Nova Cultural, 1996.]
2. Ver Raymond Aron, "Paretian Politics", em *Pareto and Mosca*. Org. de James H. Meisel (Englewood Cliffs, NJ: Prentice-Hall, 1965), pp. 115-20.
3. Com efeito, Pareto critica o racismo: "A coisa pareceria incrível se não fosse verdade, mas há aqueles entre esses crentes ferozes na Santa Igualdade que sustentam que Jesus morreu para redimir todos os homens (e eles os chamam de 'irmãos em Cristo'), e que dão seu óbolo aos missionários para irem converter pessoas na África e na Ásia, porém se recusam a adorar seu Deus numa igreja americana na qual um negro seja admitido". Vilfredo Pareto, *Selections from His Treatise*. Nova York: T. Y. Crowell, 1965, p. 73.
4. Pareto zomba: "Se os negros fossem mais fortes que os europeus, a Europa seria dividida pelos negros e não a África pelos europeus. O 'direito' reivindicado por pessoas que se atribuem o título de 'civilizados' de conquistar outros povos que lhes agrada chamar de 'incivilizados' é completamente ridículo, ou melhor, esse direito não é nada além de força". Id., *Sociological Writings*. Sel. de Samuel E. Finer. Trad. de Derick Mirfin. Nova York: Frederick A. Praeger, 1966, p. 136.
5. Ibid., p. 140.
6. Ibid., p. 213.
7. Ibid., p. 138.
8. Vilfredo Pareto, *Les systèmes socialistes: Cours professé a l'Université de Lausanne*. 2 v. Paris: V. Giard et E. Briere, 1902, v. 1, p. 7. O início do livro contém várias declarações surpreendentemente pretensiosas que supostamente distinguem o tipo de economia de que Pareto gosta, o tipo "científico", em oposição a todas as outras, presumivelmente

ideologias não científicas: "liberal, cristã, católica, socialista etc." (v. 1, p. 2). Assim como seria loucura promover uma astronomia católica ou ateísta, Pareto acredita que a economia e as ciências naturais se sustentam numa base objetiva de fatos e não precisam de qualificações adicionais — exceto, é claro, *scientifique*. Tamanha ingenuidade deve ter sido chocante naquela época, como é agora.

9. Para uma excelente biografia de Pigou, ver Ian Kumekawa, *The First Serious Optimist: A. C. Pigou and the Birth of Welfare Economics* (Princeton, NJ: Princeton University Press, 2017).
10. Raymond Aron, *Main Currents in Sociological Thought* [1967]. Trad. de Richard Howard e Helen Weaver. Londres: Pelican, 1970, v. 2, p. 177.
11. Vilfredo Pareto, *The Mind and Society*. v. 1: *Non-Logical Conduct*. Org. de Arthur Livingston. Nova York: Harcourt, Brace, 1935, pp. 9, 231-384.
12. Werner Stark, "In Search of the True Pareto". *British Journal of Sociology*, v. 14, n. 2, pp. 103-12, 1963 (esp. p. 105).
13. Joseph A. Schumpeter, *History of Economic Analysis*. Org. de Elizabeth Boody Schumpeter. Oxford: Oxford University Press, 1954 [reimpr. 1980], p. 860.
14. Franz Borkenau, "A Manifesto of Our Time" (1936), reproduzido em *Pareto and Mosca*, org. de James H. Meisel, pp. 109-14 (esp. p. 113).
15. Aron, *Main Currents in Sociological Thought*, v. 2, p. 176.
16. Pareto, *Mind and Society*, v. 1, p. 163, n. 1.
17. Bertrand Garbinti, Jonathan Goupille-Lebret e Thomas Piketty, "Income Inequality in France, 1900-2014: Evidence from Distributional National Accounts (DINA)". *Journal of Public Economics*, v. 162, n. 2, pp. 63-77, Figuras 8, 73, 2018.
18. Christian Morrisson e Wayne Snyder, "The Income Inequality of France in Historical Perspective". *European Review of Economic History*, v. 4, n. 1, pp. 59-83, Tabelas 2 e 9, 2000.
19. Thomas Piketty, *Les hauts revenus en France au XXe siècle: Inegalités et redistribution, 1901--1998*. Paris: Grasset, 2001. Note-se, no entanto, que Morrisson e Snyder, em "Income Inequality of France", op. cit., argumentam que o pico pode ter sido atingido por volta de 1860. A visão deles é explicitamente kuznetsiana: a desigualdade aumenta com o desenvolvimento industrial (ver cap. 6). A visão de Piketty é explicitamente anti-kuznetsiana: não há mudança "espontânea" na desigualdade, e a desigualdade se move em reação a "grandes" eventos, como guerras, e decisões políticas como impostos de renda mais altos e tributação de heranças. Piketty mostra conclusivamente que, ao longo do século XIX, a desigualdade aumentou na França: "*les résultats obtenus ne font cependant aucun doute: les dernières estimations disponibles permettent de mettre en évidence un élargissement tendanciel et significatif des inégalités patrimoniales en France au XIXe siècle*" [os resultados obtidos, no entanto, não deixam dúvida: as últimas estimativas disponíveis evidenciam uma tendência e um aumento significativo das desigualdades patrimoniais na França no século XIX]. Piketty, *Les hauts revenus en France*, p. 536.
20. Id., *Top Incomes in France in the Twentieth Century: Inequality and Redistribution, 1901-1998*. Trad. de Seth Ackerman. Cambridge, MA: Harvard University Press, 2018, pp. 497-501.
21. Paul Leroy-Beaulieu, *Essai sur la répartition des richesses et sur la tendance à une moindre inégalité des conditions*. 4. ed. rev. e ampl. Paris: Guillaumin, 1897, pp. vii-viii, citado em Piketty, *Top Incomes in France*, p. 498.
22. Piketty, *Les hauts revenus en France*, p. 537. Tradução minha.
23. Paul Leroy-Beaulieu, *Essai sur la répartition des richesses et sur la tendance à une moindre inégalité des conditions*. Paris: Guillaumin, 1881. Pareto, *Sociological Writings*, p. 101.

24. David Ricardo, *The Principles of Political Economy and Taxation*. Intr. de F. W. Kolthammer. Londres: J. M. Dent and Sons, 1911. (Everyman's Library) [1. ed. Londres: John Murray, 1817; 3. ed. Londres: John Murray, 1821; reimpr. Nova York: Dover, 2004].
25. François Quesnay, *Quesnay's Tableau Économique*. Org., trad. e notas de Marguerite Kuczynski e Ronald L. Meek. Londres: MacMillan, 1972.
26. É um tanto interessante que os eugenistas, que também eram em alguns casos paretianos, pensassem que a distribuição de altura, peso, inteligência e, mais notoriamente, o comprimento dos crânios pudessem ser alterados por políticas estatais conscientes, mas não a distribuição de renda. Ver Terenzio Maccabelli, "Social Anthropology in Economic Literature at the End of the 19th Century: Eugenic and Racial Explanations of Inequality". *American Journal of Economics and Sociology*, v. 67, n. 3, pp. 481-527, 2008.
27. Pareto, *Les systèmes socialistes*, v. 1, pp. 158-9. Tradução minha.
28. Eles estão em Vilfredo Pareto, "Aggiunta allo studio sulla curva delle entrate". *Giornale degli Economisti*, 2ª série, v. 14, pp. 15-26, jan. 1897.
29. Os últimos cinco estão em Vilfredo Pareto, "La courbe de la répartition de la richesse", op. cit., pp. 373-87, reproduzido em Vilfredo Pareto, *Écrits sur la courbe de la répartition de la richesse*. Org. de Giovanni Busino (Genebra: Droz, 1965), pp. 2, 4.
30. Na obtenção dos dados, de acordo com Busino, Pareto foi ajudado pelo cantão suíço de Vaud, onde ele morava. Giovanni Busino, "Présentation", em Pareto, *Écrits sur la courbe de la répartition de la richesse*, p. x. Os dados foram reunidos em 1893 e a primeira publicação foi Vilfredo Pareto, "La legge della demanda". *Giornale degli Economisti*, 2ª série, v. 10, pp. 59-68, jan. 1895.
31. Pareto, *Écrits sur la courbe de la répartition de la richesse*, pp. 1-15.
32. Ibid., p. 3.
33. Ibid., p. 7. Tradução minha.
34. "Assim, como um príncipe é forçado a saber agir como uma besta, ele deve aprender com a raposa e o leão; porque o leão é indefeso contra armadilhas, e a raposa é indefesa contra lobos. Portanto, é preciso ser uma raposa para reconhecer armadilhas, e um leão para espantar lobos." Niccolo Machiavelli, *The Prince*. Trad. de George Bull. Londres: Penguin, 1961, pp. 56-. [Ed. bras.: *O príncipe*. Trad. de Maurício Santana Dias. São Paulo: Penguin-Companhia das Letras, 2010.]
35. Stark, "In Search of the True Pareto", op. cit., p. III.
36. Pareto, *Manual of Political Economy*, pp. 197-8.
37. Ibid., p. 195.
38. Id., "La courbe des revenus". *Le Monde Économique*, pp. 99-100, 25 jul. 1896, reproduzido em Pareto, *Écrits sur la courbe de la répartition de la richesse*, pp. 16-8.
39. Id., *Manual of Political Economy*, p. 195.
40. Id., "La répartition des revenus", *Le Monde Économique*, pp. 259-61, 28 ago. 1897, reproduzido em Pareto, *Écrits sur la courbe de la répartition de la richesse*, p. 47.
41. Ibid., p. 48. Tradução minha.
42. Vilfredo Pareto a Maffeo Pantaleoni, citado em Busino, "Présentation", em Pareto, *Écrits sur la courbe de la répartition de la richesse*, p. xv. Tradução minha.
43. Pareto, *Manual of Political Economy*, p. 196.
44. Ibid., p. 194. Toda a curva de distribuição de renda e sua "parte conhecida" são desenhadas (Figura 54, p. 194) de uma maneira que implica que a parte conhecida compreende

todas as rendas acima do modo da distribuição. Como o modo da distribuição está abaixo da mediana em distribuições assimétricas, Pareto deu a entender que tinha dados para mais da metade da população. Isso parece próximo da verdade. Ele lista o número de unidades fiscais para as quais tem dados de renda. Para Hamburgo em 1891, são 147 mil de uma população de mais de 700 mil (21%). Para Bremen, provavelmente também em 1891, são 45 mil de uma população de 190 mil (24%). No cantão de Zurique, em 1891, são 81 mil de uma população de 430 mil (19%). Pareto, "Aggiunta allo studio sulla curva delle entrate", op. cit.

Usando a própria proporção de Pareto entre população e unidades fiscais de 2,5 para a Saxônia em 1886, podemos estimar que seus dados fiscais cobrem entre 50% e 60% da população. Busino, "Présentation", em Pareto, *Écrits sur la courbe de la répartition de la richesse*, p. xiii. Note-se também que os dados fiscais distritais prussianos mostram uma cobertura bastante alta (contribuintes/população) até as reformas de 1891, quando o limite fiscal foi aumentado. Charlotte Bartels, Felix Kersting e Nikolaus Wolf, "Testing Marx: Income Inequality, Concentration, and Socialism in Late 19th Century Germany". Working Paper 32, Stone Center on Socio-Economic Inequality, Graduate Center, City University of New York, mar. 2021, figura D1, 35. Disponível em: <stonecenter.gc.cuny.edu/research/testing-marx-income-inequality-concentration-and-socialism-in-late-19th-century-germany>.

45. O mesmo é demonstrado em Juliette Fournier, *Generalized Pareto Curves* (tese de doutorado, Paris School of Economics, 2015).
46. Há ainda outro problema desafortunado. Trata-se da proliferação de vários "coeficientes de Pareto" que são reformulações do α original, mas — para confundir o leitor — mantêm "Pareto" em seus nomes e acrescentam vários qualificadores. Atkinson definiu "o coeficiente de Pareto invertido" α/(α-1), que era conhecido antes como a constante β (também conhecida como constante de Van der Wijk), que liga o valor médio acima de um determinado limite ao nível do limite. Anthony B. Atkinson, Thomas Piketty e Emmanuel Saez, "Top Incomes in the Long Run of History". *Journal of Economic Literature*, v. 49, n. 1, pp. 3-71, 2011. De fato, em todas as distribuições fractis, para qualquer limite dado, a renda média acima desse limite será igual a uma constante — no caso de Pareto, α/(α-1) — vezes o limite. Há então "o coeficiente de Pareto inverso" usado por Soltow, que é, mais sensatamente, definido como apenas 1/α. Lee Soltow, "The Wealth, Income, and Social Class of Men in Large Northern Cities of the United States in 1860", em *The Personal Distribution of Income and Wealth*. Org. de James D. Smith (Nova York: National Bureau of Economic Research, 1975), p. 235.
47. Frank Cowell, *Measuring Inequality*. 3. ed. Oxford: Oxford University Press, 2011.
48. Li Yang, Branko Milanović e Yaoqi Lin, "Anti-Corruption Campaign in China: An Empirical Investigation". Stone Center on Socio-Economic Inequality Working Paper 64, abr. 2023.
49. Pareto, *Manual of Political Economy*, pp. 199-200.

6. Simon Kuznets: Desigualdade durante a modernização [pp. 182-207]

1. Simon Kuznets nasceu em 1901 na cidade de Pinsk, então parte do Império Russo e agora na Bielorrússia. Durante a Primeira Guerra Mundial e a guerra civil russa, sua

família foi forçada pelo governo tsarista a se mudar para Kharkiv, na atual Ucrânia. Lá, ele estudou em um ginásio e em 1918 entrou no Instituto Comercial de Kharkiv, onde seus estudos foram frequentemente interrompidos por guerras. Em 1922, Kuznets emigrou, via Danzig (Gdańsk), para os Estados Unidos. O único relato detalhado de sua infância pode ser encontrado em Moshe Syrquin, "Simon Kuznets and Russia: An Uneasy Relationship", em *Russian and Western Economic Thought: Mutual Influences and Transfer of Ideas*. Org. de Vladimir Avtonomov e Harald Hagemann (Berlim: Springer, 2022).

2. Simon Kuznets, "Regional Economic Trends and Levels of Living" [1954], reproduzido em id., *Economic Growth and Structure: Selected Essays* (Nova York: W. W. Norton, 1965).
3. Branko Milanović, *Worlds Apart: Measuring International and Global Inequality*. Princeton, NJ: Princeton University Press, 2005, pp. 7-11.
4. Kuznets, "Regional Economic Trends and Levels of Living", op. cit., p. 165, Tabela 8.
5. Meus cálculos baseiam-se em dados sobre PIB per capita do Maddison Project. Descobri que a participação dos 6% mais ricos (ou seja, a população dos EUA) na renda global total era de 24% em 1894-5 e 31% em 1949. Maddison Project Database, versão 2020 de Jutta Bolt e Jan Luiten van Zanden, Groningen Growth and Development Center, Faculty of Economics and Business, University of Groningen. Disponível em: <www.rug.nl/ggdc/historicaldevelopment/maddison/releases/maddison-project-database-2020?lang=en>.
6. Simon Kuznets, "Inequalities in the Size Distribution of Income" [1963], reproduzido em id., *Economic Growth and Structure: Selected Essays*, p. 303.
7. Ibid., p. 302.
8. Ibid., p. 301.
9. Meus cálculos baseados em dados do Banco Mundial do World Development Indicators dão para 1952 (o primeiro ano em que a China foi incluída nos dados) uma participação de 37%. Dados de Maddison, como vimos acima, dão 31%.
10. Para uma visão levemente menos otimista do grau de diminuição, ver Selma Goldsmith, George Jaszi, Hyman Kaitz e Maurice Liebenberg, "Size Distribution of Income since the Mid-Thirties". *Review of Economics and Statistics*, v. 36, n. 1, pp. 1-36, 1954.
11. Thomas Piketty, *Le capital au XXIe siècle*. Paris: Seuil, 2013, p. 805, Figura 14.1.
12. Os dados estão em dólares reais PPC (paridade do poder de compra), que se ajustam para mudanças temporais nos níveis de preços dentro dos países (além das diferenças nos níveis de preços dos países em qualquer data considerada). Meus cálculos são baseados em dados do Projeto Maddison na Universidade de Groningen (versão de 2020). A propósito, isso produz para o período de 1933 a 1957 uma taxa média de crescimento per capita de 3,3% ao ano.
13. Como vimos no cap. 4, a maior parte da obra de Marx sobre economia, que foi publicada postumamente por Engels como *Capital*, v. II e III, foi escrita junto com o volume I e, portanto, reflete a situação econômica como era conhecida por Marx até meados da década de 1860, inclusive a crise financeira de 1866-7. A década de 1870 trouxe uma melhoria significativa na posição da classe trabalhadora inglesa que foi discutida por Marx e Engels em sua correspondência, mas nunca foi adequadamente tratada na pesquisa econômica do próprio Marx.
14. Simon Kuznets, "Economic Growth and Income Inequality". *American Economic Review*, v. 45, n. 1, pp. 1-28, 1955 (esp. p. 18).
15. Id., *Modern Economic Growth*. New Haven: Yale University Press, 1966, p. 217.

16. Em apoio à suposição de menos desigualdade em sociedades pré-industriais, podemos olhar para descobertas publicadas cerca de setenta anos depois que Kuznets articulou sua hipótese original. Lindert e Williamson produziram as primeiras estimativas de desigualdade para todos os Estados Unidos, a partir das treze colônias. Para 1774, eles encontraram um coeficiente de Gini de 44,1 e uma participação de 8,5% na renda total para o 1% mais rico da população. Os países do noroeste europeu (Inglaterra e País de Gales, Holanda e Países Baixos) tinham naquela época uma desigualdade muito maior (um Gini de 57). Eles concluem: "com efeito, não havia nenhum lugar documentado no planeta que tivesse uma distribuição mais igualitária [do que as treze colônias] no final do século XVIII" (p. 37). Peter H. Lindert e Jeffrey G. Williamson, *Unequal Gains: American Growth and Inequality since 1700*. Princeton, NJ: Princeton University Press, 2016, pp. 37-9.
17. Kuznets, "Economic Growth and Income Inequality", op. cit., p. 16. Ênfase acrescentada.
18. Lindert e Williamson, *Unequal Gains*, p. 124.
19. W. Arthur Lewis, "Economic Development with Unlimited Supplies of Labour". *The Manchester School*, v. 22, n. 2, pp. 139-91, maio 1954.
20. Essas diferenças são abordadas usando o exemplo do desenvolvimento do México a longo prazo em Ingrid Bleynat, Amílcar E. Challú e Paul Segal, "Inequality, Living Standards, and Growth: Two Centuries of Economic Development in Mexico". *Economic History Review*, v. 74, n. 3, pp. 584-610, 2021. Eles "argumentam que [suas] descobertas são explicadas por um modelo de economia dual que incorpora a suposição de Lewis de um exército de reserva de mão de obra e explicamos por que o declínio da desigualdade previsto por Kuznets não ocorreu" (p. 584).
21. "As suposições básicas usadas aqui são que a renda per capita do setor B [não agrícola] é sempre maior do que a do setor A [agrícola]; que a proporção do setor A no número total diminui; e que a desigualdade na distribuição de renda dentro do setor A pode ser tão ampla quanto a do setor B, mas não maior." Kuznets, "Economic Growth and Income Inequality", op. cit., p. 13.
22. Ibid., p. 26.
23. Alexis de Tocqueville, "Memoir on Pauperism" [1835]. Trad. de Seymour Drescher, em Drescher, *Tocqueville and Beaumont on Social Reform* (Nova York: Harper and Row, 1968), p. 6.
24. Ver Gertrude Himmelfarb, "Introduction", em *Alexis de Tocqueville's Memoir on Pauperism*. Trad. de Seymour Drescher (Londres: Civitas, 1997), p. 3.
25. Simon Kuznets, *Shares of Upper Income Groups in Income and Savings*. Nova York: National Bureau of Economic Research, 1953.
26. Arthur F. Burns, "Looking Forward", em Edward F. Burns, *The Frontiers of Economic Knowledge* (Nova York: National Bureau of Economic Research, 1954), p. 136.
27. Felix Paukert, "Income Distribution at Different Levels of Development: A Survey of the Evidence". *International Labour Review*, v. 108, pp. 97-125, 1973; Jacques Lecaillon, Felix Paukert, Christian Morrisson e Dimitri Germidis, *Income Distribution and Economic Development: An Analytical Survey*. Genebra: International Labor Office, 1984; Hartmut Kaelble e Mark Thomas, "Introduction", em *Income Distribution in Historical Perspective*. Org. de Y. S. Brenner, H. Kaelble e M. Thomas (Nova York: Cambridge University Press, 1991); Peter Lindert e Jeffrey Williamson, "Growth, Equality and History". *Explorations in Economic History*, v. 22, n. 4, pp. 341-77, 1985.

28. Já era óbvio naquela época que testes reais deveriam ser feitos para cada país durante um longo período de tempo: "Idealmente, tais processos deveriam ser examinados num contexto explicitamente histórico para países específicos". Montek Ahluwalia, "Inequality, Poverty and Development". *Journal of Development Economics*, v. 3, n. 4, pp. 307--42, 1976 (esp. p. 307).
29. Matthew Higgins e Jeffrey Williamson, "Explaining Inequality the World Round: Cohort Size, Kuznets Curves, and Openness". Working Paper 7224, National Bureau of Economic Research, jul. 1999; Branko Milanović, "Determinants of Cross-country Income Inequality: An 'Augmented' Kuznets Hypothesis", em *Equality, Participation, Transition: Essays in Honour of Branko Horvat*. Org. de V. Franičević e M. Uvalić (Londres: Palgrave Macmillan, 2000), pp. 48-79; Montek Ahluwalia, "Income Distribution and Development: Some Stylized Facts". *American Economic Review*. v. 66, n. 2, pp. 128--35, 1976; Kaelble e Thomas, "Introduction", op. cit.
30. Sudhir Anand e Ravi Kanbur, "Inequality and Development: A Critique". *Journal of Development Economics*, v. 41, n. 1, pp. 19-43, 1993.
31. Imre Lakatos, "Falsification and the Methodology of Scientific Research Programmes", em *Criticism and the Growth of Knowledge*. Org. de I. Lakatos e A. Musgrave (Cambridge: Cambridge University Press, 1970), pp. 91-195. Em uma forte refutação da hipótese de Kuznets, Li, Squire e Zou argumentam que a variabilidade de Gini devido *às diferenças entre países* é muito maior do que a variabilidade de Gini devido às mudanças *dentro dos países* e, consequentemente, que os fatores mais importantes que impulsionam a desigualdade de um país são idiossincráticos ou específicos daquele país. Hongyi Li, Lyn Squire e Heng--fu Zou, "Explaining International and Intertemporal Variations in Income Inequality". *Economic Journal*, v. 108, n. 446, pp. 26-43, 1998. O mesmo argumento, mas com menos dados, foi apresentado por Kaelble e Thomas, "Introduction", op. cit., p. 32.
32. Higgins e Williamson, "Explaining Inequality the World Round", op. cit., p. 11.
33. Jan Luiten van Zanden, "Tracing the Beginning of the Kuznets Curve: Western Europe during the Early Modern Period". *Economic History Review*, v. 48, n. 4, pp. 1-23, 1995.
34. Branko Milanović, *Global Inequality: A New Approach for the Age of Globalization*. Cambridge, MA: Harvard University Press, 2016, p. 50.
35. Ibid., cap. 2.
36. Anthony B. Atkinson, "Bringing Income Distribution in from the Cold". *Economic Journal*, v. 107, n. 441, pp. 297-321, 1997 (esp. p. 300). E Peter Lindert: "É hora de passar para explorações que prossigam diretamente para a tarefa de explicar qualquer movimento episódico, sem se preocupar em relacioná-lo à Curva de Kuznets". Peter Lindert, "Three Centuries of Inequality in Britain and America", em *Handbook of Income Distribution*. Org. de A. B. Atkinson e F. Bourguignon (Amsterdam: Elsevier, 2000), p. 173.
37. Kuznets, "Economic Growth and Income Inequality", op. cit., p. 28.

7. O longo eclipse dos estudos sobre desigualdade durante a Guerra Fria [pp. 208-74]

1. John Maynard Keynes, *The Economic Consequences of the Peace*. Londres: Macmillan, 1919; Id., *The General Theory of Employment, Interest, and Money*. Londres: Palgrave Macmillan, 1936. [Ed. bras.: *As consequências econômicas da paz*. Trad. de Sérgio Bath. São Paulo: Imprensa Oficial do Estado; Ed. da UnB; Instituto de Pesquisa de Relações Internacionais,

2002; e *Teoria geral do emprego, do juro e da moeda*. Trad. de Mário R. da Cruz. São Paulo: Nova Cultural, 1996.]
2. Hans Staehle, "Short-Period Variations in the Distribution of Incomes". *Review of Economics and Statistics*, v. 19, n. 3, pp. 133-43, 1937.
3. Arthur L. Bowley, *Wages and Income in the United Kingdom Since 1860*. Cambridge, UK: Cambridge University Press, 1937. Com base na descoberta de Bowley de que a parcela da produção econômica da Grã-Bretanha destinada aos salários permaneceu estável ao longo do tempo, economistas posteriores chamaram isso de "Lei de Bowley".
4. Keynes contribuiu bastante para essa crença. Mas a primeira pessoa que chamou isso de "lei", embora mais tarde tenha mudado de ideia, foi Michal Kalecki. Hagen M. Krämer, "Bowley's Law: The Diffusion of an Empirical Supposition into Economic Theory", *Cahiers d'Économie Politique*, v. 61, n. 2, pp. 19-49, 2011.
5. Martin Bronfenbrenner, *Income Distribution Theory*. Chicago: Aldine-Atherton, 1971.
6. Sobre o ótimo de Pareto, Offer escreve que "seu principal efeito é fornecer legitimidade e proteção para a distribuição existente de propriedade, por mais adquirida e desigual que seja". Avner Offer, "Self-Interest, Sympathy, and the Invisible Hand: From Adam Smith to Market Liberalism", Oxford Economic and Social History Working Paper 101, Department of Economics, University of Oxford, ago. 2012.
7. Milton Friedman com a assistência de Rose D. Friedman, *Capitalism and Freedom* (Chicago: University of Chicago Press, 1962), pp. 161-. [Ed. bras.: *Capitalismo e liberdade*. Trad. de Ligia Filgueiras. São Paulo: Intrínseca, 2023.]
8. Por exemplo, Jaroslav Vanek, *The General Theory of Labor-Managed Market Economies* (Ithaca, NY: Cornell University Press, 1970).
9. Anthony Atkinson e John Micklewright, *Economic Transformation in Eastern Europe and the Distribution of Income*. Cambridge: Cambridge University Press, 1992, pp. 99-104.
10. Ver Dominique Redor, *Wage Inequalities in East and West*. Trad. de Rosemarie Bourgault (Cambridge: Cambridge University Press, 1992), pp. 61-4; Jan Rutkowski, "High Skills Pay Off: The Changing Wage Structure during Economic Transition in Poland". *Economics of Transition*, v. 4, n. 1, pp. 89-112, 1996; e Richard Jackman e Michal Rutkowski, "Labor Markets: Wages and Employment", em *Labor Markets and Social Policy in Central and Eastern Europe: The Transition and Beyond*. Org. de Nicholas Barr (Washington, DC: World Bank; Londres: London School of Economics, 1994).
11. Em geral, a mão de obra altamente qualificada exige educação substancialmente maior, o que custa aos alunos muitas horas não remuneradas (reduzindo o total de horas de suas carreiras ativas de trabalho) e também pode implicar custos de ensino. Em reconhecimento disso, o prêmio de habilidade observado é, pelo menos em parte, compensatório (para garantir que os trabalhadores que escolhem o caminho altamente qualificado não sejam penalizados em termos de renda vitalícia). Essa parte compensatória é reduzida, obviamente, se a mensalidade for zero.
12. Esse argumento não afeta a comparação da Tabela 7.3, porque os países capitalistas incluídos ali também tinham educação pública gratuita. Portanto, a Tabela 7.3 destaca diferenças sistêmicas.
13. Durante o período do "alto stalinismo", a Rússia até tornou regressivos os impostos sobre os salários (com a taxa marginal de imposto *diminuindo* com salários mais altos) a fim de estimular a produtividade no sistema de salário por peça, numa mudança que para Mancur Olson contribuiu significativamente para a rápida industrialização na União

Soviética. Mancur Olson, "Why the Transition from Communism Is So Difficult". *Eastern Economic Journal*, v. 21, n. 4, pp. 437-61, 1995.

14. Em um estudo que atraiu muita atenção quando foi publicado, Ofer e Vinokur entrevistaram emigrantes soviéticos e descobriram que pagamentos informais faziam muito pouca diferença na desigualdade geral. Gur Ofer e Aaron Vinokur, "Private Sources of Income of the Soviet Union Households", artigo apresentado no Segundo Congresso Mundial de Estudos Soviéticos, Garmisch-Partenkirchen, Alemanha, 1980. Dados húngaros também revelam que a importância das rendas informais era inferior a 10% das rendas relatadas, o que não está em desacordo com a experiência de países não socialistas. A desigualdade de renda aumenta quando as rendas informais são incluídas, mas muito moderadamente. Na URSS, no entanto, havia uma divisão bem conhecida entre as repúblicas eslavas "centrais", onde as rendas informais eram relativamente pequenas, e as repúblicas caucasianas e da Ásia Central, onde eram maiores e contribuíam mais para a desigualdade geral. Atkinson e Micklewright, *Economic Transformation in Eastern Europe*, pp. 120-1.

15. Citado em Allen W. Wood, "Marx on Equality", em id., *The Free Development of Each: Studies on Freedom, Right, and Ethics in Classical German Philosophy* (Oxford: Oxford University Press, 2014), p. 3.

16. Friedrich Engels a August Bebel, 18-28 mar. 1875, em "Preface", Karl Marx, "Critique of the Gotha Program", parte I [1875], em Karl Marx e Friedrich Engels, *Selected Works in Three Volumes* (Moscou: Progress, 1970), v. 3, pp. 13-30.

17. Friedrich Hayek, *Law, Legislation and Liberty*. v. 2: *The Mirage of Social Justice*. Chicago: University of Chicago Press, 1978, p. 7. [Ed. bras.: *Direito, legislação e liberdade: Os equívocos das políticas de justiça social*. Trad. de Carlos Szlak. Campinas: Avis Rara, 2023.]

18. Com frequência, essa questão não é suficientemente levada em conta pelos pensadores de esquerda porque, tendo aceitado a inevitabilidade das relações capitalistas de produção, as suas opiniões tendem naturalmente para o reformismo e para a redução da desigualdade de rendimentos como um objetivo em si mesmo.

19. Quando os economistas testavam a curva de Kuznets (conforme discutido no cap. 6), era prática padrão introduzir uma variável fictícia para países socialistas, que sempre foi considerada significativa e negativa. Ou seja, o socialismo estava associado a menos desigualdade do que seria esperado de outra maneira. Ver, por exemplo, Montek Ahluwalia, "Income Distribution and Development: Some Stylized Facts". *American Economic Review*, v. 66, n. 2, pp. 128-35, 1976; Montek Ahluwalia, "Inequality, Poverty and Development". *Journal of Development Economics*, v. 3, n. 4, pp. 307-42, 1976; Hartmut Kaelble e Mark Thomas, "Introduction", em *Income Distribution in Historical Perspective*. Org. de Y. S. Brenner, H. Kaelble e M. Thomas (Nova York: Cambridge University Press, 1991); Branko Milanović, "Determinants of Cross-Country Income Inequality: An 'Augmented' Kuznets Hypothesis", em *Equality, Participation, Transition Essays in Honour of Branko Horvat*. Org. de V. Franičević e M. Uvalić (Londres: Palgrave Macmillan, 2000), pp. 48-79.

20. Wang Fan-Hsi conta que esses pagamentos em dinheiro já ocorriam na década de 1920. Quando Wang, então estudante em Moscou, foi a Leningrado numa viagem oficial acompanhando o líder comunista alemão Ernst Thaelman, ele recebeu por dia daquela viagem o equivalente ao seu estipêndio mensal de estudante (que por sua vez era igual ao salário médio do trabalhador). Fan-Hsi Wang, *Memoirs of a Chinese Revolutionary 1919-1949*. Trad. e intr. de Gregor Benton. Oxford: Oxford University Press, 1980; Nova York: Columbia University Press, 1991, p. 101.

21. R. W. Davies, *The Industrialisation of Soviet Russia*. v. 4: *Crisis and Progress in the Soviet Economy, 1931-1933*. Londres: Palgrave Macmillan, 1996, p. 454.
22. Abram Bergson, *The Structure of Soviet Wages: A Study in Socialist Economics*. Cambridge, MA: Harvard University Press, 1946, p. 123, Tabela 11.
23. Trótski evidentemente acreditava que o nivelamento excessivo era ruim para a produtividade. Segundo ele, "o caráter 'equalizador' dos salários, destruindo o interesse pessoal, tornou-se um freio ao desenvolvimento das forças produtivas". Leon Trotsky, *The Revolution Betrayed: What Is the Soviet Union and Where Is It Going?*. Trad. de Max Eastman. Garden City, NY: Doubleday Doran, 1937, p. 112. De forma um tanto inconsistente, no entanto, ele criticou no mesmo livro a ênfase excessiva no trabalho por peça e nos altos salários dos trabalhadores stakhanovistas, os quais chamou de uma nova "aristocracia operária" (p. 124).
24. Joseph V. Stalin, "New Conditions — New Tasks in Economic Construction: Speech Delivered at a Conference of Business Executives 23, 1931", em id., *Works*. v. 13 (Moscou: Foreign Languages Publishing, 1954), pp. 58-9.
25. Por exemplo, na União Soviética, a proporção decil dos salários de todos os trabalhadores caiu de 4,4 em 1956 para 2,86 em 1968 (o ponto mínimo), e depois aumentou ligeiramente para 3,35 em 1976. Rabkina e Rimashevskaya (1978), citado em Atkinson e Micklewright, *Economic Transformation in Eastern Europe*, Tabela UE2.
26. A ideia de uma "nova classe [dominante]" no socialismo é anterior às revoluções comunistas reais. Pareto previu isso no final do século XIX (ver cap. 5). Já em 1923, o manifesto da Oposição dos Trabalhadores (uma facção dentro dos bolcheviques governantes que mais tarde foi liquidada por Stálin) declarou: "Estamos diante do perigo da transformação do poder proletário em uma camarilha firmemente entrincheirada, que é animada pela vontade comum de manter o poder político e econômico em suas mãos". E. H. Carr, *A History of Soviet Russia*. v. 4: *The Interregnum*. Nova York: Macmillan, 1954, p. 277. Essas expressões se multiplicaram, mas, diferentemente dos donos de capital no capitalismo, as questões da origem do poder da nova classe dominante, e se de fato era uma classe, não tiveram a concordância de todos os críticos.
27. Wesołowski escreve que, "embora as classes (no sentido que Marx dá ao termo) desapareçam numa sociedade socialista desenvolvida, permanecem diferenciações sociais que podem ser chamadas de estratificação social". Włodzimierz Wesołowski, "Social Stratification in Socialist Society (Some Theoretical Problems)". *Polish Sociological Bulletin*, v. 15, n. 1, pp. 22-34, 1967. Publicado originalmente em francês: Id., "Les notions de strate et de classe dans la société socialiste". *Sociologie du Travail*, v. 9, n. 2, pp. 144-64, 1967.
28. Branko Horvat, *Ogled o jugoslavenskom društvu* [Um ensaio sobre a sociedade iugoslava]. Zagreb: Mladost, 1969, pp. 197-8. Tradução minha.
29. Mao Tsé-Tung, "On the People's Democratic Dictatorship", em comemoração ao 28º aniversário do Partido Comunista da China, 30 jun. 1949. Transcrição pelo Maoist Documentation Project, Marxists.org. Disponível em: <www.marxists.org/reference/archive/mao/selected-works/volume-4/mswv465.htm>.
30. Yuan-Li Wu, *The Economy of Communist China: An Introduction*. Nova York: F. A. Praeger, 1966, p. 76.
31. A classificação permanece até hoje, inclusive em pesquisas domiciliares chinesas. Foi usada recentemente para estudar a mudança na composição da "elite" chinesa (os 5% mais ricos da população) entre 1988 e 2013. Li Yang, Filip Novokmet e Branko Milanović,

"From Workers to Capitalists in Less Than Two Generations: A Study of Chinese Urban Elite Transformation between 1988 and 2013". *British Journal of Sociology*, v. 72, n. 3, pp. 478-513, 2021.
32. Sobre o desenvolvimento da estatística chinesa centralizada, ver a obra excelente de Arunabh Ghosh, *Making It Count: Statistics and Statecraft in the Early People's Republic of China* (Princeton: Princeton University Press, 2020).
33. Henry Phelps Brown, *The Inequality of Pay*. Oxford: Oxford University Press, 1977.
34. Ibid., p. 53.
35. John E. Roemer, *Equality of Opportunity*. Cambridge, MA: Harvard University Press, 1998.
36. No início, alguns dos antigos proprietários permaneceram em cargos de gestão, mas isso não foi só um compromisso de curto prazo, mesmo que suas rendas adviessem do trabalho (administração), não de rendas de propriedade.
37. A justificativa para a coletivização estava na suposta (não provada, mas amplamente aceita na época) menor eficiência das pequenas fazendas e na relutância dos camponeses pobres e médios em aumentar a produção muito além do que era necessário para cobrir suas próprias necessidades. (Como a produção industrial despencou durante a Guerra Civil Russa de 1917-22, não havia nada pelo que eles pudessem trocar seus grãos.)
38. O artigo 1º da Constituição define a União Soviética como "um Estado socialista de trabalhadores e camponeses". J. V. Stalin, *Constitution (Fundamental Law) of the Union of Soviet Socialist Republics (1936)* (Londres: Red Star Press, 1978).
39. Uma das poucas pesquisas sobre o setor privado na Europa Oriental mostrou que cerca de 20% a 25% da participação desse setor no PIB era o máximo que o sistema podia tolerar sem se tornar capitalista ou colocar seriamente em risco o poder do partido/Estado. Anders Aslund, *Private Enterprise in Eastern Europe: The Non-Agricultural Private Sector in Poland and the GDR, 1945-83*. Londres: Macmillan, 1985. Durante a liberalização chinesa inicial na década de 1980, as empresas do setor privado estavam limitadas a oito empregados, o que, de acordo com algumas leituras chinesas de Marx, era o máximo compatível com a ausência de exploração. Yang, Novokmet e Milanović, "From Workers to Capitalists in Less Than Two Generations", op. cit.
40. György Konrád e Ivan Szelényi, *The Intellectuals on the Road to Class Power*. Trad. de Andrew Arato e Richard E. Allen. Nova York: Harcourt Brace Jovanovich, 1979; Branko Horvat, *The Political Economy of Socialism: A Marxist Social Theory*. Armonk, NY: M. E. Sharpe, 1983.
41. Houve, é claro, declarações muito anteriores sobre a criação de uma nova classe dominante na União Soviética. Emma Goldman escreveu sobre essa nova classe já em 1923. Emma Goldman, *My Disillusionment in Russia*. Nova York: Doubleday, Page, 1923. Vários outros escritores, principalmente trotskistas, concordaram. Os primeiros argumentos teóricos sobre o caráter de classe da nova sociedade foram publicados provavelmente por Anton Pannekoek e Arturo Labriola. A. Pannekoek, "World Revolution and Communist" [1920], em *Pannekoek and Gorter's Marxism*. Trad. de D. A. Smart (Londres: Pluto, 1978); e A. Labriola, *Karl Marx: L'économiste, Le socialiste* (Paris: M. Riviere, 1910). Na década de 1950, Milovan Djilas popularizou a expressão "a nova classe". Milovan Djilas, *The New Class: An Analysis of the Communist System*. Nova York: Frederick Praeger 1957. Mas muitas dessas ideias eram meras insinuações ou descrições impressionistas do que os críticos observavam. Elas não estavam dispostas em nenhuma estrutura

consistente, e até mesmo o próprio Trótski, apesar da crítica feroz ao stalinismo, teve problemas com a caracterização da União Soviética como uma sociedade de classes. Na verdade, ele argumentou até sua morte que, apesar de tudo, a URSS era um Estado operário, mesmo que degenerado, e governado pelo "estrato dominante", não uma classe dominante. Trotsky, *The Revolution Betrayed*, cap. 5 e 6, esp. cap. 9. Era de fato difícil dizer o contrário da perspectiva puramente marxista. Argumentos teóricos mais desenvolvidos tiveram que esperar até a década de 1960.

42. Houve o caso famoso de uma distribuição de renda soviética publicada de modo inesperado numa forma lognormal típica, que normalmente forneceria muito mais informações do que costumava estar disponível. O problema, porém, era que o eixo horizontal não estava rotulado, então era preciso usar alguma suposição criativa para calcular (digamos) a porcentagem de trabalhadores que recebiam menos do que uma determinada quantia de rublos. O trabalho investigativo foi feito com sucesso por Peter Wiles e Stefan Markowski, "Income Distribution under Communism and Capitalism". *Soviet Studies* (1971): v. 22, n. 3, pp. 344-69, Parte I; v. 22, n. 4, pp. 487-511, Parte II, citado em Atkinson e Micklewright, *Economic Transformation in Eastern Europe*, pp. 42-3.
43. Peter Wiles escreve: "Elas [autoridades comunistas] dispõem claramente de inúmeras pesquisas e um rico estoque de dados, mas quase nenhum número absoluto foi publicado". Peter Wiles, *Distribution of Income: East and West*. Amsterdam: North-Holland, 1974, p. 1. Talvez "elas" teoricamente pudessem ter se desfeito de tais dados, mas quase não há evidências de que os usaram para políticas ou qualquer outra coisa.
44. Vi essas informações enviadas pelo Goskomstat para as repúblicas no escritório de estatística da Letônia.
45. A União Soviética foi uma das pioneiras na introdução de pesquisas domiciliares. As primeiras pesquisas sobre renda e condições de vida dos trabalhadores ocorreram na década de 1920, foram descontinuadas durante o auge do stalinismo e reiniciadas sem mais interrupções em 1951.
46. Isso é verdade até para a União Soviética. Ver Natalia Rimashevskaya (Org.). Доходы и потребление населения СССР [Renda e consumo de famílias da URSS] (Moscou: Statistika, 1980).
47. Atkinson e Micklewright, *Economic Transformation in Eastern Europe*.
48. Branko Milanović, *Income, Inequality, and Poverty during the Transition from Planned to Market Economy*. Washington, DC: World Bank, 1998.
49. Atkinson e Micklewright, *Economic Transformation in Eastern Europe*; Harold Lydall, *A Theory of Income Distribution*. Oxford: Clarendon Press, 1980. Como em Atkinson e Micklewright, há anexos de dados abundantes com numerosas distribuições de renda em Milanović, *Income, Inequality, and Poverty*. Assim, novos pesquisadores, usando os dados fornecidos nessas fontes, podem começar a pesquisar outros com relativa facilidade. É importante destacar isso porque muitos dados coletados no passado (especialmente da União Soviética) se perderam devido a falta de interesse, financiamento insuficiente do trabalho de arquivamento e até mesmo problemas técnicos, como incompatibilidade de software soviético mais antigo com sistemas mais modernos. Ironicamente, apesar dos maravilhosos desenvolvimentos tecnológicos, as informações salvas em papel se mostraram muito mais duráveis.
50. Um exemplo encorajador é a dissertação de doutorado de Filip Novokmet de 2017, que deu origem a vários artigos publicados. Novokmet estudou distribuições históricas de

renda que remontam ao período pré-comunista de vários países do Leste Europeu. Particularmente impressionante é a integração de Novokmet de economia e política em estudos de desigualdade de longo prazo na Bulgária, Polônia e Tchecoslováquia. Filip Novokmet, *Between Communism and Capitalism: Essays on the Evolution of Income and Wealth Inequality in Eastern Europe 1890-2015* (*Czech Republic, Poland, Bulgaria, Croatia, Slovenia and Russia*). Tese de doutorado, Paris School of Economics, 2017; id., "The Long-Run Evolution of Inequality in the Czech Lands, 1898-2015", WID.World Working Paper, maio 2018. Disponível em: <wid.world/document/7736>.

51. Leszek Kolakowski, *Main Currents of Marxism*. v. 1: *The Founders*. Trad. de P. S. Falla. Oxford: Clarendon, 1978.

52. Em *Capital*, Marx escreve: "No lugar de investigadores desinteressados, surgiram boxeadores contratados, no lugar da pesquisa científica genuína, a má consciência e a má intenção dos apologistas". Karl Marx, "Afterword to the Second German Edition", *Capital*. v. 1. Org. de Frederick Engels. Trad. de S. Moore e E. Aveling. Rev. de Ernest Untermann de acordo com a 4. ed. alemã de 1890. Nova York: Charles H. Kerr, Modern Library, 1906.

53. Além disso, muitos economistas confundiram a abstração da teoria (que pode ser útil como uma primeira aproximação) com a maneira como a economia de fato funcionava. A diferença é bem apontada por Rawls em sua carta a Amartya Sen: "É como dizer que a teoria do equilíbrio geral é uma economia parcialmente cega. Isso é algo que se pode dizer razoavelmente sobre um economista, mas não sobre a teoria, isto é, sobre um economista que pensa que a teoria do equilíbrio geral é tudo o que há na economia e uma teoria satisfatória de todos os fenômenos econômicos". John Rawls para Amartya Sen, 28 jul. 1981, citado em Herrade Igersheim, "Rawls and the Economists: The (Im)possible Dialogue". *Revue Économique*, v. 73, n. 6, pp. 1013-37, 2023.

54. Michał Kalecki, "The Determinants of the Distribution of National Income". *Econometrica*, v. 8, n. 2, pp. 97-112, 1938.

55. Nicholas Kaldor, "Alternative Theories of Distribution". *Review of Economic Studies*, v. 23, n. 2, pp. 83-100, 1956.

56. Essa é uma interpretação caridosa demais desses modelos porque eles com frequência ignoram as diferenças no escopo de ações socialmente permitidas e possíveis que existem para pessoas em diferentes níveis de distribuição de renda, educação, raça, casta e gênero.

57. O mesmo vale para os chamados modelos macroeconômicos de distribuição de renda que podem ser datados de Aghion e Bolton. Eles estão fora do limite de tempo deste livro, mas também não trouxeram, apesar de sua complexidade, muita coisa nova e útil. Philippe Aghion e Patrick Bolton, "Distribution and Growth in Models of Imperfect Capital Markets". *European Economic Review*, v. 36, pp. 603-21, 1992.

58. Entre os exemplos de estudos de modelos estocásticos de distribuição de renda estão D. G. Champernowne, *The Distribution of Income between Persons* (Cambridge: Cambridge University Press, 1973); Benoit Mandelbrot, "The Pareto-Lévy Law and the Distribution of Income". *International Economic Review*, v. 1, n. 2, pp. 79-106, 1960; Thomas Mayer, "The Distribution of Ability and Earnings". *Review of Economics and Statistics*, v. 42. n. 2, pp. 189-95, 1960.

59. Ver, por exemplo, Christopher Bliss, *Capital Theory and the Distribution of Income* (Amsterdam: North-Holland, 1975); Piero Garegnani, "Heterogeneous Capital, the

Production Function and the Theory of Distribution". *Review of Economic Studies*, v. 37, n. 3, pp. 407-36, 1970.
60. Ver Quinn Slobodian, *The Globalists: The End of the Empire and the Birth of Neoliberalism* (Cambridge, MA: Harvard University Press, 2018); e Philip Mirowski, *Never Let a Serious Crisis Go to Waste: How Neoliberalism Survived the Financial Meltdown* (Nova York: Verso, 2013).
61. Para uma discussão detalhada, ver Avner Offer e Gabriel Söderberg, *The Nobel Factor: The Prize in Economics, Social Democracy and the Market Turn* (Princeton: Princeton University Press, 2016).
62. Ver, por exemplo, Jane Mayer, *Dark Money: The Hidden History of the Billionaires behind the Rise of the Radical Right* (Nova York: Doubleday, 2016).
63. *Inside Job*, que ganhou o Oscar de Melhor Documentário de 2011, encontra as raízes da crise financeira mundial de 2008 num sistema complexo de corrupção. Charles Ferguson, dir., *Inside Job*, Berkeley, CA: Sony Pictures Classics, 2010, DVD.
64. Joseph Stiglitz, "Distribution of Income and Wealth among Individuals". *Econometrica*, v. 37, n. 3, pp. 382-97, 1969.
65. Samir Amin, *Accumulation on the World Scale: A Critique of the Theory of Underdevelopment*. 2 v. Trad. de Brian Pearce. Nova York: Monthly Review Press, 1974.
66. Alan S. Blinder, *Toward an Economic Theory of Income Distribution*. Cambridge, MA: MIT Press, 1975. Os livros de Amin e Blinder foram ambos baseados em suas teses de doutorado. O livro de Amin foi publicado originalmente em francês em 1970.
67. Gian Singh Sahota, "Personal Income Distribution Theories of the Mid-1970s". *Kyklos*, v. 30, n. 4, pp. 724-40, 1977 (esp. p. 731). Ênfase do original.
68. Sebastian Conrad, *What Is Global History?*. Princeton: Princeton University Press, 2016, p. 71.
69. A Economia de Paul Samuelson teve um efeito inestimável na escolarização de milhares de economistas nos Estados Unidos e ao redor do mundo. Paul A. *Samuelson, Economics: An Introductory Analysis*. Nova York: McGraw Hill, 1948. [Ed. bras.: *Economia*. Trad. de Elsa Fontainha, Jorge Pires Gomes e Emílio Hiroshi Matsumura. São Paulo: Artmed, 2012.] Ele teve um concorrente inicial no texto de Lorie Tarshis, mas este último foi rapidamente superado porque, entre outras coisas, sua abordagem foi considerada marxista demais. Lorie Tarshis, *Elements of Economics: An Introduction to the Theory of Price and Employment*. Boston: Houghton Mifflin, 1947.
70. Paul Samuelson, *Economics*. 10. ed. Nova York: McGraw Hill Kogakusha, 1976. E note-se que Samuelson dificilmente estava sozinho nessa negligência do tema. Jan Pen reclama que os autores de um concorrente neoclássico da *Economia* de Samuelson, Richard G. Lipsey e Peter O. Steiner, *Economics* (Nova York: Harper and Row, 1966), dedicam "*uma única* página de texto a ações distributivas [...] em que eles explicam que a economia realmente ainda não entende nada sobre esse assunto". Jan Pen, *Income Distribution: Facts, Theories, Policies*. Nova York: Praeger, 1971, p. 23. Ênfase do original.
71. Charles F. Ferguson, *The Neoclassical Theory of Production and Distribution*. Londres: Cambridge University Press, 1969, p. 235.
72. "*JEL* [*Journal of Economic Literature*] Classification System/EconLit Subject Descriptors", American Economic Association, atualizado em 1 fev. 2022. Disponível em: <www.aeaweb.org/econlit/jelCodes.php>; Robert E. Lucas, "The Industrial Revolution: Past and Future", Annual Report, Federal Reserve Bank of Minneapolis, v. 18, pp. 5-20, maio

2004. Disponível em: <www.minneapolisfed.org/article/2004/the-industrial-revolution-past-and-future>. O discurso de Lucas é notável em sua descrição muito precisa do crescimento econômico e da crescente desigualdade (ponderada pela população e não ponderada) entre países da Revolução Industrial até o fim do século XX. Mas também é notável em sua total ignorância das desigualdades intranacionais, e ainda mais surpreendentemente em sua falta de percepção de que a desigualdade intranacional pode influenciar a taxa de crescimento de um país (na qual Lucas está principalmente interessado).

73. Anthony B. Atkinson, "Bringing Income Distribution in from the Cold". *Economic Journal*, v. 107, n. 441, pp. 297-321, 1997 (esp. p. 299).
74. Piketty admite que Kuznets pode ter sido indevidamente influenciado pela prosperidade do pós-guerra, mas suspeita que o economista não era de todo inocente dessa pretensão: "Para garantir que todos entendessem o que estava em jogo, ele teve o cuidado de lembrar seus ouvintes de que a intenção de suas previsões otimistas era simplesmente manter os países subdesenvolvidos 'dentro da órbita do mundo livre'". No julgamento de Piketty, "a teoria mágica da curva de Kuznets foi formulada em grande parte pelos motivos errados". Thomas Piketty, *Capital in the Twenty-First Century*. Trad. de Arthur Goldhammer. Cambridge, MA: Belknap Press of Harvard University Press, 2014, pp. 14-5. Obviamente, é também possível que Kuznets tenha usado o qualificador "livre" para indicar que sua regularidade se aplicava apenas às economias capitalistas do mundo, e que aquelas que passaram por uma revolução socialista poderiam experimentar uma diminuição mais abrupta na desigualdade. (Ver também o cap. 6.)
75. Bronfenbrenner, *Income Distribution Theory*; Pen, *Income Distribution*.
76. James E. Meade, *The Just Economy*. Boston: G. Allen and Unwin, 1976.
77. Anthony B. Atkinson, "On the Measurement of Inequality". *Journal of Economic Theory*, v. 2, n. 3, pp. 244-63, 1970.
78. Hugh Dalton, "The Measurement of the Inequality of Incomes". *Economic Journal*, v. 30, n. 119, pp. 348-61, 1920; reimpresso em *Economic Journal*, v. 125, n. 583, pp. 221-34, 2015.
79. Anthony B. Atkinson e Andrea Brandolini, "Unveiling the Ethics behind Inequality Measurement: Dalton's Contribution to Economics". *Economic Journal*, v. 125, n. 583, pp. 209-34, 2015.
80. Atkinson e Micklewright, *Economic Transformation in Eastern Europe*.
81. Anthony B. Atkinson e A. J. Harrison, *Distribution of Personal Wealth in Britain*. Cambridge: Cambridge University Press, 1978; Anthony B. Atkinson, "Pareto and the Upper Tail of the Income Distribution in the UK: 1799 to the Present". *Economica*, v. 84, n. 334, pp. 129-56, 2017.
82. Em relação às tabelas de impostos, o Reino Unido por muito tempo não teve um imposto sobre a renda total unificada, mas sim impostos separados sobre diferentes tipos de renda. Para um exemplo, veja o uso de tabelas de impostos feito por Marx no cap. 4.
83. Anthony B. Atkinson, "Seeking to Explain the Distribution of Income". Working Paper 106, Welfare State Programme, London School of Economics, set. 1994; e especialmente Atkinson, "Bringing Income Distribution in from the Cold", op. cit.
84. Atkinson, "Bringing Income Distribution in from the Cold", op. cit., p. 312.
85. Ver James E. Meade, "Factors Determining the Distribution of Property", em *Income and Wealth Inequality*. Org. de Anthony B. Atkinson (Harmondsworth: Penguin, 1973), p. 298.
86. Várias taxas de juros, a razão entre rendas de trabalho e capital e, mais notavelmente, "os fatores simbolizados pela variável *portmanteau* [...] determinando os gostos e as

preferências da unidade consumidora para consumo versus acréscimos à riqueza". Milton Friedman, *A Theory of the Consumption Function*. Princeton: Princeton University Press, 1957, p. 25.

87. Stiglitz, "Distribution of Income and Wealth among Individuals", op. cit.
88. A disparidade de riqueza está diminuindo porque ambas as classes têm a mesma renda salarial, e supõe-se que a taxa de poupança dessa renda salarial seja a mesma. Se os salários fossem diferentes, ou se as taxas de poupança dos salários das duas classes fossem diferentes, ou se a poupança dos salários fosse zero, a desigualdade poderia aumentar ou permanecer a mesma.
89. Um ponto mencionado por Meade, "Factors Determining the Distribution of Property", op. cit., p. 297.
90. Stiglitz faz algo semelhante em seu modelo ao permitir que os pobres tomem emprestado dos ricos. Stiglitz, "Distribution of Income and Wealth among Individuals", op. cit. Esse mecanismo foi desenvolvido ainda mais empiricamente e com muito mais detalhes teóricos, muitos anos depois, como explicação para a crise financeira de 2008. Atif Mian, Ludwig Straub e Amir Sufi, "What Explains the Decline in r*? Rising Income Inequality versus Demographic Shifts". Working Paper 2021-10, Becker Friedman Institute for Economics, University of Chicago, set. 2021. Disponível em: <bfi.uchicago.edu/wp-content/uploads/2021/09/BFIWP_2021-104.pdf>.
91. As participações permaneceram notavelmente estáveis durante o período entre a Segunda Guerra Mundial e a crise financeira global de 2008. Edward N. Wolff, *A Century of Wealth in America*. Cambridge, MA: Harvard University Press, 2017; id., "Household Wealth Trends in the United States, 1962-2016: Has Middle Class Wealth Recovered?". NBER Working Paper 24085, National Bureau of Economic Research, nov. 2017; Moritz Kuhn, Moritz Schularick e Ulrike Steins, "Income and Wealth Inequality in America, 1949-2016". *Journal of Political Economy*, v. 128, n. 9, pp. 3469-519, 2020.
92. Para cada classe de ativos individual, os 10% maiores donos não são necessariamente as mesmas pessoas. Mas a evidência baseada em ativos combinados indica que os 10% maiores ainda possuíam 90% de toda a riqueza financeira, e a correlação entre os ricos de uma e os ricos de outra classe de ativos é muito forte.
93. Daniel Waldenström, "Wealth and History: An Update". IFN Working Paper 1411, Research Institute of Industrial Economics, Estocolmo, 14 out. 2021. Disponível em: <www.ifn.se/media/442pkvuk/wp1411.pdf>.
94. Kuhn, Schularick e Steins, "Income and Wealth Inequality in America", op. cit., p. 3489, Figura 5B.
95. Para os Estados Unidos: Wolff, *A Century of Wealth in America*, p. 42, Tabela 1. Para a Alemanha: Markus M. Grabka e Christian Westermeier, "Persistently High Wealth Inequality in Germany". *DIW Economic Bulletin*, v. 4, n. 6, 2014.
96. Keynes, *The General Theory of Employment, Interest, and Money*, p. 378.
97. "As ideias da classe dominante são, em todas as épocas, as ideias dominantes; isto é, a classe que é a força material dominante na sociedade é ao mesmo tempo sua força intelectual dominante. A classe que tem os meios de produção material à sua disposição, tem controle ao mesmo tempo sobre os meios de produção mental, de modo que, em consequência, as ideias daqueles que não têm os meios de produção mental estão, em geral, sujeitas a ela. As ideias dominantes nada mais são do que a expressão ideal da relação material dominante." Marx e Engels, "The German Ideology", em Robert C. Tucker,

The Marx-Engels Reader. 2. ed. Nova York: W. W. Norton, 1978, p. 17. [Ed. bras.: *A ideologia alemã*. Trad. de Rubens Enderle, Nélio Schneider e Luciano Cavini Martorano. São Paulo: Boitempo, 2007.].

98. Isso vale também para o trabalho de Tinbergen, pois ele acreditava que tanto o prêmio de qualificação cairia para zero quanto a renda do capital se tornaria mínima. Jan Tinbergen, *Income Distribution: Analysis and Policies*. Amsterdam: North-Holland, 1975. Obviamente, se a participação do trabalho chegasse perto de 100% da renda nacional, não haveria muita utilidade em estudar a distribuição da renda do capital ou heranças.
99. Sou grato por esse comentário a um dos revisores anônimos que leram o manuscrito deste livro.
100. Peter Lindert e Jeffrey Williamson, *Unequal Gains: American Growth and Inequality since 1700*. Princeton: Princeton University Press, 2016, p. 20. Ênfase minha.
101. Anthony Barnes Atkinson, *The Economics of Inequality* (Oxford: Clarendon Press, 1975).
102. Id., "Bringing Income Distribution in from the Cold", op. cit., p. 311.
103. Os últimos parágrafos sobre estudos salariais baseiam-se em Branko Milanović, "Basic Difference between Wage Inequality and Income Inequality Studies", Global Inequality blogspot, 1 dez. 2020. Disponível em: <glineq.blogspot.com/2020/12/basic-difference-between-wage.html>.
104. Conforme mencionado no Prólogo, isso é verdade para estudos estruturalistas, realizados principalmente em países latino-americanos. Como uma ilustração da influência do ambiente social nos tipos de estudos realizados, os economistas latino-americanos estavam cercados por evidentes clivagens étnicas e de classe e trabalhavam numa parte do mundo que não estava tão envolvida no conflito soviético-americano quanto outras regiões. Os autores latino-americanos tinham, portanto, muito mais "liberdade" para estudar a desigualdade de renda e questioná-la. Nesta seção, no entanto, lido principalmente com teóricos da dependência — "primos" próximos dos estruturalistas, mas ainda assim uma escola diferente. Outros com mais conhecimento dos estruturalistas podem dedicar mais discussão a eles do que eu me sinto capaz.
105. Como Trótski resumiria mais tarde o argumento: "o privilégio do atraso histórico — e esse privilégio existe — permite, ou melhor, obriga a adoção de tudo o que estiver pronto antes de qualquer data especificada, pulando toda uma série de estágios intermediários". Leon Trotsky, *The History of the Russian Revolution*. Trad. de Max Eastman. Chicago: Haymarket, 2008, p. 4.
106. P. H. H. Vries, *Escaping Poverty: The Origins of Modern Economic Growth*. Göttingen: V&R Unipress, 2013, p. 89. Ênfase do original.
107. Arghiri Emmanuel, *Unequal Exchange: A Study of the Imperialism of Trade*. Nova York: Monthly Review Press, 1972.
108. Amin, *Accumulation on the World Scale*.
109. Id., *Accumulation à l'échelle mondiale*. Paris: 10/18, 1974, v. 1, p. 464. Tradução minha.
110. Na literatura sobre as principais participações que se tornariam populares meio século depois, a participação de renda de 1% acima de 1/5 seria considerada uma desigualdade excessiva. Ver, por exemplo, Thomas Piketty, *Capital in the Twenty-First Century*.
111. Não era, na maioria dos aspectos, um "beco sem saída", como argumenta Anthony Brewer, *Marxist Theories of Imperialism: A Critical Survey*. 2. ed. (Londres: Routledge, 1990), p. 198. Esse beco sem saída mudou nossa perspectiva sobre a desigualdade.

112. Ibid., p. 164. Para mais detalhes sobre o que Frank queria dizer com a expressão, ver André Gunder Frank, "The Development of Underdevelopment". *Monthly Review*, v. 18, n. 4, p. 1731, 1966.

Epílogo: O novo começo [pp. 275-84]

1. Ben White, "Student Finds a Market for Greenspan Portraits". *Cape Cod Times*, 16 ago. 2005. Disponível em: <www.capecodtimes.com/story/business/2005/08/16/student-finds-market-for-greenspan/50902672007>.
2. Em 2008, o número de execuções hipotecárias nos Estados Unidos (1,8% de todas as unidades habitacionais) foi três vezes maior do que em 2006, antes da crise (0,6%). Ver "Minorities, Immigrants, and Home Ownership: Through Boom or Bust, Part 5: Foreclosures in the U.S. in 2008". Pew Research Center Report, 12 maio 2009. Disponível em: <www.pewresearch.org/hispanic/2009/05/12/v-foreclosures-in-the-u-s-in-2008>.
3. Thomas Piketty, *Capital in the Twenty-First Century*. Cambridge, MA: Belknap Press of Harvard University Press, 2014. [Ed. bras.: *O capital no século XXI*. Trad. de Monica Baumgarten de Bolle. Rio de Janeiro: Intrínseca, 2014.]
4. John Maynard Keynes, *The General Theory of Employment, Interest, and Money*. Londres: Palgrave Macmillan, 1936.
5. Thomas Piketty, *Top Incomes in France in the Twentieth Century: Inequality and Redistribution, 1901-1998*. Cambridge, MA: Belknap Press of Harvard University Press, 2018.
6. Branko Milanović, "The Return of 'Patrimonial Capitalism': Review of Thomas Piketty's *Capital in the 21st Century*". *Journal of Economic Literature*, v. 52, n. 2, pp. 519-34, 2014.
7. Id., *Global Inequality: A New Approach for the Age of Globalization*. Cambridge, MA: Harvard University Press, 2016.
8. Thomas Piketty, *Capital and Ideology*. Cambridge, MA: Belknap Press of Harvard University Press, 2020. [Ed. bras.: *Capital e ideologia*. Trad. de Dorothée de Bruchard e Maria de Fátima Oliva do Coutto. Rio de Janeiro: Intrínseca, 2020.]
9. Peter Lindert e Jeffrey Williamson, "Reinterpreting Britain's Social Tables 1688-1911". *Explorations in Economic History*, v. 20, n. 1, pp. 94-109, 1983; id., *Unequal Gains: American Growth and Inequality since 1700*. Princeton, NJ: Princeton University Press, 2016.
10. Robert Allen, "Class Structure and Inequality during the Industrial Revolution: Lessons from England's Social Tables, 1688-1867". *Economic History Review*, v. 72, n. 1, pp. 88-125, 2019.
11. Christian Morrisson e Wayne Snyder, "The Income Inequality of France in Historical Perspective". *European Review of Economic History*, v. 4, n. 1, pp. 59-83, 2000.
12. Javier Rodríguez Weber, *Desarrollo y desigualdad en Chile 1850-2009: Historia de su economía política*. Centro de Investigaciones Diego Barros Arana. Santiago de Chile: Ediciones de la Dirección de Bibliotecas, Archivos y Museos, 2017. Disponível em: <www.centrobarrosarana.gob.cl/622/articles-75886archivo01.pdf>; Diego Castañeda Garza e Erik Bengtsson, "Income Inequality in Mexico 1895-1940: Industrialization, Revolution, Institutions". *Lund Papers in Economic History, General Issues*, p. 212, 2020. Department of Economic History, Lund University. Disponível em: <lup.lub.lu.se/search/files/77326250/LUPEH212.pdf>; Maria Gómez León e Herman de Jong, "Inequality in Turbulent Times: Income Distribution in Germany and Britain, 1900-50". *Economic History Review*, v. 72, n. 3, pp. 1073-98, 2018.

13. Filip Novokmet, *Entre communisme et capitalisme: Essais sur l'évolution des inégalités des revenues et des patrimoines en Europe de l'Est, 1890-2015*. Tese de doutorado, Paris School of Economics, 2017.
14. Mikołaj Malinowski e Jan Luiten van Zanden, "Income and Its Distribution in Preindustrial Poland". *Cliometrica*, v. 11, n. 3, pp. 375-404, 2017.
15. Philipp Emanuel Erfurth, "Unequal Unification? Income Inequality and Unification in 19th Century Italy and Germany". Working Paper 46, Stone Center on Socio-Economic Inequality, Graduate Center, City University of New York, nov. 2021. Disponível em: <stonecenter.gc.cuny.edu/research/unequal-unification-income-inequality-and-unification-in-19th-century-italy-and-germany>.
16. International Comparison Program, Development Data Group, World Bank. Disponível em: <www.worldbank.org/en/programs/icp>.
17. Cálculos meus, baseados no World Development Indicators Databank, World Bank. Disponível em: <datacatalog.worldbank.org/search/dataset/0037712/World-Development-Indicators>.
18. Christian Olaf Christiansen e Steven Jensen (Orgs.). *Histories of Global Inequality: New Perspectives*. Cham, Suíça: Palgrave Macmillan, 2019.
19. Ver, por exemplo, Fernand Braudel, *Civilization and Capitalism, 15th-18th Century*. 3 v. Trad. de Sian Reynolds (Nova York: Harper and Row, 1982-4); Paul Bairoch, *Victoires et déboires*. 3 v. (Paris: Gallimard, 1997).

Índice remissivo

Os números de página em itálico indicam figuras, tabelas ou ilustrações.

18 de Brumário de Luís Bonaparte, O (Marx), 121-2, 291

A

Accumulation à l'échelle mondiale, L' (Amin), 271
acionistas e participação acionária, 143
acumulação de capital, 148, 312; acumulação primitiva, 26, 117, 212, 268; *ver também* capital
adequação na distribuição de renda, 184-5; *ver também* distribuição
administradores estatais, 18
África, 12, 49, *54*, 246, 254, 270, 273, 283, 314
África do Sul, 151
Aghion, Philippe, 326
agregados econômicos nacionais, 182
agricultores, 58, 60, 63, 124, 235; arrendatários, *42*, 43-5, *46*, 48, 60, 92, 294
agricultura, 13, 18, 31, 35, 38, 40-6, 62, 114, 123, 188-9, 226, 232-4, 294; agricultura soviética e estrutura de classes antes da Primeira Guerra Mundial, *232*; área fantasma (de produção agrícola), 95; campesinato e, 38, *122*, 124, 127, 268; excedente na, 35; indústria e, 43, 62; indústria e, 18; participação do 1% mais rico na Alemanha (1870-1914), *114*; trabalhadores agrícolas, 42; *ver também* campesinato; cereais
Ahluwalia, Montek, 198, 320, 322
Alemanha, *54*, 95, 108, 112-4, 175-7, 185, 193, 195, 206, 208, 219-20, 240, 278, 281, 311, 322, 329; Baviera, 282; Concordia (Associação dos Fabricantes Alemães), 314; constante de Pareto para, *175*; desigualdade de riqueza e renda no Reino Unido e na Alemanha na época de Marx, 108; emprego agrícola (1870-1914), *114*; estimativa da distribuição de renda de Trier (1831-2), *106*; Oriental, *219*; Partido Social-Democrata Alemão, 118; social-democracia alemã, 113; Trier, 104-6
Alger, Horatio, 19
algodão, 72, 95
alienação, conceito marxista de, 9, 26, 120, 308
alimentos, 72, 81, 91-5, 97-9, 102, 222, 302-3; importação de, 94; racionamento de carne, 224; *ver também* cereais
Allen, Robert C., 44, 57-8, 87, 101, 108-9, 112, 132, 281, 297, 301, 304-6, 310, 324, 328, 331; e salários reais, *58*, *87*; tabela social, *87*, 101, 108, *109*
aluguel, 13, 43-4, 46, 59, 62, 70, 72, 79, 88-93, 96-7, 99, 103, 122-3, 127, 143, 215, 248, 297; absoluto, 88; conceito marxista de aluguel absoluto, 88; evolução dos salários, lucros e aluguel, 91; salário, lucro e, 90, 92; salários e retorno do capital com desenvolvimento da sociedade, *122*
América do Norte, 49, 51-2, 54, 60, 73, 76
América Latina, 17, 32, 36, 49-50, 59, *151*, 199, 212, 254, 330; estruturalistas latino-americanos, 17, 330; sociedades latino-americanas modernas, 36
Amin, Samir, 17, 246, 270-1, 273, 327, 330
Anand, Sudhir, 320
Anderson, Keith B., 290, 305
Angola, 51
Annales, escola dos, 284
Annenkov, Pável, 123, 308
Antigo Regime e a Revolução Francesa, O (Tocqueville), 39
antimarxistas, 22, 151-2
antissemitismo, 106
área fantasma (de produção agrícola), 95

aristocracia, 43, 52, 60, 86-7, 90, *109*, 110, 292, 323; "aristocracia operária", 323; "aristocracia trabalhista", 110; aristocracias autossustentáveis, 265; burguesa, 110; francesa, 18, 40, 125, 165; fundiária, 86, *87*; inglesa, 110, 253
Aristóteles, 14, 55
Aron, Raymond, 161-2, 314-5
arrendatários, *42*, 43-5, *46*, 48, 60, 92, 294; *ver também* capitalistas
artesãos/artífices (*gagistes supérieurs*), *42*
ascensão social, 19
Ásia, 50, 254, 293, 314; Central, 53, *54*, 221, 322
assimétricas, distribuições, 317
Associação dos Fabricantes Alemães, 314
Associação Econômica Americana, 206
astecas/Império Asteca, 25, 51
ativos financeiros: participação do decil superior em vários ativos financeiros (EUA, 1983), *260*; propriedade de, 251, 259, Atkinson, Anthony (Tony), 109, 204, 237-8, 245, 249, 252-4, 256, 266, 292, 317, 320-3, 325, 328, 330
Austen, Jane, 61, 301
Austrália, 220
Áustria, 130, *131*
autônomos, *42*, 43, 45, 58, 60-1, *122*, 123, 126-7; pequena burguesia, *122*, 123, 126-7
autoritarismo, 231, 234, 237, 244; obsessão autoritária pelo sigilo de dados, 234
Avineri, Shlomo, 15, 134, 229, 289, 305, 309-10

B

Bairoch, Paul, 284, 332
Bakúnina, Alessandrina, 160
Banco Central da Suécia, 243
Banco da Inglaterra, 301
Banco Mundial, 254, 318
banqueiros, 122, 275
Bartels, Charlotte, 113-4, 287, 306, 317
Baudelaire, Charles, 300
Baviera (Alemanha), 282
Baxter, Dudley R., 86, 108, 201, 305
Bebel, August, 118, 307, 322
bem-estar, 38-9, 70, 74, 80, 182, 236, 283, 303; da maioria, 56, 63, 71, 128; Estado de bem-estar social, 20, 39, 119, 240, 250
Bengtsson, Erik, 281, 331
bens de consumo, 130, 147
Bíblia, 106

bilionários, 78, 243-5
Blaug, Mark, 8, 289
Blinder, Alan, 246-8, 327
Bolton, Patrick, 326
Bonaparte, Luís Napoleão, 26, 125, 165
Bonaparte, Napoleão, 83, 104-6
Borgstrom, Georg, 303
Borkenau, Franz, 162, 315
Bortkiewicz, Ladislaus, 138
Bourguignon, François, 253, 320
Bowley, Arthur, 86, 201, 209, 321
Bowley, Lei de, 209, 321
Brasil, 36, 195, 197, 205; escravidão no, 18
Braudel, Fernand, 284, 308, 332
Brentano, Lujo, 156-7, 314
Brewer, Anthony, 272
Bronfenbrenner, Martin, 210, 211, 250-1, 321, 328
Brown, Henry Phelps, 227, 245, 324
Brown, Marvin T., 295
Bukhárin, Nikolai, 269
Bulgakov, Sergei, 313
Bulgária, 220, 282, 326
burguesia, 26, 28, 36, 89-90, 104, 110, 117, 122-3, 125-7, 159, 166, 172, 270, 272, 308; aristocracia burguesa, 110; economistas burgueses, 117; financeira, 122, 308; liberalismo burguês, 105; ordem burguesa, 159; pequena burguesia, *122*, 123, 126, 227
Burns, Arthur, 196, 319
burocracia/burocratas, 19, 31, 45, 107, 226, 232, 234, 270
Bush, George H. W., 275
Busino, Giovanni, 316-7

C

Callesen, Gerd, 305
Câmaras de Comércio, 243
campesinato, 38, *122*, 124, 127; cúlaques (camponeses russos), 124, 231, *232*, 233; expropriação do, 268; francês, 38; Marx e, 124; proprietário de terras, *122*, 124, 127; *ver também* agricultores; agricultura
Canadá, 220, 261
Cannan, Edwin, 290, 295-6, 309
Cantillon, Richard, 55
capital, 19, 20, 44-5, 49, 61, 75, 82, 89, 92, 95, 98-9, 111, 115-6, 118, 120, 134, 135, 137, 139-40, 144-5, 148-54, 168, 185, 192, 210, 212, 215, 217-8, 240, 251, 253-5, 257, *258*, 260, 264, 266, 268, 275, 278-81, 303, 307, 310, 311-3, 323;

acumulação de, 26, 117, 148, 212, 268, 312; barateamento do, 142, 144; como relação de produção, 120; composição orgânica do, 134-5, 137-9, 310-1; concentração de, 144, 150; constante, 119, 134, 137, 144; definição de capital de Marx, 120, 310; destruição do, 143; dotações de, 116, 212, 240, 258; estatal, 217, 221; financeiro, 120; humano, 130-1, 185, 251, 255, 257, 262; propriedade de, 116, 144, 154, 221, 241, 280; propriedade do, 141, 151-2, 216, 225, 259; razão K/L (capital-trabalho), 134-5, 279; retorno do, 47, 192, 193, 216-7, 278-9; sistemas de propriedade estatal do, 216-7; sistemas de propriedade não privada do, 214; sociedade com aluguel, salários e retorno ao, 47, 122; taxas de lucro em queda com capital abundante, 75; trabalho e, 18, 49, 92, 98, 103, 112, 119, 134, 154, 212, 241, 258, 266, 311, 329; variável, 120, 134, 137-9, 311

Capital, O (Marx), 15, 22, 25-7, 61, 108-10, 112, 115, 120, 122, 124, 130, 132, 134, 136, 140, 144, 148, 150, 154, 155, 157, 188, 204, 278, 309; "A lei geral da acumulação capitalista" (capítulo 25), 144; composição orgânica do capital, 134, 135, 137-9, 310-1; Croce sobre, 309; disputa de Gladstone e, 156; estilo de, 26-7; polarização de classes e concentração de capital, 144, 150; Ricardo e socialistas ricardianos em, 22; teoria do colapso do capitalismo, 136; volume I, 150, 318; volume II, 147, 313, 318; volume III, 121-2, 124, 132, 136, 146, 318; volume IV (*Teorias da mais-valia*), 22; volumes inacabados de, 27; *ver também* Marx, Karl

Capital no século XXI, O (Piketty), 204, 278, 331

capitalismo, 15, 62, 78, 85, 117-20, 129, 136, 139-40, 142-3, 146, 153, 207, 213, 219, 229, 237, 251, 269, 278, 280; anticapitalismo, 80; avançado, 136, 141, 147, 239; crítica socialista do capitalismo nos Estados Unidos de hoje, 79; desigualdade no, 141, 147; economia capitalista, 62, 127, 145, 153, 200, 206, 217-20, 229, 239, 259, 328; economias capitalistas, 20; estrutura de metrópole-satélite no sistema capitalista mundial, 272; famílias capitalistas, 86; fim do, 61, 136, 140, 152; forças que impulsionam a evolução das rendas sob o, 146; hierarquia capitalista, 217; industrial, 19; instituições fundamentais do, 14; livre mercado e, 80, 210; países capitalistas, 10, 17, 20, 30, 80, 152, 187, 218, 236-7, 263, 267, 286, 321; político, 77; preço normal no, 214; produção capitalista, 95, 116, 135-6, 143, 145-8, 247; salários qualificados e não qualificados em economias capitalistas e socialistas, 218; sociedades capitalistas, 120, *122*, 135, 153, 165, 212, 216, 230, 245; teoria do colapso do, 136

capitalistas, 15, 19, 45, 47-8, 58, 61, 75, 79, 82, 86-7, 90, 94-5, 101-3, 116, 121, 125-7, 130, 135, 137-9, 141, 143, 145, 148, 150, 159, 192, 203, 210, 216, 241, 278-80, 307; arrendatários, 42, 43-5, 46, 48, 60, 92, 294; "capitalistas patriotas" (China), 227; classe capitalista, 45, 47, 72, 122, 133, 211, 230-1, 234, 313; interesses dos, 77, 98; teoria implícita da distribuição de renda e desconfiança dos, 75; *ver também* proprietários

Caribe, 18, 60
carne, racionamento de, 224
carrasco público, emprego de, 300
Cartelier, Jean, 292, 294
Castañeda, Diego, 281, 331
Cato Institute, 243
centro político, 85; Adam Smith de centro-esquerda, 68, 79-80
cereais, 41, 68, 88, 90, 92, 97, 101, 255; Leis dos Cereais (Inglaterra, 1815-46), 81, 91, 92, 95-7, 100-2, 166, 253, 304; trigo, 94, 101-2, 304, 307
CES (função de produção de elasticidade de substituição constante), 311
Chateaubriand, François-René de, 37, 124, 293, 308
Chaudhuri, Nirad, 66, 299
Chiang Kai-shek, 125
Chile, 59, 281, 331
China, 25, 39-40, 49, 51, 53, *54*, 60, 71, 73, 124, 179, 185, 192, 200, 202, 205-6, 208, 212, 226-8, 255, 281-3, 293-4, 307, 312, 317-8, 323-4; "capitalistas patriotas" na, 227; chineses ricos, 284; comércio com a, 243; corrupção na, 179; curva de Kuznets para a China (1985-2019), *202*; desigualdade salarial baseada em gênero na, 230; *Despotisme de la Chine, Le* (Quesnay), 294; despotismo chinês, 39; elite chinesa, 323; Gangue Verde, 125; grande divergência entre o noroeste da Europa e a, 255; Grande Salto para a Frente (1958-60), 283; história econômica chinesa, 307; Hongzhou, 307; industrialização da, 200; liberalização chinesa, 324; Ming, dinastia, 293; Partido Comunista Chinês, 125, 227, 323; pequenos príncipes na, 225; pesquisas domiciliares na, 281-2, 323; Qing, dinastia, 293; renda média chinesa, 283; Revolução Cultural (1966-76), 227-8, 230, 283; salários chineses, 74; taxa de crescimento da, 73

circulação das elites aplicadas ao socialismo, lei de Pareto e a, 9, 167, 170
Clark, Gregory, 110-1, 305
"Class Structure and Inequality during the Industrial Revolution" (Allen), 58, 109, 297, 304-5, 331
classe trabalhadora *ver* proletariado; trabalhadores
classes sociais, 15, 17, 30-1, 33, 35, 41, 44, 48, 85, 87, 127, 216, *226*, 227, 229, 231, 236, 265, 270, 280-1, 286; abolição das, 15, 118, 223, 226; ascensão social, 19; campesinato como "classe por si só" (visão de Marx), 124; classe capitalista, 45, 47, 72, 122, 133, 211, 230-1, 234, 313; classe industrial, 293; classe proprietária tradicional, 211; classes altas, 64, 86, *100*, 156-7; classes médias, 20, 261, 265, 275, 278, 284; classes pobres, 39; concentração de capital, 144, 150; conflito de, 35, 43, 98, 103, 120, 240; contraditórias, 127; desclassificados (lumpemproletariado), *122*, 124-5, 149, 152; diferenças de classe, 18-9, 36, 250, 270; distinções de classe na Itália e na França, 19; eliminação da análise baseada em classes, 211, 243; em Smith, Ricardo e Marx, 59; estratificação social e de renda, 61, 145, 323; estrutura de classes, 16, 36, 41-2, 44, 46, 48, 60, 62, 64, 81, 121, *122*, 124, 205, 211, 213, 227, 231-3, 240-1, 248, 257, 266, 272-3; estrutura de classes da Inglaterra e do País de Gales por volta de 1759, *58*; hierarquia entre as, 68; interesses de classe alinhados e não alinhados, *76*; legalmente definidas, 18; luta de classes, 16, 22, 98, 115, 120, 124, 159; *Lutas de classes na França, As* (Marx), 121, *122*, 306; mobilidade social, 19, 187, 240, 264; na França, 44; na Inglaterra e País de Gales, *87*; na Iugoslávia, 225; na União Soviética (URSS), 225; nova classe (expressão de Djilas), 324; rendas relativas das três principais classes no Reino Unido, *109*; rercepções da natureza de classe do sistema socialista, *226*; situação simples de duas classes, 258; três classes principais, 44, 62, 81, 86, 90, 98, 101, 108, 121; três principais, 81; *ver também* aristocracia; autônomos; burguesia; campesinato; capitalistas; elites; proletariado; trabalhadores
clero, 18, 36, 41-4, 46-7
Clinton, Bill, 275
colapso do capitalismo, 136
Colbert, Jean-Baptiste, 55
coletivização, 124, 232-4, 324

Colômbia, 36
Colônia (Alemanha), 105
colonialismo, 21, 267; *ver também* imperialismo
Colquhoun, Patrick, 86, 101, 201, 301
comeattibleness (conceito de Smith), 71
comércio, 35, 45, 52, 69, 198, 266, 269, 273; com a China, 243; exterior, 69, 94, 143; internacional, 81-2, 243, 249, 263, 270; interno, 56, 143; regulamentação do, 75
commodities, 117, 145, 214
Companhia Britânica das Índias Orientais, 53, 69
composição orgânica do capital, 134-5, 137-9, 310-1
Comuna de Paris (1871), 165
comunidade orgânica, 296
comunismo/comunistas, 10-1, 15, 30, 124, 152, 210-1, 213, 223-4, 228, 237-8, 251, 286, 323, 325
"Conceito 2" (abordagem da desigualdade global), 183
Concordia (Associação dos Fabricantes Alemães), 314
condições de vida, 39, 62, 118, 223, 235, 325
Confúcio, 14
Conrad, Sebastian, 247, 327
Consequências econômicas da paz, As (Keynes), 209, 320
consumo: propensão marginal ao, 209, 241, 257; subconsumo, 39, 63, 146-7
contabilidade nacional, 35
Cook, Eli, 116, 262, 306
Coreia do Norte, 225
Coreia do Sul, 195
corrupção, 26, 179, 284, 327; na China, 179
Costa do Marfim, 220
Cowell, Frank, 178, 317
crescimento econômico, 50, 78, 82, 88, 90, 102-3, 147, 182, 184, 186, 188, 190, 206, 255, 259, 328; curva de incidência de crescimento nos Estados Unidos (1986), 276, *277*; curvas de incidência do crescimento, *100-1*; da China, 73; declínio do crescimento soviético, 255; moderno, 193, 302; países de maior crescimento na época de Smith, 74; taxa de crescimento, 73-4, 91, 93, 95, 110, 141, 184, 185, 276, *277*, 278, 283, 302, 328; *ver também* desenvolvimento
crises econômicas, 110, 140, 142-3, 145-8, *149*, 278, 312; crise financeira global (1857), 110; crise financeira global (2007-8), 260, 275, 327, 329
critérios fundamentais na distribuição, 16, 184
"Crítica do Programa de Gotha" (Marx), 118, 306-7
Croce, Benedetto, 26, 127, 291, 309

cúlaques (camponeses russos), 124, 231, *232*, 233
curvas: curva de incidência de crescimento nos Estados Unidos (1986), 276, *277*; incidência do crescimento, *100*, *101*; U invertido, 32, 194, 196-9, 201; *ver também* Kuznets, curva de

D

dados: análise de, 254; coleta de, 235, 254; estatísticos, 163; obsessão autoritária pelo sigilo de, 234; *ver também* pesquisas domiciliares
Dalton, Hugh, 252, 328
Darcy, sr. (personagem de *Orgulho e preconceito*), 301
Davies, R. W., 224, 323
De Jong, Herman, 281, 331
De Quincey, Thomas, 81, 300
dependência: escola da, 17; teóricos da, 246, 269, 272-3, 284, 330
desclassificados (lumpemproletariado), 125, 149, 152
desemprego, 124-5, 186, 192, 218, 240, 251, *271*; *ver também* emprego
desenvolvimento, 8, 48, 50-1, 76, 128, 139, 170, 180, 184, 249; desenvolvimento do subdesenvolvimento, 272; industrial, 113, 315; níveis de, 53, *54*, 55, 128, 132, 184; países de maior crescimento na época de Smith, 74; países desenvolvidos, 188, 197, 204, 249; social, 132; teoria dos estágios do, 49-51, 267; *ver também* crescimento econômico; Kuznets, curva de
desigualdade: abolição da desigualdade de renda, 223; como fenômeno histórico, 33, 34; como fenômeno marginal, 18; "Conceito 2" (abordagem da desigualdade global), 183; concepções concorrentes da, 18; crescente e decrescente, 189, 204, 280; de gênero, 20-1, 33, 184, 227, 230, 243, 326; de renda, 7, 9-10, 13, 19-20, 32, 35-6, 45, 73, 86, 100, 102, 108, 111-3, 115, 118, 128, 141, 144, 153-4, 156, 165, 167-8, 178-81, 186-8, 195-6, 203, 207, 209, 211, 221, 223, 230-1, 233-4, 237-40, 242, 246, 248, 250-1, 254, 257, 264, 275-6, 279, 313, 322, 330; de riqueza, 19, 108, 164, 253, 258, 292; de salários, 129, 218, 230, 243, 253, 266; desenvolvimento industrial e, 113, 315; desigualdade de longo prazo nos Estados Unidos (1774-2019), *187*; desigualdade e renda média nos Estados Unidos (1774-1929), *191*; desigualdade máxima viável, 36; desigualdades rurais e urbanas, 193, 194; desimportância relativa da desigualdade de renda, 118; educacional, 255, 265; empiria na questão de desigualdade e distribuição, 16-7, 29, 208, 251-2, 254, 273; entre países, 17, 267, 269, 284; estudos sobre, 16-7, 20, 35, 181, 207, 230, 233, 236, 240, 242-3, 245, 249, 253-4, 256-7, 263-6, 272, 275-6, 282, 286, 320, 330; evolução da, 112, 146-7, 153-4, 165, 182, 191, 195, 205, 236, 249; exploração racial e desigualdade racial, 20, 186, 212, 243; fatores que afetam a, *149*; global, 183, 273, 282-4; horizontal (média contra a média), 236; interna, 270, 272; internacional, 183, 270, 272; interpessoal, 22, 31, 59, 72, 102, 167, 221, 231, 251; legal, 33; modernização e, 182; mudança estrutural, 22, 191, 204; na América Latina, 32, 36, *151*, 199, 212, 254; na economia planejada, 216; na França, 12, 36, 59, 163, 165, 278; na Inglaterra, 57, 59, 85, 88; na Inglaterra e na Escócia na época de Smith, 57; narrativas sobre, 16, 29-30, 208, 231, 237, 283-4; natureza humana e, 242; no capitalismo, 141, 147; no socialismo, 170, 222, 224, 239, 322; Norte-Sul, 267, 269; nos Estados Unidos, 185-6, *187*, 190, 196; omissões na história dos estudos sobre desigualdade, 9-10, 17; pico da desigualdade no Reino Unido, 85; real, 36, 66; Reino Unido e desigualdade de riqueza, 108; relação entre PIB per capita e desigualdade (1970-2014), *199*; rural, 193-4; taxa de extração de, 36; tendências de longo prazo da desigualdade em países ricos, 277; total, 251; urbana, 189, 193-4; vertical, 236; visões normativas sobre, 7, 9, 13-4, 31; *ver também* Gini, coeficiente de; Kuznets, hipótese de; renda
Despotisme de la Chine, Le (Quesnay), 294
despotismo, 39, 294
Deus, 65-6, 298, 314; referências a Deus, ao Divino, à Providência e ao Grande Criador na obra de Smith, 66
Dinamarca, *219*
dinheiro, 40, 47, 71, 84, 120, 134-5, 220-2, 225, 244-5, 264, 275, 292, 296, 301; dinheiro obscuro, 243; pagamentos em, 224, 307, 322; transferências sociais, 201, 203-4, 218, *220*, 221, *222*, 237, 259, 264, 266, 280
direita política, 80, 85, 243-4
Dispatches for the New York Tribune (Marx), 290, 291

distribuição: adequação na, 184-85; critérios na, 16, 184; dados de, 253; de renda, 7-10, 13-7, 20-2, 29-32, 41, 49, 57, 59-61, 65, 72, 75-7, 79, 88-90, 99-103, 106, 115-8, 120-1, 127, 135-6, 141, 147, 151, 153-5, 157, 160, 167-8, 170-6, 178, 180, 182-7, 195-7, 205-13, 215-6, 221-2, 225-8, 231, 233, 236-46, 248-57, 259, 263-6, 270, 272, 276, *277*, 278, 280-1, 284, 285-6, 295, 302, 316, 319, 325-6; de salários, 209; distribuição de renda entre os contribuintes ingleses e galeses (1865), *155*; distribuições assimétricas, 317; eficiência na, 184, 237; eliminação da análise baseada em classes, 211, 243; empiria na questão de desigualdade e distribuição, 16-7, 29, 208, 251-2, 254, 273; equidade na, 184-5; Estados Unidos e distribuição de renda, *277*; estimativa da distribuição de renda de Trier (1831-2), *106*; estudo integrativo da distribuição de renda, 16, 208; eugenistas e a distribuição de renda, 316; forças que impulsionam, 146; funcional, 59, 61, 88, 102, 167; global de renda, 183, 283-4; interpessoal, 61, 167; lei da natureza (*la loi naturelle*) e, 167; má distribuição, 146-7; modelo ricardiano de, *93*; modelos estocásticos de distribuição de renda, 242, 326; produção e distribuição como categorias históricas, 115; quatro possíveis evoluções da distribuição de renda em Marx, *151*; redistribuição, 9, 14, 116, 172, 184, 218, 237, 257, 264-5, 280; teoria da, 9, 62, 118, 243, 255; teoria política da distribuição de renda, 278; teorias da, 96, 255, 280; transferências sociais, 201, 203-4, 218, *220*, 221, *222*, 237, 259, 264, 266, 280; *ver também* renda

Djilas, Milovan, 324

donos de lojas, 58, 61, *87*

dotações de capital, 116, 212, 240, 258

E

Economia (Samuelson), 116, 248, 327

economia/economistas: Associação Econômica Americana, 206; economia keynesiana, 209, 241, 250, 257; economia matemática, 160; economia política, 17, 21-2, 26, 35, 60, 63, 78-9, 83, 132, 160, 167, 207, 241, 253, 282, 285, 292, 294, 296, 300, 307, 309; Estado estacionário de Ricardo, 307; fisiocratas, 35, 38-41, 43-4, 48, 51, 55, 62, 91, 292, 296; história econômica, 22, 185, 189, 195, 238, 255, 273, 307; mercantilistas, 17, 35, 39, 47,

62; mudança estrutural e desigualdade, 22, 191, 204; neoclássica/neoclássicos, 30, 32, 85, 88, 115-6, 130, 134-5, 137, 140, 206, 210, 212-3, 236, 239-41, 245-8, 250-1, 255-7, 259, 261, 263, 269, 274, 309-10; neorricardianos, 85, 98, 242; planejada, 216-7, 219; subcampos da, 242

"Economic Growth and Income Inequality" (Kuznets), 318-20

Economics of Inequality, The (Atkinson), 266, 330

Economics of Karl Marx, The (Hollander), 311

Edgeworth, Francis Ysidro, 160, 174

Edimburgo (Escócia): palestras de Smith em, 296; Universidade de, 297

educação: desigualdade educacional, 255, 265; pública, 79, 186, 218, 321

eficiência na distribuição de renda, 184, 237

Egito, 41, 246, 270, *271*, 272-3; tabelas sociais para o, 270, *271*

Elements of Economics (Tarshis), 327

elites, 9, 19, 31, 159, 167, 170-2, 180, 231, 244; elite chinesa, 323; elite global, 284; lei de Pareto e a circulação das elites aplicadas ao socialismo, 9, 167, 170

Emmanuel, Arghiri, 269-70, 317, 330

empiria na questão de desigualdade e distribuição, 16-7, 29, 208, 251-2, 254, 273

empirismo, 16, 31, 144, 236, 238, 245, 253-4

empregados: agrícolas, 297; domésticos, 297; número de, 233; *ver também* proletariado; trabalhadores

emprego: agrícola, 113-4, 202; Alemanha e emprego agrícola (1870-1914), *114*; pleno emprego, 188; *ver também* desemprego

Engels, Friedrich, 8, 15, 25, 27, 38, 110, 112, 118, 157, 223, 291, 293-4, 302, 305-9, 312-4, 318, 322, 326; *Ideologia alemã, A* (Marx e Engels), 330; *Manifesto Comunista, O* (Marx e Engels), *111*, 309

Ensaio sobre a influência de um preço baixo (Ricardo), 302

equidade na distribuição de renda, 184-5

Erfurth, Philipp Emanuel, 282, 332

Escócia, 25, 33, 49, 51, 54, 56-7, 60, 73, 295, 300; desigualdade na Inglaterra e na Escócia na época de Smith, 57; palestras de Smith em Edimburgo, 296

escravidão/escravos, 18, 20-1, 41, 52, 68, 118, 123, 125, 150, 283, 289-90, 295, 300, 312-3; *ver também* servidão

Espanha, 51, *54*, 70, 83, 175-7, 220, 240, 261, 299; Guerra Civil Espanhola (1936-9), 240

esquerda política, 68, 80, 85, 110, 225, 229-30; Nova Esquerda, 250, 251
Essai sur la répartition des richesses et sur la tendance à une moindre inégalité des conditions (Leroy-Beaulieu), 166, 316
Estado: administradores estatais, 18; capital estatal, 217, 221; Estado de bem-estar social, 20, 39, 119, 240, 250; trabalhadores estatais, 226, 233
Estados Unidos, 10, 12, 17, 19, 33, 79, 95-6, 108, 151, 154, 175-7, 183, 185-92, 195-6, 199, 205, 211-2, 220, 243, 249, 253-4, 259-64, 276, 278, 281, 318-9, 327, 329; americanos ricos, 284; Associação Econômica Americana, 206; classes médias nos, 275; comércio com a China e evolução salarial dos, 243; crise financeira global (2007-8) e, 275; crítica socialista do capitalismo nos Estados Unidos de hoje, 79; curva de incidência de crescimento nos Estados Unidos (1986), 276, *277*; desigualdade de longo prazo nos Estados Unidos (1774-2019), *187*; desigualdade e renda média nos Estados Unidos (1774-1929), *191*; desigualdade nos, 185, 186, *187*, 190, 196; distribuição de renda dos, *277*; escravidão nos, 18; evolução salarial dos, 243; execuções hipotecárias nos, 331; Fed (Federal Reserve), 275; Guerra Civil Americana (1861-5), 20; história econômica americana, 185, 189; macarthismo nos, 243; participação do decil superior em vários ativos financeiros (1983), *260*; percepções americanas sobre três chaves para o sucesso pessoal, *262*; população dos, 183; salários americanos, 74; Sonho Americano, 212; tabelas sociais americanas, 281; taxa de crescimento dos, *277*
estocásticos, modelos (de distribuição de renda), 242, 326
estratificação social e de renda, 61, 145, 323
estrutura social, 12, 31, *46*, 48, 57, 226, 236-7
estruturalistas latino-americanos, 17, 330
eugenistas, 316
Europa, 12, 17-8, 36, 39, 49, 53, 60, 69, 73, 83, 85, 107, 131, 150-1, 155, 158, 167, 171, 173, 193, 196, 199, 201, 208, 211-2, 218, 233, 235, 237, 250, 253-4, 268, 290, 293, 309, 314, 324; Central, 18, 60, 218; Grande Divergência e, 255, 283; Guerras Napoleônicas (1803-15), 85-6, 110; influência cultural da França na, 293; noroeste da, 255; Ocidental, 107, 150, *151*, 155, 167, 173, 193, 196, 199, 201, 250, 254, 309; Oriental (Leste Europeu), 226, 233, 235, 237, 253-4, 324, 326; PIB do setor privado na Europa Oriental, 324; Revolução Comercial (Europa medieval), 74, 281
evolução dos salários, lucros e aluguel, 91
excedentes, 138, 272, 294, 307; aumento do excedente, 138; estrutura de metrópole-satélite e, 272; excedente líquido, 41; excedente suficiente, 47; importância do excedente, 47; produto excedente, 122; transferência do excedente do Sul para o Norte, 267
execuções hipotecárias nos Estados Unidos (2008), 331
exploração, teoria marxista da, 9, 15, 115, 118-9
exportações para a Inglaterra, 95
extração de desigualdade, taxa de, 36

F

fabianismo, 228
fábricas e equalização salarial, 225
famílias, 63, *87*, 120, 167, 182, 188, 191, 221, 241; capitalistas, 86; de classe média, 265; inglesas, 154; pobres, 265; renda familiar, 265, 277, 282, 301; ricas, 265; rurais, 222
fantasma, área (de produção agrícola), 95
fascismo/fascistas, 158-9, 208, 240
fatores que afetam a desigualdade, *149*
Fed (Federal Reserve — EUA), 275
Feinstein, Charles, 110-1, 305
felicidade, 65-6, 68, 195, 293
Ferguson, Adam, 295, 308
Ferguson, Charles F., 248, 327
feudalismo, 49, 122, 295; apego feudal à terra, 60
Filipinas, 195
First World War, The (Offer), 303
fisiocratas, 35, 38-41, 43-4, 48, 51, 55, 62, 91, 292, 296; *ver também* Quesnay, François, 35
força de trabalho *ver* trabalho, força de
França, 10, 21, 36, 37-9, 44, 48, 51, 55, 60, 73, *122*, 123-6, 158, 163-6, 205-6, 220, 231, 253, 281, 285, 293, 295, 309, 315; aristocracia francesa, 18, 40, 125, 165; artesãos/artífices (*gagistes supérieurs*), 42; classes sociais na, 44; Comuna de Paris (1871), 165; desigualdade na, 12, 36, 59, 163, 165, 278; distinções de classe na Itália e na França, 19; Guerra Franco-Prussiana (1870-1), 165; *Lutas de classes na França, As* (Marx), 121, 122, 306; população francesa, 18; Revolução Francesa (1789), 11, 105, 124, 127, *164*, 165, 285; riqueza do 1% mais rico da França (1860-1910),

164; tabelas sociais francesas, 36, 270; Terceira República, 165; *tiers état* (terceiro estado) na, 36
Frank, André Gunder, 272-3, 331
Friedman, Milton, 213, 321, 329
Friedman, Rose, 213
Fundamentos de uma crítica da economia política ver *Grundrisse der Kritik der Politischen Ökonomie* (Marx)
Furtado, Celso, 17

G

gagistes supérieurs (artesãos/artífices), 42
Gana, 220
Gangue Verde (China), 125
gênero, desigualdade de, 20-1, 33, 184, 227, 230, 243, 326; ver também mulheres
Gernet, Jacques, 307
Gini, coeficiente de, 12, 36, 59, 73, 85-155, 177-8, 183, 186, 190-1, 193, 197, 199, 216, 249, 259-60, *261*, 272, 283, 319-20; ver também desigualdade
Gladstone, William Ewart, 112, 156, 157; disputa de Gladstone e Marx, 156
globalização, 146, 161, 284
Goethe, Johann Wolfgang von, 309
Goldman, Emma, 324
Gómez León, Maria, 281, 331
Goskomstat (Comitê Estatal de Estatística — Moscou), 235
governo, 19, 39, 41-2, 44, 46, 48, 50, 77, 83, 126-7, 179, 209, 232-4, 293, 308
Grã-Bretanha, 19, 52, 85, 95, 107, 156, 164, 185, 205, 206, 209, 268, 302-3, 321; capitalismo industrial na, 19; colônias norte-americanas, 53, 300, 319; utilitarismo britânico, 228; whigs, 26; *ver também* Escócia; Inglaterra; País de Gales
Gramsci, Antonio, 76
Grande Divergência (Europa), 283
Grande Salto para a Frente (China, 1958-60), 283
Great Divergence, The (Pomeranz), 95, 303
Grécia, 51; leis atenienses, 162
Grécia Antiga, 163
Greenspan, Alan, 275, 331
Grimm, Friedrich Melchior, 23, 294
Grosman, Henryk, 313
Grundrisse der Kritik der Politischen Ökonomie [*Fundamentos de uma crítica da economia política*] (Marx), 27, 28, 132, 307, 310

Guerra Franco-Prussiana (1870-1), 165
Guerra Fria, 10, 12, 16-7, 30-2, 208, 210, 212-3, 236, 245, 248-9, 252,-3, 263, 266-7, 273, 275, 285, 286, 320
guerras civis, 282; Guerra Civil Americana (1861-5), 20; Guerra Civil Espanhola (1936-9), 240; Guerra Civil Russa (1917-22), 317, 324
Guerras Napoleônicas (1803-15), 85, 96, 110

H

Hansard, The (revista), 156
Hansen, Alvin, 140
Hayek, Friedrich, 14, 224, 322
Hegel, Georg Wilhelm Friedrich, 104; fraseologia hegeliana, 27
Heilbroner, Robert, 13, 289
Heinrich, Michael, 104-5, 107, 304-5, 311
heranças, 13-4, 21, 255, 315, 330; ver também riqueza
Higgins, Matthew, 198, 320
Hilferding, Rudolf, 50, 312
Hindustão, 51, 53-4
história econômica, 22, 185, 189, 195, 238, 255, 273, 307
Historical Materialism and the Economics of Karl Marx (Croce), 291, 309
History of Economic Analysis (Schumpeter), 285, 289-90, 296, 301-2, 315
Hoffman, Philippe, 306-7
Holanda (Países Baixos), 49, 51, 83, 304, 319; *ver também* Países Baixos
Hollander, Samuel, 304, 311
homoploutia, 145; *ver também* riqueza
Honduras, 36
Hongzhou (China), 307
Horvat, Branko, 219, 226, 234, 320, 322-4
humano, capital, 130-1, 185, 251, 255, 257, 262
Hume, David, 21, 55, 296
Hungria, 208, 219-20, 222, 236-7
Hungry Planet, The (Borgstrom), 303

I

Idade Média, 74, 281
Ideologia alemã, A (Marx e Engels), 330
igualdade: de oportunidades, 184, 230; de renda, 103; eficiência e, 102; nominal, 165; perante a lei, 33
imóveis (riqueza imobiliária), 261

imperialismo, 52, 267, 273
Império Asteca, 25, 51
Império Otomano, 51, 53, 71, 282; *ver também* Turquia
importações, 50, 91, 94-5; de alimentos, 91, 94-5
impostos, 9, 44, 46-7, 50, 52, 80, 99, 104, 122, 154, 167, 186, 203, 218, 221, 229, 233, 237, 253, 255, 259, 264, 266, 277, 278, 280-1, 294, 303, 308, 315, 321, 328; imposto de renda, 112, 154; sobre lucro, 96; sobre salários, 96, 303; *ver também Princípios de economia política e tributação, Os* (Ricardo); tributação
imprensa/mídia, 80, 156, 244
Income Distribution Theory (Bronfenbrenner), 211, 250, 321, 328
"Income Inequality of France in Historical Perspective, The" (Morrisson e Snyder), 126, 292, 315, 331
Income, Inequality, and Poverty during the Transition from Planned to Market Economy (Milanović), 220, 325
Índia, 18, 52-3, *54*, 60, 71, 73, 195, 208, 212, 254, 267, 281, 283, 305
Indonésia, *54*, 208
indústria, 24, 31, 38, 40, 41, 43, 45, 50, 62, 66, 112, 123, 149, 165, 202, 219, 233, 293, 297, 299, 313; agricultura e, 18, 43, 62; capitalismo industrial britânico, 19; classe industrial, 293; desenvolvimento industrial, 113, 315; industrialização, 165, 189, 198, 200, 321; Revolução Industrial (Inglaterra, séc. XVIII), 38, 48, 88, 201, 255, 328; sistema industrial, 60
"Industrial Revolution, The" (Lucas), 327
"Inequality, Poverty and Development" (Ahluwalia), 320
Infidel and the Professor, The (Rasmussen), 296, 298
Inglaterra, 12, 36-8, 49, 51, 54, 56-8, 60, 73, 81-3, *86*, 91, 95-6, *100*, 101-4, 109-10, 112, 130, 154, *155*, 168-70, 187, 189, 193, 201, 206, 209, 270, 292-3, 300, 302, 305, 309, 314, 319; aristocracia inglesa, 110, 253; Banco da Inglaterra, 301; classes sociais na, *87*; curva de Kuznets de longo prazo para Inglaterra/Reino Unido (1688-2018), *201*; desigualdade na, 57, 59, 85, 88; desigualdade na Inglaterra e na Escócia na época de Smith, 57; distribuição de renda entre os contribuintes ingleses e galeses (1865), *155*; dois estados da, 96, *97*; estrutura de classes da Inglaterra e do País de Gales por volta de 1759, *58*; estrutura social da, 57; exportações para a, 95; Gini e PIB per capita — Inglaterra/Reino Unido (1688-1911), *86*; Lei da Navegação (1651), 50;

Lei Fabril (1833), 112; Leis dos Pobres (séc. XVI), 84; população inglesa, 57, 60, 72, 84, 91-2; proibição do trabalho infantil na, 112; Revolução Industrial (séc. XVIII), 38, 48, 88, 201, 255, 328; riqueza do 1% mais rico da Inglaterra (1670-2010), *109*; riqueza do sr. Darcy (personagem de *Orgulho e preconceito*), 301; tabelas sociais inglesas, 85, *86, 109*, 112, 125, *201*, 270, 281
injustiça, 67, 78
Inside Job (documentário), 244, 327
interesses de classe alinhados e não alinhados, 76
"Internacional, A" (Iª), 206
International Comparison Program, 283, 332
Irlanda, 112, 222, 300, 314
Israel, 220
Itália, 19, 33, 158, 160, 162-3, 169-70, 205, 240, 261; ascensão do fascismo na, 240; distinções de classe na Itália e na França, 19; Partido Fascista, 159
Iugoslávia, 214-5, 218, *219*, 220, 226, 233, 236; classes sociais na, 225, *226*; salários relativos na Iugoslávia sob o capitalismo e o socialismo inicial, *219*

J

Janićijević, Miloslav, 225-6
Japão, 53, 185, 195, 208, 254, 282
Java (Indonésia), *54*
Jevons, William Stanley, 140, 311
João, Evangelho de, 300
Johnson, Samuel, 56, 297
Jordânia, 220
jornada de trabalho, 112, 120, 131, 138, 142, 307
"Journal of a Tour of a Continent" (Ricardo), 304
Journal of Economic Literature (periódico), 249, 317, 327, 331
judeus: leis antijudaicas na Alemanha do séc. XIX, 105; país de Marx como, 105, 106; "Sobre a questão judaica" (Marx), 106
juros, 41-2, 44, 47-8, 70-2, 78-9, 99, 122, 127, 140, 247-8, 264, 275, 292, 299, 308, 329
Just Economy, The (Meade), 251, 328
justiça, 9, 14, 47, 50, 68, 70, 77, 79, 228-9

K

K/L (razão capital-trabalho), 134-5, 279
Kaelble, Hartmut, 198, 319-20, 322

Kaldor, Nicholas, 241, 250, 326
Kalecki, Michael, 125, 241, 250, 308, 321, 326
Kanbur, Ravi, 198, 320
Kapital, Das (Marx) *ver Capital, O* (Marx)
Kautsky, Karl, 140, 312
Kersting, Felix, 113-4, 306, 317
Keynes, John Maynard, 32, 182, 209, 241, 257, 263, 278-9, 291, 320-1, 329, 331; *Consequências econômicas da paz, As*, 209, 320; economia keynesiana, 209, 241, 250, 257; *Teoria geral*, 209, 278, 321
Khruschóv, Nikita, 233
King, Gregory, 59, 86, 201, 281
Kolakowski, Leszek, 12-3, 104, 121, 239, 289, 304, 308, 312, 326
Kurz, Heinz, 28, 289, 291
Kuznets, curva de, 32, 113, 192, 193, *194*, 197-8, 200, 202-4, 322, 328; definida cedo demais?, 196; para a China (1985-2019), *202*
Kuznets, hipótese de, 182, 188, 190, 194-200, 203-4, 249, 280, 320; como hipótese de Tocqueville-Kuznets, 195-6; *ver também* desigualdade
Kuznets, Simon, 7-8, 10-6, 18-20, 22, 28-31, 33, 113, 180, 182-98, 200- 208, 231, 265, 267, 280, 285, 302, 317-20, 322, 328; "Economic Growth and Income Inequality", 318, 319, 320; exemplos numéricos de, 193; linha do tempo de, *12*; nova visão da desigualdade, 20; sobre o crescimento moderno, 302

L

"*laissez-faire, laissez-passer*" (expressão de Quesnay), 38-9; *ver também* liberalismo
Lakatos, Imre, 198, 320
Lassalle, Ferdine, 129, 131, 309
lavradores, *42*; *ver também* agricultores
lei da natureza (*la loi naturelle*), distribuição e, 167
Lei da Navegação (Inglaterra, 1651), 50
Lei Fabril (Inglaterra, 1833), 112
"lei férrea dos salários" (expressão de Lassalle), 129, 309
Leijonhufvud, Axel, 125, 308
leis atenienses, 162-3
Leis dos Pobres (Inglaterra, séc. XVI), 84
Lênin, Vladimir, 15, 50, 110-1, 269
Leroy-Beaulieu, Paul, 165-6, 315-6
Lewis, Arthur, 192, 319
Li, Hongyi, 320

liberalismo, 105, 107, 170; liberalização chinesa, 324; libertários (fundamentalistas de mercado), 223-4; livre mercado, 80, 210; Sociedade Mont Pèlerin, 243
liberdade natural, sistema de, 50, 56, 77, 79-80, 295
Lincoln, Abraham, 20
Lindert, Peter, 86, 88, 109, 187, 190
linha do tempo dos autores estudados, *12*
livre mercado, 80, 210
"lógico-experimentais", teorias (Pareto), 161
lojas, donos de, 58, 61, *87*
Looking Back Fifty Years (Toynbee, A.), 293
Lucas, Robert E., 249, 327-8
lucro, 7, 41-3, 45, 48, 59, 62, 69-70, 74-5, 77, 79, 83, 88, 90-5, 97, 103-4, 119, 121-2, 127, 133-4, 135, 137, 140-4, 148, 152, 214, 242, 248, 297-8, 300, 304, 309, 311-2; evolução dos salários, lucros e aluguel, 91; imposto sobre, 96; taxa de, 9, 26-7, 32, 45, 72, 92-5, 98, 100, 119, 135-41, 143-6, 148-9, 151-3, 193, 195, 203, 269, 277, 279-80, 299, 311-3; taxas de, 74-5, 117, 214, 311; tendência de queda da taxa de, 9, 135-40, 146, 148, 152, 195, 279, 311; zero, 140
Luís XV, rei da França, 36
lumpemproletariado (desclassificados), 122-5, 149, 152
luta de classes, 16, 22, 98, 115, 120, 124, 159; *ver também* classes sociais
Luxemburgo, Rosa, 134, 140, 143, 269, 277
Lydall, Harold, 238, 245, 325

M

macarthismo nos EUA, 243
macroeconômicos, ciclos e modelos, 250, 326
Madagascar, 220
Maddison Project Database, 54, 87, 191, 201, 268, 293, 296, 302, 318
Magrebe, região do, 246, 254, 270, 273
mais-valia, 9, 13, 15, 17, 26, 117, 119-21, 127, 134-5, 137-8, 229, *258*, 269, 307, 310-1; teoria da exploração e, 15, 115, 118-9; *Teorias da mais-valia* (volume IV de *O capital*), 22
Malinowski, Mikołaj, 282, 332
Malthus, Thomas Robert, 29, 84-5, 88, 94, 111, 301, 303
Mandel, Ernest, 129, 147-8, 289, 306, 309-10, 313
Mandeville, Bernard, 296, 299
Manifesto Comunista, O (Marx e Engels), *111*, 309
Manual de economia política (Pareto), 158, 314

Manual of Political Economy (Pareto), 314, 316-7
manufaturas, 16, *42*, 43-7, 53, 76, 188, 233, 293
Manuscritos econômicos e filosóficos de 1844 (Marx), 26
"mão invisível" na economia (conceito de Smith), 64, 298
maoismo, 228, 230
Maquiavel, Nicolau, 170, 316
máquinas/maquinário, 25, 94, 98, 120-1, 134-5, 137, 139, 291, 310
Marcuse, Herbert, 13, 250-1
Markowski, Stefan, 325
Marshall, Alfred, 84, 160, 291
Marx at the Margins (Anderson), 290, 305
Marx, Eleanor (filha de Karl), 105, 157
Marx, Heinrich (pai de Karl), 33, 105-7, 305
Marx, Henriette Presburg (mãe de Karl), 105-6, 305
Marx, Karl, 7-9, 12, 14-5, 18-22, 25-30, 32-3, 38, 50, 56, 59-2, 82-4, 88, 89, 91, 95, 104-8, 111, 112-3, 115, 117-8, 120-1, 123, 125-9, 131, 133-7, 139-59, 163, 181, 187, 192-3, 203-4, 206, 209, 214, 228-9, 247, 250, 255, 270, 279-80, 287, 289-91, 294, 296, 302-14, 318, 322, 324, 326, 328; *18 de Brumário de Luís Bonaparte, O*, 121-2, 291; acumulação primitiva e, 26, 117, 212, 268; aluguel absoluto e, 88; antissemitismo e, 106; *As lutas de classes na França*, 121, *122*, 306; batismo de, 106, 305; campesinato e, 124; carta a Annenkov, 123; citações de, 112, 156; clivagem nacional e, 104, 107; como um pensador ocidental, 21; cosmopolitismo linguístico de, 105; "Crítica do Programa de Gotha", 118, 306-7; Croce sobre, 309; definição de capital de Marx, 120, 310; desigualdade de riqueza e renda no Reino Unido e na Alemanha na época de, 108; desimportância relativa da desigualdade de renda e, 118; *Dispatches for the New York Tribune*, 290-1; disputa de Gladstone e, 156; domínio de várias línguas por, 105; em relação ao ensaio "Sobre as máquinas" (Ricardo), 291; escritos de, 9, 15, 25, 129, 135, 148, 151, 154, 165; estilo de, 26, 27; fraseologia hegeliana e, 27; Gladstone e, 156; *Grundrisse der Kritik der Politischen Ökonomie [Fundamentos de uma crítica da economia política]*, 27-8, 132, 307, 310; Guerra Civil Americana (1861-5) e, 20; *Ideologia alemã, A* (Marx e Engels), 330; linha do tempo de, *12*; lumpemproletariado e, 125, 149, 152; luta de classes, 16, 22, 98, 115, 120, 124, 159; *Manifesto Comunista, O* (Marx e Engels), *III*, 309; *Manuscritos econômicos e filosóficos de 1844*, 26; materialismo histórico de, 159; MEGA (Marx-Engels Gesamtausgabe), projeto, 8; população nômade e, 149-50, 152; *Poverty of Philosophy*, 305; princípios fundamentais de, 9, 128; quatro possíveis evoluções da distribuição de renda em, *151*; questões terminológicas nos escritos econômicos de, 26; religião e, 107; salário e trabalho na visão de, 128-30; "Sobre a questão judaica", 106; sobre Lasalle e a "lei férrea dos salários", 129, 309; socialistas ricardianos e, 22, 302; tempo livre, riqueza real como, 307-8; tendência de queda da taxa de lucro, 9, 135-7, 140, 146, 148, 152, 195, 279, 311; teoria da exploração de, 15, 115-9; teoria do valor-trabalho, 9, 22, 136, 214; teoria dos estágios do desenvolvimento e, 50; *Trabalho assalariado e capital*, 132, 309; tradução de seus termos-chave, 25; *Valor, preço e lucro*, 309-10; whigs britânicos e, 26; *ver também Capital, O* (Marx)
Marx-Engels Reader, The (Tucker), 330
marxismo/marxistas, 13, 31, 62, 121, 129-30, 134, 136, 164, 197, 211-4, 228-30, 233, 236, 239, 309, 311-2, 325, 327; antimarxistas, 22, 151-2; neomarxistas, 17, 267, 269, 273-4, 284; questões terminológicas nos escritos econômicos de Marx e, 25-6
Marxists.org (site), 25, 323
Massie, Joseph, 57-61, 86, 201, 293, 297
materialismo histórico, 159
McLure, Michael, 158, 314
Meade, James, 182, 251, 328
MEGA (Marx-Engels Gesamtausgabe), projeto, 8
meios de produção, 14, 117-8, 121, 136, 147, 150, 230, 329; propriedade privada dos, 230; *ver também* produção
Mémoire sur le paupérisme (Tocqueville), 38, 195
Memoirs of a Chinese Revolutionary (Wang Fan-Hsi), 322
mercado: livre mercado, 80, 210; socialismo de, 214-7
mercadorias, 39, 91, 94-5, 98, 121, 128-9, 214, 298, 304; trabalho como mercadoria, 128
mercantilistas, 17, 35, 39, 47, 62
metrópole-satélite, estrutura de (no sistema capitalista mundial), 272
México, 53, *54*, 281, 319
Michelet, Michelet, 104

Micklewright, John, 237-8, 253, 321-3, 325, 328
mídia/imprensa, 80, 156, 244
Milanović, Branko, 86, 179, 198, 211, 220, 222, 292-3, 297, 312-3, 317-8, 320, 322-5, 330-1
Mill, James, 24, 291
Mill, John Stuart, 88, 115, 306
Millar, John, 295
Milligan, Martin, 26, 291
Mincer, Jacob, 130, 310
mineração, 72, 217
Ming, dinastia (China), 293
Mirabeau, Victor de Riqueti, 8, 35, 41, 46, 55, 62
Mitchell, Wesley, 62, 84, 285, 297, 299, 301
modernização, 16, 20, 22, 50, 182; modernização ou capitalização da propriedade de terras na Rússia (1906), 231
Molucas, ilhas, 69
monarquia e sistema monárquico, 28, 40, 165, 225
monopólio, 13, 50, 68-9, 77-8, 80, 110, 152, 212, 215, 250, 305, 309
Montesquieu, Charles-Louis de Secondat, barão de, 39, 55, 294
moradia, 264
Morning Star (jornal), 156
Morrisson, Christian, 36, 125-7, 164, 281, 292
mudança estrutural e desigualdade, 22, 191, 204
mulheres, 14, 21, 37, 150, 227-8, 230; *ver também* gênero, desigualdade de
Mussolini, Benito, 12, 158
My Disillusionment in Russia (Goldman), 324

N

Nações Unidas, 182
Namíbia, 173
narrativas sobre desigualdade, 16, 29-30, 208, 231, 237, 283-4
natureza humana, 115, 170, 242
necessidades humanas, 64-5, 69, 71-2, 94, 131, 132-4, 149-50, 153, 218, 222, 228, 293, 303, 324
neomarxistas, 17, 267, 269, 273-4, 284
nepotismo, 26, 77
Nicarágua, 36
nobreza, 13, 36, 43, 70
Noruega, 220, 261
Nova Esquerda, 250-1
Nova Zelândia, 220
Novokmet, Filip, 282, 287, 323-6, 332

O

obras públicas, 79
"obscuro", dinheiro, 243
Ocidente, 10, 30-1, 199-200, 211, 233, 236, 239-40, 269; países ocidentais, 195, 202, 252, 259, 261, 266, 267
ofelimidade (termo de Pareto), 167
Ofer, Gur, 322
Offer, Avner, 95, 287, 303, 321, 327
Okun, Arthur, 102, 304
Olson, Mancur, 321-2
omissões na história dos estudos sobre desigualdade, 9-10, 17
operários, 63, 74, 90, 156; *ver também* proletariado; trabalhadores
opinião social, 162
oportunidades, igualdade de, 184, 230
Oposição dos Trabalhadores (manifesto soviético), 323
Orgulho e preconceito (Austen), 301
Oriente Médio, 212, 254
ótimo para uma comunidade (ótimo de Pareto), 9, 212, 306, 321

P

padrões de vida, 89, 98, 283, 305
País de Gales, 57-8, 101, 112, 154, *155*, 292, 314, 319; classes sociais no, *87*; distribuição de renda entre os contribuintes ingleses e galeses (1865), *155*; estrutura de classes da Inglaterra e do País de Gales por volta de 1759, *58*
países: capitalistas, 10, 17, 20, 30, 80, 152, 187, 218, 236-7, 263, 267, 286, 321; de maior crescimento na época de Smith, 74; desenvolvidos, 188, 197, 204, 249; desigualdade entre, 17, 267, 269, 284; do Terceiro Mundo, 32, 246, 274; em desenvolvimento, 49, 195, 220, 249; infelizes, 51; latino-americanos, 36, 199, 330; não socialistas, 322; ocidentais, 195, 202, 252, 259, *261*, 266-7; pobres, 71, 264, 269-70, 272, 281; proporção do PIB per capita do país mais rico para o mais pobre do mundo (1750-1914), *268*; ricos, 71, 108, 160, 183, 200, 206, 246, 267, 269-70, 272, 277; socialistas, 10, 20, 30, 32, 198, 211, 218, 225-6, 254, 286, 322; subdesenvolvidos, 273, 328; tendências de longo prazo da desigualdade em países ricos, 277

Países Baixos, 53-4, 70, 73, 99, 304, 319; *ver também* Holanda
pan-mecanicismo (conceito de Stark), 171
pan-organísmica, filosofia, 171
Pantaleoni, Maffeo, 174, 316
Paradis artificiels, Les (Baudelaire), 300
Pareto, constante ou coeficiente de, 155, 169, 172-4, 176-8, 317; *ver também* renda
Pareto, lei de, 32, 167-8, 171-2; circulação das elites no socialismo, 9, 167, 170; linha traçada através dos maiores níveis de corrupção na China, *179*
Pareto, ótimo de (ótimo para uma comunidade), 9, 212, 306, 321
Pareto, Vilfredo, 7-10, 12, 18-9, 22, 28-31, 33, 56, 112, 154-5, 158-63, 165-81, 187-8, 203, 205, 206, 231, 234, 242, 285, 290, 306, 314-7, 323, 326, 328; cantão suíço de Vaud e, 316; caráter danoso da verdade, 161; carta para Pantaleoni, 174; contribuições de, 167; fascismo e, 158-9; linha do tempo de, *12*; *Manual de economia política*, 158, 314; *Manual of Political Economy*, 314, 316, 317; misantropia e, 158, 161; obras completas de, 8; socialismo e, 159, 160; sociedades com as quais Pareto estava familiarizado, 19; *Systèmes socialistes, Les*, 22, 160, 174, 290, 314, 316; teoria sociológica de, 170; "teorias lógico-experimentais" e, 161
paridade do poder de compra (PPC), 87, 220, 318
Paris, Comuna de (1871), 165
Partido Comunista Chinês, 125, 227, 323
Partido Fascista (Itália), 159
Partido Social-Democrata Alemão, 118
Pen, Jan, 245, 250, 327
Penguin (editora), 25
pequena burguesia, *122*, 123, 126-27
Peru, 51, 53, *54*, 173, 220
pesquisas domiciliares, 282; chinesas, 281-2, 323; soviéticas, 233, 235, 237, 281-2, 325
Philosophie rurale, La (Mirabeau e Quesnay), 41-2, 46, 62, 294
PIB (produto interno bruto), 182; das economias capitalistas, 153; do setor privado na Europa Oriental, 324; Gini e PIB per capita — Inglaterra/Reino Unido (1688-1911), *86*; per capita, 37, 54, 73, 86-7, 183, 191, 199, 201-2, 220, 268, 318; proporção do PIB per capita do país mais rico para o mais pobre do mundo (1750-1914), *268*; relação entre PIB per capita e desigualdade (1970-2014), *199*

Piketty, Thomas, 164-5, 204, 249, 277-81, 292, 306, 311, 315, 317-8, 328, 330-1; *O capital no século XXI*, 204, 278, 331; $r > g$ (fórmula), 277-8, 311
Platão, 14, 55
pobreza, 15, 37-8, 53, 67, 70, 73-4, 124, 133, 147, 172, 185, 195, 209, 282, 293, 299-300; classes pobres, 39; empobrecimento do trabalho, *151*, 153; global, 282; na China, 283; países pobres, 71, 264, 269-70, 272, 281; subconsumo e, 39, 63, 146-7
poder: dos ricos, 47, 67; proletário, 323
política: eventos políticos, 238, 253, 284; financiamento de pesquisa pela direita, 243-4; influência política, 21, 68-9, 212, 244
Polônia, 51, 53, *54*, 73, 83, 217, 219-20, 222, 233, 236-8, 282, 296, 326
Pomeranz, Kenneth, 95, 303
Pompadour, Madame de, 36
populações: população americana, 183; população francesa, 18; população inglesa, 57, 60, 72, 84, 91-2; população nômade (conceito de Marx), 149-50, 152
Portugal, 51, 53, *54*, 70, 83, 296, 299
poupança, 87, 93, 213, 229, 241, 250, 257, *258*, 329
Poverty of Philosophy (Marx), 305
PPC (paridade do poder de compra), 87, 220, 318
Prebisch, Raúl, 17
preços, 62, 68, 101-2, 116-7, 128-9, 135-6, 212, 214, 216, 240, 250, 270, 282, 283, 304, 306, 310, 312, 318; "preço normal" de um bem, 117, 214
Prêmio Nobel de Economia, 243
previdência social, 188
Primeira Guerra Mundial (1914-18), 95-6, 190, 232, 267, 317
Principais correntes do marxismo (Kolakowski), 12-3, 104, 289
Príncipe, O (Maquiavel), 170, 316
Princípios de economia política e tributação, Os (Ricardo), 22, 24, 81, 86, 89, 91, 108, 110, 290-1, 301-4, 312, 316; "Sobre as máquinas" (ensaio), 25, 291
"Private Sources of Income of the Soviet Union Households" (Ofer e Vinokur), 322
privilégios, 21, 37
produção: aumento da, 90; capital como uma relação de, 120; capitalista, 95, 116, 135-6, 143, 145-8, 247; centralização da, 148; CES (função de produção de elasticidade de substituição constante), 311; crises de superprodução, 140; fatores de, 18, 75,

345

90, 117, 119, 212-3, 265; meios de, 14, 117-8, 121, 136, 147, 150, 230, 329; produção e distribuição como categorias históricas, 115
produtividade, 46, 90, 97, 131-2, 135, 137-9, 145, 168, 189, 192, 213, 215, 224, 230, 257, 309-11, 321; aumento da, 131-2, 311; do trabalho, 90, 131, 145, 309; marginal, 137, 213, 257, 311; nivelamento excessivo e, 323
produto bruto versus produto líquido (visão de Ricardo), 91
proletariado, 38, 90, 110, 122-3, 125, 127, 151, 159, 302; ascensão do, 90; inglês, 110; poder proletário, 323; urbano, 123, 127; *ver também* trabalhadores
propensão marginal: ao consumo, 209, 241, 257, 258; para poupar, 258
propriedade: abolição marxista da propriedade privada, 210; de ativos financeiros, 251, 259; de capital, 116, 144, 154, 221, 241, 280; do capital, 141, 151-2, 216, 225, 259; meios de produção, propriedade privada dos, 230; privada, 14, 35, 99, 150, 172, 217, 223, 226, 229-30; sistemas de propriedade estatal do capital, 216-7; sistemas de propriedade não privada do capital, 214
proprietários: de terras, 13, 19, 40-1, 48, 60-2, 73, 75, 82, 86, 88-9, 97-8, 101-3, 108, 121-3, 148, 189, 232, 255; pequena burguesia, *122*, 123, 126, 227; rendas dos, 45, 59, 88, *100*, 102, 294
prosperidade, 37, 48, 62-3, 70, 78-9, 87, 99, 147, 149, 188, 275-6, 304, 328; sociedade próspera, 62-3
Prússia, 105, 130, 131, 168, 282, 305; Guerra Franco-Prussiana (1870-1), 165; *ver também* Alemanha

Q

Qing, dinastia (China), 293
quatro possíveis evoluções da distribuição de renda em Marx, *151*
Quesnay, François, 7-10, 12-3, 17-8, 21-4, 29-30, 33, 35-48, 51, 53, 55-6, 62, 71, 123, 163, 166, 205, 285, 290-6, 310, 316; "*laissez-faire, laissez-passer*" (expressão), 38; *Le despotisme de la Chine*, 294; *Philosophie rurale, La* (Mirabeau e Quesnay), 41-2, 46, 62, 294; linha do tempo de, *12*; *Tableau économique, Le*, 41, 166, 292, 296, 316; *ver também* fisiocratas
Quetelet, Adolphe, 180

R

raça, 20, 122, 159, 229, 243, 326
racismo, 314; exploração racial e desigualdade racial, 20, 186, 212, 243
Rasmussen, Dennis C., 296, 298
Rawls, John, 14, 64, 183, 266, 289, 326
Reagan, Ronald, 244, 275
Real Wages Once More (Allen), 301
reflexividade, 84
reformismo, 14, 322
regulamentação: do comércio, 75; financeira, 50, 295
Reino Unido, 54, 85-6, 108-9, 130-1, 164, 195, 201, 219-20, 222, 238, 252-3, 278, 281, 328; curva de Kuznets de longo prazo para Inglaterra/ Reino Unido (1688-2018), *201*; desigualdade de riqueza e renda no Reino Unido e na Alemanha na época de Marx, 108; desigualdade de riqueza no, 108; desigualdade na Inglaterra e na Escócia na época de Smith, 57; Gini e PIB per capita — Inglaterra/Reino Unido (1688-1911), *86*; pico da desigualdade no, 85; rendas relativas das três principais classes no, *109*; *ver também* Grã-Bretanha; Inglaterra
religião, 26, 39-40, 47, 68, 107, 159, 161-2, 298
renda: agricultores, *58*; bruta, 102, *220*; capitalistas, *58*; composição da renda bruta em economias socialistas, capitalistas e em desenvolvimento (década de 1980), *220*; da classe média, 20, 275; da família Marx, 106; dados de distribuição de, 253; dados de distribuição de renda, 253; decil de, 88, 106, 222; desigualdade de, 7, 9-10, 13, 19-20, 32, 35-6, 45, 73, 86, 100, 102, 108, 111-3, 115, 118, 128, 141, 144, 153-4, 156, 165, 167-8, 178-81, 186-8, 195-6, 203, 207, 209, 211, 221, 223, 230-1, 233-4, 237-40, 242, 246, 248, 250-1, 254, 257, 264, 275-6, 279, 313, 322, 330; desigualdade e renda média nos Estados Unidos (1774-1929), *191*; distribuição de renda dos Estados Unidos, *277*; distribuição de, 7-10, 13-7, 20-2, 29-32, 41, 49, 57, 59-61, 65, 72, 75-7, 79, 88-90, 99-103, 106, 115-8, 120-1, 127, 135-6, 141, 147, 151, 153-5, 157, 160, 167-8, 170-6, 178, 180, 182-7, 195-7, 205-13, 215-6, 221-2, 225-8, 231, 233, 236-46, 248-57, 259, 263-6, 270, 272, 276, *277*, 278, 280-1, 284, 285-6, 295, 302, 316, 319, 325-6; dos fatores, 57, 59; dos pobres, 39; dos proprietários, 45, 59, 88, 91, *100*, 102, 294;

dos ricos, 67-8, 78, 170; familiar, 265, 277, 282, 301; fatorial, 210, 250; fontes de, 13-4, 41, 127, 222, 265; forças que impulsionam a evolução das rendas, 146; imposto de, 112, 154; imputada da moradia, 264; líquida, 42, 47-8, 88, 91-2, 94; média, 3-7, 42, 58, 108, 154, 183, 189-90, *191*, 193-4, 201, 203, 235, 264, 268-70, 278, 283, 292, 297, 317; per capita, 57, 58, 87, 154, 175, 185-6, 198, 221, 270, 319; pessoal, 88, 101-2, 183, 210, 250, 257; quatro fontes de, 41; quatro possíveis evoluções da distribuição de renda em Marx, 151; relativa, 46, 87, 272; renda média e desigualdade num modelo simples de Kuznets, *194*; rendas da nobreza, 13; rendas informais, 238, 322; rendas médias entre países, 268-9; rendas relativas das três principais classes no Reino Unido, *109*; teoria política da distribuição de renda, 278; trabalhadores, *58*; transmissões intergeracionais de renda e riqueza, 21; *ver também* desigualdade; distribuição; Pareto, constante ou coeficiente de; riqueza

República Dominicana, 59

República Romana (Roma Antiga), 40

repúblicas mercantis de Veneza, Gênova e Pisa, 52

retorno, taxa de, 45, 192, 193, 203, 214-5, 257-9, 279-80, 311

Revising England's Social Tables 1688-1812 (Lindert e Williamson), 86, 201, 301

Revolução Comercial (Europa medieval), 74, 281

Revolução Cultural (China, 1966-76), 227-8, 230, 283

Revolução Francesa (1789), 11, 105, 124, 127, *164*, 165, 285

Revolução Industrial (Inglaterra, séc. XVIII), 38, 48, 88, 201, 255, 328

Revolução Russa (1917), 28, 268

Ricardo, David, 7, 8, 12-3, 18, 22, 24-5, 29-30, 33, 43, 47, 56, 59, 60-2, 75, 81-5, 87-91, 93-103, 111, 115, 120-1, 123, 134, 136, 138-9, 145-6, 163, 166, 205, 242, 250, 255, 273, 285, 290-1, 300-4, 307, 312, 316; correspondência de, 301; *Ensaio sobre a influência de um preço baixo*, 302; Estado estacionário de Ricardo, 307; "Journal of a Tour of a Continent", 304; linha do tempo de, *12*; modelo ricardiano de distribuição, *93*; neorricardianos, 85, 98, 242; produto bruto versus produto líquido na visão de, 91; riqueza de, 301; "Sobre máquinas", 25; socialistas ricardianos, 22, 84, 302; *ver também Princípios de economia política e tributação, Os* (Ricardo)

ricos: bilionários, 243-5; reivindicação de superioridade moral, 70, 79; renda dos, 67-8, 78, 170

riqueza: acumulação de, 66, 156, 313; concentração de, 261; das classes pobres, 39; de Adam Smith, 56-7; de Ricardo, 301; definições de riqueza de Smith, 84; desigualdade de, 19, 108, 164, 253, 258, 292; disparidade de, 329; do 1% mais rico da França (1860-1910), *164*; do 1% mais rico da Inglaterra (1670-2010), *109*; do sr. Darcy (personagem de *Orgulho e preconceito*), 301; financeira, 259, 329; *homoploutia*, 145; imobiliária, 261; original, *258*; países ricos, 71, 108, 160, 200, 206, 246, 267, 269-70, 272, 277; tempo livre, riqueza real como, 307-8; transmissões intergeracionais de renda e riqueza, 21

Riqueza das nações, A (Smith), 22-5, 49, 51-2, 54-7, 59, 62-8, 70-1, 73-5, 77-8, 108-9, 205-6, 296, 298; Livro I, 24, 49, 74, 77, 290, 295-300; Livro II, 24, 49, 74, 290, 295, 306, 309; Livro III, 49, 73, 299; Livro IV, 24, 51, 290, 299, 300; *ver também* Smith, Adam

Robinson, Joan, 148, 310, 313

Rodríguez Weber, Javier, 281, 331

Rodríguez, Octavio, 17

Roemer, John, 229, 230, 324

Roma, 51, 163; República Romana, 40

Rosdolsky, Roman, 129, 148, 305, 309-11, 313

Rostow, Walt W., 50

Rousseau, Jean-Jacques, 14

Roy, M. N., 269

Rubin, Isaac, 48, 295

Rússia, 51, 54, 60, 73, 83, 95, 130-1, 208-9, 231, 281-2, 321; agricultura e estrutura de classes antes da Primeira Guerra Mundial, *232*; cúlaques (camponeses russos), 124, 231, *232*, 233; Guerra Civil Russa (1917-22), 317, 324; modernização ou capitalização da propriedade de terras na (1906), 231; Revolução Russa (1917), 28, 268; tsarista, 18; *ver também* União Soviética (URSS)

S

Sahota, Gian Singh, 246, 255, 327

salários, 41, *93*, *100*; altos, 70-1, 74, 78, 154, 323; americanos, 74; chineses, 74; desigualdade de, 129, 218, 230, 243, 253, 266; distribuição de, 209; dos trabalhadores, 88, 215-7, 225, 301; equalização salarial, 225; estrutura salarial anti-incentivo, 228; evolução dos, 9, 91, 98, 129, 281; evolução salarial dos Estados Unidos, 243; imposto sobre, 96, 303; "lei férrea dos salários" (expressão de Lassalle), 129, 309; nivelamento excessivo segundo Trótski, 323; nominais, 91-2, 94-5, 130, 138, 304; poupança dos, 258, 329; reais, 72-4, 76, 90-2, 96, 99, 110-2, 125, 132-5, 137, 148-150, *151*, 153, 165, 187, 192, 203, 247, 256, 310-1, 313; recompensa por peça (estrutura stalinista), 228; relativos, 73-4, 129, 132-4; salário e trabalho na visão de Marx, 128-30; salário mínimo, 128, 131, 148, 275; salários qualificados e não qualificados em economias capitalistas e socialistas, 218

Samuelson, Paul, 116, 248, 327

Sanders, Bernie, 79

Say, Jean-Baptiste, 82, 85, 301, 312

Schumpeter, Joseph A., 8, 24, 82, 140-1, 143, 162, 285, 289-90, 296, 301-2, 315

Scienza nueva (Vico), 27

Second mémoire sur le paupérisme (Tocqueville), 293

Segunda Guerra Mundial (1939-45), 185, 196, 209-10, 240, 261, 269, 329

sem-teto, 57, 263

Sen, Amartya, 14, 63-4, 289, 298, 326

servidão, 18, 21

Sibéria, 53, 54, 217

sindicalismo, 14

Smith, Adam, 7, 8, 12, 21, 23-4, 35, 39, 49, 55-7, 59, 62, 70-80, 85, 93, 99, 130, 139, 150, 267, 290, 295-8, 303, 308-9; biblioteca de, 57, 297; *comeattibleness* e, 71; de centro-esquerda, 68, 79-80; definições de riqueza de, 84; desigualdade na Inglaterra e na Escócia na época de, 57; Hume e, 296; ideias de, 8; linha do tempo de, *12*; "mão invisível" na economia, 64, 298; países de maior crescimento na época de, 74; palestras de Smith em Edimburgo, 296; personalidade de, 56; referências a Deus, ao Divino, à Providência e ao Grande Criador na obra de, 66; rejeição de Smith do sistema pernicioso de Mandeville, 299; riqueza de, 56-7; sobre o emprego de carrascos públicos, 300; *ver também Riqueza das nações, A* (Smith); *Teoria dos sentimentos morais, A* (Smith)

Snyder, Wayne, 36, 125-7, 164, 281, 292, 308, 315, 331

"Sobre a ditadura democrática popular" (Mao Zedong), 227

"Sobre a questão judaica" (Marx), 106

"Sobre as máquinas" (Ricardo), 25, 291; *ver também Princípios de economia política e tributação, Os* (Ricardo)

Social and Political Thought of Karl Marx, The (Avineri), 289, 305, 309-10

"Social Stratification in Socialist Society (Some Theoretical Problems)" (Wesołowski), 323

social-democracia, 228-9; alemã (Partido Social-Democrata Alemão), 113, 118; social-democratas, 110, 152, 244

socialismo, 15, 22, 52, 117, 136, 159-60, 167, 170-2, 174, 214-9, 223-4, 230-1, 233, 237-9, 268, 307, 322-3; crítica socialista do capitalismo nos Estados Unidos de hoje, 79; de mercado, 214-7; desigualdade de renda sob o, 170, 181, 222-4, 230-1, 239, 248, 322; desigualdade salarial no, 129-30; diferentes variedades de, 228; economias socialistas, 20, 200, 208, 211, 217-21, 225-6, 239, 262; lei de Pareto e a circulação das elites aplicadas ao, 9, 167, 170; países socialistas, 10, 20, 30, 32, 198, 211, 218, 225, 236, 254, 286, 322; percepções da natureza de classe do sistema socialista, *226*; salários qualificados e não qualificados em economias capitalistas e socialistas, 218; salários relativos na Iugoslávia sob o capitalismo e o socialismo inicial, *219*; socialistas ricardianos, 22, 84, 302

sociedade: atrasada, 78; desenvolvimento social, 132; próspera, 62-3

Sociedade Mont Pèlerin, 243

sociologia, 8, 167; teoria sociológica de Pareto, 19, 170

Sócrates, 162-3

Söderberg, Gabriel, 327

Soltow, Lee, 245, 317

Sonho Americano, 212

Sorel, Georges, 160, 174

Soros, George, 84, 301

Squire, Lyn, 320

Sri Lanka, 195

Staehle, Hans, 209, 321

Stálin, Ióssif, 224, 232-3, 323

Stark, Werner, 161, 171, 315-6

Steuart, James, 55

Stewart, Dugald, 57, 295, 297

Stigler, George, 64, 298

Stiglitz, Joseph, 245, 256-9, 327, 329

subconsumo, 39, 63, 146-7

subdesenvolvimento, 197, 272; desenvolvimento do subdesenvolvimento, 272; países subdesenvolvidos, 273, 328
subsistência, 36-7, 43-4, 48, 53, 68, 71, 74, 88, 90, 92, 96, 98-100, 128-30, 141, 303
Suécia, 54, 197, 220; Banco Central da, 243
Suíça, 158, 160, 163, 306, 314, 332; cantão suíço de Vaud, 316
Summers, Larry, 140
Sweezy, Paul, 138, 311-2
Systèmes socialistes, Les (Pareto), 22, 160, 174, 290, 314, 316
Szelény, Ivan, 233

T

tabelas sociais, 59, 61, 280-1; dinâmicas, 277, 281; Egito, 270, 271; Estados Unidos, 281; França, 36, 270; Inglaterra, 85, 86, 109, 112, 125, 201, 270, 281; primeira tabela social (Inglaterra, 1688), 59
Tableau Économique, Le (Quesnay), 41, 166, 292, 296, 316
Tarshis, Lorie, 327
Tartária (Sibéria e Ásia Central), 53-4; *ver também* Ásia Central; Sibéria
taylorismo, 228
Tchecoslováquia, 220, 236-7, 261, 282, 326
tecnologia, 116, 135, 224
tempo livre, riqueza real como, 307-8
Teoria da classe ociosa, A (Veblen), 66
Teoria da justiça, Uma (Rawls), 289
Teoria dos sentimentos morais, A (Smith), 24, 51, 63-4, 66-8, 77-8, 296, 298-9
Teoria geral (Keynes), 209, 278, 321
teoria implícita: teoria implícita da distribuição de renda, 49, 72, 75, 79
Teorias da mais-valia (volume IV de *O capital*), 22; *ver também Capital, O* (Marx); mais-valia
Terceira República (França), 165
Terceiro Mundo, 32, 246, 274
terra: apego feudal à, 60; área fantasma (de produção agrícola), 95; modelo ricardiano de distribuição e, 93
Thaelman, Ernst, 322
Thatcher, Margaret, 85
Theil, índice de, 178, 193
Theory of Capitalist Development (Sweezy), 311
Thomas, Mark, 319, 322
Thünen, Johann Heinrich von, 290

tiers état (terceiro estado na França), 36
Times, The (jornal), 156
Tinbergen, Jan, 266, 330
Tocqueville, Alexis de, 38-40, 124, 127, 158, 195-6, 293-4, 308, 319; hipótese de Tocqueville-Kuznets, 195-6; *Mémoire sur le paupérisme*, 38, 195; *O antigo regime e a Revolução Francesa*, 39; *Second mémoire sur le paupérisme*, 293
Towards an Economic Theory of Income Distribution (Blinder), 246
Toynbee, Arnold, 293
trabalhadores, 15, 36, 42-4, 47, 58, 61-3, 71-2, 75, 77-8, 82, 86-90, 92, 98-9, 102, 108, 110, 112, 118, 121, 123, 126-9, 133, 142, 147, 150-2, 156, 165, 215, 227, 229-30, 233, 253, 256, 293-4, 302, 304, 305, 307-8, 313, 318, 324; aristocracia trabalhista, 110; comeattibleness (conceito de Smith), 71; estatais, 226, 233; industriais urbanos, 235; interesses dos, 25, 72, 77, 123; manuais, 217, 227, 233, 235; não manuais, 217-8, 227, 233, 235; não qualificados, 31, 44, 218, 223; nômades, 152; Oposição dos Trabalhadores (manifesto soviético), 323; padrão de vida dos, 98, 305; qualificados, 14, 31, 84, 218, 225, 301, 309; rurais, 58, 60, 88, 123; salários dos, 88, 215, 216, 217, 225, 301; stakhanovistas, 323; temporariamente escravizados em Hongzhou (China), 307; urbanos, 112, 123, 190; *ver também* proletariado
trabalho: assalariado, 15, 43, 121, 223; contratado, 14, 223; demanda por, 99, 149, 303; empobrecimento do trabalho, 151, 153; excedente, 119; exército de reserva de mão de obra, 125, 130, 142, 145-6, 149-50, 192, 319; força de, 15, 92, 116, 119-20, 128-32, 134, 145, 150, 152, 202, 212, 297, 309; infantil, 112; jornada de, 112, 120, 131, 138, 142, 307; mão de obra, 38, 47, 96, 98-9, 117, 121, 124, 126, 130, 142, 149, 186, 189, 192, 200, 202, 214-5, 217, 221, 319, 321; necessário, 119, 131-2, 310; produtividade do, 90, 131, 145, 309; quantidade de, 84, 90, 128, 139, 228, 297, 300; razão K/L (capital-trabalho), 134-5, 279; salário e trabalho na visão de Marx, 128-30; teoria do valor-trabalho, 9, 22, 136, 214
Trabalho assalariado e capital (Marx), 132, 309
transferências sociais, 201, 203-4, 218, 220, 221, 222, 237, 259, 264, 266, 280
transmissões intergeracionais de renda e riqueza, 21

três chaves para o sucesso pessoal (percepções americanas), 262
tributação, 14, 24, 170, 172, 174, 186, 218, 222, 250, 279-81, 284, 291, 302, 315; *ver também* impostos
Trier (Alemanha), 104-6; estimativa da distribuição de renda de Trier (1831-2), *106*
trigo, 94, 101-2, 304, 307; *ver também* cereais
Trótski, Liev, 323, 325, 330
Trower, Hutches, 304
trustes, 152
Tucker, Robert C., 330
Turgot, Anne Robert Jacques, 295
Turquia, 173, 195; *ver também* Império Otomano
Twitter (atual X), 178

U

Unequal Gains (Lindert e Williamson), 187, 191, 300, 319, 330-1
União Soviética (URSS), 124, 185, 217-20, 224-6, 231, 233-5, 237, 282-3, 322-5; agricultura soviética e estrutura de classes antes da Primeira Guerra Mundial, *232*; alto stalinismo na, 225, 321; classes sociais na, 225; coletivização, 233-4, 324; constituição de Stálin (1936), 233; emigrantes soviéticos, 322; Goskomstat (Comitê Estatal de Estatística — Moscou), 235; Oposição dos Trabalhadores (manifesto soviético), 323; pesquisas domiciliares soviéticas, 233, 235, 237, 281-2, 325; salários dos trabalhadores, 323; *ver também* Rússia, 18
universalismo, 205
urbanização, 16, 189-90, 192-4, 198, 204
utilidade, 167, 252, 330; marginal, 252
utilitarismo britânico, 228

V

vagabundos, 36, 60, 125, 297; *ver também* lumpemproletariado
Vaggi, Gianni, 43, 292, 294
valor, 9, 15, 22, 35, 47, 72, 89-93, 97, 117-20, 128, 130-2, 134, 136, 139, 142-3, 168-9, 176-8, 185, 214, 221, 226-7, 230, 233-4, 254, 269, 299, 307, 310-1, 317; teoria do valor-trabalho, 9, 22, 136, 214; valor líquido adicionado, 91; valores de trabalho, 214, 270
Valor, preço e lucro (Marx), 309-10
Van Zanden, Jan Luiten, 201, 282, 296, 314, 318, 320, 332
Vaud (cantão suíço), 316
Veblen, Thorstein, 66, 299
verdade danosa, 161
Vethake, Henry, 301
Vico, Giambattista, 27
vida econômica, 50, 66, 246-7, 263, 295
Vietnã, 208, 220
vinho, 42, 56, 94; viticultores, 42
Vinokur, Aaron, 322
violência, 20, 158
voto, direito de, 84, 112, 253
Vries, Peer, 269, 303, 330

W

Walras, Léon, 9, 160, 241
Wang Fan-Hsi, 322
Wesołowski, Włodzimierz, 323
Weulersse, Georges, 43, 290-1, 294
whigs britânicos, 26
Wiles, Peter, 325
Williamson, Jeffrey, 86, 187, 190-1, 198, 201, 265, 281, 292, 297, 300-1, 319-20, 330-1
Wolf, Nikolaus, 113-4, 306, 317
Wood, Allen W., 118, 307, 322
Worldly Philosophers, The (Heilbroner,), 13, 289

Y

Young, Arthur, 37, 71, 293

Z

Zedong, Mao, 13, 227, 323
Zou, Heng-fu, 320

Visions of Inequality: From the French Revolution to the End of the Cold War
© President and Fellows of Harvard College, 2023
Publicado mediante acordo com Harvard University Press

Todos os direitos desta edição reservados à Todavia.

Grafia atualizada segundo o Acordo Ortográfico da Língua Portuguesa de 1990, que entrou em vigor no Brasil em 2009.

capa
Daniel Trench
composição
Jussara Fino
preparação
Jane Pessoa
índice remissivo
Luciano Marchiori
revisão
Tomoe Moroizumi
Karina Okamoto

Dados Internacionais de Catalogação na Publicação (CIP)

Milanović, Branko (1953-)
   Visões da desigualdade : Da Revolução Francesa até o fim da Guerra Fria / Branko Milanović ; tradução Pedro Maia Soares. — 1. ed. — São Paulo : Todavia, 2025.

Título original: Visions of Inequality: From the French Revolution to the End of the Cold War
ISBN 978-65-5692-781-7

1. Economia. 2. Desigualdade social. 3. Capitalismo. 4. Socialismo. 5. Política. I. Soares, Pedro Maia. II. Título.

CDD 339.2

Índice para catálogo sistemático:
1. Ciências sociais : Economia : Desigualdade social 339.2

Bruna Heller — Bibliotecária — CRB 10/2348

---

todavia
Rua Luís Anhaia, 44
05433.020 São Paulo SP
T. 55 11. 3094 0500
www.todavialivros.com.br

fonte
Register*
papel
Pólen natural 80 g/m²
impressão
Geográfica